# 网络直播电商
## 合规管理实务指引

LIVE-STREAMING E-COMMERCE COMPLIANCE MANAGEMENT
A PRACTICAL GUIDE

吴 伟／著

法律出版社
LAW PRESS·CHINA
北京

## 图书在版编目（CIP）数据

网络直播电商合规管理实务指引 / 吴伟著 . -- 北京：法律出版社, 2025. -- ISBN 978-7-5244-0059-2

Ⅰ. D922.294

中国国家版本馆 CIP 数据核字第 2025W2K264 号

网络直播电商合规管理实务指引
WANGLUO ZHIBO DIANSHANG HEGUI
GUANLI SHIWU ZHIYIN

吴　伟　著

责任编辑　朱轶佳
装帧设计　鲍龙卉

| | |
|---|---|
| 出版发行　法律出版社 | 开本　710 毫米 × 1000 毫米　1/16 |
| 编辑统筹　司法实务出版分社 | 印张 25.25　　　字数 403 千 |
| 责任校对　杨锦华 | 版本 2025 年 6 月第 1 版 |
| 责任印制　胡晓雅 | 印次 2025 年 6 月第 1 次印刷 |
| 经　　销　新华书店 | 印刷　固安华明印业有限公司 |

地址：北京市丰台区莲花池西里 7 号（100073）

网址：www.lawpress.com.cn　　　　　　销售电话：010-83938349

投稿邮箱：info@lawpress.com.cn　　　　客服电话：010-83938350

举报盗版邮箱：jbwq@lawpress.com.cn　　咨询电话：010-63939796

版权所有·侵权必究

书号：ISBN 978-7-5244-0059-2　　　　　　定价：90.00 元

凡购买本社图书，如有印装错误，我社负责退换。电话：010-83938349

# 目 录
## contents

## 网络直播营销主体合规　　　　　　　　　　第一章 / 001

第一节　直播营销平台主体合规 / 003

第二节　直播电商从业者主体合规 / 019

第三节　直播营销人员主体合规 / 026

第四节　MCN 机构主体合规 / 032

第五节　商家主体合规 / 038

## 网络直播营销账号合规　　　　　　　　　　第二章 / 045

第一节　直播账号合规的具体要求 / 047

第二节　直播账号的权利归属 / 056

第三节　直播账号合规保障措施 / 072

## 网络直播营销选品合规　　　　　　　　　　第三章 / 077

第一节　产品选品合规关注要点 / 079

第二节　商家审核要点 / 084

第三节　产品审核要点 / 090

## 网络直播电商产品质量合规　　　　　　　　第四章 / 103

第一节　产品质量安全合规概述 / 105

第二节　产品质量责任主体及其合规义务 / 119

第三节　网络直播相关主体的产品质量合规义务 / 129

## 网络直播营销消费者权益保护合规　　第五章 / 135

第一节　消费者权益保护的规范体系 / 137

第二节　格式条款：不是默认都有效 / 144

第三节　"七日无理由退货"：到底要不要退？ / 152

第四节　预付式消费模式的合规规范 / 161

第五节　捆绑销售：优惠套餐如何防止违规 / 166

第六节　节假日商业性信息怎么发 / 170

第七节　惩罚性赔偿的合规应对 / 175

## 网络直播营销价格促销合规　　第六章 / 183

第一节　明码标价的合规要点 / 185

第二节　价格欺诈的防范要点 / 192

第三节　价格促销的合规要点 / 209

第四节　有奖销售的合规要点 / 226

## 网络直播广告宣传营销合规　　第七章 / 239

第一节　直播广告营销概述 / 241

第二节　直播广告的基本合规要求 / 252

第三节　重点行业直播广告合规指南 / 272

## 网络直播营销知识产权合规　　第八章 / 293

第一节　网络直播音乐、视频合规风险分析及防范 / 295

第二节　网络直播装饰合规风险分析及防范 / 303

第三节　网络直播商标合规风险分析及防范 / 307

第四节　网络直播中专利侵权风险及防范 / 311

## 网络直播营销不正当竞争风险防范　　　第九章 / 317

第一节　网络直播营销不正当竞争之虚假宣传行为 / 319

第二节　网络直播营销不正当竞争之商业混淆 / 335

第三节　网络直播营销不正当竞争之商业诋毁 / 344

第四节　网络直播侵害商业秘密风险及防范 / 352

## 网络直播行业合同风险解析及防范　　　第十章 / 359

第一节　MCN 机构与主播合同实务解析 / 361

第二节　直播类合同实务解析 / 378

第三节　直播代运营类合同实务解析 / 387

第一章

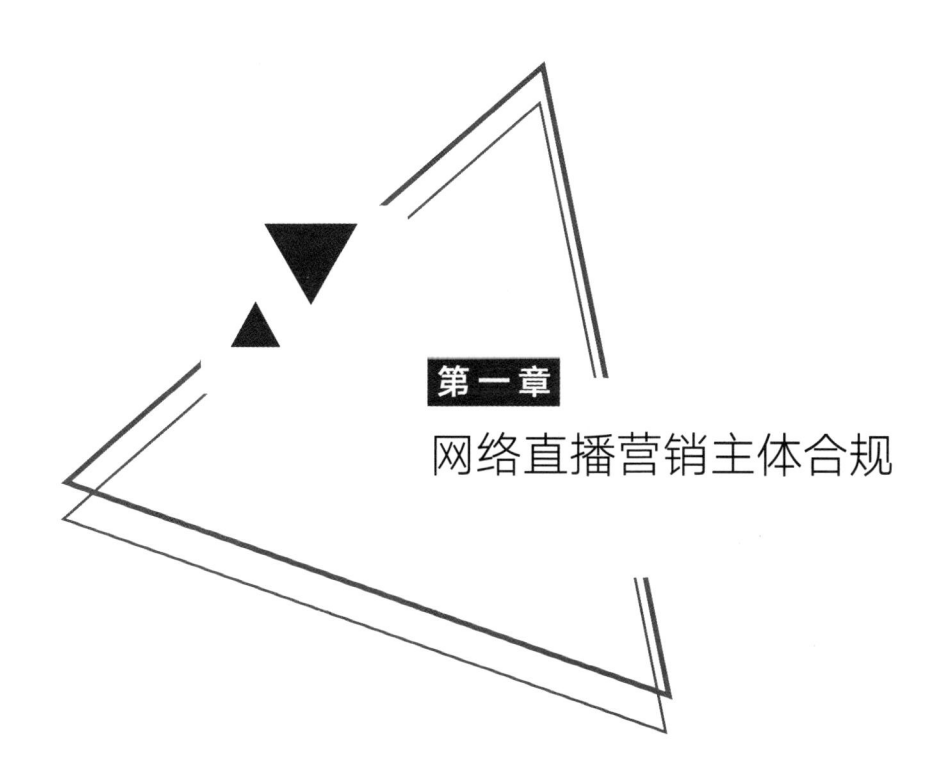

## 网络直播营销主体合规

随着互联网的广泛普及和持续发展，网络直播行业在我国迅速崛起，成为新媒体时代的一大亮点。从 2016 年直播元年至今，越来越多的电商平台、视频直播平台、直播营销人员服务机构（以下称 MCN 机构）、品牌厂商参与到直播电商行业，直播电商产业链已逐渐完善、成熟，行业进入高速发展期。当前，消费者的消费习惯和购物模式正随着互联网技术的迭代更新而不断改变。中国商业联合会直播电商工作委员会副会长单位网经社电子商务研究中心发布的《2023 年度中国直播电商市场数据报告》显示，2023 年直播电商交易规模达到 49,168 亿元，同比增长 40.48%。然而，在网络直播带货模式如火如荼地引领网络零售新增长的同时，行业也频频曝出电商直播违规违法和消费者投诉事件，合规已成为直播行业发展的当务之急。因直播引起的各方合法权益的损害，参与直播的各方主体责无旁贷。

直播营销行业以其创新的业务模式、复杂的生态链条以及多元化的参与主体而著称，从而导致直播营销中的法律关系较为复杂，相关主体的法律地位也相对模糊，这成为监管执法的难点，给监管执法带来了挑战。近几年，立法工作重点明确了各直播营销主体的法律地位，有助于信息、广告、交易等相关法律责任的落地。《电子商务法》《网络交易监督管理办法》《网络直播营销管理办法（试行）》以及各地相继推出的直播营销合规指引，将直播电商行业的核心主体界定为直播营销平台、直播间从业者（直播间运营者）、直播营销人员（主播）、MCN 机构以及商家五大类，并针对这五类主体提出了明确具体的合规要求。

## 第一节　直播营销平台主体合规

电商行业已经进入了一个相对成熟的阶段。各大电商平台已经形成了自己的用户群体和商业模式,市场竞争也越来越激烈。直播营销平台市场也明显呈现向头部集中的趋势,其中,淘宝直播、京东直播、拼多多、抖音、快手等平台凭借强大的流量入口和用户基础占据了市场的主导地位。除了这些综合性的直播电商平台,一些专注于特定领域、细分市场的直播营销平台也开始崭露头角,如美妆、母婴、农产品等垂直领域。与此同时,相关监管部门纷纷加强对直播营销平台的规范管理,陆续出台了一系列法律法规,旨在保障消费者权益和维护市场秩序。

直播营销平台在直播营销活动中的角色呈现多样性的特征,直播营销平台不仅是网络直播交易的网络服务提供者,同时也肩负着对平台内经营者进行监管的责任。国家市场监督管理总局《关于加强网络直播营销活动监管的指导意见》在第2条第1款"压实网络平台法律责任"中,明确了网络平台应当承担的三方面责任,即:(1)网络平台为直播营销提供网络经营场所、交易撮合、信息发布等服务的,应履行电子商务平台经营者的责任和义务;(2)网络平台为卖家或者主播直播营销活动提供付费导流服务,构成商业广告的,应依法履行广告发布者或者广告经营者责任和义务;(3)网络平台以其他方式为用户提供直播技术服务的,应根据其运营、分佣、对用户的控制力等情况,依法履行电子商务平台经营者或者网络服务提供者相应的责任和义务。

### 一、主体定义

直播营销平台,是指在网络直播营销中提供直播服务的各类平台,包括互联网直播服务平台、互联网音视频服务平台、电子商务平台等,是一种通过直播技术将商品或服务展示给潜在消费者的新型电子商务平台。它融合了社交媒体的互动特性和传统电子商务的交易功能,通过实时视频直播的形式,让商家、品牌、网红或关键意见领袖(KOL)直接与消费者进行互动,推广和销售产品或服务。尽管如此,其本质仍属于电商范畴,应当受到《电子商务法》等相关法律法规的规制。

近年来，国家对网络直播营销经济的规制和管理渐次展开，相关立法也日趋健全。但具体到不同的法律法规，直播营销平台的定义并不相同。在《电子商务法》中，直播营销平台应属于电子商务平台经营者，在《网络交易监督管理办法》中则为网络交易平台经营者，而在《网络直播营销管理办法（试行）》则被称为直播营销平台。上述法律法规对于直播营销平台均具有规范效力，本书注重对相关法律法规进行系统性的完整研究，为了援引相关法条以及案例的准确性，如无特殊说明，本书中的电子商务平台经营者、网络交易平台经营者与直播营销平台同义。

商务部、国家市场监督管理总局、文旅部、国家税务总局、国家广电总局、国家网信办等部门陆续发布了一系列规范直播带货的合规指引和管理办法，强调了直播营销平台在信息披露、平台管理、营销行为规范等方面的责任。这些规定要求直播平台必须建立健全消费者权益保护制度、信用评价机制、商品质量控制与合规管理机制等，促进直播带货业态的有序竞争和创新发展。

## 二、主体资质

直播营销平台作为连接商家和消费者的桥梁，需要具备一系列资质以确保其合法合规运营。以下是直播营销平台通常应具备的一些资质和要求。

（一）基本证照资质

与一般经营企业相同，直播营销平台也需要取得基本的证照资质：一是直播营销平台必须拥有合法的企业法人资格，具备有效的营业执照；二是直播营销平台必须依法办理税务登记，并依法缴纳税款。

（二）增值电信业务经营许可证

互联网信息服务分为经营性互联网信息服务和非经营性互联网信息服务两类。直播营销平台通常会涉及有营利性质、涉及交易网站的服务，如商品销售、广告收入等，就需要办理经营性互联网信息服务许可证，即增值电信业务经营许可证。增值电信业务经营许可证的有效期一般为5年。

在实践中，网络零售平台通常涉及两类增值电信业务经营许可证：一是增值电信业务经营许可证—信息服务业务（ICP许可证），主要包括有偿提供特定信息、网页制作、经营性收付费等。企业通过网络零售平台有偿提供信息服务，进行信息发布/推送、信息收费、会员充值等活动的，需办理 ICP 许可证。二是增值电信业务经营许可证——在线数据处理与交易处理业务（EDI 许可证），主要包括交易处理、电子数据交换、网络/电子设备数据处理等。企业通过网络零售平台开展电子商务，为交易双方（入驻商家和消费者）提供在线数据处理与交易处理服务的，需办理 EDI 许可证。如企业仅利用自身网站并以自营方式直接销售自身或其他企业的商品或服务，且无第三方入驻该网站实施销售行为，则无须取得 EDI 许可证。

（三）网络文化经营许可证

《互联网文化管理暂行规定》第 8 条规定，申请从事经营性互联网文化活动，应当向所在地省、自治区、直辖市人民政府文化行政部门提出申请，由省、自治区、直辖市人民政府文化行政部门审核批准。经营性互联网文化活动是指以营利为目的，通过向上网用户收费或者以电子商务、广告、赞助等方式获取利益，提供互联网文化产品及服务的活动。开展经营性互联网文化活动需要办理网络文化经营许可证，而直播平台是否需要取得网络文化经营许可证，则取决于直播营销的具体内容。

文化和旅游部办公厅《关于调整〈网络文化经营许可证〉审批范围进一步规范审批工作的通知》第 6 项规定，严格按照调整后的审批范围进行审批，对不符合审批范围从事其他互联网经营活动的单位，不予发放网络文化经营许可证。调整后的网络文化经营许可证的审批范围包括：网络音乐、网络演出剧（节）目、网络表演、网络艺术品、网络动漫和展览、比赛活动。其中，网络表演指以网络表演者个人现场进行的文艺表演活动等为主要内容，通过互联网、移动通信网、移动互联网等信息网络，实时传播或者以音视频形式上传传播而形成的互联网文化产品。电商类、教育类、医疗类、培训类、金融类、旅游类、美食类、体育类、聊天类等直播不属于网络表演。

2022 年 6 月 30 日，文化和旅游部市场管理司在其官网上通过回复留言明确答复：直播主要内容是带货的情况，不属于互联网文化经营，不需要办理网络文化经营许可证。因此，仅是电商直播平台无须申领网络文化经营许可证。但是，电商直播过程中可能会涉及与其他网络表演形式相结合的直播内容，如符合申请网络文化经营许可证的条件，则仍应依法取得该许可证。对于直播平台的开发者而言，也可能会制作与直播内容相关的网络表演视频，如该类视频需要上线，那么也相应地需要获得网络文化经营许可证。诸如抖音、快手、微视、梨视频等直播平台，均申请了网络文化经营许可证。网络文化经营许可证的有效期一般为3年。

(四)信息网络传播视听节目许可证

原国家新闻出版广电总局在《关于加强网络视听节目直播服务管理有关问题的通知》中明确规定直播平台必须持证上岗；未持有信息网络传播视听节目许可证的机构和个人既不能开展个人秀场直播，也不能开办新闻、综艺、体育、访谈、评论等各类视听节目，不得开办视听节目直播频道；直播活动须提前报所在地省级新闻出版广电行政部门备案；未经批准，任何机构和个人不得在互联网上使用"电视台""广播电台""电台""TV"等广播电视专有名称开展业务。

根据该规定，与直播相关的适用情形主要针对重大政治、军事、经济、社会、文化、体育等活动、事件的实况直播，以及对一般社会团体文化活动、体育赛事等组织活动的实况直播。若电商直播涉及网络视听节目内容，则须申领信息网络传播视听节目许可证。信息网络传播视听节目许可证的有效期一般为3年。

(五)相关行业许可证

根据直播电商平台所营销的具体产品或服务的所属行业，相应地需要特定的行业经营许可资质，如食品经营许可证、医疗器械网络交易服务第三方平台备案、药品经营许可证、出版物经营许可证等。

1.食品经营许可证/网络食品交易第三方平台备案

如果直播营销平台自身直接售卖食品，则需要办理食品经营许可证。如果直播营销平台为食品经营者提供网络经营场所、交易撮合、信息发布等服务，让其他食品经营者在平台上开展食品经营活动，那么平台需要办理网络食品交易第三方平台备案。在实际情况中，很多直播营销平台可能既自身售卖食品，又为其他经营者提供服务。在这种情况下，可能既需要办理食品经营许可证，也需要办理网络食品交易第三方平台备案。具体要求可能因地区的不同而有所差异。

网络食品交易第三方平台备案是指通过对网络食品交易第三方平台的备案审核，确保网络售卖服务过程中食品质量安全的一项管理制度。根据《网络食品安全违法行为查处办法》第8条的规定，网络食品交易第三方平台提供者应当在通信主管部门批准后30个工作日内，向所在地省级市场监督管理部门备案，取得备案号。

通过备案，监管部门能够对网络食品交易第三方平台进行有效的监督和管理，保障网络食品交易的安全和规范，保护消费者的合法权益。备案的内容通常包括平台的名称、域名、IP地址、法定代表人或者负责人姓名、联系方式等信息。备案流程包括备案咨询、方案设计、申报材料准备、审核辅导和备案跟踪等全过程服务。

2. 医疗器械网络交易服务第三方平台备案

根据《医疗器械网络销售监督管理办法》第15条、第16条的规定，医疗器械网络交易服务第三方平台提供者应当依法取得互联网药品信息服务资格证，并向所在地省级药品监督管理部门备案。备案信息包括企业名称、法定代表人或者主要负责人、网站名称、网络客户端应用程序名、网站域名、网站IP地址、电信业务经营许可证或者非经营性互联网信息服务备案编号、医疗器械网络交易服务第三方平台备案凭证编号等。该备案旨在加强对医疗器械网络交易的监督管理，保障公众使用医疗器械的安全。省级药品监督管理部门应当在医疗器械网络交易服务第三方平台提供者备案后3个月内，对医疗器械网络交易服务第三方平台开展现场检查。

3. 互联网药品信息服务资格证书（经营性）

互联网药品信息服务资格证是指通过互联网向上网用户提供药品（含医疗器械）信息服务活动的一种资质许可证明。根据《互联网药品信息服务管理办法》第8条的规定，提供互联网药品信息服务的网站应当依法取得互联网药品信息服务资格证书，并应当在其网站主页显著位置标注互联网药品信息服务资格证书的证书编号。从事互联网医疗、网上销售药品或医疗器械、提供互联网药品信息等经营业务的企业均需要办理互联网药品信息服务资格证书。比如在网络直播平台上展示药品或医疗器械的产品信息，甚至在微信公众号、小程序发布关于药品或医疗器械相关的内容，都需要办理互联网药品信息服务资格证书。互联网药品信息服务资格证书的有效期一般为5年，到期前需要办理延续手续。

4. 出版物网络交易平台服务经营备案

根据《出版物市场管理规定》第26条第1款的规定，为出版物发行业务提供服务的网络交易平台应向注册地省、自治区、直辖市人民政府出版行政主管部门备案，接受出版行政主管部门的指导与监督管理。如果直播平台涉及直播卖书的业务，即通过直播的方式销售出版物（如期刊、图书、音像制品、电子出版物等），那么该直播平台可能需要进行出版物网络交易平台服务经营备案。出版物网络交易平台服务经营备案是指从事出版物网络交易的平台服务提供者，依法向注册地省、自治区、直辖市人民政府出版行政主管部门办理；在实际办理中，不同地区可能存在一定差异，以广州为例，目前相关备案工作由广州市新闻出版局负责指导和管理。这一要求是为了规范出版物网络交易市场，保护消费者权益，营造健康有序的文化市场环境。

### 三、平台合规管理

网络商业空间具有虚拟性、数字化和跨地域性等特点，这给行政监管部门的监管工作带来巨大挑战，仅依靠监管部门的监管已经难以适应网络直播经济的监管需求。第三方平台作为网络直播交易模式的"基础设施"提供者，在立法监管的实践中逐渐被赋予更多的社会管理职责，《互联网直播服务管理规定》要求互联网直播服务提供者应落实主体责任，配备与服务规模相适应的专业人员，健全信息审核、信息安全管理、值班巡查、应急处置、技术保障等制度。国家互联网信息办公室、全国"扫黄打非"工作小组办公室等七部门在《关于加强网络直播规范管理工作的指导意见》中明确规定，要压实平台主体责任。网络直播平台提供互联网直播信息服务，应当严格遵守法律法规和国家有关规定；严格履行网络直播平台法定职责义务，落实网络直播平台主体责任清单，对照网络直播行业主要问题清单建立健全和严格落实总编辑负责、内容审核、用户注册、跟帖评论、应急响应、技术安全、主播管理、培训考核、举报受理等内部管理制度。国家互联网信息办公室、国家税务总局、国家市场监督管理总局在《关于进一步规范网络直播营利行为促进行业健康发展的意见》中明确规定，网络直播平台要更好落实管理三方面主体责任：一是加强网络直播账号注册管理；二是加强网络直播账号分级分类管理；三是配合开展执法活动。在强调经济效益的同时兼顾社会效益，为更多有正面意义、积极正能量的内容创造出好的输出环境。

可见，压实平台主体责任，强化平台内部管理，由第三方平台以"平台管理者"的身份在网络直播营销活动中发挥独特作用，是实现网络销售规范健康发展的关键一环，对于网络直播营销活动的规范和市场的有序发展至关重要。网络直播平台作为直播行为的重要主体之一，承担着以下重要的平台合规管理责任。

## （一）平台内经营者身份核验登记职责

《电子商务法》《网络交易监督管理办法》《网络直播营销管理办法（试行）》《互联网直播服务管理规定》等法律法规明确规定，平台内经营者应当对进入平台销售商品或者提供服务的经营者以及直播营销人员的身份进行核验。对平台内经营者的资质资格、联系信息进行审核，是网络交易平台经营者规避由于消费纠纷带来的连带赔偿责任的必要条件。《消费者权益保护法实施条例》第14条第1款规定，经营者通过网络直播等方式提供商品或者服务的，应当依法履行消费者权益保护相关义务。发生消费争议的，直播营销平台经营者应当根据消费者的要求提供直播间运营者、直播营销人员的相关信息以及相关经营活动记录等必要信息。《消费者权益保护法》第44条第1款规定，消费者通过网络交易平台购买商品或者接受服务，其合法权益受到损害的，可以向销售者或者服务者要求赔偿。网络交易平台提供者不能提供销售者或者服务者的真实名称、地址和有效联系方式的，消费者也可以向网络交易平台提供者要求赔偿。综合相关法律法规以及监管案例，对平台经营者进行信息核验的主要要求包括以下几个方面。

1. 核验的必要信息

《网络交易监督管理办法》第24条第1款规定，网络交易平台经营者应当要求申请进入平台销售商品或者提供服务的经营者提交其身份、地址、联系方式、行政许可等真实信息，并对信息进行核验、登记，建立登记档案，并至少每6个月核验更新一次。因此，网络交易平台经营者应当核实的信息主要包括三个方面：一是经营者主体的真实身份信息，包括企业营业执照、个人身份信息。其中互联网直播服务提供者（网络直播平台）应当在对互联网直播发布者的真实身份信息进行审核的同时，向所在地省、自治区、直辖市互联网信息办公室分类备案，并在相关执法部门依法查询时予以提供。二是经营者有效的联系信息，如真实姓名、地址、有效联系方式。发生消费争议的，直播营销平台经营者应当根据消费者的要求提供直播间运营者、直播营销人员的相关信息以及相关经营活动记录等必要信息。三是许可信息，如食品经营许可证、药品网络销售企业资质、医疗器械生产经营许可证件或者备案凭证、医疗器械注册证或者备案凭证等许可信息。依据《药品网络销售监督管理办法》《医疗器械网络销售监督管理办法》的规定，第三方平台还应当与入驻平台的企业签订协议，并在协议中明确双方关于药品、医疗器械质量安全的责任义务及违约处置措施等相关内容。

2. 核验的尽职标准

通常审查方式可分为形式审查和实质审查两种。所谓形式审查，是指承担审查义务的审查主体仅对材料进行书面审查，对于申请材料的真实性、合法性不予审查，如果材料齐全、符合相关规定要求，则依据材料所显示的内容进行登记，如《市场主体登记管理条例》第 19 条第 1 款规定，登记机关应当对申请材料进行形式审查。对申请材料齐全、符合法定形式的予以确认并当场登记。与之相对，所谓实质审查，是指审查主体不仅要对申请材料的要件是否具备进行审查，还要对申请材料的实质内容是否符合条件进行审查。有的实质审查可以采取书面审查的方式，即通过申请材料的对照了解有关情况的方式进行审查，但有的实质审查还需要与材料的签发部门进行核对或者对相关情况进行实地核查，才能确认真实情况。

对于平台经营者所承担的审查义务应当采取何种审查方式，学界以及执法部门一直存在较大争议。此前有不少观点认为，第三方平台作为平台的运营者，仅为交易方提供网络经营场所、交易撮合、信息发布等服务，在理论上与其他经营者无异，不具有执法调查的权利，且其并未参与网络直播的实际交易活动，承担的是协助监管作用，因此第三方平台对平台内经营者的资格资质审查自然也应当是形式审查。但随着网络直播交易监管方式在探索中发展和成熟，立法者逐渐认识到，数字化、虚拟化的网络营销模式的复杂性远超线下的传统交易模式，若第三方平台能通过规则设置，将法律法规规定的经营者从业资质要求内化为平台准入门槛和审核标准，这种监管责任的分担机制，正是实现监管社会化的必要途径，可以有效提高监管效能。同时，数据化、信息化等运用发展，核实身份信息的真伪具有可行性，同时考虑到食品、医药等与消费者生命健康有关商品的合规性与消费者具有重大利害关系，赋予第三方平台对相关信息的实质审查义务逐渐具有必要性。

如在贾某与北京市海淀区市场监督管理局、三快科技公司行政处理举报答复案[1]中，海淀区市场监督管理局认为，《电子商务法》仅规定平台经营者须尽到资质资格审查义务，未明确具体审查标准。作为电子商务平台的经营者，该资质资

---

[1] 参见北京市第四中级人民法院行政判决书，(2022)京 04 行终 24 号。

格审查义务应认定为形式审查义务。但法院认为,海淀区市场监督管理局虽上诉称电子商务平台经营者的资质资格审查义务应为形式审查义务,但形式审查义务非指完全流于形式的审查,而应当以一般理性人的注意义务在收取完备的申请材料后依法进行审慎且合理的审查。该案中,前述情况已足以使人产生三快科技公司作为美团平台的运营方未履行对平台内经营者的资质资格审查义务的合理怀疑。可见,法院并未认同电子商务平台经营者的资质资格审查义务应为形式审查义务。在货拉拉公司、王某机动车交通事故责任纠纷案[①]中,则进一步强化了平台对平台内经营者资质的审查责任。法院认为,货拉拉 App 作为专业且较有市场影响力的运输信息平台和交易平台,容易导致下单用户产生对参与其平台经营的车辆和司机合法驾驶和合法经营的信赖,下单用户一般会侧重对承运车辆状况、司机表现、运输价格等方面的考察,而忽略对承运车辆和司机营运资质的审查。因此《货拉拉用户协议》中的原则性、模糊性提醒不能免除或减轻货拉拉公司的相关安全保障义务和资质资格审查义务。货拉拉公司未审查黄某建的营运资质或者放任不具有营运资质的黄某建为其平台注册司机,有违电商信息平台和交易平台经营者对平台内经营者资质审核、把关义务以及保障消费者安全的义务要求。货拉拉公司因有违诚信居间和报告义务以及未尽安全保障和资质资格审查义务,应当对涉案交通事故对王某造成的损害承担与其过错相适应的补充责任。

《网络交易监督管理办法》第24条第1款规定,网络交易平台经营者应当要求申请进入平台销售商品或者提供服务的经营者提交其身份、地址、联系方式、行政许可等真实信息,并对信息进行核验、登记,建立登记档案,并至少每6个月核验更新一次。可见,该办法要求网络交易平台经营者应当对信息的真实性进行核实,即应当承担实质审查的义务。但在实务中,由于网络交易平台经营者并不具有执法权,因此对于实质审查义务的边界也应当限定于"审慎注意"范围之内。

3. 核验的必要方式

主要包括三种方式:一是入场核验。电子商务平台经营者应当要求申请进入平台销售商品或者提供服务的经营者提交其身份、地址、联系方式、行政许可等真实信息,并对信息进行核验、登记,建立登记档案。二是动态核验。至少每6个月

---

① 参见广东省深圳市中级人民法院民事判决书,(2020)粤03民终943号。

核验更新一次。三是直播前核验。《网络直播营销管理办法（试行）》第8条第2款规定，直播营销平台应当建立直播营销人员真实身份动态核验机制，在直播前核验所有直播营销人员的身份信息，对与真实身份信息不符或按照国家有关规定不得从事网络直播发布的，不得为其提供直播发布服务。

4. 核验后信息公示

平台内经营者将其信息进行公示是保护消费者知情权的基本要求。网络交易平台经营者应当在其网站首页或者从事经营活动的主页面显著位置，持续公示经营者主体信息或者该信息的链接标识。网络交易平台经营者应当为平台内经营者依法履行信息公示义务提供技术支持，对违反公示规定的平台内经营者，电子商务平台经营者应采取必要措施。

随着网络直播商业模式的发展成熟，电子商务平台经营者不但提供网络经营场所、交易撮合、信息发布等服务，还会直接参与商品或服务的经营，在平台上开展自营业务模式。由于经营者来源通常对消费者做出购买决策具有实质性影响，除对经营者资质信息进行公示外，电子商务平台经营者还应当对平台内的自营业务和非自营业务进行显著区分。《电子商务法》第37条第1款规定，电子商务平台经营者在其平台上开展自营业务的，应当以显著方式区分标记自营业务和平台内经营者开展的业务，不得误导消费者。

最高人民法院《关于审理网络消费纠纷案件适用法律若干问题的规定（一）》（以下简称《审理网络消费纠纷案件规定（一）》）第4条明确规定了三类电子商务平台经营者应当承担商品销售者或者服务提供者责任：一是电子商务平台经营者以标记自营业务方式开展自营业务销售商品或者提供服务的；二是电子商务平台经营者虽未标记自营但实际开展自营业务销售商品或者提供服务的；三是电子商务平台经营者虽非实际开展自营业务，但其所做标识等足以误导消费者使消费者相信系电子商务平台经营者自营业务的。

5. 未尽审核义务的责任

信息核验是直播营销平台的重要义务，对平台内经营者的资质资格未尽到审核义务的，将承担相应的行政责任；造成消费者损害的，依法承担相应的民事责任。一是行政责任。《电子商务法》第83条规定，电子商务平台经营者未尽审核义务的，由市场监督管理部门责令限期改正，可以处5万元以上50万元以下的罚款;情节严重的,责令停业整顿,并处 50 万元以上 200 万元以下的罚款。二是民事责任。《电子商务法》第 38 条第 2 款规定,对关系消费者生命健康的商品或者服务,电子商务平台经营者对平台内经营者的资质资格未尽到审核义务,或者对消费者未尽到安全保障义务,造成消费者损害的,依法承担相应的责任。虽然此处规定的承担"相应的责任"比较笼统,在实务中对"相应"的不同理解,形成了连带责任、补充责任和按份责任等不同的裁判结果,但《审理网络消费纠纷案件规定(一)》第 15 条中明确为"连带责任":网络直播营销平台经营者对依法需取得食品经营许可的网络直播间的食品经营资质未尽到法定审核义务,使消费者的合法权益受到损害的,消费者依据《食品安全法》第 131 条等规定主张网络直播营销平台经营者与直播间运营者承担连带责任的,法院应予支持。

在天猫公司、黄某等买卖合同纠纷案[1]中,法院认为,千鸟公司销售给黄某的无线 Wi-Fi 摄像头无生产厂家、地址、型号等必要信息,属于"三无"产品,违反了《产品质量法》第 27 条的规定,侵害了黄某的合法权益。在黄某权益受到侵害,其向天猫公司申请维权后,天猫公司并无证据证明其向黄某披露了商家千鸟公司的地址及联系方式,黄某依据天猫公司在其网站上公示的千鸟公司信息无法与千鸟公司取得联系,更无法向千鸟公司主张权利。千鸟公司也早已于 2019 年 9 月 19 日因登记的住址或经营场所无法联系而被原广州市工商局白云分局列入经营异常名录,天猫公司未尽到严格审核、及时变更实际经营场所地址的义务。而且,在黄某向法院起诉后,天猫公司才向法院提供千鸟公司的有效联系方式。故天猫公司应向黄某承担连带责任具有事实及法律依据。

(二)对平台内经营者采取必要监管措施

平台经营者知道或者应当知道平台内经营者销售的商品或者提供的服务不符合保障消费者人身、财产安全的要求,或者有其他侵害消费者合法权益的行为,未采取必要措施的,依法与该平台内经营者承担连带责任。《审理网络消费纠纷案件规定(一)》第 16 条规定,网络直播营销平台经营者知道或者应当知道网络直播间销售的商品不符合保障人身、财产安全的要求,或者有其他侵害消费者合法权益行为,未采取必要措施,消费者依据《电子商务法》第 38 条等规定主张网络直

---

[1] 参见海南省三亚市中级人民法院民事判决书,(2021)琼 02 民终 769 号。

播营销平台经营者与直播间运营者承担连带责任的,法院应予支持。可见,对平台内经营者进行有效监管是平台经营者的法定义务,未能尽到监管职责的将承担相应的法律责任。综合相关法律法规以及监管案例,判断平台经营者是否采取必要的监管措施主要包括以下几个方面:

1. 负面清单管理。一是直播营销商品和服务负面目录。直播营销平台应当制定列明法律法规规定的禁止生产销售、禁止网络交易、禁止商业推销宣传以及不适宜以直播形式营销的商品和服务类别的目录。二是直播人员黑名单。直播营销平台应当建立黑名单制度,将严重违法违规的直播营销人员及因违法失德造成恶劣社会影响的人员列入黑名单,并向有关主管部门报告。

2. 分级分类管理。直播营销平台应当根据直播间运营者账号的合规情况、关注和访问量、交易量和金额及其他指标维度,建立分级管理制度,根据级别确定服务范围及功能,对重点直播间运营者采取安排专人实时巡查、延长直播内容保存时间等措施。

3. 审核检查制度。《网络直播营销管理办法(试行)》第9条规定,直播营销平台应当加强网络直播营销信息内容管理,开展信息发布审核和实时巡查,发现违法和不良信息,应当立即采取处置措施,保存有关记录,并向有关主管部门报告。直播营销平台应当加强直播间内链接、二维码等跳转服务的信息安全管理,防范信息安全风险。对违反法律法规和服务协议的互联网直播服务使用者,视情况采取警示、暂停发布、关闭账号等处置措施,及时消除违法违规直播信息内容,保存记录并向有关主管部门报告。依据法律、法规、规章的规定或者平台服务协议和交易规则对平台内经营者违法行为采取警示、暂停或者终止服务等处理措施的,应当自决定作出处理措施之日起1个工作日内予以公示,并载明平台内经营者的网店名称、违法行为、处理措施等信息。警示、暂停服务等短期处理措施的相关信息应当持续公示至处理措施实施期满之日。

4. 保存服务交易信息。平台经营者应当记录、保存平台上发布的商品和服务信息、交易信息,并确保信息的完整性、保密性、可用性。平台经营者对平台内经营者身份信息的保存时间自其退出平台之日起应不少于3年;对商品或者服务信息,支付记录、物流快递、退换货以及售后等交易信息的保存时间自交易完成之日起应不少于3年。互联网直播平台还应当记录网络直播服务使用者发布的内容和日志信息，保存 60 日。

（三）平台经营者的知识产权管理职责

尊重和保护知识产权是电子商务平台维护平台商业信誉的重要手段，也是电子商务平台经营者必须遵守的法律要求。《民法典》第 1197 条规定，网络服务提供者知道或者应当知道网络用户利用其网络服务侵害他人民事权益，未采取必要措施的，与该网络用户承担连带责任。《电子商务法》第 41 条至第 45 条则专门规定了电子商务平台经营者的知识产权保护制度。因此电子商务平台经营者必须重视知识产权保护，并遵守相关法律法规，建立知识产权保护规则，加强内部管理和与商家的合作，实施知识产权治理措施。

为公正审理涉电子商务平台知识产权民事案件，依法保护电子商务领域各方主体的合法权益，促进电子商务平台经营活动规范、有序、健康发展，最高人民法院于 2020 年 9 月发布并实施了《关于审理涉电子商务平台知识产权民事案件的指导意见》，该意见对于认定电子商务平台经营者是否准确履行知识产权保护义务具有指向性意义，综合该意见，网络直播交易平台作为电子商务平台的一种，应当依法履行以下知识产权合规义务。

1. 构建平台知识产权保护体系

（1）建立知识产权保护规则。制定平台服务协议和交易规则，是明确平台内经营者进入和退出平台、商品和服务质量保障、消费者权益保护、知识产权保护等方面权利和义务的重要依据。《电子商务法》第 41 条规定，电子商务平台经营者必须建立知识产权保护规则，将该规则作为平台服务协议和交易规则的重要组成部分，可以为电子商务平台经营者对平台内经营者进行合规管理以及对发现的涉嫌知识产权侵权形式实施"采取了合理的措施"提供协议依据，其根本目的是履行相关法律法规规定其承担的知识产权保护的法定义务。

电子商务平台的知识产权保护规则必须符合相关知识产权法律、行政法规的规定，并能有效实现对平台内经营者的管理。关于制度构成的具体内容，可以参照广东省知识产权局发布的《直播电商知识产权保护工作指引》，该指引建议直播电商平台建立的知识产权相关规则可以包括以下主要内容：①用户协议，明确平台与商家、主播、用户等参与主体在知识产权归属和使用上的权利和义务，对于合作的 MCN 机构以及入驻的销售主播，直播电商平台应与其签订《知识产权承诺书》，明确有关知识产权诚信经营的事宜，恪守知识产权合同义务；②商家、主播、MCN 机构等直播电商参与主体的管理规范、内容创作规范、内容违规管理办法、售后服务标准等；③侵权处理规则，即针对出售假冒伪劣产品、不当使用他人权利等涉及侵犯商标权、著作权、专利权及其他知识产权行为的处理规则；④侵权投诉指引，包括受理投诉渠道（平台显著位置）、需提供的证明文件、处理时限等。

值得注意的是，平台知识产权保护规则的内容不得降低法定的知识产权保护水平，不得为知识产权保护设置不合理的条件或者障碍。如果平台知识产权保护规则被认定为未满足"合理"的要求，则在知识产权权利人的知识产权受到侵害时，平台有可能被认定共同侵权。在天猫公司与嘉易烤公司、金仕德公司侵害发明专利权纠纷上诉案[1]中，嘉易烤公司的投诉材料已完全包含权利人身份、专利名称及专利号、被投诉商品及被投诉主体内容。至于侵权分析比对，天猫公司一方面认为其对卖家所售商品是否侵犯发明专利的判断能力有限；另一方面却又要求投诉方"详细填写被投诉商品落入贵方提供的专利权利要求的技术点，建议采用图文结合的方式一一指出"。法院认为，考虑到互联网领域投诉数量巨大、投诉情况复杂的因素，天猫公司的上述要求基于其自身利益考量虽也具有一定的合理性，而且也有利于天猫公司对于被投诉行为的性质作出初步判断并采取相应的措施。但就权利人而言，天猫公司的前述要求并非权利人投诉通知有效的必要条件。

因此，电子商务平台经营者制定的知识产权保护规则的内容并不是对有关法律规定或者要求的简单重复，而是应当根据知识产权权利类型、商品或者服务的特点等，制定平台内可行的保护规则。

（2）与知识产权权利人加强合作。面对平台上大量且实时更新的产品以及商家，由平台经营者全面承担知识产权保护职责是不现实的，一是及时获知知识产权侵权行为的信息较为困难；二是准确判断侵权行为是否构成也具有较强的专业性，如对复杂的专利侵权判断需要一定的技术背景和技术门槛，尤其是著作权这种不需要授权公示获得的知识产权权利，电子商务平台更加难以作出判断。与知

---

[1] 参见浙江省高级人民法院民事判决书，(2015)浙知终字第 186 号。

识产权权利人加强合作，可以提高电子商务平台识别侵权行为的效率和准确性，合理界定平台知识产权保护职责的边界和责任风险。因此，《电子商务法》第41条规定，电子商务平台经营者应当与知识产权人加强合作，包括平台之外的知识产权人。

（3）加强知识产权保护信息化能力建设。电子商务平台经营者可以结合日常核查巡查的工作经验，加强对数据分析的应用，建立信息化监控模型，利用人工智能（AI）、大数据分析等技术手段对商家的产品和信息进行智能监测和筛查，及时发现侵权行为并进行处理，加强对平台内经营者的知识产权监管。由于电商平台日益呈现集中化、规模化的趋势，大型电商平台拥有的数据处理能力已经超出一般企业组织的能力，而监管部门所能触达的范围也越来越有限，从目前的监管趋势来看，行政监管部门以及司法机关将趋向于提高对平台经营者知识产权保护义务的要求，对于认定平台已经"履行合理审查和注意义务"的标准也越来越高，因此作为平台经营者，应当主动提升知识产权保护能力，适应AI、大数据分析带来的管理便利的同时，对其履责要求的提高。

2. 依法实施知识产权治理措施

（1）事前审核措施。根据《电子商务法》第27条第1款规定的电商平台经营者对入驻经营者的基本审核义务，电商平台经营者对于入驻销售商、信息发布者的经营主体资质，包括营业执照、联系人的身份，尤其对标注为"旗舰店""品牌店"字样的店铺类型，应当对经营者的权利证明，包括商标注册证、专利证书、授权许可等知识产权权利证明、行政许可等的真实性、合法性予以审查。此外，在依法对平台内经营者主体进行定期核验时，也应当将知识产权相关权利证明一并纳入核验范围。对于平台内经营者提交的明显存在瑕疵或错误的资质材料，或平台经营者在其能力范围内能够作出侵权判断的，则不能认定其履行了合理的审核义务。

（2）事中治理措施。《电子商务法》第42条至第44条规定，电子商务平台经营者收到知识产权人通知后应对平台内相关经营者采取必要的措施，这是保护知识产权权利人的基本要求。同时还规定了电子商务平台经营者未及时采取必要措施的，对损害的扩大部分与平台内经营者承担连带责任。

是否采取必要措施是电子商务平台经营者能否有效避免与侵权人承担连带责

任的关键因素。根据最高人民法院《关于审理涉电子商务平台知识产权民事案件的指导意见》的相关规定，电子商务平台经营者知道或者应当知道平台内经营者侵害知识产权的，应当根据权利的性质、侵权的具体情形和技术条件，以及构成侵权的初步证据、服务类型，及时采取必要措施。采取的必要措施应当遵循合理审慎的原则，包括但不限于删除、屏蔽、断开链接等下架措施。平台内经营者多次、故意侵害知识产权的，电子商务平台经营者有权采取终止交易和服务的措施。

①知识产权权利人通知。知识产权权利人认为其知识产权受到侵害的，有权通知电子商务平台经营者采取删除、屏蔽、断开链接、终止交易和服务等必要措施。通知应当包括构成侵权的初步证据。通知涉及专利权的，电子商务平台经营者可以要求知识产权权利人提交技术特征或者设计特征对比的说明、实用新型或者外观设计专利权评价报告等材料。知识产权权利人向电子商务平台经营者发出的通知一般包括：知识产权权利证明及权利人的真实身份信息；能够实现准确定位的被诉侵权商品或者服务的名称、侵权商品及链接地址等具体信息；构成侵权的初步证据；通知真实性的书面保证等。通知应当采取书面形式。

②电商平台经营者采取必要措施与转通知。电子商务平台经营者接到通知后，应当根据构成侵权的初步证据和服务类型及时采取必要措施，并将该通知转送平台内经营者。电子商务平台经营者应当根据被侵害权利的性质、侵权的具体情形和技术条件，以及构成侵权的初步证据、服务类型，及时采取必要措施，包括但不限于删除、屏蔽、断开链接等下架措施。采取的必要措施应当遵循合理审慎的原则。电商平台经营者采取必要措施的审查标准应高于一般的形式审查，不能以没有专业知识或者无法对证据进行充分核查为由拒绝采取必要措施，同时，电商平台经营者通常对其已经"采取必要措施"承担举证责任，因此需要进行作业留痕和证据保存等工作。

③平台内经营者声明与反通知。平台内经营者接到转送的通知后，可以向电子商务平台经营者提交不存在侵权行为的声明，声明一般包括：平台内经营者的真实身份信息；能够实现准确定位、要求终止必要措施的商品或者服务信息；权属证明、授权证明等不存在侵权行为的初步证据；声明真实性的书面保证等。声明应当采取书面形式。声明涉及专利权的，电子商务平台经营者可以要求平台内经营者提交技术特征或者设计特征对比的说明等材料。

电子商务平台经营者接到声明后,应当将该声明转送发出通知的知识产权权利人,并告知其可以向有关主管部门投诉或者向法院起诉。电子商务平台经营者在转送声明到达知识产权权利人后 15 日内,未收到权利人已经投诉或者起诉通知的,应当及时终止所采取的措施。《电子商务法》第 43 条规定了平台内经营者终止治理措施的条件和程序,目的是平衡知识产权人与平台内经营者双方的合法权益,一方面强化了电子商务平台知识产权治理措施的效力;另一方面可以督促知识产权人及时寻求法律救济,将有关纠纷从电子商务平台转移到正式的途径加以解决。

(3)事后信息公示。《电子商务法》第 44 条规定,电子商务平台经营者应当及时公示收到的知识产权人通知、平台内经营者的声明及处理结果,一方面可以保证平台治理的公开透明,接受有关各方的监督;另一方面保障了消费者的知情权和选择权。此外,电商平台经营者对于平台内经营者的监管责任贯穿平台内经营者的整个经营过程,并采用技术手段过滤、拦截"高仿""假货"等带有明显侵权商品字样的侵权商品链接及重复侵权的商品链接,以及被投诉成立后再次上架的侵权商品链接。

综上所述,网络直播营销平台经营者对平台内经营者具有法定的管理职责,未履行合理审查和注意义务、未采取必要措施的直播营销平台经营者,应与平台内经营者承担连带责任。这样进一步完善网络直播交易模式的法律责任规则体系,明晰双方的法律责任也将促使直播营销平台经营者加强对平台内经营者的管理,逐步优化网络平台的消费环境和公平竞争秩序。

## 第二节 直播电商从业者主体合规

直播电商从业者(直播间运营者)主要负责管理直播内容、提升直播间人气、促进商品销售等工作。他们在直播营销中扮演着至关重要的角色,直接影响直播间的活跃度和商业效益。直播电商从业者的工作性质正在从单一的销售职能转变为一个集内容创作、品牌管理、数据分析和技术应用于一体的综合职业。随着直播电商的不断发展,这个角色将继续演变,对运营者的要求也将越来越高。

## 一、主体定义

直播电商从业者，是指在直播营销平台上注册账号或者通过自建网站等其他网络服务平台，开设直播间从事网络直播营销活动的个人、法人和其他组织。通常可分为注册直播间账号的公司品牌直播间和个人品牌直播间两大类。

## 二、主体资质

直播电商从业者应依法办理市场主体登记，根据实际开展的网络直播营销活动取得相关行政许可或备案，并依法公示经营信息及行政许可或备案信息，主要包括以下资质。

### （一）基本证照资质

一般而言，直播电商从业者均需要取得营业执照、税务登记等基本的证照资质。《网络交易监督管理办法》第8条第1款规定，网络交易经营者不得违反法律、法规、国务院决定的规定，从事无证无照经营。

但依据《网络交易监督管理办法》第8条第2款、第3款规定，网络交易经营者有以下两类情形的，不需要办理市场主体登记：一是个人通过网络从事保洁、洗涤、缝纫、理发、搬家、配制钥匙、管道疏通、家电家具修理修配等依法无须取得许可的便民劳务活动；二是个人从事网络交易活动，年交易额累计不超过10万元的，不需要进行登记。同一经营者在同一平台或者不同平台开设多家网店的，各网店交易额合并计算。

### （二）经营资质

**1. 增值电信业务经营许可证**

直播电商从业者通常会通过直播平台进行诸如打赏、付费会员、虚拟礼物销售、广告投放、电商带货等营利性活动，因此应当根据《电信条例》第9条第2款的规定办理增值电信业务经营许可证。

**2. 仅销售预包装食品备案、食品经营许可证**

《食品经营许可和备案管理办法》已于2023年12月1日起生效施行，食品经营许可的申请、受理、审查、决定，仅销售预包装食品（含保健食品、特殊医学用途配方食品、婴幼儿配方乳粉以及其他婴幼儿配方食品等特殊食品）的备案，以及相关监督检查工作,都适用该办法。根据该办法,直播电商从业者从事第 4 条所称"食品销售和餐饮服务活动"的,应当依法取得食品经营许可;从事第 5 条所称"仅销售预包装食品"的,应当报所在地县级以上地方市场监督管理部门备案。仅销售预包装食品的食品经营者在办理备案后,增加其他应当取得食品经营许可的食品经营项目的,应当依法取得食品经营许可;已经取得食品生产许可的食品生产者在其生产加工场所或者通过网络销售其生产的预包装食品的,不需要另行备案。

3. 互联网药品信息服务资格证书

直播电商从业者如果要在直播中销售药品,需要办理互联网药品信息服务资格证书。互联网药品信息服务分为经营性和非经营性两类,经营性互联网药品信息服务是指通过互联网向上网用户有偿提供药品信息等服务的活动;非经营性互联网药品信息服务是指通过互联网向上网用户无偿提供公开的、共享性药品信息等服务的活动。

4. 医疗器械经营许可备案

从事医疗器械网络销售、提供医疗器械网络交易服务及其监督管理活动的直播电商从业者,应当依据《医疗器械网络销售监督管理办法》第 7 条和第 8 条的规定办理医疗器械经营许可或者备案。

### 三、行为合规

直播电商从业者的行为合规涉及法律法规的遵守、商品和服务质量的把控、消费者权益的保护等多个方面,主要包括以下几点。

(一)明确责任主体

直播电商从业者要明确自身在直播电商活动中的责任主体地位,对直播内容、商品质量、售后服务等方面承担相应的法律责任。例如,直播间销售的商品出现质量问题,直播电商从业者应积极配合消费者解决问题,承担相应的赔偿责任。

直播电商从业者发布的直播内容构成商业广告的,应当依法履行和承担广告主、广告发布者、广告经营者或者广告代言人的义务和责任。

此外,直播电商从业者应做好直播监控,避免主播在直播中实施违法违规行为。

### (二)直播内容合规

1. 遵守法律法规

(1)直播电商从业者在直播过程中必须遵守国家法律法规,不得发布违法、违规内容。例如,不得传播色情、暴力、恐怖、赌博等不良信息,不得进行虚假宣传、误导消费者等。

(2)严格遵守《广告法》《消费者权益保护法》《电子商务法》等相关法律法规,确保直播内容合法合规。例如,在直播中推荐商品时,要真实、准确地介绍商品的性能、功能、质量等信息,不得夸大其词、虚假宣传。

(3)直播电商从业者需对电子商务经营者提供的直播内容予以审核,并核验其与所链接的商品或服务是否相符。

(4)直播电商从业者未经电子商务经营者同意修改其提供的直播内容的,应当对修改的部分承担相应的法律责任。

2. 坚持正确导向

(1)直播电商从业者应坚持正确的价值导向,弘扬正能量,传播积极健康的文化内容。例如,可以通过直播推广优秀传统文化、公益活动等,为社会传递正能量。

(2)避免低俗、庸俗、媚俗的直播内容,树立良好的行业形象。例如,不得在直播活动中使用低俗语言、进行不适当的表演等。

### (三)商品销售合规

1. 商品质量把控

(1)直播电商从业者要严格把控商品质量,强化对直播选品环节的审核把关,确保销售的商品符合国家相关标准和质量要求,不掺假掺杂,对相关供应商的身份、地址、联系方式、行政许可、信用情况等信息进行核验,对直播间销售的商品或服务的质量说明、知识产权权属以及相关标识证明等文件进行审查,并留存相关记录备查。

(2)建立商品质量追溯体系,一旦出现商品质量问题,能够及时追溯到源头,采取有效措施解决问题。例如,记录商品的进货渠道、销售记录等信息,以便在出现问题时能够进行查询和处理。

2. 价格合规

(1)直播间销售的商品应当按照规定明码标价,严禁在标价之外加价出售商品，不得收取任何未予标明的费用。商品价格应遵循市场规律，不得实施价格欺诈、哄抬物价等操纵市场的行为。例如，不得在直播中虚假标注原价、虚假打折等。

（2）明确商品价格的构成，包括商品价格、运费、税费等，不得在消费者不知情的情况下收取额外费用。例如，在直播中要清晰地告知消费者商品的总价以及各项费用的明细。

3. 知识产权保护

（1）直播电商从业者要尊重他人的知识产权，不得销售侵犯他人商标权、专利权、著作权等知识产权的商品。例如，在选择商品时，要对商品的知识产权状况进行审查，确保商品的来源合法。

（2）直播电商从业者要加强对直播内容的知识产权保护，不得未经授权使用他人的音乐、图片、视频等素材。例如，在直播中使用背景音乐时，要确保获得了合法的授权。

（3）直播电商从业者使用他人肖像作为虚拟形象从事网络直播营销活动的，应当征得肖像权人同意，不得利用信息技术手段伪造或以其他方式侵害他人的肖像权。

（四）消费者权益保护合规

1. 信息披露真实全面

（1）直播电商从业者应向消费者真实、全面地披露商品信息，包括商品的名称、规格、型号、质量、价格、产地、用途、使用方法、售后服务等。例如，在直播过程中应详细介绍商品的特点和优势，同时也要如实告知商品的不足之处和注意事项。

（2）对商品的宣传和介绍要与实际情况相符，不得进行虚假宣传或夸大其词。例如，不得在直播中声称商品具有某种功效，但实际上商品并不具备该功效。

2. 售后服务完善

（1）直播电商从业者要建立完善的售后服务体系，为消费者提供优质的售后服务。例如，明确售后服务的内容、期限、方式等，及时处理消费者的退换货、维修等要求。

（2）提供售后保障，如实答复消费者询问、履行交易承诺和七日无理由退货等义务,并接受社会监督。例如,在商品出现质量问题时,按照法律规定为消费者提供退换货、维修等服务,不得推诿责任。

(五)反不正当竞争合规

直播电商从业者不得要求商家签订"最低价协议",或采取其他排除、限制竞争的协议、决定或者协同行为,但依法不构成垄断协议的除外。

直播电商从业者应秉持公平竞争原则,遵守诚实信用原则和商业道德,不得以高薪挖人、虚构数据、片面对比等手段恶性竞争,不得以不正当手段获取权利人的商业秘密,不得以财物等商业贿赂手段谋取交易机会或者竞争优势。

公平参与市场竞争,真实、准确地展示直播间人数、用户评论以及营销数据,自觉抵制任何形式的流量数据造假、虚构交易或评价、仿冒混淆、商业诋毁和违法有奖销售等不正当竞争行为。

(六)数据安全合规

1. 合法收集数据

(1)直播电商从业者在收集消费者个人信息时,应遵守国家关于个人信息保护的法律法规,确保数据收集的合法性、正当性、必要性。例如,在收集消费者个人信息时,要明确告知消费者收集信息的目的、范围、方式等,并获得消费者的同意。

(2)不得过度收集消费者的个人信息,不得收集与直播电商活动无关的个人信息。例如,不得在消费者不知情的情况下收集其通讯录、位置信息等敏感个人信息。

2. 安全存储数据

(1)直播电商从业者要采取有效的技术措施和管理措施,确保消费者个人信息的安全存储。例如,对消费者的个人信息进行加密存储,建立严格的访问制度,防止个人信息被泄露、篡改、丢失等。

(2)定期对数据存储系统进行安全检查和风险评估,及时发现和解决安全隐患。例如,聘请专业的安全机构对数据存储系统进行安全检测,及时修复安全漏洞。

3. 规范使用数据

(1)直播电商从业者应按照合法、正当、必要的原则使用消费者的个人信息,不得将个人信息用于非法目的或未经消费者同意的商业活动。例如,不得将消费者的个人信息出售给第三方,不得利用个人信息进行精准营销等。

(2)在使用消费者的个人信息时,应采取有效的安全保护措施,防止个人信息被泄露、滥用等。例如,在进行数据分析时,应对个人信息进行脱敏处理,确保个人信息的安全。

(七)税务合规

1. 依法纳税申报

(1)直播电商从业者应按照国家税收法律法规的规定,及时、准确地进行纳税申报。例如,如实申报直播电商活动的收入、成本、费用等,计算应纳税额,并按时缴纳税款。

(2)不同类型的收入,如商品销售收入、打赏收入、广告收入等,要分别进行核算和纳税申报。例如,商品销售收入应按照增值税、企业所得税等相关税种进行纳税申报;打赏收入应按照个人所得税的规定进行纳税申报。

2. 规范管理发票

(1)直播电商从业者在销售商品或提供服务时,应按照规定向消费者开具发票。例如,在消费者购买商品后,及时为消费者开具增值税发票或普通发票。

(2)加强发票管理,确保发票的真实性、合法性。例如,不得实施开具虚假发票、虚开发票等违法违规行为。

(八)合作与监管合规

1. 合作方管理

(1)直播电商从业者在与供应商、主播、MCN机构等合作方合作时,应签订明确的合同,约定双方的权利和义务。例如,与供应商签订采购合同,明确商品的质量、价格、交货期限等;与主播签订合作协议,明确直播内容、报酬、违约责任等。

(2)对合作方进行资质审查和管理,确保合作方的合法性、合规性。例如,对供应商的营业执照、生产许可证等资质进行审查;对主播的身份信息、从业资格等进行审查。

2. 接受监管配合

(1)直播电商从业者要积极配合政府监管部门的监督检查,如实提供相关资料和信息。例如,在监管部门进行检查时,应按要求提供直播记录、商品销售记录、财务报表等资料。直播电商从业者应依法保存直播视频，保存时间自直播结束之日起不少于3年。

（2）对监管部门提出的整改要求，要认真落实，及时整改存在的问题。例如，当监管部门发现直播间存在违规行为时，要立即停止违规行为，并采取有效措施进行整改。

## 第三节　直播营销人员主体合规

随着直播行业的迅速发展，直播营销人员（主播）的数量呈现爆发式增长。从早期的少数专业人士，发展到如今涵盖各个领域、不同年龄段和背景的庞大群体。在这个全民直播的时代，相关的行业规范和法律法规也在不断完善。例如，对主播的资质审核、直播内容的审核等方面均设置了更加严格的要求。

### 一、主体定义

直播营销人员，即直播带货主播，是通过网络直播平台，运用语言表达、产品展示和演示等方式向观众进行商品推广和销售的人员，主要负责介绍产品特性、使用方法以及优惠信息等，同时与观众互动，解答观众疑问，引导观众购买，从而达成销售商品的目标。主播通常与电商平台、品牌商或其他商业实体合作，成为连接产品和消费者的重要桥梁。当前，直播市场的主播可以分为以下几类：一是明星主播；二是专业主播，包括头部主播、中腰部主播（达人主播）以及小主播（素人主播），尤其是头部主播，通常都拥有较大流量的个人IP；三是店铺自播，包括品牌自播和白牌自播；四是AI数字人主播，数字人对替代真人主播的非黄金时段起到了辅助作用，但还不能完全代替真人主播；五是企业家主播，包括各大品牌的创始人、CEO，如长城汽车董事长魏建军、钟薛高创始人林盛以及华为常务董事余承东等。

根据主播与直播间运营者以及商家之间的不同关系，在直播模式上可分为品牌自播模式、品牌主播模式和MCN主播模式。品牌自播模式为直播间运营者是商品服务品牌的持有者，与直播平台合作并自建网络直播间，由自己的员工或邀请的主播、明星等直接向消费者销售商品或服务，消费者通过直播间的链接购买产品，如"企查查"的网络直播间；品牌主播模式为商家与主播签订合作协议，带货主播在其直播间推荐产品，消费者通过产品链接到商家的品牌店铺购买，主播则从中获取销售提成，如"东方甄选"直播间；MCN主播模式为商家或者商家委托运营者与MCN公司签署直播带货合作协议，由MCN公司安排其雇佣或合作的主播在直播间推广商家产品，消费者通过链接购买。

直播营销人员（主播）是直接面向消费者的产品推介者，其合规重要性不言而喻。《网络直播营销管理办法（试行）》专门设置章节对其合规要求进行了明确阐述，结合监管实务，直播营销人员（主播）主体合规主要包括资质和行为两个方面。

## 二、主体资质

随着直播行业的发展和监管的加强，对于主播的资质要求也越来越规范和严格，主要包括以下几方面。

### （一）主播最低年龄16周岁

《网络直播营销管理办法（试行）》和杭州发布的《直播电商产业合规指引》均要求主播必须年满16周岁，并且不满18周岁的主播进行直播活动还应经过监护人同意。实践中，MCN机构在签约不满18周岁的主播时，合同中必须有其监护人的签名。此外，直播平台如需启用未满18周岁的主播开展直播活动，应当设立专门的经监护人同意的流程或签订相应的协议。

值得注意的是，聘用不满16周岁的未成年人"协助带货"、以成年人账号注册但实际由未成年人进行直播等擦边行为，同样违反了相关规定。

2022年，上海市宝山区检察院处理了一起涉及未成年人"协助带货"的案件。在直播间里，主播身边有一名约10岁的男孩正在协助带货。他时而向主播提示互动信息，时而老到地介绍货品，"超级大爆米花，有藤椒、奶油、焦糖三种口味……"上海市宝山区检察院随后联系该网络直播平台进行调查，发现当天60分钟的直播时长中，未成年人参与带货的时间就长达40分钟。检察院随即要求下架相关视频回放内容，并向其发出检察建议。[1] 这一案例也充分证明，未成年人是

---

[1] 参见宝剑 & 山山：《未成年人直播带货？No！两份检察建议助力未成年人网络保护》，载微信公众号"宝山检察"2023年3月13日，https://mp.weixin.qq.com/s/xNQ1ljs7lMBuLLVg6x6lnQ。

不允许参与直播带货的。

(二)外籍主播相关要求

1. 取得就业许可

公司主要涉及跨境带货直播或使用外籍人士进行网络直播的,需要为外籍带货主播办理就业许可。在安徽易链网络科技有限公司聘用未取得工作许可和工作类居留证件的外国人案[1]中,MCN机构因非法聘用未取得工作许可的外籍主播而受到公安部门处罚。

2. 向广播电视主管部门报备

无论是进行带货直播还是秀场直播,根据《关于加强网络秀场直播和电商直播管理的通知》第3条的规定,社会知名人士及境外人员开设直播间,平台应提前向广播电视主管部门报备。

3. 实名认证

《网络表演经营活动管理办法》第9条规定,网络表演经营单位应当要求表演者使用有效身份证件进行实名注册,并采取面谈、录制通话视频等有效方式进行核实。

4. 特殊行业的许可资质

《网络主播行为规范》第13条第2款规定,对于需要较高专业水平(如医疗卫生、财经金融、法律、教育)的直播内容,主播应取得相应执业资质,并向直播平台进行执业资质报备,直播平台应对主播进行资质审核及备案。

(三)专业类特殊要求

与前述对外籍主播的要求相同,特殊行业直播也应具备相应的许可资质。具体来说:(1)医疗卫生类主播应根据实际情况,持有医生执业资格、护士执业资格、药师资格、医学影像技师资格等证书。(2)金融内容类主播应具备注册会计师(CPA)、特许金融分析师(CFA)、税务师、金融风险管理师(FRM)等资格证书。然而,银行从业资格、证券从业资格证等初级入门证书,并不属于专业执业资质的级别。(3)法律类主播应具有法律职业资格证书、律师证、公检法部门的就业证明等。(4)教育类主播应根据其发布的内容及所在行业,持有相关专业的执业证书。

---

[1] 参见安徽省安庆市岳西县公安局来榜派出所,岳公(来榜)行罚决字〔2020〕384号。

#### (四)虚拟数字人主播相关要求

虚拟数字人主播与真人主播一样需要受到行为规范的约束。《网络主播行为规范》第1条明确指出,利用AI技术合成的虚拟主播及内容,参照该行为规范。在直播中使用数字人主播的,应确保已获得相关权利人的充分授权。例如,数字人形象的版权所有者、技术提供方等的授权许可,避免因未获授权而引发侵权纠纷。应与相关主体、数字人技术提供方、形象授权方等签署合同,约定使用范围、使用期限、费用支付、保密条款等内容,明确各方的权利义务。如果数字人主播的直播涉及医疗卫生、财经金融、法律、教育等较高专业水平的内容,则其直播内容的撰写团队或撰写者必须具有相关的职业资格或资质证明。例如,数字人主播进行财经金融类内容直播,相关内容的提供者须具备相应的金融专业资格证书等,并按相关部门或直播营销平台的要求进行报备、审查。

### 三、行为合规

国家广播电视总局、文化和旅游部于2022年6月发布并实施的《网络主播行为规范》对主播各方面的行为规范作出了明确、具体的指引。《网络主播行为规范》第14条指出,主播在提供网络表演及视听节目服务过程中,不得出现以下31种行为,如不得侮辱、诽谤他人或者散布他人隐私,侵害他人合法权益;不得未经授权使用他人拥有著作权的作品;不得对社会热点和敏感问题进行炒作或者蓄意制造舆论"热点"等。

除了遵循《网络主播行为规范》的相关规定,主播还应结合《网络直播营销管理办法(试行)》《互联网信息服务算法推荐管理规定》《刑法》等相关法律法规的规定,确保自身的行为合规。对此,可以从以下几个方面入手。

#### (一)直播前的准备

1. 明确产品信息

(1)核查产品的相关资质和认证,确保产品的来源合法、质量可靠。例如,对于食品类产品,要确认是否有食品生产许可证、卫生许可证等;对于化妆品,则须查看是否有备案信息等。

(2)主播应在直播前充分了解所推销商品或服务的详细信息,包括品牌、规格、功能、使用方法、质量保证等。例如,对于一款电子产品,主播要清楚其技参数、特色功能以及与其他同类产品的比较优势。

（3）主播应尽可能试用所要推荐的商品或服务，当主播亲自试用后，才能够更真实地向观众分享使用感受和效果。主播在试用后应给出客观、公正的评价，不能因商业利益而夸大产品功效或隐瞒产品缺陷。

（4）对所推荐的商品进行质量把控，确保其符合相关标准和要求。若发现商品存在质量问题，应及时采取措施，如停止推荐、协助消费者维权等。

2. 公平竞争

主播直接和商家签订协议的，不应要求商家签订"最低价协议"或任何其他不合理的排他性强制条款。

3. 准备合法合规的直播内容

（1）制定直播脚本，确保直播过程中的语言表达、演示行为符合法律法规和社会公序良俗。避免使用低俗、色情、暴力、侮辱性等不当语言，以及避免进行不适当的行为演示。例如，在直播服装展示时不能有过于暴露或不适当的动作。

（2）对直播中可能涉及的广告宣传内容进行审核，确保其真实性、准确性，不得进行虚假宣传或夸大产品功效。例如，不能声称一款普通护肤品具有医疗级别的治疗效果。

（3）未经直播间运营者或者电子商务经营者同意，主播不得擅自修改给其提供的直播内容，否则应当对修改部分承担相应的法律责任。

（二）直播中的行为规范

1. 诚信宣传

（1）主播在直播营销活动中应当规范自身行为，履行与商家的约定，依法向公众推销商品或服务。如实介绍商品或服务的特点、优势和不足，不得隐瞒重要信息误导消费者。例如，在介绍一款手机时，应客观地说明其性能优势，同时也要提及可能存在的续航时间较短等不足之处。

（2）对商品的价格、优惠活动等信息进行准确传达，不得故意抬高原价再进行虚假打折。例如，不能虚构一个高价作为原价，然后以大幅度折扣吸引消费者购买。

2. 尊重知识产权

（1）尊重他人的知识产权，不得销售侵犯他人专利、商标或版权的商品。同时，也要保护自己的知识产权，如直播内容的原创性。

（2）在直播过程中，不得使用未经授权的音乐、图片、视频等素材，避免侵犯他人的知识产权。例如，不能随意播放未获得授权的热门歌曲作为直播背景音乐。

（3）使用他人的商标、品牌形象等进行宣传的，也应确保获得合法授权。例如，在推荐某品牌商品时，不能擅自使用该品牌的商标进行二次创作或用于未经授权的宣传活动。

（4）使用他人肖像作为虚拟形象从事网络直播营销活动的，应当征得肖像权人的同意，不得利用信息技术手段伪造等方式侵害他人的肖像权。

3. 互动合规

（1）与观众互动时，应保持文明和理性，严禁作出任何形式的恶意攻击、辱骂等行为。面对观众的提问和质疑，主播应耐心解答，不能恶语相向或使用恶劣言辞。

（2）对观众的打赏、赠送礼物等行为，应遵守平台规定进行合理处理，不得诱导观众过度消费或进行不适当的索取行为。例如，不能以不恰当的方式鼓励观众大量打赏或购买虚拟礼物。

（3）主播不得利用打赏提现等功能，掩饰、隐瞒自己或他人犯罪所得的资金。

4. 广告宣传合规

（1）如果直播内容中包含广告，应明确标识广告内容，让观众能够清楚区分。例如，可以在广告出现时，通过字幕、口头说明等方式告知观众"以下为广告内容"。

（2）广告内容应遵守《广告法》的相关规定，不得含有虚假宣传或容易引人误解的内容，不得使用绝对化用语等。例如，不能声称自己推荐的产品是"最好的""全球第一"等。

5. 虚拟数字人主播注意事项

（1）直播电商从业者使用数字人主播的，必须在直播间添加显著标识，避免公众混淆或者误认，应按照有关规定开展安全评估，并依法履行算法备案、变更和注销备案手续。

（2）虚拟数字人主播也同样必须遵守《网络主播行为规范》中的31项行为禁令，包括"禁止发表不正当言论"、"禁止虚假宣传、炒作"以及"禁止欺骗消费者"等。

(三)直播后的责任履行

1. 售后服务跟进

(1)协助消费者解决购买商品或服务后遇到的问题,如退换货、维修等。主播应积极与商家沟通协调,确保消费者的合法权益得到保障。例如,当消费者购买的商品出现质量问题时,主播要及时帮助消费者联系商家进行处理。但是,在未取得商家同意的情况下,不应单方面作出超出法律法规规定的退款退货承诺。

(2)对消费者的投诉和反馈要认真对待,及时回应并采取措施进行改进。例如,对于消费者在直播后的留言反馈,主播要及时查看并回复,对于合理的建议要积极采纳。

2. 数据保存与报告

(1)按照规定保存直播视频等相关数据,以便监管部门检查或处理纠纷时使用。保存时间一般自直播结束之日起不少于 3 年。例如,直播平台应建立完善的数据存储系统,确保直播数据的安全保存。

(2)如在直播过程中发现任何违法违规行为或异常情况,应及时向直播平台或相关监管部门报告。例如,如果主播在直播后发现自己不慎进行了虚假宣传,应主动向平台报告并采取必要的纠正措施。

## 第四节　MCN 机构主体合规

MCN, Multi-Channel Network 是舶来品,源于美国,意为一种多频道网络的产品形态,是在资本的有力支持下保障一定规模账号的内容创作机构。MCN 机构在直播行业中扮演着重要角色,帮助主播更好地专注于内容创作,同时在商业化和职业发展方面提供支持,在整个直播产业链中起到了桥梁和纽带的作用,对于推动直播行业的健康发展具有重要意义。

### 一、主体定义

MCN 机构,即主播服务机构,是指为主播提供全方位的创作指导和流量扶持服务的专业公司或组织，提供的服务包括但不限于内容制作、个人品牌建设、商业合作谈判、财务管理、法律咨询、培训提升等。

2020年7月1日实施的《网络直播营销行为规范》中，对直播电商中的商家、主播、网络直播营销平台以及主播服务机构等主体的行为均制定了详细的规范和标准，并且提到了"MCN机构"这一角色及其规范经营要求。《杭州市直播电商产业合规指引》和《上海市网络直播营销活动合规指引》均进一步细化和明确了MCN机构提供的服务规范，包括策划、运营、经纪以及培训等。如果MCN机构还提供创作、发布推广文案、短视频等服务，则属于《互联网广告管理办法》第4条第2款所称的"从事互联网广告设计、制作、代理、发布等活动"的广告经营者、广告发布者，需要受到《广告法》《互联网广告管理办法》的规制。

## 二、主体资质

《网络直播营销行为规范》第38条第2款规定，网络直播营销主播服务机构应当依法取得相应经营主体资质。然而，该条款并没有直接指出MCN机构应当具备何种资质。同样，《杭州市直播电商产业合规指引》和《上海市网络直播营销活动合规指引》也未明确MCN机构的资质问题。其他现有的法律法规、直播营销平台规则里，也尚无对MCN机构的资质提出特定的要求。在直播营销平台规则里，对MCN机构入驻的条件，首先侧重对机构的签约主播的数量、质量、人气有硬性要求，其次是对机构的注册资金、场所、过往的营收数据方面设立门槛，这些措施旨在确保入驻的MCN机构具备足够的资金与流量优势，能够为直播营销平台带来稳定且持久的收益。在实践中，为了确保MCN机构的合规运营，建议MCN机构应取得如下资质：

1. 营业性演出许可证。根据《网络表演经纪机构管理办法》第2条的规定，网络表演经纪机构是指依法从事网络表演的组织、制作、营销等经营活动和网络表演者的签约、推广、代理等经纪活动的经营单位。《网络表演经纪机构管理办法》第4条第1款也规定了网络表演经纪机构从事演出经纪活动，应当依法取得营业性演出许可证。从事网络表演经纪活动的MCN机构应取得营业性演出许可证。

2. 广播电视节目制作经营许可证。根据《广播电视节目制作经营管理规定》

第 4 条的规定，国家对从事广播电视节目制作经营活动实行许可制度，从事广播电视节目制作经营活动应当取得广播电视节目制作经营许可证。

原国家新闻出版广电总局发布的《关于进一步加强网络视听节目创作播出管理的通知》第 5 条规定，网络视听节目服务机构不得播出未取得广播电视节目制作经营许可证的机构制作的网络视听节目。前述网络视听节目，具体包括网络剧、微电影、网络电影、影视类动画片、纪录片；文艺、娱乐、科技、财经、体育、教育等专业类网络视听节目；其他网络原创视听节目。此外，《互联网视听节目服务管理规定》第 9 条第 2 款规定，从事主持、访谈、报道类视听服务，以及从事自办网络剧（片）类服务的，都应当持有广播电视节目制作经营许可证。

因此，如果 MCN 机构自制视频内容（包括电视剧、动画片、专题片、电视综艺、纪录片、广播剧、网络剧、微电影、网络电影、网络综艺、短视频等）属于广播电视网络视听节目范畴，那么，要上传平台进行发布，则需要取得广播电视节目制作经营许可证。

3. 信息网络传播视听节目许可证。依据《互联网视听节目服务管理规定》第 2 条第 2 款的规定，互联网视听节目服务，是指制作、编辑、集成并通过互联网向公众提供视音频节目，以及为他人提供上载传播视听节目服务的活动。第 7 条第 1 款规定，从事互联网视听节目服务，应当依照该规定取得广播电视主管部门颁发的信息网络传播视听节目许可证或履行备案手续，否则，任何单位和个人不得从事互联网视听节目服务。因此，MCN 机构开展《互联网视听节目服务业务分类目录（试行）》（2017 年）范围内的网络视听业务，均须办理信息网络传播视听节目许可证。

需要注意的是，信息网络传播视听节目许可证的申请门槛较高，审批严格，且具体要求和流程可能因地区和业务类型的不同而有所差异。在申请前，建议 MCN 机构充分了解相关政策和要求，并确保自身具备相应的条件和能力。例如，2019 年 12 月，全国首家县域全媒体集团长兴传媒集团获得信息网络传播视听节目许可证，拥有了时政类视听新闻服务、时政访谈类视听服务以及网络剧（片）类服务等资质。由此可见，虽然 MCN 机构申请信息网络传播视听节目许可证有一定难度，但如果 MCN 机构自身实力雄厚，具备完善的管理体系、优质的内容资源和专业的技术团队，并且能够严格遵守相关法律法规和政策要求，还是有可能成功申请到信息网络传播视听节目许可证的。

### 三、行为合规

主播服务机构应当根据法律法规和协议的规定开展对直播营销人员（主播）的招募、培训和管理工作，履行信息安全管理、商品质量审核、消费者权益保护和依法纳税等义务。具体行为规范如下。

（一）人员管理

1. 主播招募与筛选

（1）建立严格的招募标准和流程，对主播的年龄、形象、才艺、专业素养、道德品质等方面进行综合评估，确保招募到符合要求的主播。例如，要求主播年满16周岁（16周岁以上不满18周岁的须经监护人同意），具备一定的才艺或专业知识，无不良行为记录等。

（2）对拟签约主播的身份信息进行真实性核验，确保主播身份的真实性和合法性，避免出现冒用他人身份等情况。

2. 主播培训与教育

（1）定期组织主播进行法律法规、行业规范、道德伦理等方面的培训，提升主播的法律意识和职业素养。例如，开展《广告法》《消费者权益保护法》《网络直播营销管理办法（试行）》等法律法规的培训，让主播了解在直播营销中哪些行为是合法合规的，哪些行为是被禁止的。

（2）提供专业技能培训，包括直播技巧、语言表达、互动能力以及产品知识等方面的培训，提高主播的业务能力，更好地为观众提供优质的直播内容。

（3）根据《网络主播行为规范》第17条的规定，对主播进行教育培训、日常管理和规范引导，建立健全网络主播入驻、培训、日常管理、业务评分档案和"红黄牌"管理等内部制度规范，对向上向善、模范遵守行为规范的网络主播给予正向激励等。

（二）合同管理

1. 与主播签订合同

（1）与旗下创作者签订公平、合理、清晰的合同，明确双方的权利和义务，遵守合同约定，不擅自变更或解除合同。双方的权利和义务包括但不限于主播的工作内容、直播时长、报酬及支付方式、知识产权归属、保密条款等。例如，合同约定主播在直播中产生的内容的知识产权归 MCN 机构所有，主播应遵守保密协议，不得泄露机构的商业秘密等。

（2）设置违约责任条款，对于主播可能出现的违约行为，如擅自终止合同、违反直播内容规定等，制定明确的违约责任条款，以保障 MCN 机构的合法权益。

2. 与合作方签订合同

与直播营销平台、品牌商家等合作方签订合同，明确各方在直播营销活动中的权利、义务和责任，确保合作方以及签约直播营销人员向平台提交的主体资质材料、登录账号信息等真实、有效。例如，与直播营销平台明确平台的服务内容、技术支持、数据安全保障等责任；与品牌商家确定商品或服务的推广要求、费用结算方式以及销售目标等内容。

（三）内容管理

1. 制定内容审核制度

建立健全直播内容审核机制，明确审核的流程、标准和责任人员。对主播的直播内容进行全面审核，包括直播脚本、语言表达、表演形式、展示的商品或服务等，确保内容符合法律法规和社会公序良俗。例如，审核直播脚本中是否存在虚假宣传、夸大产品功效、使用绝对化用语等违法违规内容；审核主播在直播中的语言是否文明、得体，是否存在低俗、色情以及暴力等不良信息。

2. 监督直播过程

在直播过程中，安排专人进行实时监督，及时发现和处理违规行为。若发现主播有不当言论、行为或展示的内容不符合要求，应立即采取措施，如提醒主播纠正、暂停直播、删除违规内容等。对于情节严重的违规行为，应按照合同约定和内部管理制度对主播进行相应的处罚。

3. 知识产权保护

（1）加强对主播创作内容的知识产权保护，为主播提供知识产权方面的指导和支持。例如，告知主播如何对自己的原创直播内容进行版权登记，如何防范他人侵犯自己的知识产权等相关内容。

（2）尊重他人的知识产权，严禁抄袭、剽窃等侵权行为，在使用他人的作品（音乐、图片、视频等）时，应确保获得合法授权。例如，在制作直播宣传素材时，如需使用某首歌曲作为背景音乐,应取得该音乐作品的授权许可。

(四)消费者权益保护

1. 商品或服务的质量把控

对合作的品牌商家及其提供的商品或服务进行严格的筛选和质量把控。建立商品或服务的质量审核机制,审核商家的资质、商品的质量检测报告以及售后服务承诺等内容,确保消费者购买到的商品或享受到的服务质量有保障。例如,要求商家提供商品的合格证明、质量检测报告等文件,对商品进行抽样检查等。

2. 处理消费者的投诉与纠纷

建立健全消费者投诉处理机制,及时、妥善处理消费者的投诉和纠纷。设立专门的客服团队或人员,负责接收、处理消费者的咨询、投诉和建议。对于消费者的投诉,要认真核实情况,积极与消费者沟通协商,按照相关法律法规和合同约定,及时给消费者提供合理的解决方案。例如,当消费者投诉购买的商品存在质量问题时,MCN机构应协助消费者联系商家进行退换货或维修等售后服务。

(五)财务管理

1. 规范财务核算

建立健全财务管理制度,对机构的收入、支出以及成本等进行规范的财务核算。准确记录与直播营销活动相关的各项收入和支出,包括主播报酬、合作费用以及推广费用等,确保财务账目清晰、准确。

2. 税务合规

依法履行纳税义务,按照税法的规定准确计算和申报缴纳各项税款,如增值税、企业所得税、个人所得税等。为主播代扣代缴个人所得税,确保主播的纳税合规。例如,根据主播的收入类型(如劳务报酬所得、工资薪金所得等),按照相应的税率和扣除标准计算并代扣代缴个人所得税。

(六)数据管理

1. 数据安全保护

建立完善的数据安全管理制度,采取必要的技术和管理措施,保障直播活动中产生的用户个人信息、交易数据等的安全。例如,对用户的姓名、身份证号、联系方式、购买记录等个人信息进行加密存储,防止数据泄露;建立数据备份机制,定期对重要数据进行备份,以防止数据丢失。

## 2. 保护隐私

MCN 机构在处理个人信息时，应当遵循合法、合理、必要的原则，保护签约创作者及用户的个人隐私不被泄露。

## 3. 数据的真实与准确性

确保向直播营销平台、监管部门等提供的数据真实、准确、完整，不得篡改、隐瞒或虚报数据。例如，在向平台报送直播观看人数、销售数据等统计信息时，要保证数据的真实性，不得通过刷量等不正当手段虚增数据。

## 第五节　商家主体合规

对商家而言，直播营销是一种新型的营销方式，商家通过直播平台直接与消费者实时互动、展示产品、提供促销信息并及时解答消费者的疑问。这种营销方式有助于提高品牌的曝光度，激发消费者的购买意愿，最终达成销售，推动销售量的增长。商家需根据产品特性、目标市场、资源配置以及消费者偏好等因素综合考量，制定合适的直播策略和直播带货模式。在直播营销中，商家肩负着多重责任，包括产品质量责任、消费者权益保护责任等，因此，商家应确保营销活动的合法性、诚信性和可持续性，同时也要不断提升自身的专业能力和服务水平，以赢得消费者的信任和支持，维护品牌的形象和商业利益。

### 一、主体定义

在直播场景中，直播商家是指通过直播平台进行商品销售或提供服务的个人、法人或其他组织。他们是直播活动中所售商品或提供服务的源头，通常是独立承担法律责任的主体，需要对所售商品质量、服务内容以及其直播行为负责。

在法律层面，直播商家的行为受到一系列法律法规的约束，主要包括《消费者权益保护法》《广告法》《电子商务法》《产品质量法》等。

### 二、主体资质

直播商家通常需要满足以下资质条件。

(一)市场主体登记

原则上,电子商务经营者均应当依法办理市场主体登记,取得企业或个体工商户营业执照,并依法进行税务登记,依法缴纳税款。

但依据《电子商务法》第10条的规定,个人销售自产农副产品、家庭手工业产品,个人利用自己的技能从事依法无须取得许可的便民劳务活动和零星小额交易活动,以及依照法律、行政法规不需要进行登记的除外。

(二)相关行业许可证

如果销售的是特定行业的商品或提供的是特定行业的服务,如销售食品、药品、医疗器械、化妆品以及出版物等,或提供餐饮、教育培训以及证券咨询服务等,需要取得相应的行业许可证。

1. 食品行业:食品经营许可证。无论是销售预包装食品、散装食品还是提供餐饮服务,都需要办理食品经营许可证。例如,销售零食的商家、提供外卖餐饮服务的店铺等,都必须持有食品经营许可证。

2. 药品行业:药品经营许可证。从事药品销售的直播商家,包括药品零售企业和药品批发企业,都要取得药品经营许可证。例如,实体药店通过直播销售药品的,必须具备药品经营许可证。

3. 医疗器械行业:医疗器械经营许可证。根据医疗器械的风险程度不同,经营医疗器械的直播商家所需具备许可证的要求也有所不同。例如,经营第二类医疗器械(如血压计、体温计等)的商家,需要办理第二类医疗器械经营备案凭证;经营第三类医疗器械(如心脏起搏器、人工关节等)的商家,必须办理医疗器械经营许可证。

4. 化妆品行业:化妆品生产许可证。如果直播商家是自行生产化妆品并进行销售,则需要办理化妆品生产许可证。例如,一些自主研发、生产化妆品的品牌企业,必须持有化妆品生产许可证。

5. 教育培训行业:办学许可证。开展线上教育培训直播的商家,需要取得办学许可证。例如,各类线上教育培训机构,如英语培训、职业技能培训等机构通过直播进行教学活动的,均需事先取得办学许可证。

6. 金融行业:金融相关许可证。金融行业比较特殊且受到严格监管。不同金融业务的许可证要求差异较大,且申请条件较为严格,对企业的资本实力、专业人员资质以及风险管理能力等方面都有具体要求。例如，从事证券投资咨询业务的直播商家，需要取得证券投资咨询业务资格证书；开展保险产品销售直播的商家，所属保险公司需要具备相应的保险业务经营许可证等。

（三）品牌授权书

如果销售的是品牌商品，则需要提供品牌方的授权书，以证明拥有合法销售权。若存在多个品牌或商标需要授权的，需逐一列出授权，避免混淆。

1. 明确授权的具体范围，包括但不限于商品或服务的类别、品种、型号等。此外，直播商家在直播过程中的宣传推广权限，如是否允许使用品牌的广告素材、宣传语等，也需在授权范围内明确约定。

2. 规定授权的有效期限，明确起始日期和结束日期。若授权期限届满后，直播商家希望继续获得授权，应提前与授权方协商并办理相关续期手续。

（四）质量检测报告

平台要求直播商家提供质量检测报告，是为了确保商品质量、保障消费者权益以及符合相关法律法规和平台规定。商家应按直播平台的要求提供权威机构出具的有效的质量检测报告，以证明提供的商品符合相关质量标准。

（五）知识产权证明

平台要求直播商家提供知识产权证明，主要是为了确保商家在直播活动中所使用或销售的产品、内容等不侵犯他人的知识产权，同时也是直播平台规范管理、维护市场秩序以及保护消费者权益的重要举措。以下是一些常见的知识产权证明要求。

1. 商标权证明

（1）商标注册证书。商标注册证书由国家知识产权局商标局颁发，是商标权的主要证明文件。证书上须明确标注商标的图样、注册人名称、注册地址、注册日期、有效期以及核定使用的商品或服务类别等信息。商标注册证书需在有效期内使用，若即将到期，商家应及时办理续展手续。

（2）商标转让证明（若有）。如果商标通过转让获得，则需要提供由国家知识产权局商标局出具或备案的商标转让证明文件，该文件应明确记载转让人和受让人的名称、地址、转让的商标名称及图样、转让日期等信息。

（3）商标使用许可合同备案证明（若有许可使用情况）。当商家作为被许可人使用他人商标时，需提供由国家知识产权局商标局出具的商标使用许可合同备案证明，该证明应体现许可人和被许可人的名称、地址、许可使用的商标名称及图样、许可使用的商品或服务范围、许可使用的期限等内容。

2. 专利权证明

（1）专利证书。对于拥有专利的商品，商家应提供由国家知识产权局颁发的专利证书。专利证书上须明确标注专利类型（如发明专利、实用新型专利、外观设计专利）、专利名称、专利号、专利权人名称、发明创造名称、授权公告日以及有效期等信息。不同类型专利的有效期不同，发明专利的有效期为20年，实用新型专利和外观设计专利的有效期分别为10年、15年，商家需确保专利在有效期内。

（2）专利年费缴纳凭证。为保持专利的有效性，专利权人需要每年缴纳专利年费。商家应提供专利年费缴纳凭证，以证明其拥有的专利处于有效状态。缴纳凭证可以是国家知识产权局出具的缴费收据或网上缴费成功的截图等，缴纳凭证应显示专利号、缴费金额、缴费日期等信息。

3. 著作权证明

（1）作品登记证书。对于文学作品、美术作品、音乐作品以及软件等具有著作权的作品，商家可以提供由国家版权局或省级版权行政管理部门颁发的作品登记证书。证书上应明确标注作品名称、作品类别、著作权人名称、首次发表日期以及登记日期等信息。

（2）创作过程的相关证据（可选）。为进一步证明著作权的归属，商家可以提供创作过程中的相关证据，如设计草图、创作日志以及源代码等。这些证据应当能够证明作品的创作思路、创作时间和创作过程，增强著作权归属的证明力。

4. 其他知识产权证明

如果商家拥有商业秘密，如独特的生产工艺、配方、客户名单等，应提供商业秘密保护措施的证明文件。证明文件包括但不限于与员工签订的保密协议、采取的保密技术措施（加密、权限管理等）以及保密制度文件等。对于涉及集成电路布图设计的产品，商家应提供由国家知识产权局颁发的集成电路布图设计专有权证书。证书上应明确标注布图设计的名称、登记号、权利人名称、创作完成的日期以及首次投入商业利用的日期等信息。

需要注意的是，具体的资质要求会因直播平台的规定、销售的商品或服务类别以及当地的地方性法规而有所差异。

### 三、行为合规

商家通过直播销售产品的,应当遵守平台规则和合作协议,依法承担电子商务经营者的相应责任。商家自行从事网络直播营销活动的,应当遵循直播间运营者及主播的合规要求。具体行为规范如下。

(一)商品质量与宣传合规

1. 确保商品质量

(1)直播商家应严格把控所售商品的质量,从正规渠道采购商品,并要求供应商提供相关的质量检测报告、合格证书等文件。

(2)建立商品质量追溯体系,对商品的生产、流通环节进行全程跟踪,以便在出现质量问题时能够及时溯源并采取有效措施。例如,对每一批次的商品进行编号管理,记录其生产厂家、生产日期、进货渠道等信息,确保商品质量可追溯。

2. 真实准确宣传

(1)在直播过程中,商家对商品的宣传应真实、准确,如实描述商品或服务的特性、功能、质量等信息,并根据商品的实际情况,如实介绍商品的性能、用途、使用方法以及注意事项等信息,不得进行虚假宣传或夸大产品功效。例如,不能声称普通化妆品具有医疗美容效果,不能夸大保健品的治疗作用。

(2)商家应制定合理、公正的价格,对商品的价格宣传也要符合实际情况,不得存在虚构原价、进行虚假打折等价格欺诈行为。

(二)知识产权合规

1. 保护自身知识产权

(1)商家如果拥有自己品牌的专利权、著作权等知识产权,应采取有效的保护措施,防止他人侵权。如及时申请商标注册、专利保护、作品登记等,对知识产权进行全方位的保护。

(2)建立知识产权管理制度,加强对自身知识产权的管理和维护。如定期对商标进行监测,防止他人恶意抢注;对专利技术进行保密管理,防止技术泄露。

2. 尊重他人知识产权

(1)在直播中使用的图片、音乐、视频等素材,应确保获得合法授权,不得侵犯他人的著作权。

（2）对于销售的商品，要确保不侵犯他人的商标权、专利权以及著作权等知识产权。商家在进货时应严格审查供应商的资质，避免采购侵权商品。

（三）合同与交易合规

1. 规范合同签订

（1）商家与供应商、直播平台、主播等合作方签订合同时，应明确各方的权利义务，确保合同条款清晰、合法、公平。例如，商家与供应商签订的采购合同应明确商品的质量标准、价格、交货期限以及违约责任等内容；商家与直播平台签订的合作协议应明确直播的规则、费用结算方式以及知识产权归属等问题。

（2）合同签订过程中，要遵守法律法规的规定，不得签订违法、无效的合同。例如，不得签订包含限制竞争、剥夺消费者权益等不公平条款的合同。

2. 诚信交易

（1）商家在直播过程中应遵守诚实守信的原则，按照合同约定履行交易义务。例如，按时发货、提供良好的售后服务，不得擅自变更商品价格、规格等合同内容。

（2）对于消费者的订单要及时处理，确保交易的顺利进行。如果出现商品缺货、质量问题等情况，应及时与消费者沟通协商，采取合理的解决措施，如补发商品、退款、赔偿损失等。

（四）售后服务合规

1. 履行售后义务

（1）商家应按照法律法规和合同约定，履行售后服务义务，为消费者提供良好的售后保障。例如，对于有质量问题的商品，应提供退换货服务；对于消费者的咨询和投诉，应及时回复并妥善处理。

（2）建立售后服务体系，明确售后服务的流程和标准。例如，设立专门的客服团队，负责处理消费者的售后问题；制定退换货规定，明确退换货的条件、流程和期限。

2. 争议解决

（1）如果商家与消费者之间发生争议，应通过合法、合理的方式解决。例如，双方可以先进行协商，协商不成的，消费者可以向消费者协会、行业协会等组织投诉，或者通过仲裁、诉讼等法律途径解决。

（2）在争议解决过程中，商家应积极配合相关部门的调查和处理，提供真实、准确的信息和证据，不得隐瞒、歪曲事实。

（五）数据与隐私合规

1. 数据安全保护

（1）商家在直播过程中会收集到大量的消费者数据，如姓名、联系方式、购买记录等。为确保这些数据的安全，防止数据泄露，商家应采取有效的技术和管理措施。例如，对消费者数据进行加密存储，建立严格的数据访问权限管理制度，定期对数据安全进行风险评估和漏洞修复等。

（2）遵守相关数据安全法律法规，如《网络安全法》《数据安全法》等，按照规定的要求保护消费者数据。例如，在收集消费者数据时，应明确告知消费者收集数据的目的、使用范围和方式，并征得消费者的同意。

2. 隐私保护

（1）商家应尊重消费者的隐私权，不得擅自公开、泄露消费者的个人隐私信息。例如，在直播中不得公开消费者的姓名、联系方式以及购买记录等隐私信息；在处理消费者投诉时，也要注意保护消费者的隐私。

（2）建立隐私保护制度，明确隐私保护的责任和措施。例如，对员工进行隐私保护培训，加强对消费者隐私保护的监督和管理。

直播电商的商业模式复杂多样，商业模式中的主体有时也无法显著区分，存在同一主体承担着多重角色的情况。此时，该主体就应当同时遵守各角色应当遵守的法律规范，履行各角色所对应的法律义务。总而言之，明确直播电商各主体的法律性质、资质要求与法律责任，有助于提前预防和规避潜在的法律风险，加强内部管理和规范，提高行业整体的自律水平，促进直播行业的健康、高质量发展。

# 第二章

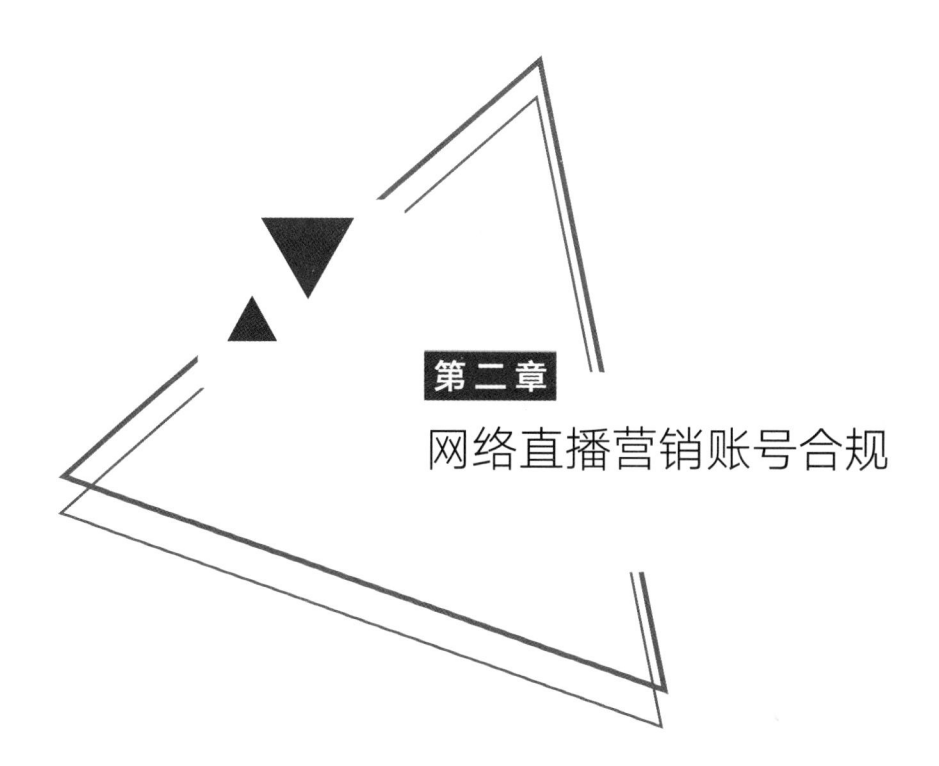

## 网络直播营销账号合规

近年来，网络直播已成为一种新型的营销模式，不仅展现出强大的生命力，而且具有显著的经济价值。直播账号是主播在网络直播平台注册的具有特定身份属性的个人账号，包括账号名称、头像、昵称、简介等个人信息，是直播平台上唯一的用户标识，代表着其个人或团队的形象和品牌。直播账号不仅是主播在直播领域活动中的"敲门砖"，更是实现其个人价值、创造商业机会、传播内容和建立社交关系的重要工具。

随着网络直播行业的监管力度不断加大，国家及相关部门在各个环节实施了更为严格的管理措施。例如，通过直播账号实名认证、直播账号分级管理等手段来规范网络直播行为。在此背景下，如何对直播账号进行合规管理变得至关重要。根据《网络表演经营活动管理办法》《互联网文化管理暂行规定》《关于加强网络直播服务管理工作的通知》《互联网视听节目服务管理规定》等相关法律法规的规定，网络直播平台应当建立健全账号及直播行为信息安全审核、实时巡查、应急处置以及责任追究等制度，配备与服务规模相适应的专业人员，加强对直播间运营者和直播内容的审核管理，不得为违法违规、违背公序良俗的网络直播提供发布平台。

随着互联网治理的不断深入以及平台监管的持续加强，直播账号的违规行为将严重影响平台自身的流量变现和商业价值，也会对主播的 IP 价值和 MCN 机构的经营产生不可估量的损失。此外，合规且活跃的直播账号对于平台和经营者具有共同的运营价值，是促进用户活跃度，形成良性流量循环的前提基础，对于平台而言，可以增强平台公信力与用户黏性，降低监管风险与运营成本，推动交易规模增长；对于直播经营者而言，可以保障账号安全与可持续经营、塑造专业形象与竞争优势，更易获得平台流量扶持进而提升商业价值与变现能力。因此，直播账号合规对于法律的遵循、社会公共利益的维护、企业形象和声誉的保持、行业的发展以及平台和主播自身的利益都具有不可或缺的重要意义。

## 第一节　直播账号合规的具体要求

### 一、账号注册与认证

(一)实名认证

直播账号实名认证是当前网络直播行业的合规性要求之一,其主要目的是确保用户身份的真实性,提高平台的安全性和合规性。

根据《网络安全法》第 24 条第 1 款的规定,网络运营者应当要求用户提供真实的身份信息。用户不提供真实身份信息的,网络运营者不得为其提供相关服务。但根据《互联网用户账号信息管理规定》《网络表演经纪机构管理办法》与《网络直播营销管理办法(试行)》等的规定,互联网直播服务提供者应当按照"后台实名、前台自愿"的原则,对互联网直播用户进行基于移动电话号码等方式的真实身份信息认证,包括主播在内的互联网用户不仅需要进行实名认证,且其账号的身份信息也应与其真实身份一致,即"一人一号实名认证"。此外,《互联网直播服务管理规定》第 12 条也明确规定了互联网直播服务提供者应当对互联网直播用户进行真实身份信息认证,并保护使用者的身份信息和隐私。

目前,主流社交平台普遍遵循"一人一号实名认证"的要求。直播平台通常需要主播提供身份证二要素(姓名、身份证号码)以及人脸信息来完成实名认证。在实际操作中,主播需提交个人身份证明和相关资料,由官方确认用户的真实身份,并在用户的直播账号上标注认证标识。例如,在抖音平台上,实名认证过程包括提交个人身份证明和相关资料。这意味着,网络运营者应当要求用户提供真实的身份信息,用户不提供真实身份信息的,网络运营者不得为其提供相关服务。如果直播平台未按照《互联网直播服务管理规定》进行实名制认证,将会被依法追究法律责任。

在实践中,一些主播为了获取更多的曝光度,不仅在自己的账号直播,还会通过他人实名注册的账号开播,造成出镜主播与账号实名认证不符的情形。如果主播借用他人身份信息注册的账号进行直播,一旦行为失范,直播平台将难以追责,甚至可能承担监督过失责任。因此,各平台均强调不得将注册账号转让、出租或出借给他人使用。

因此，直播平台在用户注册过程中，应要求用户提供真实的个人身份信息，如姓名、身份证号等，并进行身份验证。平台可以要求用户上传身份证照片或其他身份证明文件，通过人工或自动审核的方式，验证用户的身份信息是否与提交的信息一致，对通过身份验证的用户，给予实名认证标识。同时，直播平台需对用户的实名信息进行严格保护，采取必要的安全措施，如加密存储、访问控制等，防止用户的实名信息被泄露或滥用。此外，还需建立相应的监管和处罚机制，对违反实名制规定的用户进行处罚，如限制直播权限、暂停账号等，以维护实名制的严肃性和有效性。

直播账号实名认证不仅是法律规定的硬性要求，也是保障网络安全和内容合规的重要措施。各大直播平台均应严格执行实名认证制度，加强对主播身份的动态巡查和监管，以确保整个行业的健康发展。

（二）账号资质合规

直播平台对直播账号的资质审核是确保直播活动合法、合规、有序开展的重要环节。直播平台及其主播必须遵守相关法律法规，确保账号注册信息的真实性和合法性，以及直播内容的合规性。审核的内容通常包括但不限于以下几个方面：

1. 主体资质。直播平台需要对网络直播发布者进行基于身份证件信息、统一社会信用代码等的认证登记，并开展动态巡查核验，以确保认证信息的真实性和可追溯性。

2. 个人身份。直播平台对于个人申请的直播账号，需核实其真实身份信息，包括年龄、身份证号码、姓名等。

3. 内容资质。直播平台需评估申请人拟直播的内容类型是否符合法律法规和平台规定。例如，从事金融、医疗、法律、教育等专业领域的直播，需要提供相关的从业资格证书或专业资质证明。主播应取得相应的执业资质，并向直播平台报备，直播平台应对主播进行资质审核及备案。此外，微信视频号要求个人持证人应确保提交的资质材料的所属人与视频号实名及出镜人一致；机构持证人则需确保提交的资质材料的所属主体与认证的机构主体一致。如果主播未能提供相关资质，直播平台将根据违规程度采取包括封号、掐断直播、限制推荐、扣除信用分等处罚措施。

4.信用记录及相关纳税申报或完税证明。直播平台需审查申请人或机构的信用状况，包括是否存在违法违规记录、不良信用记录等。申请人或机构应提交包含社会信用证代码的营业执照及相关纳税申报或完税证明，以确保直播活动中的收益能够依法纳税。

5.版权资质。如果直播内容涉及版权作品的使用，如音乐、影视作品等素材，直播平台需要审核其是否获得合法的授权。

(三)账号信息合规

直播账号信息通常包括昵称、头像、简介、封面图以及直播间标题等信息，这些信息在直播过程中起到至关重要的作用，不仅能够帮助观众快速了解主播的背景和内容，还能显著提升直播间的吸引力和观看率。

杭州市发布的《直播电商产业合规指引》中提到，直播账号的名称、头像、简介等应符合法律法规，不得含有违法及不良有害信息。《抖音用户协议》中也规定，用户有权自行设置抖音昵称、头像、抖音号、简介等账号信息。未经他人明示的书面许可，用户不得以他人名义开设抖音账号，不得假冒仿冒他人姓名、名称、字号、商标、头像等作为账号信息。使用账号过程中，用户不得采取任何方式误导社会公众混淆账号所有者，尤其不得混淆为社会公众普遍知悉的机构或个人，不得以任何形式损害他人人格权、财产权等合法权益。《淘宝管理规则》中也有类似内容，主播设置账号的昵称、头像、简介、封面图、直播间标题等信息时应遵守国家法律法规和相关发布的要求，不得包含涉嫌侵犯他人权利、有违公序良俗或干扰平台运营秩序等的相关信息。

如上所述，直播平台及其主播在创建和运营直播账号时，必须遵守相关法律法规、平台规则和社会公德，确保账号信息的真实性、合法性和适当性。合规的直播账号信息有助于维护网络环境的清朗、保护用户权益、预防和减少违法违规行为。然而，部分直播账号在设置账号信息时为了吸引观众注意力，会选择带有低俗、暴力、色情的擦边内容或者深度模仿知名直播间，恶意蹭取流量，甚至涉及侵权。常见的侵权行为主要有以下几种情形：

1.未经许可擅自使用他人注册的企业名称或商标，侵犯他人的企业名称权和商标专用权

企业名称权和商标专用权是受到法律明确保护的权利。未经授权使用这些标

识，尤其是具有一定市场影响力的，容易导致消费者产生混淆，误以为该直播账号与权利所有者存在关联或得到其授权，将构成不正当竞争行为。在喜乐商贸公司擅自使用他人服务商标案[①]中，当事人喜乐商贸公司在抖音平台直播中使用"张八爪母婴生活馆"店铺名称开展直播销售活动，"张八爪"是由权利人于某注册的第35类第37542087号商标，且直播销售的"碧芭宝贝"纸尿裤的外包装和产品本身均未使用"张八爪"标识，当事人使用"张八爪"用于抖音平台的店铺名称并未获得注册商标持有人于某的授权，属于擅自使用注册商标的侵权行为。当事人的上述行为，违反了《商标法》第57条第1项的规定，"未经商标注册人的许可，在同一种商品上使用与其注册商标相同的商标"。依据《商标法》第60条第2款的规定，大庆市市场监督管理局责令当事人立即改正违法行为，并罚款5000元。

该案中，"张八爪"商标为服务商标，不仅是某种服务项目的标志，也是指示服务项目提供者的标志，具有区别服务出处以及表明服务质量的功能。被告喜乐商贸公司将其直播店铺取名为"张八爪母婴生活馆"，误导消费者认为其提供的服务与商标所有者存在关联，从而获取不当的商业利益，侵害了商标注册人的商标权利，应承担相应的法律责任。

直播账号擅自使用他人注册的企业名称或商标，不仅违反了法律相关规定，还可能面临严重的法律后果和经济赔偿。法院在处理此类侵权案件时，会综合考虑企业名称或商标的知名度、侵权行为的性质和后果以及被侵权方的损失等因素，来决定赔偿金额和其他法律救济措施。因此，企业在进行直播带货时应严格遵守法律法规，避免侵犯他人的商标权和企业名称权。

2. 未经许可擅自使用他人的姓名和肖像，侵犯他人的姓名权和肖像权

在账号信息中擅自使用他人的姓名和肖像，可能构成对他人姓名权和肖像权的侵犯。根据《民法典》的相关规定，任何组织或个人不得假冒他人姓名；未经肖像权人同意，不得制作、使用、公开肖像权人的肖像。

近年来，假冒明星账号骗粉丝刷礼物、向粉丝销售产品的情况屡见不鲜。这些账号通常使用明星的名字作为昵称，明星本人照片作为头像，明星的影像资料作为发布内容。通过这种山寨方式吸引关注后，这些账号可能会欺骗用户的感

---

[①] 参见大庆市市场监督管理局行政处罚决定书，庆市监处罚〔2023〕131号。

情,甚至通过理财、直播带货等方式骗取钱财。曾经引发全网关注的"假靳东"事件,就是个很好的例子。在陈某等利用"假靳东""假马云"诈骗案[1]中,多名六旬阿姨都被所谓的"东弟"骗了钱。骗子们在短视频平台上发布假冒"靳东"或"马云"等明星或名人的视频或音频,诱导被害人与"明星"建立情感联系,最后以投资、公益、应援、网购、恋爱等各种理由索要钱款,骗取多名被害人的钱财,共计31万余元。2024年1月,上海市静安区人民法院开庭审理了这起假冒演员"靳东"的诈骗案,并依法对8名被告人作出一审判决,主犯被判3年有期徒刑。"假靳东"事件实际上是一种网络"杀猪盘",骗子们通过不法手段搭建虚假账号、伪造明星身份,利用精巧的聊天话术满足网友的情感需求并逐步培养网友对"假靳东"的信任,最后假借投资、公益、应援、恋爱等各种名义引诱网友转账。

随着网络技术的发展,AI换脸和AI修音等技术手段也让网络诈骗进一步升级,通过使用和处理下载的明星照片、视频和变声音频等方式,骗子们能够更容易地获得人们的信任,从而获取他人的敏感信息、钱财或其他个人利益,这种伪造身份的方式往往难以识别。《互联网用户公众账号信息服务管理规定》第18条第2项明确规定,恶意假冒、仿冒或者盗用组织机构及他人公众账号生产发布信息内容的行为,属违规行为。行为人虚构自己是明星本人对受害人进行诈骗,使受害人产生错误认识并基于错误认识交付财物的,构成诈骗罪。同时,这也是一种侵犯明星肖像权的行为。若此行为导致明星的社会评价降低,还可能侵犯其名誉权。

在实践中,利用普通人姓名或肖像注册账号的情况也时有发生。如果未经本人授权使用,这些行为也同样侵犯了当事人的姓名权和肖像权,甚至是名誉权。

3. 冒用他人身份并使用他人特征性信息误导观众

直播账号冒用他人身份并使用其特征性信息误导观众的行为,违反了相关法律法规和直播平台的行为规范。首先,这种行为破坏了公平竞争的环境。在直播行业中,真实的信息披露是直播行业健康发展的基础,冒用他人身份并使用他人特征性信息会导致不公平的竞争优势,对遵守规则、真实展示自我的主播造成负面影响。其次,这种行为严重侵犯了被冒用者的合法权益,可能导致被冒用者的

---

[1] 参见上海市静安区人民法院刑事判决书,(2023)沪0106刑初1380号。

名誉受损、社会评价降低，甚至给其生活带来诸多困扰和麻烦。最后，对观众而言，这种误导行为损害了观众的知情权，使观众在被误导的情况下做出错误的判断和选择，影响了观众的观看体验和消费决策。

从司法角度看，这种行为可能触犯民事法律，被冒用者有权要求侵权者停止侵权、消除影响、赔礼道歉并赔偿损失，情节严重的，还可能构成刑事犯罪。在实践中，直播账号不仅可能冒充自然人，还有可能冒充知名品牌或产品。例如，用别人的产品名称作为直播账号名称，又在账号简介中暗示自己和该品牌或产品有关。如有账号注册为"茅台酒"，实则售卖的是茅台镇酒；又如，前述的"假名人"账号的运营者，往往也会根据自己受众的特点，有针对性地选择带货产品，像"假靳东"可能会售卖一些价格低廉的日用品、化妆品、茶等商品，"假马云"则可能会售卖励志类、演讲类的书籍。总之，直播账号冒用他人身份信息并使用其特征性信息的行为是违法的，会对受害者和观众造成严重的负面影响。相关平台应加强防范和监督，以维护良好的网络环境和观众的合法权益。相关用户应增强防范意识，提高辨别能力，避免遭受财产损失，保护自身合法权益。

（四）未成年人保护

为了保护未成年人在网络直播平台上的安全，相关部门出台了一系列法律法规和政策措施。根据《未成年人保护法》第76条的规定，网络直播服务提供者不得为未满16周岁的未成年人提供网络直播发布者账号注册服务；为年满16周岁的未成年人提供网络直播发布者账号注册服务时，应当对其身份信息进行认证，并征得其父母或其他监护人同意。为了实现对直播平台上未成年人用户的身份验证，可以采取以下技术手段：

1.实名信息提交与人脸识别结合。直播平台可以要求用户在注册或使用时提交实名信息，并通过人脸识别技术进行验证。这种方法可以有效地防止未成年人使用成年人的身份信息注册账号。

2.AI技术辅助识别。利用AI技术，如机器学习和深度学习，可以建立未成年人识别模型，通过分析用户的行为模式、特征等进行筛选甄别，以识别未成年人用户。

3.家长授权与监管。直播平台可以要求未成年人在注册时提供监护人的信息，并通过家长的人脸识别或其他身份验证方式来完成注册流程。此外，家长可以通过特定的监管工具来管理未成年人的直播活动。

4. 动态核验机制。建立网络直播发布者真实身份信息动态核验机制，确保未成年人用户在直播过程中的身份符合法律规定，防止未成年人提供网络直播发布服务。

5. 联合监管部门与技术提供商。直播平台可以与政府部门合作，使用官方的未成年人身份认证系统，同时引入第三方技术提供商的身份核验服务，以增强身份验证的准确性和权威性。

通过上述技术手段的综合应用，直播平台可以有效地对未成年人用户进行身份验证，从而保护未成年人免受不适当内容的影响，并促进网络环境的健康发展。为了加强对未成年人的保护，直播平台还被要求优化升级"青少年模式"，增加适合未成年人的内容供给，并设置未成年人专属客服团队，优先处理未成年人相关投诉和纠纷。平台还应建立健全网络直播打赏的阻断和退款机制，以防止未成年人进行不必要的消费。

## 二、直播账号信息的负面清单

（一）直播账号名称、头像、简介

直播账号的名称、头像、简介的负面清单通常包括以下内容：

1. 违法违规信息。直播账号的名称和头像不得含有违反法律法规的内容，如涉及色情、暴力、赌博以及诈骗等内容。例如，一个账号的头像为暴力血腥图片，显然违反了法律法规和社会道德规范。

2. 不良导向内容。直播账号的名称、头像及简介应符合社会道德规范，不得包含低俗、恶俗、歧视或其他不良导向的信息。

3. 虚假夸大信息。直播账号的名称、头像及简介不能包含虚假、夸大或引人误解的描述，以免误导他人。例如，某直播间运营者的账号名称为"最低价直播"，但实际上其销售的商品价格并非最低，这种名称就存在虚假夸大的信息，会引人误解。

4. 侵犯他人合法权益。直播账号的名称和头像应避免使用侵犯他人商标权、肖像权、姓名权或隐私权的名称及图片。

5. 政治敏感信息。直播账号的名称、头像及简介严禁涉及政治敏感话题或可能引起争议的政治观点等内容。

6. 个人隐私信息。避免在直播账号的名称、头像及简介中透露个人敏感信息，如身份证号、银行账号等。

在设置直播间运营者账号的名称、头像、简介时，建议遵守相关平台的规定和政策，确保其合法、合规、真实、准确，并且不会侵犯他人权益或引起不良影响。这样可以提高账号的可信度和专业性，为直播活动的顺利开展打下良好基础。

（二）直播间封面图

直播账号封面图的负面清单通常包括以下内容。

1. 违法违规内容

直播间封面图应遵守国家法律法规以及平台规则规定，不得含有违反法律法规、有违公序良俗等的相关信息，包括但不限于：

（1）含有法律、行政法规、平台规则禁止的信息，包括但不限于危害国家安全；损害国家荣誉和利益；散布淫秽、色情、诈骗、赌博、暴力等内容。

（2）含有危害未成年人身心健康，不利于未成年人健康成长的内容，包括但不限于整蛊、伤害或侵害未成年人的内容；吸烟、喝酒、斗殴、炫富、不安全驾驶行为等不良导向的内容；未成年人衣着暴露的内容。

（3）含有性暗示、性诱惑、偷拍、"爱抚"等色情、低俗内容。

（4）含有涉嫌赌博、涉及违法广告或非法使用人民币图样等相关违规行为。

2. 干扰平台运营秩序、侵犯消费者合法权益的内容

直播间封面图如包含以下内容，可能会被视为干扰平台运营秩序、侵犯消费者合法权益，应尽量予以避免，包括但不限于：

（1）含有诱导消费者私下交易及存在其他可能侵害消费者合法权益的内容。

（2）含有虚假夸大，超范围描述，虚构商品来源背景、功效、效果等虚假宣传内容。

（3）含有宣传招募主播、主播学徒、代理商、加盟商等违规内容。

（4）含有贬低、辱骂第三方，返现诱导好评等不正当竞争的内容。

（5）含有违规利用体育赛事、自然灾害、疫情、突发公共安全事件、网络舆论事件等进行营销的内容。

（6）含有随机或不确定性派发商品、以小博大等诱导消费者交易的内容。

## 三、数据安全与隐私保护

### （一）用户数据的收集、存储和使用规则

直播账号中的用户数据，涉及个人信息、隐私保护以及网络安全等诸多方面。因此，如何规范直播账号中的用户数据收集、存储和使用行为，是直播平台乃至相关行业必须严肃对待的一个重要课题。

在确保数据安全和隐私保护的前提下，直播平台用户数据涉及的个人隐私信息可以作为一种无形资产进行开发利用，具有较强的商业价值。但是，鉴于直播平台用户数据具有不同于传统有形财产的网络虚拟性、价值不可替代性等特征，需要结合不同的法律关系对其进行不同的法律定性。为确保直播账号中的用户数据系依法合规收集与使用，直播平台、行业组织以及个人需要按照一定的规则对用户数据进行收集、存储和使用。这些规则需要遵守《个人信息保护法》以及《数据安全法》等法律法规的要求。

在必要情况下，直播平台可以向其他直播平台共享直播账号中的用户数据。根据《个人信息保护法》的规定，除法律法规另有规定或者权利人明确同意外，个人信息主体可以授权其他个人信息处理者提供其个人信息。因此，对于直播平台而言，在履行必要的告知义务后，可以向其他平台共享其直播账号中的用户数据。共享后的数据，由权利人自行行使权利或者许可他人行使权利。

### （二）防范数据泄露

随着新一代信息技术的发展，云计算、大数据、物联网等技术为直播平台的运营和发展提供了新的机遇，但也给用户的个人信息安全带来了风险和挑战。直播账号数据泄露可能导致用户隐私泄露、账号被盗用等严重后果。为了有效防范数据泄露，直播平台和用户可以采取以下措施：

1. 加强平台安全防护。直播平台应建立完善的安全防护体系，包括网络安全、数据加密、访问控制等，以防止黑客攻击和数据泄露。

2. 加强账号安全。用户注册时需验证手机号或邮箱，并设置强密码，同时提供双重认证功能，确保账号不易被盗用。

3. 身份验证与访问控制。直播平台应对主播和观众进行身份验证，确保其真实身份。实名制可以减少虚假账号和恶意行为的发生。实施基于角色的访问控

制，只授予员工完成其工作所需的最低限度的数据访问权限。对所有访问数据的行为进行记录和监控，包括登录时间、操作内容等。

4. 数据备份与恢复。直播平台和用户应定期进行数据备份，并将备份数据存储在安全的位置。建立有效的数据恢复机制，以应对可能的数据丢失或损坏情况。

5. 与安全的第三方合作。直播平台和用户与第三方服务提供商合作时，应严格审查其数据安全措施和信誉。签订详细的合同，明确第三方服务提供商对数据保护的责任和义务，以及在发生数据泄露时的应对措施。

通过上述措施，直播平台和用户可以显著降低数据泄露的风险，保护直播账号的安全。

## 第二节　直播账号的权利归属

对于直播行业，甚至整个互联网行业来说，直播账号（尤其是达人账号）都是非常重要的资产，大量流量依附在直播账号之上，能够控制账号就相当于掌握了"流量密码"。对于直播账号的权属，直播平台通常会在《用户服务协议》中约定账号所有权归平台所有；MCN 机构会在合同中约定主播在直播平台注册的账号的所有权与使用权归公司所有；主播也会因自己是实际注册和运营者而主张直播账号的所有权和使用权。在司法实践中，对此存在不同的裁判观点，下文将结合案例进行一一分析。

### 一、直播账号的所有权

直播账号依托于直播平台而存在，账号的创建、数据维护以及注销等都是依托平台完成的。在注册账号时，各大平台就已经在平台规则上明确了相关权利归属。例如，在《抖音用户服务协议》中明确约定，账号仅限于本人使用，未经公司书面同意，禁止以任何形式赠与、借用、出租、转让、售卖或其他方式许可他人使用该账号。又如，在《哔哩哔哩用户使用协议》中的规定更为明确，用户仅享有账号及账号项下由哔哩哔哩提供的虚拟产品及服务的使用权，账号及该等虚拟产品及服务的所有权归哔哩哔哩所有（法律法规另有规定的除外）。除此之外，其他各大平台也基本上遵循类似的规则。实际上，主播是不存在选择权的，如需使用平台进行直播，只能接受所有权归平台所有的条件。

然而，值得注意的是，尽管直播平台主张享有直播账号的所有权，但该所有权却不能称为独立的所有权。其权益属性与一般财产的所有权相比，明显受限，主要区别在于：

首先，用户拥有注销权。以抖音为例，《抖音用户服务协议》第 3.2 条"账号注销"约定："在需要终止使用'抖音'账号服务时，符合以下条件的，您可以申请注销您的'抖音'账号：（1）您仅能申请注销您本人的账号，并依照'抖音'的流程进行注销；（2）您仍应对您在注销账号前且使用'抖音'服务期间的行为承担相应责任；（3）注销成功后，账号记录、功能等将无法恢复或提供。如您需要注销您的'抖音'账号，请打开抖音客户端，在【设置】—【账号与安全】—【抖音安全中心】中的注销账号处，按提示进行注销。"由此可见，用户可以自行注销抖音直播账号，且注销行为会导致账号的彻底灭失，这种灭失必然消除所有权。如果认为直播账号的所有权仅属于直播平台，那么注销行为应当属于侵权行为，但抖音平台实际上是允许用户注销账号的。

其次，直播平台与直播账号的日常管理并无任何关系。直播账号的日常行为是账号价值的主要体现，但内容生产、品牌营销、营收负担等实质行为是由 MCN 机构与主播完成的，直播平台仅提供场景与途径。只有在账号存在违法违规行为时，直播平台才会行使一定的管理行为，如警告、封禁账号等。

综上所述，直播平台享有的是一种非独立性质的所有权。在司法实践中，法院通常也认可直播账号所有权归属于平台，直播账号属于网络虚拟财产，主播和 MCN 机构基于投入对账号享有财产利益，但不享有所有权。主播或 MCN 机构主张账号归其所有，实为要求确认其有权以账号"用户"身份使用平台提供的服务，因此应当受到平台用户服务协议的约束。平台用户服务协议通常约定账号所有权归平台经营者所有，注册用户仅拥有账号的使用权。因此，如果确认 MCN 机构或主播享有账号的所有权，则与平台经营者的真实意思相悖。MCN 机构与主播签订的《账号归属协议》仅约束合同签订主体，并不直接约束平台经营者。如果 MCN 机构基于其与主播的约定当然地获得账号所有权，会造成账号注册人与使用人的分离,违反网络实名制的规定。因此,用户在注册账号时,与平台经营者签订的服务协议中通常已明确约定注册的直播账号的所有权归属于平台经营者,而不属于用户。无论是 MCN 机构还是主播,采取诉讼方式主张账号权益时均需明确账号的具体权利,尽量避免使用"账号所有权"的字眼,可使用"账号使用权"或其他权益。诉讼请求的表述至关重要,否则将面临败诉的风险。

## 二、直播账号的使用权

### (一) 直播账号的注册人与实际使用人不一致

在直播领域中,直播账号的注册人与实际使用人不一致的情况时有发生。这种不一致可能会引发一系列问题。从法律角度来看,如果实际使用人在直播过程中出现违法违规行为,可能会给注册人带来一定的法律风险,因为注册信息指向的是注册人。同时,对于平台而言,管理难度也会增加,难以准确追溯责任并进行有效监管。

造成这种不一致的原因可能多种多样。例如,注册人可能将账号转让或出借,但未按照平台规定进行相应的变更手续,或者实际使用人通过不正当手段获取他人账号进行使用。

在全国首例借名直播案王某雁与繁星公司、王某网络侵权责任纠纷案[①]中,2016 年,王某雁用其身份证号在酷狗直播注册了直播账号,注册后账号一直由王某雁的表妹王某使用,直播收入打入王某雁名下的银行账户,但银行卡由王某持有。王某使用该账号后成为"网红",涉案账号拥有 30.6 万粉丝,财富等级为"神皇",明星等级为"歌神 5",主播荣誉为 2019 年大奖季军、2019 年最佳才艺奖冠军等。2020 年 1 月 31 日,王某向繁星公司(酷狗直播运营方)申请变更涉案账号的实名认证信息,后繁星公司变更实名认证信息为王某。王某雁认为,王某因违规直播不能注册账号,故一直使用其账号。繁星公司与王某恶意串通,直接变更账号的实名认证人,严重侵犯了其虚拟财产权益。但法院最终判决驳回王某雁的全部诉讼请求。

法院认为,涉案账号属于虚拟财产,应当受到法律保护。账号的财产权益客

---

① 参见广州互联网法院民事判决书,(2020)粤 0192 民初 38173 号。

体包括两部分：一是直播平台的账号本身；二是经过用户对账号的个性化使用、经营所产生的账号上添附而成的财产性内容，如以粉丝、流量等形式体现的财产性权益。在未有明确法律规定的情况下，对于网络虚拟财产的权属问题应依据当事人之间合法的约定予以确认。王某雁与繁星公司签订的《用户服务协议》，仅约定王某雁享有账号的使用权。后王某雁将账号交由王某使用，已经构成违约，繁星公司终止王某雁继续使用账号是根据用户协议的约定和相应规则所采取的合理措施，不构成对王某雁账号使用权的侵害。繁星公司基于与王某之间的合意订立新的合同，重新约定涉案账号的使用权归王某享有，该行为也未违反法律法规的禁止性规定。涉案账号经过王某长期运营，才产生了新的财产性内容，这主要源于用户对王某及其直播内容的肯定，是建立在王某的劳动与经营之上所获得的，并非账号本身的原始价值，其具有一定的人身依附属性。因此，将相关财产权益分配给创造者，符合劳有所得的价值导向，也符合公平原则的实质要求。最终法院判决驳回了王某雁的全部诉讼请求。

由此可知，在处理这类问题时，一些平台会要求账号注册人与实际使用人进行实名认证变更，以明确责任主体。但在变更过程中，需要双方提供相关证明材料，并遵循平台的规定和流程。对于无法进行变更或存在争议的情况，可能需要通过法律途径来解决。

通常情况下，直播账号应当由本人直播使用，这是为了保证直播的真实性、可靠性以及符合平台的规则和政策。至于直播账号是否必须由本人直播使用，这取决于不同的直播平台及其规定。小红书直播规定必须是本人进行直播，以确保直播内容的真实性和可信度。淘宝直播对于以商家身份入驻的允许更换主播，但以达人身份入驻的要求主播必须是本人。抖音平台则要求个人账号必须本人出镜直播，而企业号蓝V账号可以非本人直播。

综上所述，大多数直播平台还是倾向于要求个人账号的直播内容由账号持有人本人负责，以维护直播生态的健康和用户的观看体验。由本人使用直播账号有助于维护平台的秩序和信誉，避免出现冒用他人账号进行违规操作的情况。而且，本人对直播内容的把控和呈现往往更能体现其独特的风格和特色，也更能与观众建立良好的互动和信任关系。不过，企业或商家账号可能有不同的规定，允许有授权的代表进行直播。在进行直播活动时，主播应该遵守相应平台的规定，以免违反规则导致直播间被封禁或受到其他处罚措施。

总之,为了保障直播行业的健康发展,减少潜在的法律风险,应当按照法律规定和平台规则,尽量避免直播账号注册人与实际使用人不一致的情况,以遵守平台的监管和规范。

### (二)主播与MCN机构的账号使用权之争

在运营网络直播电商业务时,电商主播实名注册的电子商务平台直播账号通常会与MCN机构绑定,MCN机构负责对该直播账号进行推广。因此,账号的粉丝流量实际上是由主播和MCN机构共同创造的。无论MCN机构与主播是何种法律关系,利用网红效应引流和变现的载体均归结于直播账号,当二者发生纠纷时,账号归属往往会成为争议焦点。直播账号是网络虚拟财产的一种,理应遵循《民法典》第127条对数据、网络虚拟财产的保护规定。《民法典》第127条规定,"法律对数据、网络虚拟财产的保护有规定的,依照其规定",而目前我国现行法律体系中对网络虚拟财产的保护并无统一规定。在直播账号归属的争议实例中,有的案件认定直播账号属于KOL个人所有,有的案件从合同约定出发认定账号为MCN机构所有,还有的案件认定应属网络平台运营商所有。以上实践观点的不统一,主要源于我国目前缺乏具体的法律法规对虚拟财产的性质及权利归属进行明确。实务中的不同观点呈现不同的裁判思路,通常有以下几种意见:

1. 账号实名注册主体即为使用权人

根据各大网络平台《用户协议》的规定,用户完成注册手续后即享有账号的使用权。目前,主流的互联网社交平台对账号的赠与、借用、出租、转让、售卖或以其他方式许可他人使用账号进行了严格限制。因此,直播账号使用权归属的一般性原则是:账号实名注册主体即为使用权人。尽管直播账号通过个人的实名注册,具有一定的人身属性,但是这种人身属性并不绝对,可能随着实际使用情况的变化而变化。如相关平台允许变更实名认证信息,那么这种人身属性就会被大大削弱。

在构美信息公司与李某演出合同纠纷案[①]中,构美信息公司(甲方)与李某(乙方)签订了《某信息技术有限公司签约合同书》(以下简称《签约合同书》),合

---

① 参见江苏省宿迁市中级人民法院民事判决书,(2019)苏13民终4102号。

同约定:"一、乙方系甲方签约艺人,甲方以乙方名义向淘宝直播平台公司申请直播账号及权限,所申请的账号所有权、使用权、收益权归甲方所有,乙方无条件配合,所申请的具体账号ID为:tb35×××40……"之后,构美信息公司起诉李某违约,要求赔偿并返还淘宝直播账号。

关于被告是否应向原告交付淘宝直播账号密码,法院认为,被告不应向原告交付账号密码,理由是,涉案的淘宝直播账号系以被告名义申请开通,带有明显的人身属性。虽然《签约合同书》约定所申请账号的所有权、使用权、收益权归原告所有,但从原告提供的《签约合同书》的整体内容来看,约定的大部分内容均是被告义务,被告明显处于缔约的弱势地位。因此,对于原告要求被告交付直播账号密码的请求,法院依法不予支持。

从上述案例可以看出,尽管MCN机构会在与主播签订合同时利用其优势缔约地位,"一刀切"式地约定直播账号及相关权利归属MCN机构。但在司法实践中,法院并不会简单地依据合同约定进行裁判。根据平台的管理规定,直播账号必须由使用者本人实名认证开通,并由其亲自使用,这就说明直播账号具有极强的人身属性。如果直播账号一开始就是由主播个人申请,且已完成实名认证,公司在控制主播的直播账号后并不能改变账号与主播之间的依附性和关联性,法院往往会倾向于认定直播账号由实际注册人使用。

2. 实际运营主体享有使用权

互联网直播账号的实名认证信息并非判断账号归属的唯一依据,实际运营主体同样也享有账号的使用权。

在抖动文化传媒公司与周某合同纠纷案[1]中,抖动文化传媒公司(原告)与周某(被告)签订了《劳动合同》《抖音网红经纪人合作协议》等协议。后因工作需要,原告向移动公司申请了手机号,并以该手机号注册了抖音账号。因抖音平台需要进行实名认证,于是由被告个人进行了实名认证,并由原告在该账号上主推被告形象。原告为推广该账号,对被告进行了全方位包装,投入了大量人力、财力,并取得了一定的经济收益。后被告向抖音平台提出手机号更改申请,平台根据账号的个人实名信息将该抖音账号绑定的手机号更改为周某的个人手机号,致

---

[1] 参见浙江省义乌市人民法院民事裁定书,(2020)浙0782民初8757号。

使原告无法使用该账号。原告认为该抖音账号系原告公司的工作账号，一直以来也是由原告进行管理，且原告为维护和推广该账号投入了大量的人力、物力，获取经济收益后也按约定给被告支付了提成。现被告向抖音平台申请更换了绑定手机号，欲将该账号占为己有，致使原告无法再使用该账号，严重损害了原告的合法权益。原告遂诉至法院，请求法院判决该抖音账号归原告所有。法院认为，根据《抖音网红经纪人合作协议》的约定，涉案抖音账号系由原告公司申请的手机号码进行绑定的，且在该合作协议解除时，该账号系由原告公司实际使用。结合双方签订的《劳动合同》，被告使用涉案抖音账号系履行其"达人"岗位的工作职责，故该抖音账号的使用权及相关权利应归属于原告。

在狮之谦服装公司与杨某枝合同纠纷案[①]中，2016年9月，狮之谦服装公司（甲方）与杨某枝（乙方）签订《合作协议》，约定在2016年9月13日至2021年9月12日，狮之谦服装公司担任杨某枝在电子商务平台所有商品类目的独家合作方。杨某枝利用其已经形成的影响力社交账号进行宣传和销售，并且狮之谦服装公司为其提供广告营销、内容策划等服务。双方约定，如乙方擅自终止协议，则协议限定的品牌、店铺及社交媒体账号的所有权和使用权全部归甲方所有。2017年2月，杨某枝以合同根本违约和不能实现合同目的为由向狮之谦服装公司出具解除合同通知书，以解除《合作协议》。狮之谦服装公司向法院起诉，要求确认《合作协议》解除，且杨某枝的社交媒体账号（新浪微博账号：芝柚cheese）的所有权和使用权归狮之谦服装公司所有，并由狮之谦服装公司使用。法院认为，双方签订的《合作协议》系双方当事人的真实意思表示，内容不违反法律、法规的强制性规定，内容合法有效，双方均应按约履行。杨某枝于2017年2月向狮之谦服装公司出具解除合同通知书，其中的解除事由依据不足，不予支持。杨某枝单方解除协议已构成违约，理应承担相应的违约责任。根据协议约定，杨某枝擅自终止协议的，协议限定的品牌、店铺及社交媒体账号的所有权和使用权全部归甲方所有。同时，狮之谦服装公司提交了商标局出具的有关"cheeseY芝柚"的商标注册申请受理通知书，表明公司系该品牌商标的所有权人。因此，公司主张杨某枝社交媒体账号的所有权和使用权归其所有，杨某枝应停止使用社交媒体账号并交由公司

---

① 参见广东省广州市中级人民法院民事判决书，(2018) 粤01民终10473号。

使用于法有据，予以支持。

从上述案例可以看出，法院判决账号归属 MCN 机构有两点考量：一是主播与 MCN 机构之间的法律关系，如果双方签订的是劳动合同，MCN 机构与主播之间存在管理与被管理、支配与被支配的关系，主播使用账号进行直播属于履行工作职责，此时直播账号的相关权利应属于 MCN 机构。二是直播账号与 MCN 机构存在高度的关联性，且 MCN 机构实际控制直播账号并由其运营直播账号，MCN 机构可以举证证明其为了孵化运营直播账号所产生的巨额费用，以此来主张账号的权利归属。

3. 尊重平台治理规则，确认权利属性及其归属

实践中各个主流平台均在《用户服务协议》中对权利归属进行了细致约定。平台的服务协议明确规定账号的所有权归属平台，账号内容的生产运营者仅享有账号使用权。

《抖音用户服务协议》第 3.4 条规定："您在'抖音'中的注册账号仅限于您本人使用，未经公司书面同意，禁止以任何形式赠与、借用、出租、转让、售卖或以其他方式许可他人使用该账号。如果公司发现或者有合理理由认为使用者并非账号初始注册人，为保障账号安全，公司有权立即暂停或终止向该注册账号提供服务，并有权永久禁用该账号。"《快手用户服务协议》第 2.1 条规定："当您阅读并同意本协议并完成全部注册程序后，您可获得快手直播账号。您为取得的注册账号的合法使用权人。"《斗鱼用户服务协议》第 4.2 条规定："斗鱼直播账号的所有权归斗鱼所有，您完成申请注册手续后，获得斗鱼直播账号的使用权，该使用权仅属于初始申请注册人。"《哔哩哔哩用户服务协议》第 2.3 条规定："您理解并同意，您仅享有账号及账号项下由哔哩哔哩提供的虚拟产品及服务的使用权，账号及该等虚拟产品及服务的所有权归哔哩哔哩所有（法律法规另有规定的除外）。"《虎牙用户服务协议》第 2.2 条规定："虎牙账号的所有权属于虎牙，用户仅有账号的使用权。"

因此，在判断账号归属的问题上，首先需要把握平台治理规则中相关账号的管理制度。在此基础上，进一步审核确认主播与 MCN 机构之间订立的合作协议所涉相关内容约定的效力，通过关注合同外观和履行来判断账号权属在二者之间的分配。

**4. 遵循意思自治原则，优先根据合同约定判定权利归属**

在互联网时代，民事主体通过点击确认、勾选等方式订立电子合同。在不违反法律法规强制性规定的情况下，合同一经各方确认，即对当事人产生约束力。在 MCN 机构与主播的合作关系中，意思自治原则是一项重要的法律原则。这意味着双方在自愿、平等、公平的基础上签订的合同具有法律效力，合同中关于权利归属的约定通常会被优先遵循和认定。这一原则体现了对双方自主意愿的尊重和保护。在合同明确规定了权利归属的情况下，双方都应当按照合同的约定履行各自的义务、享受相应的权利。以下案例诠释了在民事领域对意思自治原则的基本遵循。

在高某琴、星旅播公司合同纠纷案[①]中，星旅播公司与高某琴签订《抖音工作室主播入伙合作协议》。该协议约定星旅播公司在合同期内是高某琴从事直播、短视频、演艺事业的独家及唯一合作经纪人，负责一定范围内的前期投入，并在高某琴入伙后开始工作的 2 个月考核期内给予其每月 5000 元补贴，并约定了后期的收益分红模式。2021 年 3 月，因高某琴在直播中销售他人产品，为第三方直播带货，从而与星旅播公司发生争议，星旅播公司因此停止向其支付前期投入。2022 年 1 月 7 日，星旅播公司向法院提起诉讼，请求解除《抖音工作室主播入伙合作协议》，要求高某琴向星旅播公司返还抖音号 QQMR0506（昵称：导游琴琴），并协助原告办理上述抖音账号的企业号实名认证程序。法院认为，星旅播公司（甲方）与高某琴（乙方）签订的《抖音工作室主播入伙合作协议》约定："乙方的抖音号自本协议生效起，就属于甲方拥有，不再属于个人（包括协议结束或解除后），甲方有权将乙方备案抖音号转入甲方指定的企业号蓝 V，转入时间由甲方确定和操作，与乙方抖音号相关的资产（包括但不限于音浪收入）均属于甲方，乙方不再享有该号的任何权益。"所以，星旅播公司诉请高某琴向其返还抖音号具有合同依据。《抖音工作室主播入伙合作协议》已经成立并生效，且抖音账号属于法律规定的网络虚拟财产，其经过培育后具有一定商业价值，具有一般财产的属性，当事人之间对抖音账号的归属进行自愿约定和处置，并不违反法律、行政法规的强制性规定，应受法律保护。

---

[①] 参见湖南省张家界市中级人民法院民事判决书，(2022) 湘 08 民终 617 号。

同时，根据《抖音用户服务协议》中的相关规定，该案中，无论是星旅播公司还是高某琴作为抖音用户，其实质享受的都是抖音平台提供的服务，所以有关抖音账号的归属应受《抖音用户服务协议》的约束。根据《抖音用户服务协议》，账号所有权归属于平台经营者，注册用户仅有直播账号的使用权，虽涉案抖音账号已由高某琴以其个人身份信息等完成实名认证程序，但不能因此排除星旅播公司依据《抖音工作室主播入伙合作协议》约定对账号享有的权益，且抖音账号的实名认证信息并非不可更改。所以，法院支持了星旅播公司请求高某琴返还抖音号的诉讼请求。

从上述案例可以看出，基于意思自治的原则，在双方对账号归属有明确约定，且未有显失公平的情况下，一般会遵循约定。当事人之间对直播账号的归属进行自愿约定和处置，只要不违反法律、行政法规的强制性规定，往往都能得到司法的尊重和支持。例如，双方对账号的使用权如何归属、流转甚至对其收益和财产属性进行约定。司法实践中，法官也会综合考虑账号的注册、实名认证的历史，以普遍、客观的标准来判断该账号创设之初的使用目的、权利归属，并适当考虑该账号背后的经济价值。

5. 没有约定或约定不明时的账号归属判断

在没有约定或约定不明的情况下，根据账号注册主体（人身依附性）、账号与权利主体的关联度、账号运营主体等方面综合判定权利归属。实践中，在主播与MCN机构之间就账号使用权归属问题未作出约定或约定不明时最易发生权属争议。司法实践中，对于账号归属权具体会考量以下几点进行综合判断：

（1）账号注册主体。如果账号是以主播个人名义注册，并且主播在与MCN机构合作前就已经拥有该账号并有一定的粉丝量，或者在注册过程中主要依赖主播的个人身份进行认证，那么在一定程度上可以认为主播对账号具有较强的人身依附关系，司法实践中，法院通常会支持账号归主播所有，主播享有账号的使用权和收益权。例如，在前述构美信息公司与李某演出合同纠纷案[①]中，法院认为账号具有明显的人身属性，尽管合同中有明确的归属约定，但由于主播处于缔约的弱势地位，法院可能会判定账号归主播所有。

---

① 参见江苏省宿迁市中级人民法院民事判决书，(2019)苏13民终4102号。

（2）账号与权利主体的关联度。如果MCN机构能够证明其与直播账号的关联度大于主播，则更容易得到法院的支持。例如，MCN机构可以通过设立账号时加入公司名称或品牌标识等方式，增强与账号的关联度。然而，如果MCN机构无法提供充分的证据证明其对账号有较大投入和实际运营情况，则法院可能不会支持其主张。若账号的名称、头像、简介等主要体现的是主播的个人特征或品牌形象，主要展现的是主播的个人特色，那么主播在权利归属方面可能占据更为有利的地位。

（3）账号运营主体。在实际运营过程中，如果MCN机构对账号进行了大量的投入和运营，并且这些投入显著增加了账号的价值，运营成果也主要归MCN机构所有，则法院可能会考虑这些因素来判定账号的归属。如果主播在账号的内容创作、粉丝互动以及推广营销等运营环节中发挥了主导作用，那么也会成为判定主播对账号拥有更多权利的考量因素之一。例如，在前述构美信息公司与李某演出合同纠纷案中，尽管合同中约定账号归MCN机构所有，但法院仍认定账号与主播的依附性更强，因此判决账号归主播所有。此外，平台的用户服务协议通常规定账号仅限于本人使用，未经同意禁止赠与、借用、出租等行为。因此，即使MCN机构与主播签订了归属协议，但如果违反了平台规则，法院仍可能认定账号归主播所有。

综上所述，在没有约定或约定不明的情况下，法院会从实质公平的角度出发进行判决。具体案件的判决结果可能会因具体情况而有所不同。

### 三、直播账号权属纠纷的解决思路

通过前述案例分析可知，实践中对于直播案件中涉及的账号归属问题，尚未形成一致的裁判思路。鉴于目前直播行业发展趋势以及直播类案件数量的增长，账号归属问题也将成为争议焦点。基于此，可参考以下建议。

**（一）主播与MCN机构的合同中明确约定账号权属**

建议在主播与MCN机构签订的合同中，明确约定账号的ID、使用权、运营权等具体使用方式。不仅约定合同履行期间以及合同终止后的账号交接事宜，而且还应就合同义务设定相应的违约责任。

在目前的司法实践中，即便MCN机构与主播之间对直播账号的权属有明确约定，但基于直播账号有较强的人身属性这一特征，不能单纯依照合同约定认定MCN机构享有直播账号的绝对使用权。虽然在司法实践中不能完全获得支持，但也要根据账号的属性、MCN机构的投入情况以及账号的实际运营管理等多方面进行分析，这也意味着并非不能约定或者约定无效。处理这种类型的纠纷时，主要问题还是解决平等主体之间的争议，民事领域的意思自治原则允许在不违反法律、法规的前提下进行自由约定。因此，主播与MCN机构在合同中约定账号的归属是非常有必要的。双方可根据不同的账号类型，进行针对性的约定。

1. 签约前，主播已使用个人信息实名注册的账号。这类账号从创建初始就具有极强的人身属性，其内容创作、粉丝积累以及价值产生都依靠主播的个人能力与内容输出，所以主播对直播账号贡献的价值往往大于MCN机构所贡献的价值。对于此类账号，MCN机构依靠合同约定取得账号的使用权有较大的困难。因此，在合同订立之初，MCN机构可以主动约定合同到期后账号属于主播，但主播需要支付相应对价，并详细约定违约责任，设定合理的违约金。这样既能保护好MCN机构的权益，也能为与主播合作奠定良好的基础。

2. 电商平台衍生出的直播账号。这类账号与网络店铺等传统类型的电商直播账号类似，法院会结合主播对账号运营投入的资源、账号与主播的绑定程度、主播对账号价值提升的贡献度等多方面因素予以考量，也会在部分情况下支持MCN机构的主张。对于这类账号，在合同订立时，MCN机构可以在满足实名制要求的前提下，尽量避免以主播个人名义进行注册申请，并尽可能安排主播在MCN机构注册并拥有的账号上开展相应的活动。另外，对于有较大商业价值的账号，MCN机构可以申请商标权，并通过许可使用的方式，在合同结束后限制主播对账号后续价值的进一步开发和利用。

实际上，MCN机构主张账号归属权的根本目的是防止网红主播离开后直接带走流量并做出与MCN机构竞争的行为。为了达到这一实际目的，MCN机构应当与主播明确约定竞业限制义务及其违约责任。

（二）直播账号名称可采取"艺名"姓名权及商标权的保护

1. 直播账号名称可作为艺名保护

直播账号名称是粉丝和公众识别不同账号的依据，尤其是网红主播的直播账号名称，在使用过程中产生了较大影响力，具有可观的商业价值。从知识产权的角度来看,艺名作为一种具有商业价值的标识,可以受到法律的保护。如果直播账号名称具有一定的显著性和识别性,并且经过使用在观众中建立了一定的知名度和声誉,那么就有可能被视为艺名受到法律保护。《民法典》第1017条规定,具有一定社会知名度,被他人使用足以造成公众混淆的笔名、艺名、网名、译名、字号、姓名和名称的简称等,参照适用姓名权和名称权保护的有关规定。根据这条规定,在账号名称具有一定知名度并被公众知悉、其他人使用该名称会造成混淆的情况下,该账号名称可以被视为艺名,受到《民法典》的保护。另外,根据《反不正当竞争法》第6条第2款的规定,经营者不得擅自使用他人有一定影响的企业名称(包括简称、字号等)、社会组织名称(包括简称等)、姓名(包括笔名、艺名、译名等),引人误认为是他人商品或者与他人存在特定联系。

在周某聪与华音鼎天公司等网络侵权责任纠纷案[①]中,周某聪主张其于2012年起便以涉案艺名"一棵小葱"在"哔哩哔哩""网易云音乐""酷我音乐"等在线音乐平台注册账号并发布音乐作品,取得了较高的知名度。2018年5月,华音鼎天公司与周某聪签订专属音乐著作人合同书,并以涉案艺名对外发布数首周某聪参与创作的音乐作品。2019年12月后,华音鼎天公司在未经周某聪同意的情况下,以涉案艺名对外发布周某聪未参与创作的数首音乐作品。周某聪认为,华音鼎天公司在明知其强烈反对的情况下,仍然使用涉案艺名,侵犯了其姓名权,遂向法院起诉,请求判令华音鼎天公司停止使用涉案艺名并赔偿相关损失。一审法院审理后认为,华音鼎天公司不构成对周某聪姓名权的侵害。故判决驳回周某聪的全部诉讼请求。周某聪不服一审判决,提起上诉。二审法院审理后认为,自然人对于非本名的艺名等特定名称主张姓名权保护的,首先应当证明艺名这一符号标识能够与特定的人建立起对应的联系并形成稳定的对应关系。具体到该案,涉案艺名在国风音乐领域与周某聪之间能够建立对应的联系并建立稳定的对应关系,因此周某聪有权就涉案艺名主张参照姓名权的保护。综合上述情况,二审法院认定,华音鼎天公司在2019年12月后的相关宣发活动侵害周某聪对涉案艺名的权利。故判决撤销一审判决,判决华音鼎天公司在相应社交平台发布澄清声明并支

---

① 参见北京互联网法院民事判决书,(2020)京0491民初28692号;北京市第四中级人民法院民事判决书,(2023)京04民终104号。

付周某聪经济损失3万元。

从以上案例可以看出,网红主播的直播账号名称在符合一定条件的情况下,能够作为艺名获得法律的保护:

(1)直播账号名称要有显著性和识别性。直播账号名称应当具有独特性,能够与其他账号名称区分开来。例如,使用独特的词汇、组合或者创意命名的账号名称,更容易被认为具有显著性和识别性。如果账号名称过于普通、常见或者与其他众多账号名称相似,可能难以获得保护。

(2)直播账号名称需要具备一定的知名度和影响力。如果一个网红主播的直播账号在特定领域或社交平台上积累了大量的粉丝和关注,形成了广泛的认知度,那么其名称就有可能被视为具有保护价值的艺名。这可以通过直播的观看人数、粉丝数量、互动情况、媒体报道等方面来体现。知名度越高、声誉越好的直播账号名称越有可能受到法律保护。

(3)直播账号名称的使用应当是合法的,并且该名称与网红主播本人之间需要建立起紧密且稳定的联系。这意味着公众能够通过该账号名称直接联想到对应的个人,并且这种联想是明确和一致的。

此外,法律对于艺名的保护通常基于维护公平竞争的市场秩序和保护个人的合法权益。当网红主播的直播账号名称被恶意抄袭、模仿或用于误导消费者时,法律会介入以保障原账号所有者的合法利益。

2. 网红主播的账号名称可作为商标保护

商标是用于区别商品或服务来源的具有显著特征的标志,主要由文字、图形、字母、数字、三维标志、声音、颜色等元素构成。如果网红主播的账号名称具有显著的识别性和独特性,能够将其所代表的商品或服务与其他来源区分开来,并且该名称已被在先使用,经长期使用和广泛宣传,已在相关公众中具有较高知名度,并与该网红主播建立对应关系,那么在商标确权行政案件中,该名称可能受到保护。被申请注册的商标如果可能使相关公众产生混淆误认,则不会被商标局支持。

鉴于知名网红和艺人的个人IP在商业化运作中具有重要价值,其名字和账号昵称可以形成具有商品化权益的品牌。然而,网红主播账号名称被恶意抢注的现象也十分普遍,许多网红主播的名字和账号昵称被他人注册为商标,导致他们无法继续使用这些名称。例如，四川一位在哔哩哔哩视频网站拥有450多万粉丝的短视频博主"敬汉卿"用了22年的真实姓名却被别人注册为商标。对方发来邮件称，"敬汉卿"使用的微信公众号、微博账号等名称中的"敬汉卿"三个字已经侵犯了其注册商标专用权，要求"敬汉卿"及时整改更名，否则将采取法律措施。值得庆幸的是，"敬汉卿"并不是艺名，而是主播的真实姓名。当事人可以主张诉争商标损害其姓名权，申请宣告抢注的商标无效。在现实中，很多主播使用的是艺名，维权起来就比较困难。面对这种情况，主播们往往会陷入两难的境地：要么直接改名，失去经营多年的流量资源；要么购买已经注册的商标。无论哪一种选择，都将承受巨大的经济损失。

因此，主播在注册直播账号时，有必要将其账号名称在相关的商品或服务类别上进行商标注册，从源头上避免被恶意抢注。商标注册成功后，权利人在特定类别上拥有独占使用权，能有效防止他人在相同或类似商品或服务上使用相同或近似的名称。此外，当事人还应随时关注是否有人抢注，若发现他人抢注自己的网红账号名称作为商标，应及时采取措施维权。例如，在商标公告期对涉嫌抢注的商标提出异议；若商标已被注册，可在规定期限内请求国家知识产权局商标局宣告该注册商标无效，也可以直接向法院提起诉讼，要求侵权人承担停止侵权、赔偿损失、消除影响等民事责任。

（三）将直播账号与MCN机构及其品牌进行最大化关联绑定

从前文所述判例可以看出，当MCN机构能够证明直播账号与自身的关联度大于主播时，更容易得到法院的支持。增加MCN机构与账号关联绑定的具体方式有以下几种：

1. 在设立账号时加入MCN机构的名称和注册商标。在账号创建初期就将MCN机构及其品牌名称纳入其中，是有效提升账号与MCN品牌关联度最直接的方式。确保直播账号的名称、头像、简介等基本信息与MCN品牌的风格、定位和价值观相一致，形成统一的视觉和文字标识。

2. 品牌推广与合作。利用MCN品牌的资源和渠道，对直播账号进行推广，包括与其他知名账号合作、参与MCN品牌活动、在社交媒体上进行宣传等，提高账号的知名度和影响力，以及与MCN的关联性。

3. 品牌IP建设。通过去"超级主播"化，建立MCN机构的品牌IP，将MCN

机构自身的品牌形象与直播账号紧密结合。这种方式不仅能增强品牌的识别度，还能通过品牌效应吸引更多的粉丝和用户。

4.展示 MCN 机构信息。在直播过程中，以明显的方式展示 MCN 机构的信息，如在直播间界面显示 MCN 机构的标识和名称，这样可以让观众清楚地识别账号与品牌的关联，从而增加对 MCN 机构的信任感和忠诚度。

5.互动与社群建设。鼓励直播账号与观众进行互动，建立活跃的粉丝社群，通过社群运营，增强观众对 MCN 品牌的认同感和忠诚度。

6.法律协议与权益保障。签订明确的合作协议，确保直播账号与 MCN 机构在权益、责任、分成等方面的关系清晰明确，保障双方的合法权益。

通过以上综合措施，可以最大限度地将直播账号与 MCN 机构进行关联绑定，实现协同发展和互利共赢。

（四）及时保存证据，"谁主张，谁举证"

对于 MCN 机构而言，孵化一个 IP 需要耗费巨大的精力、时间和成本，而一个 IP 爆红的背后，也离不开主播的付出。主播与 MCN 机构之间的命运紧密相连，MCN 机构可以帮助主播快速积累名气、获取流量、提高知名度，主播也可以为 MCN 机构带来价值回报。这本该是互利互惠的合作模式，但由于双方合作初期约定的利益分配往往并不平衡，当主播名气积累到一定程度时，双方可能因为利益分配产生纠纷，甚至诉诸法庭，分道扬镳，造成"双输"的局面。

在直播账号权属之争中，适用"谁主张，谁举证"的民事诉讼一般原则。这意味着，无论是主播还是 MCN 机构，主张对直播账号拥有使用权或其他相关权利的一方，需要承担相应的举证责任。在实际的法律纠纷中，双方都应积极参与公司主播账号的注册、运营和管理，并建立一套系统、完善的资料保存机制，收集保存好与账号运营和管理相关的付出证据。在司法实践中，法院会综合考虑账号的注册主体、实际运营情况、收益权归属等因素，以及双方合同中的具体约定，来判断账号的归属。如果合同中有明确的账号归属约定，法院通常会根据合同条款来判定账号的归属。如果合同中没有约定或约定不明确，法院可能会根据实际情况和公平原则来作出判决。

因此，主播和 MCN 机构在发生直播账号权属争议时，都应及时收集和保存相关证据，以维护自己的合法权益。这些证据包括但不限于合作合同、账号注册信息、账号后台数据、通信记录、投资成本证明、收益分配记录等。在准备证据时，双方应注意证据的合法性、相关性和充分性，以便在法律程序中能够有效地支持自己的主张。具体到证据保存方面，MCN 机构和主播都应收集并妥善保管以下几类证据：

1. 合同协议及附件。合同协议及附件包括双方签订的合作合同、经纪合同、服务协议等，这些文件可能约定了直播账号的归属权、使用方式、收益分配等关键条款。对于纸质合同及附件等原件，务必妥善保管，避免丢失或损坏。

2. 实名认证信息。实名认证信息包括账号的注册信息、变更实名认证信息的申请及审核记录等，以及主播身份证复印件、账号 ID、艺名等。

3. 沟通记录。沟通记录包括但不限于双方之间的邮件、短信、微信聊天记录等，特别是涉及账号相关的讨论和决策。

4. 直播数据及收益记录。直播数据及收益记录包括直播数据、开播记录、对账记录、支付记录以及打赏记录等，包括主播在直播过程中产生的视频、音频、图片等内容，以及相关的数据分析报告，收益分成的转账记录、支付凭证等，这些可证明账号的经济价值和分配情况。

5. 第三方证明。第三方证明包括平台方的相关规定、其他证人的证言等。

总之，MCN 机构和主播在发生账号权属争议时，必须及时、全面地保存上述资料，这不仅是对账号归属的保护，而且后期在任何一方违约时，均可为主张违约金、赔偿金等提供有力的有利证据。因此，建立完善的资料保存体系，收集保存好 MCN 机构或主播对直播账号运营和管理的付出证据，对于双方维护自身合法权益至关重要。

## 第三节　直播账号合规保障措施

### 一、平台的监管机制

随着《电子商务法》等法律法规体系的逐步健全，直播行业合规压力整体升级。立法明确要求电子商务平台应当落实主体责任，对平台内经营者的直播内容、商品质量、广告宣传等进行审核监督，否则将承担相应责任。因此，平台加强对平台内经营者直播账号的管理，既是应对监管要求的必要举措，也是保障平台生态健康、提升用户信任、促进可持续发展的核心策略。具体包括以下内容。

1. 平台应制定清晰、详细且易于理解的直播规则和政策，包括内容规范、行为准则、版权规定等，并及时向主播和用户进行公示和更新。同时，平台应对用户的互动评论进行管理，防止网络欺凌、虚假宣传等行为。

2. 网络直播平台应严格遵守有关法律法规规定，实行"后台实名、前台自愿"的原则，对网络直播发布者进行基于身份证件信息、统一社会信用代码等的认证登记，并开展动态巡查核验，确保认证信息的真实性和合法性。

3. 建立直播账号分级分类规范管理制度，促进网络直播行业的高质量发展。根据直播账号的合规情况、关注和访问量、交易量和金额及其他指标维度对账号进行分类和分级，并根据不同的类别和级别设定相应的管理规则和限制。对于违规的直播账号，根据情节轻重给予相应的惩罚，如警告、限流、暂停直播、封禁账号等，并公示处罚结果，以起到警示作用。这种制度旨在通过分级制度，鼓励高质量内容的产出和传播，同时逐步淘汰那些长期输出无价值无营养内容，甚至有违法违规行为的主播。这有助于维护网络生态环境，预防和减少违法违规行为，从而营造一个更加健康、有序的网络直播环境。

4. 建立强大的内容审核团队，对直播内容进行事前审核、事中监控和事后回溯，确保直播内容的合规性和安全性。利用人工智能、图像识别、关键词过滤等技术，快速发现违规内容并及时处理，确保内容不包含违法违规、低俗色情、暴力恐怖等不良信息。同时，建立黑名单制度，将严重违法违规的直播营销人员及因违法失德造成恶劣社会影响的人员列入黑名单，并向有关主管部门报告。

5. 直播平台应采用加密技术保护用户数据的安全，防止个人信息泄露，并建立安全防护措施以防止网络攻击和侵权行为。此外，平台还应提供账户保护措施，如设置强密码和启用双因素认证，以增强账户安全。

6. 平台须建立健全未成年人保护机制，防止未成年人充值打赏，并对涉及未成年人的内容进行特别监管。

7. 平台应设立便捷的举报和投诉渠道，鼓励用户对违规直播账号进行举报，明确处理流程和反馈期限，及时处理公众对违法违规信息内容、营销行为的投诉举报，并对举报人给予一定的保护和奖励。

## 二、MCN 机构与主播的自我约束与合规意识培养

主播是直播活动的核心参与者，MCN 机构是主播管理机构，在保障直播账号合规方面，MCN 机构和主播的自我约束与合规意识培养至关重要。

1.MCN 机构和主播应深入学习相关法律法规。MCN 机构作为连接内容创作者、品牌方与平台的核心桥梁，其合规意识与法律素养直接影响机构自身生存、达人发展及行业生态。对于 MCN 机构而言，法规学习不是被动应付监管的"成本项"，而是提升商业价值、构建竞争壁垒的"战略投资"。应构建内部合规体系，配备专业合规管理人员，制定《直播话术红线清单》《合作品牌资质审核流程》等合规控制文件，系统化学习法规规定，对管理层、运营团队以及签约达人开展常态化的分层培训与考核，与监管部门、行业协会、研究机构建立外部合作网络，及时预判和掌握政策风向。对于主播而言，应积极参加相关培训课程和学习活动，通过学习和分析典型案例，了解违规行为可能带来的后果，了解直播活动中的法律底线，提高自身对法律风险的防范意识，以便在直播过程中能够实现自我监督和自我管理。

2.MCN 机构和主播要充分了解和熟悉直播平台的规则和政策。不同平台可能有不同的规范要求，这些要求可能包括内容审核标准、互动方式限制、收益结算规定等。诸如抖音、虎牙等大型直播平台都制定了详细的规则和准则。例如，抖音平台要求主播在直播过程中不得涉及政治、宗教、色情等敏感内容，并且主播需对嘉宾的行为负责；虎牙平台则禁止未成年人直播，并要求公会管理者对签约合作主播的身份、年龄和资质进行核实和监督管理。严格遵守平台规则是保证账号合规的基础。

3.主播应时刻审视自身言行，MCN 机构也应当加强对主播行为规范的管理。在直播中，主播应避免使用粗俗、侮辱性语言，不传播不良价值观，不进行恶意炒作或制造噱头吸引流量。同时，主播要对直播内容的质量负责，确保其真实、准确、有价值。

总之，MCN 机构和主播的自我约束与合规意识培养需要多方面的努力。国家和平台的规章制度只提供了基本框架，MCN 机构和主播的自我约束和持续学习才是关键。只有这样，才能真正维护良好的市场秩序和消费者权益，促进直播

行业的健康发展。

### 三、用户的监督与举报

用户作为直播内容的直接接收者，能够从多个角度对直播账号进行监督。用户可以密切关注主播的言行举止、直播内容的质量和合法性，以及是否存在误导、欺骗或其他不良行为，如传播不良信息、侵犯他人权益、发布虚假广告等。在发现直播账号存在不合规的情况时，用户应积极行使举报权利。

直播平台通常会为用户提供便捷的举报渠道，如在直播页面设置举报按钮、在平台设置专门的举报入口等。用户在举报时，应尽可能详细地描述违规情况，提供相关证据（如截图、视频片段等），以便平台能够快速、准确地进行核实和处理。直播平台接到举报后，应进行调查，并根据平台规则和相关法律法规采取相应措施，如删除违规内容、封禁违规账号等。

平台对于用户的举报应当给予及时反馈。对于有效的举报，应将采取的处罚措施、处理结果告知举报人，以此增强用户对平台监管的信任和参与度。

总之，用户的监督与举报是直播账号合规管理的重要补充力量，有助于维护直播行业的良好秩序和社会公共利益。用户的积极监督与举报，能够形成对直播账号的全方位监督网络，有效遏制违规行为。这种社会共治的模式有助于维护网络直播环境的清朗，保护消费者的合法权益，并促进直播行业的健康发展。

直播账号合规问题是平台监管的重要内容。随着直播行业的不断发展，相关法律法规和政策将进一步细化和完善，覆盖更多的领域和细节，以适应新的业务模式和技术应用。科技的发展也将会带动合规的进步，未来将会利用更先进的人工智能、大数据分析等技术，实现对直播内容的实时监测、精准识别和快速处理，提高账号合规管理的效率和准确性。直播行业组织和平台将发挥更大的作用，制定更为严格的自律规范，加强对主播和直播账号的管理和培训，推动整个行业形成良好的合规文化。不同直播平台之间将加强信息共享和协同合作，共同打击违规账号和行为，避免违规账号在不同平台间流窜。未来，直播账号合规也将与社会治理的其他方面深度融合，如网络安全、青少年保护、消费者权益保护等，逐渐形成综合的治理体系，朝着更加严格、智能、协同和全面的方向发展，为直播行业的持续繁荣提供坚实的保障。

# 第三章

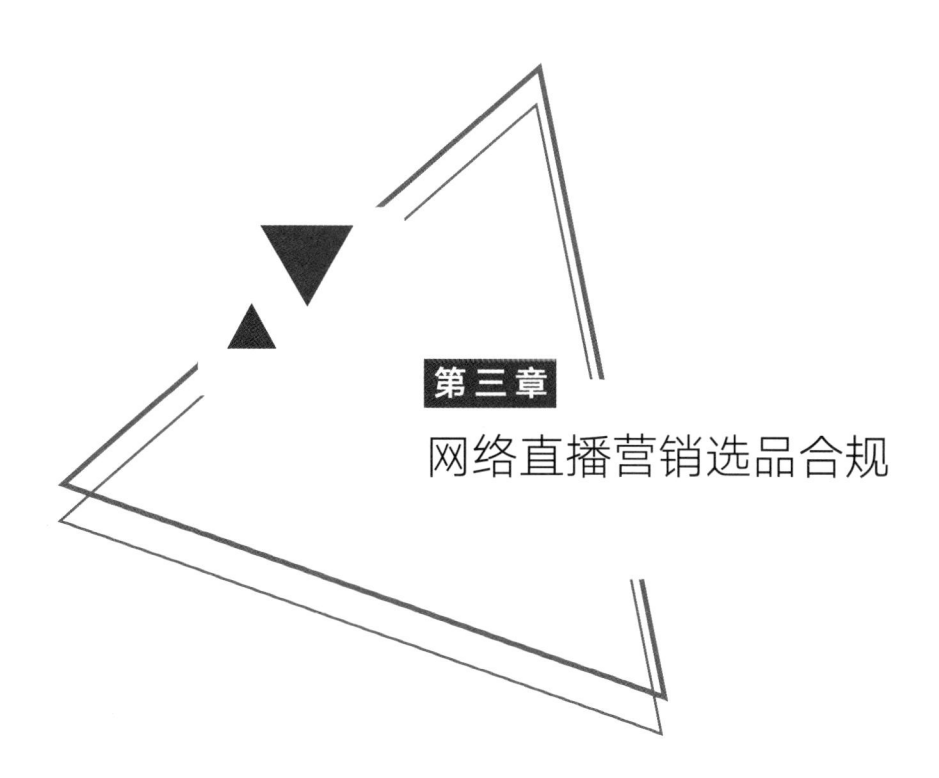

## 网络直播营销选品合规

网络直播营销模式的核心商业变现途径在于向消费者销售商品和服务,以实现市场价值的转换。商品和服务是销售的基本载体,其连接了消费者需求与商家供给,是决定销售业绩的核心要素,也是满足消费者需求的关键。当前,我国具有全世界最为完整的产品供应链,可供销售的商品种类繁多,为直播带货等电子商务行业提供了坚实的供应链基础,也直接降低了直播带货创新模式的门槛。然而,各商家所供应的产品质量参差不齐,导致不少主播在直播过程中因产品问题而遭遇"翻车"事件,其根本原因是经营者在选品环节缺少有效的管控措施。

　　直播选品合规在网络直播销售过程中至关重要。对于直播营销的直接责任主体而言,选品得当能够有效避免直播营销各方责任主体因为销售违法违规商品而承担法律责任;对于主播而言,则有助于增强消费者的信任度,增强粉丝黏性和带货商品的购买转化率,吸引更多的流量和合作机会,实现其商业价值的持续稳定增长。同时,选品合规能让消费者购买到符合产品质量标准、安全可靠的产品,进而增强消费者对直播购物的信任度,推动网络直播销售的良性发展。

## 第一节 产品选品合规关注要点

选品是网络电商运营中的一个重要环节,成功的选品策略能够吸引大量消费者,为店铺带来持续稳定的利润。只有通过优质选品,才能满足消费者的需求,提高品牌形象和声誉,增加销售业绩和竞争力。可以说,选品的好坏直接决定了整个运营过程的成败。然而,不少经营者在选品的过程中,仅考虑产品品类及形式是否可以迎合市场需求,而对选品合规的重视不足,导致后续在营销过程中产品质量、知识产权、广告宣传等方面出现多重风险。

### 一、产品质量安全

在直播带货中,直播推广的各类产品必须严格遵循《产品质量法》所确立的基本规范,确保每一项交易都建立在诚信与质量并重的基础之上。具体而言,产品不存在危及人身、财产安全的不合理的危险,有保障人体健康和人身、财产安全的国家标准、行业标准的,应当符合该标准;具备产品应有的使用性能,除非对产品存在使用性能的瑕疵已作出明确说明;符合在产品或者其包装上注明采用的产品标准,符合以产品说明、实物样品等方式表明的质量状况。

针对特定类别商品,如"三品一械"(涵盖药品、医疗器械、保健食品及特殊医学用途配方食品)、食品、化妆品、出版物、洗护用品、电子电器、家用电器及数码产品等,在推广与销售过程中还需特别遵循各自领域的专项法律法规与国家标准。这些规定往往更为细致严格,旨在为不同商品特性制定安全、有效、合规的市场准入门槛,以保障公众健康的安全及消费者权益。因此,在选品过程中,必须事先深入了解并严格遵守相关法规,确保所售商品不仅符合一般质量标准,而且达到了特定领域的特殊要求。

### 二、产品宣传卖点

直播间的带货过程中,产品的宣传推广是不可或缺的一环,不仅是连接产品与消费者的重要桥梁,也是促进交易达成的关键驱动力。直播电商从业者在选品过程中，为确保所推荐商品的质量与信誉，必须在与供应商正式确立合作关系之前，对产品供应商提供的各项宣传信息进行全面、深入且细致的核实工作。为实现这一目标，需构建一套完善的产品宣传审核机制，对产品宣传中的核心卖点、功效描述等关键信息进行严谨细致的核查。这一过程需确保所有宣传内容均能与产品包装上的标识信息、权威机构出具的相关检测报告等实质性资料保持高度一致，避免夸大其词或误导消费者。同时，直播电商从业者还需密切关注法律法规的最新动态，特别是关于某些特定产品（如保健品、医疗器械、药品等）的广告限制或禁止条款，确保所推广产品不触及法律红线。直播间还应加强自律，主动建立消费者反馈机制，及时收集并处理消费者对产品宣传的疑问与投诉，对于发现的虚假宣传或违法违规线索，应立即停止相关推广活动，并主动向市场监管部门报告，积极配合调查处理，以维护市场的公平竞争秩序，保护消费者的合法权益。

首先，应重点核查供应商提供的商品卖点内容，包括但不限于促销价格、商品包装、质量规格等关键信息。这些信息不仅需与直播间实际销售的商品的信息完全一致，更要严格遵守国家法律法规及行业标准的各项规定。在内容表达上，必须追求准确性、清晰度和明确性，使消费者能够一目了然、无歧义地理解商品信息。

其次，针对商品特性、功能效果、工艺流程、适宜人群、禁忌事项、售后政策等深层卖点内容，同样应执行严格的审核标准。这些内容必须基于产品的实际情况进行描述，严禁任何形式的误导或夸大其词，以确保消费者能够基于真实、全面的信息作出购买决策。同时，这些信息的表述亦需遵循法律法规的规范，做到准确、清楚、明白，对于法定应明示的内容，直播间应确保其以显著、清晰的方式展现。

**三、产品价格策略**

直播间不仅是产品展示的窗口，更是价格信息传递的重要平台。因此，直播电商从业者在制定与执行产品定价策略时，需承担起责任，并保持谨慎。直播开始前，应精心策划并充分准备其自行制定的产品定价策略，包括但不限于成本分析、市场调研、竞品对比以及消费者接受度预估等多个维度，确保定价策略既符合市场规律，又能吸引消费者眼球。

对于商家提供的产品定价策略，同样不能掉以轻心，应设立专门的核验机制，对商家的定价方案进行全面而严格的审查。直播电商从业者不仅要关注价格本身的高低，更要深入审核，确保商家的定价策略没有违反法律法规，也未涉及不正当竞争行为。在核验过程中，应特别警惕虚构产品原价、夸大优惠折扣等误导性定价行为，这些行为不仅损害了消费者的知情权，也扰乱了市场秩序。

为了维护消费者的合法权益和市场的公平竞争环境，直播带货过程必须坚守价格信息的真实性和准确性这一基本原则。直播电商从业者应建立价格监督机制，对直播过程中涉及的所有价格信息进行实时监控和校验，确保价格信息准确无误。一旦发现价格虚高、虚假优惠等违规行为，直播间应立即采取措施予以纠正。在直播带货的舞台上，价格是连接产品与消费者的重要纽带。直播电商从业者应始终将价格信息的真实性和准确性放在首位，通过充分的准备、严格的核验以及有效的监督机制，确保消费者在直播间获得的每一条价格信息都是可靠和可信的。

### 四、产品知识产权

在直播间的选品流程中，为确保商业活动的合法性与可持续性，有效规避因选品不当而触发的知识产权纠纷，对知识产权问题的审慎考量是至关重要的。这一审查过程需全面覆盖商标权、专利权及著作权三大核心领域。

1. 商标权审核方面，应严格要求产品供应商出具有效的注册商标证书或明确其进货渠道合法的商标使用授权许可文件。准确验证供应商是否拥有合法使用特定商标的权利，避免因选用未经授权或侵权商标的产品而损害消费者权益及自身品牌形象。在产品最终被选定上架后，应尽可能地从商标权利人处获得正式的书面授权，确保合法合规运营。

2. 专利权审核方面，应聚焦于对产品供应商提供的专利号及专利证书的真实性与有效性的验证，可以通过国家知识产权局官网进行信息核验。鉴于专利权的复杂性，对外观专利的细致核查尤为重要，因为这直接关系到产品的独特设计是否受到法律保护。直播电商从业者通过严格的专利审查，确保所售商品不侵犯他人的专利权，维护市场的公平竞争环境。

3. 著作权审核方面，鉴于著作权自动获得的特性，即便作品未经正式登记，其著作权依然受法律保护。因此，直播电商从业者在审核产品著作权时面临较大挑战。为应对这一难题，可采取多种策略，如要求供应商提供创作证明、版权归属声明或原创性保证书等，以尽可能降低侵权风险。同时，加强内部培训，提升团队对著作权法律法规的理解与应用能力也是防范著作权纠纷的有效途径。

此外，对于联名产品这一特殊类别，需格外警惕其是否超越了联名品牌的授权范围。应要求供应商提供脱敏处理后的证明文件，如授权协议、授权范围明细等，这些文件将成为评估联名产品合法性的关键依据，确保合作双方的权益得到充分保障。此外，直播电商从业者应建立并持续优化全面的知识产权档案系统，该系统应详细记录所有产品的知识产权信息，包括但不限于商标权、专利权、著作权及联名授权情况等，不仅有助于在选品初期快速识别并规避潜在的知识产权风险，而且还能在后续发生纠纷时提供强有力的法律证据支持，维护直播电商从业者的合法权益与商业声誉。

### 五、肖像权

随着产品宣传方式的日益多样化，肖像权的使用问题也日益凸显。当产品供应商在宣传资料中融入他人肖像时，直播电商从业者必须承担保护肖像权人合法权益的责任。在选品阶段，直播电商从业者应向供应商索要肖像权授权文件，并细致审查该授权的有效性及适用范围，包括但不限于确认授权书是否由肖像权人本人或其合法代表签署、授权期限是否覆盖直播推广活动的时间段以及授权范围是否明确包括在直播间进行产品展示与推广等。通过这一系列严谨的步骤，能够有效规避因肖像权使用不当而引发的法律纠纷，维护良好的直播间形象，增强公众信任度。尤其是要警惕产品外包装、宣传海报、视频素材等媒介中是否未经许可地使用了他人肖像的情况。肖像权作为公民的基本权利之一，对其进行保护至关重要，任何未经授权的使用都可能触犯法律红线。若直播电商从业者未能履行这一必要的审查义务，或者在明知产品宣传资料中存在肖像权侵权问题的情况下仍选择继续推广，将可能面临承担相应的肖像权侵权责任。这不仅会损害直播电商从业者自身的信誉与形象，还可能引发消费者信任危机，对直播间的长期发展造成不利影响。

## 六、数据引证

产品供应商为了凸显其产品在市场中的独特优势与卓越性能,往往会运用数据印证这一策略,通过量化指标,如销量数据、效果数据、市场占有率、质量评估报告及性能参数等,来增强说服力和吸引力。直播电商从业者在挑选产品时,必须对这些数据的真实性保持高度警惕,并实施严格的查证程序。具体而言,应要求产品供应商提供权威机构出具的数据报告、官方统计数据或经过公证的第三方验证资料,以确保所引用的数据准确无误,避免夸大其词或误导消费者的情况。《广告法》明确要求,在广告中引用数据、统计资料、调查结果、文摘等信息时,必须遵循两大核心原则:一是真实性原则,即所引用的数据资料必须基于客观事实,具有真实可靠的来源;二是明确性原则,即必须清晰标注这些数据的具体出处,以便消费者和监管部门核实其真实性。同时,如果这些数据资料具有特定的适用范围或有效期限,直播电商从业者还必须在广告中明确说明,避免误导消费者。

这一规定背后蕴含着深刻的法律逻辑与消费者权益保护的理念。它要求直播电商从业者在追求商业利益的同时,必须承担起对消费者负责的社会责任,确保广告内容的真实无误,维护市场的公平竞争秩序。直播间一旦在直播带货过程中违反了上述关于数据引证的规定,根据《广告法》的相关规定,其将面临一系列法律后果。市场监督管理部门有权责令其立即停止发布违法广告,并视情节轻重,对直播电商从业者处以最高可达 10 万元人民币的罚款。

## 七、产品活动规则

在直播间选品流程的精细化构建中,对产品链接中附带的产品活动规则的审查也是一项至关重要的环节,包括对产品活动规则的清晰度、真实性等多维度进行审核。

(一)活动规则应清晰明确

在审查过程中,需要注重规则表述的简洁明了与逻辑严谨。具体而言,活动规则应避免使用模糊、含糊或易引起误解的表述,力求每一条规则都能被消费者准确无误地理解。

## （二）活动内容应真实可信

如在审查过程中，对有关奖励促销等活动内容进行详细审查，要求供应商提供详细的奖励发放方案与证明材料，通过多种渠道对奖励的真实性进行验证，包括但不限于与电商平台或品牌方直接沟通确认、查看历史活动记录以及收集消费者反馈等。通过这些措施，确保消费者能够真正享受到直播间承诺的优惠与奖品，避免任何形式的虚假宣传与误导行为。

## （三）规则更新通知应及时、广泛

审查产品供应商是否建立了完善的规则更新通知机制，确保所有消费者都能及时获取最新的活动信息。产品供应商应通过店铺公告、社交媒体平台、客服渠道等多种方式发布规则更新通知，并明确标注更新日期与具体内容。

## 八、产品链接信息

在直播间选品流程的精细化管理中，为了确保所推荐商品的合法性与真实性，直播电商从业者可采取前置性链接审查措施，提前要求产品供应商提供参与选品的产品的销售链接。这一举措不仅为直播间构建起了一道坚实的筛选防线，还能提升选品效率与消费者满意度。首先，需进行平台合法性验证，核实销售链接是否指向合法、正规、具有良好信誉的电商平台或官方网站，包括检查平台的运营资质、用户评价、售后服务体系等多个方面，以确保消费者购买渠道的安全可靠。其次，需进行产品信息一致性校验，通过逐一比对销售链接中展示的产品主图、详情页、产品参数等信息与供应商提供的各项数据是否相符，确保图片无虚假夸大、详情页描述准确无歧义、产品参数真实可靠。

## 第二节　商家审核要点

构建一套完善且高效的产品选品合规制度，其复杂性与重要性不言而喻，要求企业必须从全方位、多角度的精细考量出发，以确保所选产品不仅符合市场需求，更严格遵守法律法规与行业规范。商家作为产品供应的源头，其资质与信誉直接关系到产品质量的可靠性与合规性。在电商选品合规的过程中，选择优秀的供货商和合作商家是成功选品的前提,需要对候选合作伙伴进行审核尽调和风险评估,以及对商家的资质、信用以及品控管理等多个方面进行系统性审核。

## 一、商家资质审核

对商家资质的全面审核是至关重要的环节。直播电商从业者应依据国家法律法规的规定,对商家经营业务所必需的一系列文件或证明进行详尽且周密的审查。这一过程不限于基本的营业资质验证,而是涵盖了多个维度,以确保商家的合法性与合规性。主播电商从业者应认真核对商家资质,着重考察商家的基本资质以及相关信用状况,并重点审核以下内容。

### (一)商家的基本资质信息

商家的基本资质信息包括供货商和合作商家的身份、地址、营业执照、经营范围及具体联系方式,以及联络人的授权委托书。直播电商从业者在实际运营过程中,可以逐步建立供应商企业的白名单,也可以赴企业所在地进行实地考察,确保供应商的资质诚信可靠,与信用良好的商家合作。

### (二)生产经营许可类资质信息

从事生产、加工、销售或者提供服务的主体需要取得行政许可的,应根据相关法律法规要求提交加盖公章的行政许可批准证书的复印件。针对特定行业或产品,还需进一步审核供货商和合作商家的行政许可文件,如食品经营许可证、医疗器械经营许可证等,以确保商家在特定领域内的经营活动已获得相应资质。

## 二、商家信用审核

在对商家进行审核的过程中,应采取多维度、系统化的方法全面评估商家的信用状况,确保合作对象的可靠性与诚信度,最大限度避免正式合作后以及直播营销过程中出现合规风险。

### (一)查询商家产品抽查记录

如果商家在由相关主管部门组织的产品质量监督抽查中出现不合格记录,则应当谨慎考虑是否继续采用该供应商。如果决定继续合作,则要详细了解不合格的具体情况,判断是否会对即将合作的产品产生影响。根据产品质量监督抽查相关办法的要求,在抽查中发现不合格产品的,应当停止销售。国家市场监督管理总局以及各地市场部门均定期开展网络交易商品监督抽查，并公布抽查结果。例如，2024年1月30日，上海市市场监督管理局公布了电商、直播及其他网络渠道销售产品监督抽查情况通报[①]，内容涉及了i百联、得物、东方CJ、抖音（直播）、京东商城、拼多多、苏宁易购、天猫、小红书、小米有品10家网络平台的98家企业销售的108个品牌140批次电商、直播类服装产品。

### （二）了解商家产品的销售情况以及消费者的评价情况

电商选品的本质是"用数据投票"——供应商销售数据如同市场需求的"温度计"，既能避免盲目跟风，又能挖掘隐藏商机。了解供应商产品的销售情况是电子商务经营者制定科学选品策略的核心环节，直接影响库存周转率、用户满意度以及合规风险敞口等关键因素。经营者在构建选品决策模型时，应当建立量化评分体系，如综合分析近3~6个月单品销量趋势、环比增长率，判断产品所处的生命周期（导入期／成长期／衰退期），对商品评分、退货率、差评关键词等用户反馈信息的分析，可以评估产品质量与用户体验痛点。

消费者的评价是商家信用评价中不可或缺的一环。通过收集并分析消费者对商家的评价，可以直观地感受到商家在市场中的口碑与形象。若商家在市场中的商业形象恶劣，不仅会影响其自身的业务发展，还可能对与之合作的平台或直播间造成负面牵连，损害其商业声誉。因此，在选择合作伙伴时，应充分重视消费者的反馈，将其作为评估商家信用的重要参考因素之一，尤其应当谨慎选择退货率较高、消费者给予差评较多的商家。

### （三）查询商家此前的涉诉情况

利用裁判文书网这一权威平台进行深入挖掘，能够清晰地勾勒出商家在法律纠纷中的表现。通过分析涉诉案件的性质、频率、解决结果以及商家的应诉态度，可以洞察其法律遵从度与风险应对能力，为是否建立合作关系提供有力依据。若商家频繁卷入诉讼，尤其是涉及欺诈、违约等严重失信行为，则需谨慎评估其合作价值。

### （四）查询商家此前被处罚的情况

查询商家是否受过行政处罚，是评估其合规经营能力的重要指标。通过访问

---

[①] 参见《上海市市场监管局发布电商直播服装等5类产品监督抽查情况》，载上海市市场监督管理局，http://scjgj.sh.gov.cn/018/20240130/2c984ad68d453af9018d594d6ce24d1e.html。

中国市场监管行政处罚文书网、地方市场监督管理局及税务局等官方网站，可以获取详尽的行政处罚记录。目前，通过企查查、天眼查等第三方查询平台也可以查询到此类信息。对于受到过行政处罚的商家，须细致分析其违规行为的性质、严重程度及整改情况。若商家因产品质量问题被罚，这可能影响其产品质量控制体系的有效性。对于此类商家，合作前需进行更为严格的尽职调查，并在合同中明确质量保障条款以及相应的违约责任。

（五）查询商家的经营状况

商家的经营状况与信用状况同样不容忽视。利用信用中国网、国家企业信用信息公示系统、中国执行信息公开网及应急管理部政务服务平台等权威渠道，可以实时掌握商家的信用动态。对于被列入失信被执行人名单、经营异常名录或存在限制消费等信用风险的商家，应果断采取避险措施，避免潜在的合作风险。同时，对于已建立长期合作关系的商家，应实施定期的动态监测机制，确保其信用状况持续良好，及时应对可能出现的风险变化。

### 三、商家品控管理审核

品控是产品质量控制的核心机制，是产品达到既定质量标准的坚实保障。当商家能够成功构建并持续维护一套高效、稳定的品控管理体系时，合作伙伴自然能够对其产品的品质寄予更高的信赖与信心。为了全面而深入地剖析与评估商家的品控管理水平，可以从以下几个核心维度展开细致入微的考察。

（一）生产环境

生产环境作为产品诞生的摇篮，其状况直接关乎产品的质量。生产车间需做到整洁有序，确保符合行业标准及国家安全生产规范。包括但不限于车间布局的合理性，以确保生产流程的高效顺畅；卫生条件的严格把控，防止任何形式的污染；温湿度等环境因素的精准控制，以维护产品的最佳生产状态以及防尘防污措施的严密实施与设备设施的定期维护保养。

（二）质量管理体系

一个健全且高效运行的质量管理体系是商家品控实力的直接体现。通过深入剖析商家在关键环节所建立并实施的质量管理措施、明确的质量标准及细致的检验流程，能够初步构建起对商家质量管理能力的全面认知。此外，还应特别关注商家是否建立了定期的产品质量抽检与评估机制，以及是否制定了针对不合格产品所采取的迅速、有效且符合规定的处理措施。这些举措可以反映商家是否具备对产品质量的持续监控与改进能力。

**（三）从业人员资质**

作为品控管理体系的直接执行者，从业人员的专业能力与职业素养对于商家品控水平的高低具有决定性影响。生产工人、质量检验员、技术人员等关键岗位人员的资质认证情况、培训记录以及实际操作能力也影响着产品质量的优劣。因此，对商家关键岗位人员从业资质的审核十分关键。

**四、商家售后服务能力审核**

在对商家的售后服务能力进行全面而细致的考察的过程中，应当着重聚焦于商家的库存管理能力、发货效率与物流体系以及售后服务机制的完善程度这三个核心层面。

**（一）库存管理能力**

考察商家是否采用先进的预测模型，结合历史销售数据、市场趋势及季节性因素，精准预测未来库存需求，避免出现过度积压或缺货现象；考察商家库存周转的速度，高周转率意味着资金占用少，同时能更快响应市场需求的变化，减少库存积压导致商品贬值风险；了解商家是否采用先进的库存管理软件或系统，以实现库存信息的实时更新、追踪与监控，确保库存数据的准确性与可追溯性。

**（二）发货效率与物流体系**

考察商家从接收订单到准备发货的整个流程是否高效且自动化程度高，包括订单确认、拣货、包装、出库等环节；考察商家是否与多家优质物流服务商建立了稳定的合作，提供多样化的配送选项，如快递、物流、自提等，以满足不同消费者的需求；验证商家是否提供实时、准确的物流信息追踪服务，让消费者能够随时了解订单的配送状态，增强购物体验的透明度和信任感。

**（三）售后服务机制完善程度**

评估商家的退换货政策是否清晰、公平、易于理解，包括退换货期限、条件、流程及退款方式等，确保消费者权益得到充分保障；通过模拟咨询、调查反馈等方式，考察商家客户服务团队的响应速度、专业程度、服务态度及解决问题的能力；

深入了解商家对于消费者投诉的处理流程、效率及结果,评估其是否建立了有效的投诉反馈机制以及是否能够及时、妥善地解决消费者的问题和不满。

**五、建立商家黑白名单制度**

建立商家黑白名单制度是确保直播间长期稳定发展的关键措施之一。通过这一制度,可以有效筛选优质商家,同时淘汰问题商家,从而保障消费者的利益和直播间的声誉。

(一)黑名单

黑名单主要针对那些存在严重违规行为、产品质量问题、信用风险或售后服务差的商家。一旦商家被列入黑名单,直播电商从业者将立即终止与其的合作关系。如商家存在以下情形,可考虑列入黑名单:

1. 存在违规行为。对于那些因严重违规行为被行政处罚的商家,如涉及虚假宣传、欺诈消费者、侵犯知识产权等,应立即列入黑名单。

2. 存在产品质量问题。对于那些产品质量问题频发、屡次被消费者投诉的商家,应进行严格的审查,并在确认问题属实后列入黑名单。

3. 存在信用风险。对于那些被列入失信被执行人名单、经营异常名录或存在限制消费等信用风险的商家,应果断采取措施,将其列入黑名单。

4. 售后服务差。对于那些售后服务差、处理消费者投诉不力的商家,应进行评估,并在确认问题严重后列入黑名单。

黑名单制度的实施需要建立一个完善的监测和审核机制,确保信息的准确性和及时性。同时,黑名单应定期更新,以反映商家最新的信用状况。这一制度的建立不仅有助于保护消费者权益,还能促使商家提高自身管理水平,提升产品质量和服务质量,从而推动整个行业的健康发展。

(二)白名单

与黑名单制度相对应的是白名单制度,白名单主要纳入信用良好、产品质量高、售后服务优秀的商家。通过白名单制度,直播电商从业者可以优先推荐这些优质商家,为消费者提供更可靠的选择。白名单制度的建立需要对商家进行定期的评估和审核,确保其持续符合白名单的标准。同时,白名单也应定期更新,以反映商家最新的信用状况。直播电商从业者可以通过官方网站、社交媒体等渠道将白名单商家进行公示，为消费者提供一个值得信赖的商家选择，同时激励其他商家提高自身管理水平，并提升产品质量和服务质量。

**六、合作协议审查**

合作事宜的明确性是合作协议的核心要义之一。协议中应详尽列出合作的起止日期、推广的具体产品列表、产品的销售机制（如销售价格、折扣政策、赠品策略等）、直播活动的具体安排（包括直播场次、每场直播的预计时长、是否采取专场合作模式）以及推广形式的多样性（如商品链接挂载、直接口播推荐、图文介绍、短视频预热等）。此外，协议对于是否设定销量保证及合作费用的计算模式（固定服务费用、纯佣金制或二者结合）也应作出明确约定，以保障双方利益与期望的明确对接。

权利义务的清晰界定是合作协议公正性的体现。协议中需明确产品供应商需承担的责任，包括但不限于确保所供产品的质量符合国家及行业标准、产品宣传内容的真实性与合法性以及提供必要的售后服务支持等。同时，直播电商从业者方面的权利也应得到保障，如合理使用产品素材进行宣传、依据协议约定获得报酬等。

违约责任条款的设置则是合作协议中不可或缺的组成部分，确保合作双方在违约情况下的责任承担有据可依。具体而言，协议应明确规定产品供应商原因导致产品质量安全、宣传内容失实、侵犯第三方权益等问题时，供应商应承担全部责任，并赔偿因此给直播电商从业者造成的直接或间接损失。直播电商从业者在遭受此类损失时，享有依法追偿的权利。

为进一步提升合作的可靠性与透明度，建议除签订正式合作协议外，还要求产品供应商额外签署《产品质量安全与宣传合规承诺书》。此承诺书应作为合作协议的补充，更为详尽地就产品质量安全标准、广告宣传的合规性要求、消费者权益保护等方面作出明确承诺，以此进一步强化供应商的自律意识与责任意识，在直播间与消费者之间构建起更加坚实的信任桥梁。

## 第三节　产品审核要点

产品审核是确保直播间销售商品质量的重要环节。对商品进行严格的审核，可以有效避免劣质商品流入市场，保护消费者权益，同时维护直播间的声誉。针对直播电商如何选品的问题，《网络直播营销选品规范》提出关于资质审核、样品审核、内容审核、补充审核等多方面的要求。浙江省发布的《直播电子商务选品和品控管理规范》团体标准也对直播营销的选品流程和标准方面作出了新的要求和规范，具有较强的指引作用。该标准要求，直播电商应当配备专岗品质管理人员，对供应商及直播商品采取必要的管理措施。同时，直播电商应建立完善的选品流程，包括对供应商和直播商品的初步审查、资质审查、试样测评或抽样检测、卖点等宣传内容审核，以及复审等相关流程。下文将结合合规实务提出审核要点。

## 一、产品资质审核

产品资质的合规性，是产品能否顺利进入市场流通并面向广大消费者销售的不可或缺的先决条件。在当前市场乱象丛生的背景下，直播电商对产品资质的严格审核更是显得尤为关键。直播电商对产品资质的审核流程，可以系统性地归纳为对商家是否合法持有并有效维护产品生产许可、强制性认证以及相关专项许可的全面审查。这一审核体系旨在通过多层次、多维度的核查手段，确保直播间内所售商品均有合法合规的生产源头，符合国家或行业制定的各项安全、质量及环保标准。

### （一）审核工业产品生产许可证

审查产品是否在发证目录范围之内，如果属于发证产品则需要商家提供生产许可证，自有品牌代工生产还需另外提供生产许可品种明细表。根据《工业产品生产许可证管理条例》第2条的规定，国家对生产下列重要工业产品的企业实行生产许可证制度：(1)乳制品、肉制品、饮料、米、面、食用油、酒类等直接关系人体健康的加工食品；(2)电热毯、压力锅、燃气热水器等可能危及人身、财产安全的产品；(3)税控收款机、防伪验钞仪、卫星电视广播地面接收设备、无线广播电视发射设备等关系金融安全和通信质量安全的产品；(4)安全网、安全帽、建筑扣件等保障劳动安全的产品；(5)电力铁塔、桥梁支座、铁路工业产品、水工金属结构、危险化学品及其包装物、容器等影响生产安全、公共安全的产品；(6)法律、行政法规要求依照该条例的规定实行生产许可证管理的其他产品。任何企业如未取得生产许可证不得生产列入目录的产品。国家实行生产许可证制度的工业产品目录管理，任何单位和个人不得销售或者在经营活动中使用未取得生产许可证的列入目录的产品。根据国务院《关于调整完善工业产品生产许可证管理目录的决定》的规定，目前实施工业产品生产许可证管理的产品共计14类27个品种。

(二)实施强制性认证的产品

根据《认证认可条例》第27条的规定，为了保护国家安全、防止欺诈行为、保护人体健康或者安全、保护动植物生命或者健康、保护环境，国家规定相关产品必须经过认证的，应当经过认证并标注认证标志后，方可出厂、销售、进口或者在其他经营活动中使用。强制性产品认证就是根据原国家质量监督检验检疫总局等部门统一发布的《实施强制性产品认证的产品目录》，凡是被列入目录的产品，必须经过国家指定的认证机构认证合格，取得指定认证机构颁发的认证证书并加施认证标志后，方可出厂销售、进口和在经营活动中使用。国家市场监督管理总局2023年8月10日发布了第36号公告《强制性产品认证目录描述与界定表(2023年修订)》，共16大类96种产品。2024年强制性产品认证又陆续迎来了调整，目前共有16大类104种产品(按产品代码)。

(三)针对特定行业或产品的特殊要求

对于涉及食品、药品、医疗器械、化妆品等高风险领域的商品，直播电商需进一步验证商家是否已获得相应的专项许可或注册备案。通过这一审核，直播电商能够确保所售商品在特定领域内同样符合法律法规的要求，为消费者提供更加专业、安全的购物选择。药品、保健食品、特殊医学用途配方食品、医疗器械属于特别领域，均需要取得生产许可。此外，这类特殊产品在营销推广方面也有特殊要求，不仅需要遵守网络直播的相关法律法规，还应当遵守相应的行业规范，如《药品、医疗器械、保健食品、特殊医学用途配方食品广告审查管理暂行办法》(以下简称《"三品一械"广告审查暂行办法》)、《药品管理法》、《医疗器械经营监督管理办法》等。直播电商以及MCN机构不但要审查产品是否为取得生产许可的产品，同时还要核查"三品一械"广告是否事前审批，审批事项是否与拟推广的内容一致等情况，防止触发"未经审查发布广告"的违法情形。

在交个朋友公司违法发布医疗、药品、医疗器械广告案[1]中，2024年，交个朋

---

[1] 参见上海市市场监督管理局行政处罚决定书，沪市监总处〔2024〕322023000399号。

友公司因违法发布医疗、药品、医疗器械广告被上海市市场监督管理局罚没58万余元。行政处罚决定书显示，2023年9月21日和23日，主播在"交个朋友"直播间以口播形式对矫正方案设计、儿童涂氟、成人超声波洁牙、树脂补牙、牙齿炫白卡、AO自锁矫正、正雅隐形矫正等7个品类的口腔服务项目进行直播推广，并宣称"这个能保证你做完之后能往上走1—3个色度""非常安全，非常高效"等内容。上述直播中推广的服务项目涉及拍片检查等服务和超声洁牙机、金属牙科托槽、定制式隐形矫治器、氟化泡沫、光固化复合树脂、牙齿美白剂等医疗器械的使用，属于医疗服务项目。当事人在接受委托时，核对了提供上述医疗服务项目的主体资质、广告内容和证明文件等，但未发现其提交的《医疗广告审查证明》并非该案广告的《医疗广告审查证明》，且上述直播发布前未经广告审查机关审查，未取得广告发布批准文件。上海市市场监督管理局认为，当事人作为长期从事广告业务并且长期从事直播营销活动的公司，应当知道涉案广告为医疗广告，且医疗广告发布之前须经审批。当事人接受委托代理发布上述广告的行为违反了《广告法》的有关规定，上海市市场监督管理局依据《行政处罚法》的有关规定，责令当事人改正上述违法行为，没收广告费用292,926.1元，并处广告费用一倍的罚款，罚没款共计58万余元。

## 二、产品质量审核

在严格遵循《产品质量法》的框架下，直播间的商品选品流程务必对拟推广产品的质量进行全面而细致的审核，以确保其完全符合国家对产品质量所设定的基本要求。首先，产品质量首先应确保不存在任何可能威胁到消费者人身安全与财产安全的非合理危险。若国家已制定或行业已采纳了旨在保障人体健康及安全的标准，相关产品必须无条件符合相关标准。其次，产品还需具备设计之初所承诺的基本使用性能，除非生产者对已知的使用性能瑕疵进行了明确且充分的告知。最后，产品或者产品包装上应注明采用的产品标准，并以符合产品说明、实物样品等方式来表明产品的质量状况。因此，在直播电商选品审核流程中，针对产品质量的考量应涵盖以下几个方面。

（一）资质审核

直播电商应认真核对商品资质，属于市场准入审批的商品或者服务的，须查验相应的市场准入类批准证书。直播间推销的商品中如涉及商标、专利、认证等证书以及代言人证明等用于确认产品实际情况的其他必要文件资料，应认真进行核对。涉及他人名义形象的，须向权利方索要相关权利证明文件，必要时予以公示。

（二）样品审核

除了资质文件，对商品本身也要进行审核，以核查样品与资质信息是否一致，如果不一致极易引发违规风险，重点审查的范围包括但不限于：（1）关于标签标识，涉及商品价格、名称、产地、生产者信息、性能、重要参数、规格、等级、生产日期、保质期等内容，需检查核对是否与商品资质资料的相关信息保持一致；（2）关于商品包装，需检查核对商品在正常的流通过程中受环境条件的影响是否会破损、损坏，商品包装上的宣传语应避免违法违规或与产品标识、说明书相矛盾等；（3）关于说明书，需检查核对宣传内容是否符合商品的实际情况，应与商品信息及资质资料的相关信息保持一致。

### 三、产品质量把控制度

直播电商在选品过程中要保证产品的质量优质稳定，如何构建一套严谨而高效的产品质量把控制度显得尤为关键，为此，须构建并完善产品信息核对、产品检验，以及产品质量台账这三大核心规范制度，确保直播间选品过程的质量与合规性。

（一）产品信息核对

在产品筛选的初步阶段，实施详尽且严格的产品信息核对制度至关重要。该制度要求对所有候选产品的标签标识进行全面而细致的核查，确保商品价格、名称、产地、生产者信息、性能参数、规格等级、生产日期及保质期等关键信息准确无误，并与商品资质资料中的描述完全一致。此外，还需特别关注商品包装的完整性与合规性，评估其在常规流通环境中抵抗外界因素（如温度、湿度变化）的能力，防止包装破损导致商品损坏。同时，商品包装上的宣传语需严格审查，确保其合法合规，不含有夸大其词、误导消费者或与产品本身标识、说明书相悖的内容。对于产品说明书，则需核实其内容的真实性与准确性，确保宣传内容忠实反映商品的实际状况，与商品信息及资质资料相吻合，从而为消费者提供清晰、准确的购物参考。

## （二）产品检验

产品检验作为把控质量的关键环节，其制度设计应充分考虑全面性与科学性。首先，可以要求产品供应商必须提供由取得认证资质的认证机构出具的产品合格检验报告，并随附一定数量的样品以供进一步检验。根据《认证认可条例》第9条第1款的规定，取得认证机构资质，应当经国务院认证认可监督管理部门批准，并在批准范围内从事认证活动。其次，直播电商可以在此基础上，建立随机抽检机制，对样品进行独立测试，确保检测结果的公正性与客观性。最后，应对抽检的样品进行妥善留存，以备后续核查之需。条件允许时，直播电商还可考虑实施现场核查，通过实地考察供应商的生产环境、工艺流程等，从源头上把控产品质量。

## （三）产品质量台账

产品质量台账制度是实现产品全生命周期质量追溯的重要工具。在完成产品信息核对与检验后，所有产品信息须被准确无误地录入产品台账系统，实现电子化、信息化管理。产品质量台账应支持实时更新功能，确保产品信息的时效性与准确性。特别重要的是，对于在检验过程中发现的不合格产品批次，应予以特别标记，并立即从直播间选品名单中剔除，同时记录相关处理措施及结果，防止不合格产品再次进入直播间进行销售。建立完善的产品质量台账制度，不仅能够有效监控产品的质量状况，还能为后续的质量分析与改进提供有力支持，持续提升直播间选品的质量与消费者满意度。

## 四、特殊产品的选品要求

直播营销选品的特殊资质审查是专门针对特定类别的产品制定的，在一般的选品流程之外需要进行额外的审查程序，主要基于商品的特殊属性。这些特殊产品在满足一般的市场销售要求的基础之上还需要具备法律规定的特定的许可与资质。特殊资质审查有利于保护消费者的权利，免受特殊性质商品带来的安全威胁，维护网络直播秩序，促进电商行业的健康可持续发展。特殊资质审查的规定主要针对需要特殊行政许可或备案的商品或服务，如食品、药品、医疗器械等在直播电商领域中的应用。这一规定的核心在于确保这些商品或服务的安全性和合法性,保护消费者权益。直播电商对下列特殊产品进行选品时,需遵循更为严格和具体的选品要求,以确保产品质量安全合规。

(一)"三品一械"

"三品一械"是指药品、医疗器械、保健食品、特殊医学用途配方食品。虽然目前法律法规的规定并未强制禁止通过直播渠道销售"三品一械",但"三品一械"关系消费者的身体健康、生命安全,对此类产品进行销售有严格的监管要求,直播电商应谨慎审核、发布"三品一械"产品。

1. 药品的选品。直播电商应深刻理解《药品管理法》等法律法规的精神,明确知晓药品的销售须由具备药品经营许可证的正规企业执行,且整个经营过程须有专业药师或药学技术人员参与指导。因此,直播电商虽不能直接涉及药品销售,但可以推广或介绍经官方授权的药品信息,且必须确保所有宣传内容符合法律法规要求,药品宣传信息应当以国务院药品监督管理部门核准的说明书为准,药品宣传信息不得超出说明书范围。直播电商在进行药品产品选品时应当仔细审查产品供应商提供的药品宣传信息是否与说明书一致,是否显著标明禁忌、不良反应。

2. 医疗器械的选品。在医疗器械的选品中,必须选择具有国家医疗器械注册证的产品。此外,需要仔细核对供应商提供的宣传资料与注册证书或备案凭证、产品说明书的内容,确保信息的准确性与合规性,杜绝任何超出注册范围的不实宣传。

3. 保健食品的选品。在保健食品的选品中,需验证产品是否持有国家市场监督管理总局颁发的保健食品批准文号,并仔细核查产品标签、说明书的合规性,严禁以任何形式宣传疾病预防、治疗功能。应优先推荐具有"蓝帽子"标识的保健食品,即经国家权威认证的正规产品,以保障消费者的合法权益。

4. 特殊医学用途配方食品的选品。在特殊医学用途配方食品的选品中,必须确保所售的特殊医学用途配方食品已经通过国家市场监督管理总局的注册审批,拥有合法的产品注册号。此外,还应要求商家提供相关的资质证明、产品注册证书及行政许可文件,需仔细核对这些信息的真实性和有效性,避免销售未经注册或假冒伪劣的产品。

鉴于"三品一械"广告的特殊性,直播电商还需关注产品供应商是否已依法完成广告审批流程，并核实审批的有效期限，确保广告宣传活动的合法合规性。

（二）化妆品

在化妆品选品流程中，确保产品质量与合规性是首要任务。因此，必须谨慎选择正规且信誉良好的进货渠道，以确保所采购的化妆品均源自合法生产商，并持有有效的化妆品生产许可证及全面的备案信息。直播电商在选品时需细致入微地核实每一款产品的成分列表，避免存在任何违禁成分或可能对特定人群构成高风险的成分，确保化妆品成分的纯净与安全，符合化妆品安全监管的要求。同时，还应严格检查化妆品的包装情况，确保包装完好无损，预防产品在运输或储存过程中受到污染或损坏。此外，产品标签与标识的清晰度与准确性同样不容忽视，产品必须遵循化妆品标签管理的相关法律法规，详细标注产品名称、生产厂家、生产日期、保质期、成分列表等关键信息，以便消费者能够清晰了解产品详情，作出明智的购买决策。

对于进口化妆品，需额外关注其进口化妆品备案信息的验证工作。通过查阅国家药品监督管理局等官方渠道公布的备案信息，确保所售进口化妆品已完成必要的注册或备案手续，来源合法，品质可靠。此举不仅有助于规避因进口渠道不明可能带来的风险，也是对国内化妆品市场秩序的维护。针对特殊用途的化妆品，如具有防晒、美白、祛斑等特定功效的产品，更应审慎对待，必须确保这些产品已通过国家特殊化妆品注册或备案程序，其宣称的功效与所使用的成分均经过科学验证与官方批准，且有权威机构出具的证明文件，避免使用未经批准的成分或夸大其词地宣传未经证实的功效。

（三）食品

在食品产品选品时，直播电商必须严格验证食品供应商是否持有由国家权威机构颁发的、合法有效的食品生产或经营许可证，可通过国家企业信用信息公示系统等官方渠道进行查询，详尽核实供应商的注册信息、经营范围及历史记录，从而奠定食品来源正规、生产过程合规的坚实基础。可以对每一批次的食品产品进行抽样检查，确保它们在保质期内且包装完好无损，无泄漏、无变形等异常情况，避免出现包装破损导致食品污染或变质问题。

此外，食品标签作为消费者获取产品信息的重要窗口，其内容的真实性与完整性同样不容忽视。直播电商在选品过程中，应细致核查食品标签上的每一项关键信息，包括但不限于详尽的营养成分表、清晰的配料列表、明确的生产日期以及准确的保质期等。这些信息不仅是消费者评估食品品质、作出购买决策的重要依据，更是衡量食品是否符合国家食品安全标准的关键标尺。直播电商应保证这些信息全面、准确、真实，避免任何形式的误导或虚假宣传，以维护消费者的知情权和选择权。

（四）出版物

在出版物的选品流程中，需确保出版物内容的健康性、积极性以及合法性。直播电商必须严格验证每一本出版物是否拥有国家权威机构颁发的正规出版号，如国际标准书号（ISBN）或国际标准连续出版物号（ISSN）等。这些出版号不仅是出版物身份的唯一标识，更是其合法出版、正规渠道流通的重要凭证。通过这一步骤，能够有效避免销售盗版或非法出版物，维护出版市场的健康发展。同时，在选品过程中，直播间应严格审查出版物的版权归属情况，确保所售出版物未侵犯任何作者、出版社或其他权利人的著作权。对于疑似侵权或存在版权争议的出版物，应采取谨慎态度，及时与版权方沟通确认，避免在未经授权的情况下擅自销售，引发法律纠纷，损害自身声誉。

（五）电子电器、家用电器、数码产品等

针对电子电器、家用电器及数码产品等电子产品进行选品时，应确保所售商品的质量安全与合规。直播电商应严格遵循国家相关法律法规，优先选择已获得国家强制性产品认证（如中国强制性产品认证，简称 CCC 认证或 3C 认证）的电子产品。还需细致地检查每一件电子产品的附带文件，包括但不限于产品说明书、保修卡等关键文件。这些文件不仅是消费者了解产品的性能、使用方法及维护保养的重要参考，也是保障消费者权益、享受售后服务的关键依据。

（六）洗护用品

在洗护用品的选品流程中，需确保所有上架产品均符合国家卫生安全标准，并持有有效的卫生许可证或完成了必要的备案手续。这不仅是对国家法律法规的严格遵守，更是对广大消费者健康福祉的深切关怀。应详细审核产品成分表，坚决排除任何可能引发过敏或皮肤刺激的成分，如强刺激性表面活性剂、有害防腐剂及未经充分安全评估的新型成分等。通过科学严谨的筛选机制，确保直播间所售洗护用品均为温和、安全、适合各类肤质使用的优质产品。此外，还需对产品的功效宣称进行严谨验证，确保其具有充分的科学依据和实验数据支持。对于夸大其词、无中生有的虚假宣传，直播间应坚决抵制，不为其提供展示平台。在关注产品本身质量的同时，直播电商还可以积极响应绿色消费的时代号召，关注产品包装的环保性与可回收性，优先选择采用环保材料、设计简约、易于回收再利用的产品包装，减少对环境的影响。

(七)跨境零售进口商品

跨境营销是指企业跨越国界，针对不同国家或地区的目标市场，运用各种营销手段和策略，以推广产品、服务或品牌，实现商业目标的活动。在跨境贸易中，各个国家在税收、贸易、广告宣传、知识产权方面的法律政策规定有所差异。例如，针对特定产品，不同国家对其成分要求、质量标准、包装标签等要求各有不同；涉及跨国运输的，还需要面对复杂的供应链和物流问题；在货币支付方式上，商家还需要对接转换不同国家之间的货币支付方式与习惯，以方便消费者购买。同时，由于语言文化的差异，商家需要将产品营销信息准确地传达给消费者或者告知其信息获取途径，避免误解带来商品服务纠纷。基于全流程和各环节衔接的复杂程度，跨境贸易面临着不小的法律风险。平台经营者、直播电商从业者、主播从事跨境零售进口商品直播营销时，应当遵守进出口监督管理的法律、行政法规和国家有关规定，经销商品应在财政部、国家发展和改革委员会等部门公布的《跨境电子商务零售进口商品清单》范围内。平台经营者、直播电商从业者、主播还应当以方便消费者认知的方式，履行下列提醒告知义务：

1. 相关商品符合原产地有关质量、安全、卫生、环保、标识等的标准或技术规范要求，但可能与我国的标准存在差异，消费者自行承担相关风险。原产地标准是指生产或加工货物的国家或地区，或最终形成产品的国家或地区的标准，并且该产品在商业上与其部件有实质性区别。技术规范则涉及产品在制造、测试、安全等方面的具体要求。当我国标准与国际标准之间存在技术性差异时，应清楚地指明这些差异并说明其产生的原因。

2. 根据《关于完善跨境电子商务零售进口监管有关工作的通知》的规定，销售进口产品时必须使用中文标明相关信息，包括产品名称、生产企业厂名和厂址等。此外，涉及人体健康、人身财产安全或使用维护特殊要求的产品也应附中文说明书。直接购自境外的商品可能无中文标签，但消费者可以通过网站查看商品中文电子标签,以便准确选购。

3. 消费者购买的商品仅限个人自用,不得再次销售。根据我国税收政策的规定,跨境电商零售进口商品的税收政策规定了对个人自用、合理数量进境物品的免税额度。新税收法规的调整主要是针对跨境电商零售进口商品税收政策,明确了进境居民旅客携带在境外获取的个人自用、合理数量进境物品的限制额度,以防止通过跨境电商平台进行大规模的商品交易,逃避关税和增值税等国家税收。同时,由于目前对个人海外代购等行为存在一定的法律规定不足、性质界定不清晰等问题,为了保护消费者的合法权益并维护海关税收秩序,需要对跨境购物的行为进行严格的规定和监管。如果允许消费者将购买的商品再次销售,可能会导致市场上的商品供应失衡,影响国内市场的正常运作,也可能违反相关的反垄断法规,损害其他商家的利益和市场竞争环境。

**五、遵守产品禁售清单**

随着直播经济的蓬勃兴起,一系列行业乱象也随之浮现。为了促进直播行业的健康可持续发展,各地政府积极响应,纷纷制定并颁布了地方性规范文件,旨在精准规制直播行业的运营行为。在深入分析各地出台的规范性文件的基础上,系统梳理并归纳了直播电商领域的禁售产品类型清单,为直播间商品的选品过程提供明确的指导框架。

直播间在构建商品库时,务必严谨审核,确保所有拟推广商品均不在禁售清单之列。一旦发现商品触及禁售范畴,应立即从合作列表中剔除,以维护市场秩序,保障消费者权益。以下是详尽的禁售产品清单概览:

1. 淘汰与劣质商品:包括国家明令淘汰、停止销售,以及失效、变质或篡改生产日期的商品。

2. 安全不达标商品:任何不符合保障人体健康、人身及财产安全的强制性国家标准的商品或服务。

3. 假冒伪劣商品:无质量检验合格证明、无中文标识(产品名称、生产厂家及地址)的商品,以及掺杂、掺假、以假充真、以次充好或冒充合格产品的商品。

4. 未获许可商品:依法应取得许可、备案或强制性认证而未完成的商品服务。

5. 侵权商品:侵犯他人知识产权,伪造产地、厂名、厂址或冒用认证标志等质量标志的商品。

6. 不合规食品：不符合法律法规及食品安全标准的食品，特别是严禁网络交易的特殊医学用途配方食品中的特定全营养配方食品。

7. 特殊管理药品：疫苗、血液制品、麻醉药品、精神药品等实行特殊管理的药品，以及处方药、药品类易制毒化学品等禁止网络销售或广告发布的药品和医疗用品。

8. 受限消费品：烟草制品（含电子烟）及声称替代母乳的婴儿乳制品、饮料等。

9. 事前审查商品：未经广告审查机关事前审查的保健食品、特殊医学用途配方食品、农药、兽药等。

10. 专有用途产品：如涉军、"专供"、"特供"商品，窃听窃照设备，非法信号放大器等，以及违反公序良俗的商品。

11. 动植物保护限制商品：禁止销售野生动物及其制品，以及相关的非法猎捕工具。

12. 特定地区限制商品：如海南离岛免税代购类商品或服务，受特定地区政策限制。

13. 环保不达标商品：任何不符合环境保护要求的商品或服务均不得销售。

14. 教育培训服务：严禁通过直播形式进行推广涉及"双减"政策限制的教育培训服务。

15. 其他违法商品：任何损害国家利益、社会公共利益或违背公序良俗的商品及服务，法律法规禁止销售、网上交易或宣传的其他商品和服务。

# 第四章

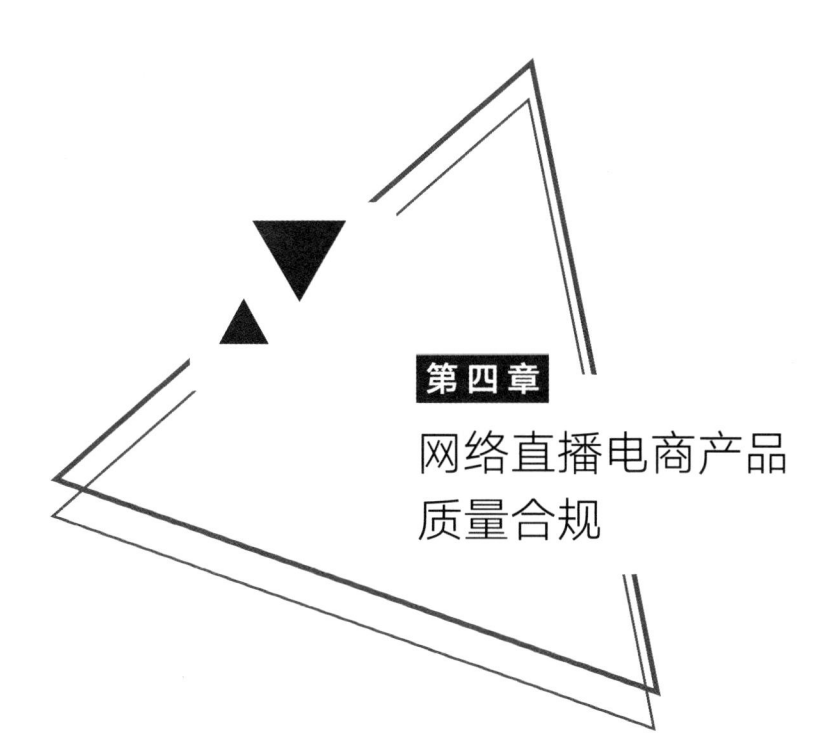

## 网络直播电商产品质量合规

近年来，直播带货行业获得快速发展，直播带货已经成为产品销售的重要手段，但相关产品质量问题也成为经营者与消费者之间的重要纠纷所在。2024年3月14日，中新经纬研究院、北京阳光消费大数据研究院、消费者网、北京工商大学新商业经济研究院等单位联合发布了《直播带货消费维权舆情年度报告(2023)》，该报告显示，2023年直播带货消费维权舆情反映出虚假宣传、产品质量、价格误导、不文明带货、发货问题、退换货、销售违禁商品以及诱导场外交易8个方面的问题。涉及虚假宣传问题的舆情数据最多，占比达到了38.97%，排名首位；其次是产品质量问题，占比为34.59%。

直播间产品质量翻车事件频频发生，与此同时，职业打假人也将产品质量作为发起投诉索赔的重要事由。《产品质量法》等法律法规明确要求经营者不得生产销售假冒伪劣商品，产品应确保符合国家标准或质量承诺要求。各级市场监管部门通过开展商品质量抽查等方式实施监管，对销售不合格产品的经营者科以行政处罚，甚至会追究其刑事责任；消费者在向不合格产品的生产者或销售者主张退货的同时，可直接同时主张惩罚性的欺诈赔偿。因此，确保产品质量安全合规不但是从事网络直播带货的底线要求，更是各有关经营者构建消费者信任、提升市场竞争力的核心策略。

直播电商从业者在秉承销量为王的经营理念的前提下，往往更加注重流量的获取，若忽视对产品质量的有效把控，频频出现的产品质量问题将会降低消费者对主播推荐产品的信任，因此，产品质量合规已经成为网络直播合规的重要内容，是直播带货相关责任方必须高度重视的合规义务。

## 第一节　产品质量安全合规概述

产品质量安全合规对于从事产品销售经营的市场主体来说至关重要，产品是通过向市场及消费者交付商品换取对价的重要载体，产品营销的主要目标是实现产品的市场占有率和销售增长，产品质量合规是实现向社会提供满足消费者需求的产品的前提基础。产品质量是消费者、政府监管部门以及媒体关注的重点。网络直播营销是商品营销的一种方式，其基本逻辑依然是经营者向消费者销售产品，因此要遵循产品质量安全合规的基本要求。但不少网络直播带货从业人员只关注到了直播模式的特殊性，对网络直播产品合规的研究停留在产品营销层面，而对产品质量安全合规的基本规范了解不清。本节将结合网络直播带货的特殊情景，系统地介绍产品质量合规的基本体系。

### 一、产品质量合规义务渊源

《电子商务法》《网络交易监督管理办法》均明确规定，网络交易经营者销售的商品或者提供的服务应当符合保障人身、财产安全的要求和环境保护要求，不得销售或者提供法律、行政法规禁止交易，损害国家利益和社会公共利益，违背公序良俗的商品或者服务。这里提到的"商品符合保障人身、财产安全的要求"是指产品质量应当符合的法律法规或标准的要求，也就是产品质量合规义务的渊源。目前，我国产品质量合规义务的渊源主要包括基础性法律法规、专门性法律法规以及相应的产品标准。

（一）基础性法律法规

《产品质量法》是我国关于产品质量方面的基础性法规，在我国境内从事产品生产、销售活动，必须遵守该法。生产者、销售者依照《产品质量法》的规定承担产品质量责任。虽然为了加强直播电商的产品质量安全管理工作，国家新规意见频频出台，颁布了诸如《关于加强网络直播规范管理工作的指导意见》《关于加强网络直播营销活动监管的指导意见》《关于加强网络秀场直播和电商直播管理的通知》《网络直播营销行为规范》等规范性文件，但产品质量安全的基础规范依然是《产品质量法》。

《产品质量法》规定产品质量应当符合的要求主要包括三个方面：一是产品质量安全要求，也是产品的默示担保责任，即不存在危及人身、财产安全的不合理的危险，有保障人体健康和人身、财产安全的国家标准、行业标准的，应当符合该标准；二是产品质量的性能要求，即具备产品应当具备的使用性能，但是，对产品存在使用性能的瑕疵作出说明的除外；三是产品质量的明示担保义务，即符合在产品或者其包装上注明采用的产品标准，符合以产品说明、实物样品等方式表明的质量状况。其中，产品质量安全要求由于事关人身财产安全因而最为重要。

（二）专门性法律法规

为了加强对重点产品的监管，国家在《产品质量法》的基础上颁布了针对重点产品质量安全监管的单行法，如《食品安全法》《药品管理法》等。在产品质量方面，《产品质量法》和这些单行法律是一般法和特别法的关系，按照特别法优于一般法的原则，对产品质量的监督和行政执法有专门规定的，优先适用特别法；特别法没有规定的，依据《产品质量法》的规定执行。

除上述提及的特别法外，还有很多和产品质量相关的行政法规，如《化妆品监督管理条例》《医疗器械监督管理条例》《乳品质量安全监督管理条例》等，《产品质量法》和这些行政法规是上位法与下位法的关系，网络交易经营者也应当对上述法律法规进行充分的熟悉和了解，并据此梳理出对应的合规义务，并将其内化为日常经营管理的合规风险管控制度和措施。

（三）产品标准

产品标准对于产品的生产经营至关重要，是判断产品是否合规的重要依据。产品标准是规定产品需要满足的要求以保证适用性的标准。[1] 根据《标准化法实施条例》第2条第1项的规定，对工业产品的品种、规格、质量、等级或者安全、卫生等需要统一的技术要求，应当制定标准。可见，产品标准是为保证产品的适用性，对产品必须达到的某些或全部要求所制定的标准。产品标准是产品生产、检验、验收、使用、维护和洽谈贸易的技术依据，是保证和提高产品质量，验证产品质量

---

[1] 参见《标准化工作指南 第1部分：标准化和相关活动的通用术语》（GB/T 20000.1—2014）第7.9条"产品标准"的规定。

是否符合特定技术要求的重要依据。《标准化法》第2条对标准的类别进行了明确，标准包括国家标准、行业标准、地方标准和团体标准、企业标准。国家标准分为强制性标准、推荐性标准，行业标准、地方标准是推荐性标准。强制性标准必须执行，国家鼓励采用推荐性标准。

1. 国家强制性标准的适用

法律规定，对保障人身健康和生命财产安全、国家安全、生态环境安全以及满足经济社会管理基本需要的技术要求，制定强制性国家标准，不符合强制性标准的产品、服务，不得生产、销售、进口或者提供。对于产品标准而言，如果产品适用的标准是国家标准，则在产品生产、销售、进口或者提供（经营性使用）等环节必须遵守国家标准。通常使用"GB"和"GB/T"分别对强制性国家标准和推荐性国家标准进行标准编号。如《食品安全国家标准 预包装食品标签通则》（GB 7718—2011）属于强制性国家标准，该标准适用于直接提供给消费者的预包装食品标签和非直接提供给消费者的预包装食品标签，生产经营预包装食品必须遵循该标准的相关要求，这也是预包装食品容易出现的合规问题。其中关于《食品抽样检验通用导则》（GB/T 30642—2014）则属于推荐性国家标准，该标准适用于交付批的食品验收抽样检验及食品监督抽样检验，为验收检验提供了参考性的检验标准，值得注意的是，这个标准往往在监管部门组织的监督抽样检验中适用。

2. 推荐性标准的适用

国家鼓励采用推荐性标准。除国家标准中部分属于推荐性标准之外，行业标准、地方标准、团体标准、企业标准均属于推荐性标准，但是一旦推荐性标准被引用为产品的生产标准，则该推荐性标准对于产品就变为强制性标准，属于企业明示担保的质量要求。如白酒的行业标准包括液态法白酒和固液法白酒两类生产标准。其中，前者的执行标准为《液态法白酒》（GB/T 20821—2007），这种酒是通过食用酒精和香料调配而成的；后者的执行标准为《固液法白酒》（GB/T 20822—2007），这种酒是固态酒和液态酒的混合体。这两种白酒的生产工艺技术具有根本性的区别，对于生产企业而言，如果在产品标签上注明适用的是其中某个标准，那么该产品就应当符合该标准的要求，否则有可能构成以次充好的违法行为。

3. 产品标准是判断产品质量合格与否的重要依据

当前的产品质量监管需要通过标准明确产品的具体要求，如《食品安全法》

规定，食品生产经营者应当依照法律、法规和食品安全标准从事生产经营活动；食品安全标准是强制执行的标准。对于违反产品标准也明确了相应的法律责任和后果，如《产品质量法》第49条规定，生产、销售不符合保障人体健康和人身、财产安全的国家标准、行业标准的产品的，责令停止生产、销售，没收违法生产、销售的产品，并处违法生产、销售产品货值金额等值以上3倍以下的罚款；有违法所得的，并处没收违法所得；情节严重的，吊销营业执照；构成犯罪的，依法追究刑事责任。因此确保产品质量合规，不但要符合产品质量相关法律法规的基本要求，同时也要满足相应的产品标准的技术要求，二者缺一不可。网络电商从业者、MCN机构以及带货主播应当在选品的过程中准确了解商品所使用的标准，并在选品过程中依据产品标准要求商家出具合格检验报告，或者委托具有法定资质的检验机构进行抽样检验，确保产品质量合格。

### 二、产品质量监管部门

目前，我国的产品质量监管部门主要是各级的市场管理部门，监管范围包括一般工业品以及化妆品、药品、医疗器械、保健品等重点产品，监管的手段主要包括专项执法和监督抽检。

在具体管辖权方面，《市场监督管理行政处罚程序规定》第10条规定，网络交易平台经营者和通过自建网站、其他网络服务销售商品或者提供服务的网络交易经营者的违法行为由其住所地县级以上市场监督管理部门管辖。平台内经营者的违法行为由其实际经营地县级以上市场监督管理部门管辖。网络交易平台经营者住所地县级以上市场监督管理部门先行发现违法线索或者收到投诉、举报的，也可以进行管辖。在监督抽查程序方面，包括抽样、检验、异议处理以及不合格产品处理（处罚、公告等）等环节。依据《产品质量监督抽查管理暂行办法》的规定，市场监督管理部门对电子商务经营者销售的本行政区域内的生产者生产的产品和本行政区域内的电子商务经营者销售的产品进行抽样时，可以以消费者的名义买样。检验完成后，组织监督抽查的市场监督管理部门将按程序把检验结论书面告知被抽样生产者、销售者以及电子商务平台经营者。被抽样生产者、销售者有异议的，应当自收到检验结论书面告知之日起15日内向组织监督抽查的市场监督管理部门提出书面异议处理申请。如果最终判定产品不合格，被抽样生产者、销售者将会被市场监督管理部门采取责令停止销售、整改复查和行政处罚等执法程序。

目前,市场监督管理部门已经建立了体系完整的网络交易产品监督抽查工作机制,如2024年9月2日,杭州市市场监督管理局在其官网上发布了《2024年度杭州市流通领域(网络)产品质量监督抽查结果公示(第一批)》[①],公布了1045批次样品的抽检结果,公布信息包括产品名称、商标、生产日期/批次、标称生产者、销售者名称/单位名称、销售者店铺名称、销售者所在平台以及抽检结果等信息。

### 三、产品质量法律责任

《产品质量法》第4条规定,生产者、销售者依照该法规定承担产品质量责任。由此可见,承担产品质量责任的主体包括生产者、销售者(含供货者),产品质量责任则是指产品的生产者、销售者违反《产品质量法》等相关法律法规的规定,不履行法律规定的义务,应当依法承担的法律后果。整体而言,承担产品质量责任包括承担相应的民事责任、行政责任和刑事责任。

(一)民事责任

承担民事责任包括承担产品的合同责任(瑕疵担保责任)和产品的侵权损害赔偿责任。判定承担产品质量责任的依据是产品的默示担保条件、明示担保条件或者是产品缺陷。产品的默示担保条件,是指国家法律、法规对产品质量规定的必须满足的要求,也就是说在国内生产销售的产品,必须满足基本质量安全要求。产品的明示担保条件,是指生产者、销售者通过标明采用的标准、产品标识、使用说明、实物样品等方式,对产品质量作出的明示承诺和保证,因此直播带货过程中,主播对产品质量的描述和承诺都将成为与消费者之间形成的质量安全约定,如果存在与产品实际质量状况不一致的陈述,则有承担违约责任的风险。产品缺陷是指产品存在危及人身、财产安全的不合理的危险,我国《产品质量法》第46条规定,该法所称缺陷,是指产品存在危及人身、他人财产安全的不合理的危险;产品有保障人体健康和人身、财产安全的国家标准、行业标准的,是指不符合该标准,产品缺陷侧重产品不合理的安全危险。由此可见,产品缺陷更

---

① 参见《2024年度杭州市流通领域(网络)产品质量监督抽查结果公示(第一批)》,载杭州市市场监督管理局,http://scjg.hangzhou.gov.cn/art/2024/9/2/art_1693484_58926385.html。

加关注的是产品质量安全的保障,这与《电子商务法》第13条的规定一致,该条规定,电子商务经营者销售的商品或者提供的服务应当符合保障人身、财产安全的要求和环境保护要求,不得销售或者提供法律、行政法规禁止交易的商品或者服务。

《产品质量法》第40条规定,售出的产品有不具备产品应当具备的使用性能而事先未做说明、不符合在产品或者其包装上注明采用的产品标准、不符合以产品说明、实物样品等方式表明的质量状况三种情形之一的,销售者应当负责修理、更换、退货;给购买产品的消费者造成损失的,销售者应当赔偿损失。销售者依照规定负责修理、更换、退货、赔偿损失后,属于生产者的责任或者属于向销售者提供产品的其他销售者的责任的,销售者有权向生产者、供货者追偿。具体责任形式包括产品违约责任和产品侵权赔偿责任。

1. 销售者承担修理、更换、退货责任

《消费者权益保护法》第24条规定了7天无理由退货制度,经营者提供的商品或者服务不符合质量要求的,消费者可以依照国家规定、当事人约定退货,或者要求经营者履行更换、修理等义务。没有国家规定和当事人约定的,消费者可以自收到商品之日起7日内退货;7日后符合法定解除合同条件的,消费者可以及时退货,不符合法定解除合同条件的,可以要求经营者履行更换、修理等义务。在此,销售者承担修理、更换、退货责任的前提是经营者提供的商品不符合质量约定或要求,也就是说买受人不知道或者不应当知道标的物具有质量瑕疵,如果在网络销售的过程中对产品质量进行了如实告知和陈述,在产品具有应有的使用性能且不存在安全危险的前提下,经营者一般不承担这一责任。

2. 欺诈赔偿责任

为了加大对消费者权益的保护力度,《消费者权益保护法》建立了对欺诈经营行为的惩罚性赔偿制度,该制度的制定和实施有力地规范了包括网络购物、电商直播等销售环节的经营行为,该法规定经营者提供商品或者服务有欺诈行为的,应当按照消费者的要求增加赔偿其受到的损失,增加赔偿的金额为消费者购买商品的价款或者接受服务的费用的3倍;增加赔偿的金额不足500元的,为500元。另外,《食品安全法》在此规范上进一步对生产不符合食品安全标准的食品的行为作出惩罚性赔偿规定,《食品安全法》第148条第2款规定,生产不符合食品安全标准的食品或者经营明知是不符合食品安全标准的食品,消费者除要求赔偿损失外,还可以向生产者或者经营者要求支付价款10倍或者损失3倍的赔偿金;增加赔偿的金额不足1000元的,为1000元。但是,食品的标签、说明书存在不影响食品安全且不会对消费者造成误导的瑕疵的除外。

值得注意的是,《消费者权益保护法》"退一赔三"的规定中,承担惩罚性赔偿责任的主体是经营者(通常为销售者),经营者向消费者承担惩罚性赔偿责任的前提是实施了欺诈行为,并非所有的产品质量不合格均会导致承担惩罚性赔偿的法律后果。在《食品安全法》"退一赔十"的规定中,承担惩罚性赔偿责任的主体是生产者或者经营者,生产者承担赔偿责任的前提是生产不符合食品安全标准的食品;经营者承担赔偿责任的前提是经营明知是不符合食品安全标准的食品,这里需要以"明知"为前提。

3. 产品侵权责任

在产品因为瑕疵构成违约,缺陷导致侵权后,就涉及产品违约责任和侵权责任的承担问题。由于消费者在消费纠纷处理过程中处于弱势一方,因此在目前的制度设计中,往往更加强调消费者权益的保障。同时,由于网络直播设计的经营链形式多变、错综复杂,对于产品生产者、经营者、平台经营者、直播间运营者以及直播人员的责任划分至关重要。如果产品存在缺陷导致消费者及他人受到人身或财产损害,则商品经营者构成对消费者的侵权行为,消费者有权主张商品经营者承担修理、更换、退货等违约责任之外,还可以向销售者生产者主张侵权赔偿,也就是二者可以同时适用。产品侵权责任则既可以向生产者主张,也可以向销售者主张,还可以向二者同时主张。《产品质量法》第43条规定,因产品存在缺陷造成人身、他人财产损害的,受害人可以向产品的生产者要求赔偿,也可以向产品的销售者要求赔偿。这一法条明确规定了销售者和生产者都可以成为受害者主张承担赔偿责任的主体,产品缺陷形成于生产环节还是销售环节均对索赔不构成影响。同时法规又规定,属于产品的生产者的责任,产品的销售者赔偿的,产品的销售者有权向产品的生产者追偿。属于产品的销售者的责任,产品的生产者赔偿的,产品的生产者有权向产品的销售者追偿。也就是说,生产者或者销售者在对产品缺陷造成损害的受害者进行赔偿后,可以根据产品缺陷形成的实际情况分配赔偿责任,属于赔偿责任在生产者与销售者之间的内部划分问题。因此,直播间运营者或者带货主播在作为销售者进行网络带货前，做好选品工作的同时，应当充分了解产品的质量状况，选择质量合规的产品进行售卖，并对产品的质量责任、售后责任、赔付资金保障等内容通过书面合同进行明确，否则一旦产品大批量出现缺陷问题，直播间运营者或者带货主播将面临极大的赔付压力。《消费者权益保护法》第40条也作了类似规定：消费者在购买、使用商品时，其合法权益受到损害的，可以向销售者要求赔偿。销售者赔偿后，属于生产者的责任或者属于向销售者提供商品的其他销售者的责任的，销售者有权向生产者或者其他销售者追偿。消费者或者其他受害人因商品缺陷造成人身、财产损害的，可以向销售者要求赔偿，也可以向生产者要求赔偿。属于生产者责任的，销售者赔偿后，有权向生产者追偿。属于销售者责任的，生产者赔偿后，有权向销售者追偿。消费者在接受服务时，其合法权益受到损害的，可以向服务者要求赔偿。

因此，网络直播的经营者在选品时，做好进货查验的同时，也应当与产品生产者就产品质量责任的承担、承担方式进行详细约定，虽然法律规定销售者在承担赔偿责任后，可以向生产者追偿，但在实践中，往往因产品侵权责任的划分以及赔偿金的支付产生纠纷。

（二）行政责任

产品质量的行政责任，主要指在生产、销售不符合国家规定的产品时，生产者和销售者应承担由相应行政监管机构作出的行政强制义务的责任。生产销售不合格产品将面临一系列的行政责任，散见于不同的法律法规规范之中，总结起来行政责任的承担形式包括：停止销售不合格产品、行政处罚、召回产品。

1. 停止销售不合格产品

停止销售不合格产品不仅是法律义务的履行，更是经营者风险防控的核心环节。首先，停止销售不合格产品是经营者的法定义务，该义务具有不可豁免性，即使生产者或供应商承诺承担责任，销售者仍须独立履行停止销售义务。如《消费者权益保护法》第19条规定，经营者发现其提供的商品存在缺陷，有危及人身、财产安全危险的，应当立即向有关行政部门报告和告知消费者，并采取停止销售等措施。其次，改正违法行为并避免违法后果扩大的必要措施，是争取从轻、减轻或免予处罚的必要条件。《行政处罚法》第32条规定，当事人主动消除或减轻违法行为危害后果的，应当从轻或减轻行政处罚。经营者在作出停止销售不合格产品的过程中,为了争取减免处罚,应当在实务中注意证据固定问题,关键证据清单包括下架时间戳记录(平台后台截图)、整改通知消费者的书面凭证、与供应商的沟通记录及质量检测报告等。需要注意的是,有的经营者心存侥幸,为了清除库存选择继续销售不合格产品,但这极易导致法律后果升级,若继续销售已被确认不合格的产品,依据《产品质量法》第49条的规定,罚款幅度可从货值金额50%提升至3倍。由于销售金额5万元以上即构成刑事犯罪,若继续销售导致人身伤害(如食品中毒),可能触犯《刑法》第140条规定的生产、销售伪劣产品罪或第144条规定的生产、销售有毒、有害食品罪等严重后果。

2. 行政处罚

《产品质量法》第17条第2款规定,监督抽查的产品有严重质量问题的,依照该法第5章"罚则"的有关规定处罚。对于"严重质量问题"的具体范围,原国家质量监督检验检疫总局发布的《关于实施〈中华人民共和国产品质量法〉若干问题的意见》明确规定,有"严重质量问题"是指:(1)产品质量不符合保障人体健康和人身、财产安全的国家标准、行业标准的;(2)在产品中掺杂、掺假,以假充真,以次充好,以不合格产品冒充合格产品的;(3)属于国家明令淘汰产品的;(4)失效、变质的;(5)伪造产品产地的,伪造或者冒用他人厂名、厂址的,伪造或者冒用生产日期、安全使用期或者失效日期的,伪造或者冒用认证标志等质量标志的;(6)其他法律法规规定的属于严重质量问题的情形。这些行为与《产品质量法》第49~53条中规定的违法行为基本相同。同时,该意见中明确:"除上述问题之外的,属于一般质量问题。"结合具体的违法行为,市场监管部门会对产品生产者、销售者进行相应的行政处罚,其中,如存在不符合保障人体健康和人身、财产安全的国家标准、行业标准,情节严重的,可能面临刑事处罚。如《产品质量法》第49条规定,生产、销售不符合保障人体健康和人身、财产安全的国家标准、行业标准的产品的,责令停止生产、销售,没收违法生产、销售的产品,并处违法生产、销售产品(包括已售出和未售出的产品)货值金额等值以上3倍以下的罚款;有违法所得的,并处没收违法所得;情节严重的,吊销营业执照;构成犯罪的,依法追究刑事责任。这里的货值金额是行政处罚罚款的计算基础,按照《产品质量法》的规定,货值金额是指当事人违法生产、销售产品的数量(包括已售出和未售出的产品)与其单件产品标价的乘积。生产的单件产品标价应当以销售明示的单价计算；销售的单件产品标价应当以销售者货签上标明的单价计算。生产者、销售者没有标价的，按照该产品被查处时该地区市场零售价的平均单价计算。实践中，网络交易涉及的不合格产品货值应当结合进货产品批次进行确定，并通过产品不合格原因进行分析，合理确定不合格产品的范围，不能仅按照同款产品的所有货值或者销售产品的后台记录进行计算，否则将有可能导致处罚金额明显超过实际货值。

值得注意的是，《产品质量法》属于一般法，《食品安全法》等法律法规对产品质量安全有特别监管要求的，应当按照其相应的法律规定实施，如《食品安全法实施条例》规定，食品生产经营企业等单位的法定代表人、主要负责人、直接负责的主管人员和其他直接责任人员有《食品安全法》规定的违法情形，且存在故意实施违法行为、违法行为性质恶劣、违法行为造成严重后果三种情形之一的，处以其上一年度从单位取得收入的1倍以上10倍以下罚款。对于单位实施的违法行为，不仅要对单位实施行政处罚，同时也要对相关责任人进行直接处罚。

在盛来公司销售不符合保障人体健康和人身、财产安全的国家标准的灯具案[1]中，盛来公司于2023年6月5日以58元/个的价格从科益公司采购了LED吸顶灯（型号：1CLOU15-01）15个，并于2023年6月5日在京东店铺"奥朵旗舰店"内上架销售，于2023年8月30日退回科益公司4个，总计销售了11个（其中3个为检验样品），销售金额为1690.45元，销售平均单价为153.68元/个。2023年7月6日，国家市场监督管理总局委托上海市质量监督检验技术研究院开展2023年固定式通用灯具产品质量监督抽查。编号为JG2304110010的检验报告显示：盛来公司销售的LED吸顶灯（型号：1CLOU15-01）经检验，骚扰电压（电源端子）、辐射电磁骚扰（30MHz-300MHz）项目不符合《电气照明和类似设备的无线电骚扰特性的限值和测量方法》（GB/T 17743—2017）标准，谐波电流限制项目不符合《电磁兼容限值谐波电流发射限值（设备每相输入电流≤16A）》（GB 17625.1—2012）标准，判定为不合格。当事人在法定时限内未申请复检。

盛来公司于2023年6月1日以30元/个的价格从科益公司采购了时光款嵌入式射灯（型号：1CD6J05-125W）10个，并于2023年6月1日在京东店铺"奥朵

---

[1] 参见上海市奉贤区市场监督管理局行政处罚决定书，沪市监奉处〔2024〕262023015531号。

旗舰店"内上架销售，于2023年11月29日退回科益公司7个，以95.2元/个的价格提供给福建省产品质量检验研究所3个作为检验样品，销售金额为285.6元。2023年8月7日，国家市场监督管理总局委托福建省产品质量检验研究所开展2023年嵌入式灯具产品质量监督抽查。编号为（2023）MJDR-4485的检验报告显示：当事人销售的时光款嵌入式射灯（型号：1CD6J05-125W）的外部接线和内部接线项目不符合《灯具第1部分：一般要求与试验》（GB 7000.1—2015）标准，判定为不合格。当事人在法定时限内未申请复检。

上海市奉贤区市场监督管理局对上述销售不合格产品的行为进行立案查处，并认定上述行为违反了《产品质量法》第13条第2款规定的禁止生产、销售不符合保障人体健康和人身、财产安全的标准和要求的工业产品，决定责令当事人改正并作出没收违法所得和罚款的行政处罚。

3. 召回产品

为加强网上销售消费品的安全与召回监管，切实保障消费者人身财产安全，国家市场监督管理总局发布实施了《关于加强网上销售消费品召回监管的公告》，强调从事网上销售消费品活动的生产者及其他经营者应当自觉遵守有关法律法规的规定，守法经营，提供符合保障人身、财产安全要求的消费品，不得销售或者提供法律、行政法规禁止交易的消费品。要求生产者和其他经营者应当建立和完善网上销售消费品的缺陷信息收集核实和分析处理制度。发现其网上销售消费品存在已经造成或者可能造成死亡、严重人身伤害、重大财产损失，或在境外实施召回等情形的，应按《消费品召回管理暂行规定》的要求向所在地省级市场监管部门报告。发现网上销售消费品存在缺陷的，生产者应当立即停止生产、销售、进口缺陷消费品，通知其他经营者停止经营，并按《消费品召回管理暂行规定》的要求立即实施召回，不得隐瞒缺陷；其他经营者接到生产者通知的，应当立即停止经营存在缺陷的消费品，并协助生产者实施召回。对未能消除缺陷的消费品，不得再次销售。同时要求从事网上销售消费品活动的生产者和其他经营者要建立内部消费品安全与召回可追溯机制，完善产品标识、销售记录、产品注册、保修索赔等安全记录。

《消费品召回管理暂行规定》是目前国内关于召回规定的基本法规，召回是生产者对存在缺陷的消费品，通过补充或者修正警示标识、修理、更换、退货等补救措施,消除缺陷或者降低安全风险的活动。也就是说,缺陷产品召回通常是生产者的基本义务,但 2024 年发布实施的《消费者权益保护法实施条例》则将召回的义务范围扩大到相关的经营者,不再限于产品生产者。该条例第 8 条规定,经营者发现其提供的商品或者服务可能存在缺陷,有危及人身、财产安全危险的,应当依照《消费者权益保护法》第 19 条的规定及时采取相关措施。采取召回措施的,生产或者进口商品的经营者应当制订召回计划,发布召回信息,明确告知消费者享有的相关权利,保存完整的召回记录,并承担消费者因商品被召回所支出的必要费用。商品销售、租赁、修理、零部件生产供应、受委托生产等相关经营者应当依法履行召回相关协助和配合义务。因此,在网络交易模式中,销售者若发现其提供的商品可能存在缺陷,也应承担相应的召回义务。

(三)刑事责任

生产销售产品违反相关法律法规规定的,一般将受到行政处罚,但情节严重的,将有可能面临一定的刑事处罚,我国《刑法》分则第 3 章第 1 节"生产、销售伪劣商品罪"对此类情形进行了明确规定,其中第 140~148 条规定了 9 种专有罪名。

1. 生产、销售伪劣产品罪

《刑法》第 140 条规定,生产、销售伪劣产品罪,是指生产者、销售者在产品中掺杂、掺假,以假充真,以次充好或者以不合格产品冒充合格产品,销售金额达 5 万元以上的行为。生产、销售伪劣产品罪的犯罪行为是生产、销售行为。根据最高人民检察院、公安部《关于公安机关管辖的刑事案件立案追诉标准的规定(一)》第 16 条的规定,生产、销售伪劣产品案(生产者、销售者在产品中掺杂、掺假,以假充真,以次充好或者以不合格产品冒充合格产品)的立案追诉标准为:伪劣产品销售金额 5 万元以上的;伪劣产品尚未销售,货值金额 15 万元以上的;伪劣产品销售金额不满 5 万元,但将已销售金额乘以 3 倍后,与尚未销售的伪劣产品货值金额合计 15 万元以上的。其中"掺杂、掺假",是指在产品中掺入杂质或者异物,致使产品质量不符合国家法律、法规或者产品明示质量标准规定的质量要求,降低、失去应有使用性能的行为;"以假充真",是指以不具有某种使用性能的产品冒充具有该种使用性能的产品的行为;"以次充好",是指以低等级、低档次产品冒充高等级、高档次产品,或者以残次、废旧零配件组合、拼装后冒充正品或者新产品的行为;"不合格产品",是指不符合《产品质量法》规定的质量要求的产品。

从立法实践看，网络直播带货较易发生的违规行为是虚假宣传、产品质量不合格，但如果主播明知产品质量低劣，甚至存在掺杂、掺假，以假充真，以次充好或者以不合格产品冒充合格产品的情形，则有可能被认定为构成范围，因为通过网络直播带货可以迅速放大销售额，一旦销售金额达到 5 万元，或者未销售产品货值金额达到万元以上以及通过计算产品货值金额合计达到 15 万元以上，就可能构成犯罪，以目前的物价以及销售规模来看，销售伪劣产品的行为较为容易触刑，亟须引起相关从业人员的注意。

在詹某销售伪劣产品案[①]中，被告人詹某在明知非国标电子烟不能售卖的情况下，为了牟取非法利益，利用其在聚创造科技公司打工的便利，使用手机微信等网络平台向烟草零售个体户李某、景某、杨某、向某、肖某、赵某、金某等 7 人销售非国标电子烟（铂德盛世雾化弹、Vent、悦刻等），销售金额达 396,281 元，被认定构成销售伪劣产品罪，判决詹某犯销售伪劣产品罪，判处有期徒刑 2 年，缓刑 3 年，并处罚金人民币 39 万元。

2. 生产、销售不符合安全标准的食品罪

该罪名是指生产、销售不符合食品安全标准的食品，足以造成严重食物中毒事故或者其他严重食源性疾病的行为。在进行食品类商品带货过程中，网络经营者应当根据《食品安全法》的规定做好进货查验工作，并保留好相关的进货查验记录，只有在销售者确实不知情并尽到查验义务的情况下，才能免予相应的处罚。

2024 年年初，湖北省市场监督管理总局对外公布了"2023 民生领域'铁拳'行动典型案例"（第九批）。其中一个案例是该局在飞行检查中发现某品牌虫草双参片疑似添加那非类物质。后续经检验确定，该产品及生产原料中均含有毒、有害非食品原料"O—丙基伐地那非"，涉案产品货值金额共 49.36 万元。《食品安全法》明确规定，禁止生产经营用非食品原料生产的食品或者添加食品添加剂以外的化学物质和其他可能危害人体健康物质的食品，生产经营的食品中不得添加药品。2022 年 8 月 11 日，国家市场监督管理总局办公厅印发《关于打击食品中非法添加那非拉非类物质及其系列衍生物违法行为的意见》，该意见指出，那非、拉非类物质及其系列衍生物与"有毒、有害的非食品原料"那红地那非、红地那非、伐

---

① 参见重庆市石柱土家族自治县人民法院刑事判决书，(2023)渝 0240 刑初 289 号。

地那非、羟基豪莫西地那非、西地那非、豪莫西地那非、氨基他达拉非、他达拉非和硫代艾地那非等核心药效团一致,具有等同属性和等同危害,食用添加有那非、拉非类物质及其衍生物的食品对人体有毒副作用的风险,影响人体健康甚至危害生命。2023 年 8 月 16 日,武汉市武昌区市场监督管理局依法对涉案产品的生产企业生产经营添加食品添加剂以外的化学物质和其他可能危害人体健康物质食品的违法行为,作出没收违法所得 5.1 万元、罚款 1480.83 万元、吊销许可证的行政处罚,并依法将该案件移送公安机关处理。

3. 生产、销售不符合安全标准的产品罪

该罪名是指生产不符合保障人身、财产安全的国家标准、行业标准的电器、压力容器、易燃易爆产品或者其他不符合保障人身、财产安全的国家标准、行业标准的产品,或者销售明知是以上不符合保障人身、财产安全的国家标准、行业标准的产品,造成严重后果的行为。

4. 生产、销售不符合卫生标准的化妆品罪

该罪名是指生产不符合卫生标准的化妆品,或者销售明知是不符合卫生标准的化妆品,造成严重后果的行为。

5. 生产、销售、提供假药(劣药)罪

根据《刑法》第 141 条、第 142 条及相关司法解释,生产、销售、提供假药罪,是指违反药品管理法规,故意生产、销售、提供假药的行为。生产、销售、提供劣药罪,是指故意生产、销售劣药,对人体健康造成严重危害或具有严重危害风险的行为。根据《药品管理法》第 98 条的规定,假药,是指药品所含成分与国家药品标准规定的成分不符;以非药品冒充药品或者以他种药品冒充此种药品;变质的药品;药品所标明的适应证或者功能主治超出规定范围。劣药,是指药品成分的含量不符合国家药品标准;被污染的药品;未标明或者更改有效期的药品;未注明或者更改产品批号的药品;超过有效期的药品;擅自添加防腐剂、辅料的药品;其他不符合药品标准的药品。

在任某伟因涉嫌犯销售假药罪案[①]中,2019 年 2 月至 4 月,被告人任某伟在快手和微信平台上,通过直播及朋友圈宣传的方式向孙某、贾某等多人销售可治疗颈

---

① 参见吉林省松原市宁江区人民法院刑事附带民事判决书,(2019)吉 0702 刑初 381 号。

椎、肩周炎等疾病的无药品批准文号的袋装黄色粉末。经松原市原食品药品监督管理局证明,被告人任某伟销售的袋装黄色粉末药品应按假药论处。2019年4月8日,公安机关将被告人任某伟抓获,并收缴尚未出售的假药39袋。法院认为,被告人违反国家药品监管法规,明知是假药而进行销售,其行为已构成销售假药罪。被告人的行为侵害了众多不特定消费者的生命权、健康权,损害了社会公共利益,其在受到刑事处罚外,还应承担民事责任。最终,法院判决任某伟有期徒刑6个月,并支付附带民事公益诉讼起诉人检察机关销售假药价款3倍的赔偿金。

上述是网络带货领域较为常见且易触犯的五个罪名,另外还包括生产、销售、提供劣药罪(《刑法》第142条),妨害药品管理罪(《刑法》第142条之一),生产、销售有毒、有害食品罪(《刑法》第144条),生产、销售不符合标准的医用器材罪(《刑法》第145条)。

## 第二节 产品质量责任主体及其合规义务

市场交易主体经营者是以营利为目的为消费者提供商品和服务的自然人、法人或者其他组织等经营主体。根据《产品质量法》以及相关法律法规的规定,产品质量承担的经营主体分为生产者和销售者两类,并据此设定了生产者、销售者以及消费者之间的权利义务关系,但由于在产品生产销售中的作用不同,生产者和销售者对产品质量的法律责任义务也有差别。

### 一、生产者的产品质量义务

综合目前的法律法规,生产者的产品质量义务主要包括五个方面的内容:

1. 具有生产相应产品的法定资质。为了加强产品质量安全管理,法规规定对重点产品实行产品质量市场准入制度,对从事产品生产的市场主体的资格进行确立、审核和确认,允许具备规定条件的生产者从事生产经营活动、允许生产销售具备规定条件的产品的监督制度。如根据《工业产品生产许可证管理条例》实施的工业产品生产许可,依据《强制性产品认证管理规定》实施的强制性产品认证管理,生产销售该类产品均应当申请获得相应的生产许可和强制性认证。目前,我国对实行生产许可证制度的工业产品实行目录管理,企业未依照条例规定申请取得生产许可证而擅自生产列入目录产品的,由工业产品生产许可证主管部门责令停止生产,没收违法生产的产品,处违法生产产品货值金额等值以上3倍以下的罚款;有违法所得的,没收违法所得;构成犯罪的,依法追究刑事责任。处罚力度还是比较大的。常见的网络交易及直播带货的热门产品,如食品、药品、医疗器械、化妆品等均需要取得相应的生产许可。

2. 生产者应当对其生产产品的质量负责。具体而言,包括以下几个方面:(1)不存在危及人身、财产安全的不合理的危险,有保障人体健康和人身、财产安全的国家标准、行业标准的,应当符合该标准;(2)具备产品应当具备的使用性能,对产品存在使用性能的瑕疵作出说明的除外;(3)符合在产品或者其包装上注明采用的产品标准,符合以产品说明、实物样品等方式标明的质量状况。产品内在质量通常指产品的实物质量,实物质量的合规要求主要涉及以下两点:一是产品明示担保的质量要求,是指生产者对产品质量性能的陈述、声明,如通过标签、说明书以及广告宣传等表述的产品功能、效用、保质期、质量成分等信息;二是产品默示担保的质量要求,不存在危及人身、财产安全的不合理的危险,如果有保障人体健康和人身、财产安全的国家标准、行业标准的,应当符合该标准。根据我国《标准化法》的规定,标准包括国家标准、行业标准、地方标准和团体标准、企业标准。国家标准分为强制性标准、推荐性标准,行业标准、地方标准是推荐性标准。其中,对保障人身健康和生命财产安全、国家安全、生态环境安全以及满足经济社会管理基本需要的技术要求,国家制定强制性国家标准。强制性标准必须得到遵守,不符合强制性标准的产品、服务,不得生产、销售、进口或者提供。

3. 生产者对产品的标识负责。产品标识是用于识别产品名称、产地、适用标准、生产者信息等产品信息的主要途径,是生产者承担产品质量明示担保义务的重要方式,产品标识由生产者提供,目的是给销售者、购买者提供产品质量信息。法律规定生产者的产品标识合规义务包括以下几个方面:(1)有产品质量检验合格证明。(2)有中文标明的产品名称、生产厂厂名和厂址。(3)根据产品的特点和使用要求,需要标明产品规格、等级、所含主要成分的名称和含量的,用中文相应予以标明;需要事先让消费者知晓的,应当在外包装上标明,或者预先向消费者提供有关资料。(4)限期使用的产品,应当在显著位置清晰地标明生产日期和安全使用期或者失效日期。（5）使用不当，容易造成产品本身损坏或者可能危及人身、财产安全的产品，应当有警示标志或者中文警示说明。裸装的食品和其他根据产品的特点难以附加标识的裸装产品，可以不附加产品标识。

4. 生产者应当对产品包装负责。《包装通用术语》（GB 4122—83）中，将商品包装定义为："为了在流通过程中保护产品，方便储存，促进销售，按一定技术方法而采用的容器、材料及辅助等的总体名称。"产品包装对产品质量具有重要影响。在网络交易过程中，包装不符合产品储存、运输、保管要求的，容易引发产品质量纠纷，在此基础上，法律着重对重点特殊产品的包装提出要求，易碎、易燃、易爆、有毒、有腐蚀性、有放射性等危险物品以及储运中不能倒置和其他有特殊要求的产品，其包装质量必须符合相应要求，依照国家有关规定作出警示标志或者中文警示说明，并标明储运注意事项。

5. 生产者应当遵守法律的禁止性义务规范，对违法行为负责。禁止性义务规范包括以下几个方面：（1）不得生产国家明令淘汰的产品。（2）不得伪造产地，不得伪造或者冒用他人的厂名、厂址。（3）不得伪造或者冒用认证标志等质量标志。（4）生产产品，不得掺杂、掺假，不得以假充真、以次充好，不得以不合格产品冒充合格产品。

## 二、销售者的产品质量义务

（一）销售者应当建立并执行进货查验制度

进货查验是销售者从生产者处采购产品后，进行产品质量责任交接的重要步骤，进货查验包括产品标识检查、产品感观检查和必要的产品内在质量的检验，其作用在于对销售者销售的产品进行质量把控。建立并执行进货查验制度是销售者的法定义务，《产品质量法》第33条规定，销售者应当建立并执行进货检查验收制度，验明产品合格证明和其他标识。《药品管理法》第56条规定，药品经营企业购进药品，应当建立并执行进货检查验收制度，验明药品合格证明和其他标识；不符合规定要求的，不得购进和销售。《食品安全法》第53条第1款、第2款规定，食品经营者采购食品，应当查验供货者的许可证和食品出厂检验合格证或者其他合格证明。食品经营企业应当建立食品进货查验记录制度，如实记录食品的名称、规格、数量、生产日期或者生产批号、保质期、进货日期以及供货者名称、地址、联系方式等内容,并保存相关凭证。

在网络交易及直播带货的商业模式中,除了生产者自建网站、自行开设直播间出售商品,大部分属于电子商务平台销售其他生产者生产的商品,其本身并不从事具体生产行为,而是通过从工厂或者供应商处选品的方式进货,建立并执行进货查验制度也是保护销售者自身权益的措施。对于产品的实物质量,由于销售者往往不具有专业的产品质量判断能力,因此其可以要求生产企业提供由第三方机构出具的产品检验报告,必要时,可以委托具有资质的检验机构对产品进行检验。同时,销售者依法充分履行了进货查验制度,在售出后发现产品存在产品质量问题,且问题的成因在生产环节的,可以依法减轻违规责任。如《食品安全法》第136条规定,食品经营者履行了进货查验等义务,有充分证据证明其不知道所采购的食品不符合食品安全标准,并能如实说明其进货来源的,可以免予处罚,但应当依法没收其不符合食品安全标准的食品;造成人身、财产或者其他损害的,依法承担赔偿责任。同时,如果销售者执行了进货查验制度,并且采取了措施保证产品在销售环节的质量安全,将是用于证明销售者没有主观过错的重要证据。2021年修订的《行政处罚法》第23条第2款明确规定,除法律、行政法规另有规定的,当事人有证据足以证明其没有主观过错的,不予行政处罚。因此,电商经营者应当建立健全进货查验制度,制定进货查验流程和审查清单,并建立查验资料档案备查。在司法实践中,法院认定经营者根据现有情况与自身条件已经尽到进货查验义务,并且其在知悉已销售产品存在问题后,积极采取召回、退货退款等方式避免给消费者造成更大损失的,这类行为可以作为免除承担惩罚性赔偿责任的抗辩事由。在王某萍与刘某网络购物合同纠纷案[1]中,法院认为,该案起诉前,原告虽然未向被告就涉案产品提起异议,但被告作为经营者,在发现产品存在问题后,尝试通过多种方式、多种渠道,及时、主动联系原告召回产品,并积极采取措施避免给消费者的人身安全、财产安全造成损害。被告的上述行为应当受到鼓励,故不再判处被告惩罚性赔偿,仅判处被告承担退货退款的民事责任。

在胡某与车某平等信息网络买卖合同纠纷案[2]中,原告于2021年8月10日通过拼多多平台,在两被告经营的"路平数码"店铺内购买了10套"千草堂仲景

---

[1] 参见上海铁路运输法院民事判决书,(2018)沪7101民初926号。
[2] 参见北京互联网法院民事判决书,(2021)京0491民初41726号。

六十六味软胶丸"。同日,两被告在淘宝平台向案外人开设的"荣金保健"店铺下单,该订单显示收货人为原告,收货地址为原告在拼多多平台内下单时列明的地址,随后"荣金保健"店铺直接按照以上收货信息向原告胡某发货。原告签收涉案商品时发现涉案产品无药品批准生产号、无检验合格证明。此后其在国家企业信用信息公示系统进行查询,但并未查询到该产品制造商的信息,涉案产品亦无相关批准生产或进口文号。原告据此判断涉案商品为假冒伪劣产品,向被告主张退一赔十。法院认为,涉案产品功效的描述性文字具有保健食品或药品的特征,但其外包装及说明书均未标注有国家法定标准的标签说明,亦无合法有效的生产批号或生产标准,应属非法生产的产品,因其销售目的为提供消费者食用,根据《食品安全法》第 148 条的规定:"消费者因不符合食品安全标准的食品受到损害的,可以向经营者要求赔偿损失,也可以向生产者要求赔偿损失。接到消费者赔偿要求的生产经营者,应当实行首负责任制,先行赔付,不得推诿;属于生产者责任的,经营者赔偿后有权向生产者追偿;属于经营者责任的,生产者赔偿后有权向经营者追偿。生产不符合食品安全标准的食品或者经营明知是不符合食品安全标准的食品,消费者除要求赔偿损失外,还可以向生产者或者经营者要求支付价款十倍或者损失三倍的赔偿金;增加赔偿的金额不足一千元的,为一千元。"根据上述法律规定,食品经营者承担 10 倍价款赔偿责任的前提是经营明知是不符合食品安全标准的食品。最高人民法院《关于审理食品安全民事纠纷案件适用法律若干问题的解释(一)》第 6 条规定:"食品经营者具有下列情形之一,消费者主张构成食品安全法第一百四十八条规定的'明知',人民法院应予支持:……(四)未依法履行进货查验义务的;……"具体到该案,在案证据显示涉案商品未标注生产批文、联系方式,在国家企业信用信息公示系统中也不能查询到该产品所标明的生产厂家的相关信息,故可初步认定该产品系假冒伪劣产品。

根据被告的自述,其自身在订单成立之前不占有涉案商品,而是在接受原告订单后,另行向淘宝店铺下单购买涉案商品并填报原告与其之间成立的订单中的相应收货信息,实现由案外人"直接"向原告发货的目的,对此被告事先在涉案订单交易磋商阶段并未向原告披露"第三方代发"情况,事后亦未向原告说明货物质量合格或货品合法来源等信息,属于未依法履行进货查验义务的典型情形;此外,涉案产品外包装未标注国家强制要求标注的信息等外部特征十分明显,被告对此只要施加基础的注意义务就足以发现，对此被告显然未尽到经营者应有的合理审慎注意义务，已构成销售明知是不符合食品安全标准的保健品行为。现两被告自认分别为涉案店铺的登记经营者及实际经营者，故应向原告连带承担经营者责任。原告胡某主张被告车某路、车某平连带承担价款 10 倍赔偿金责任的诉讼请求，于法有据，法院予以支持。

结合上述案例可见，"一件代发"作为电子商务领域新起的经营模式，是指经营者在收到消费者的订单后，在不违反法律规定、不损害消费者或者其他经营者合法权益的情况下，由其他经营者直接发货给消费者，从而赚取差价的行为。这一销售模式由于具有经营门槛低、资金成本低，且无须仓储等优势，受到众多经营者的青睐，并未被法律所禁止。但是该销售模式下，经营者从头到尾与商品往往没有实际接触，难以保证如实监管其从供应商处采购的产品质量，存在较大的售后风险。经营者在选择该销售模式的同时应当对其利弊有所了解，对其产生的风险也应当予以承担。根据合同相对性原则，消费者通过网购的方式与卖家建立信息网络买卖合同关系，作为销售者的卖家无论是自行仓储发货，还是通过第三方一件代发，均不影响双方在买卖合同中各自的权利义务承担。由于消费者在这种商业模式中通常事先并不知道具体供应商的信息，供应商也只是"代"经营者向消费者承担发货的责任，因此，销售者需向消费者承担买卖合同项下的义务，当产品质量出现问题，造成消费者财产损害甚至生命健康权损害时，销售者亦应作为直接责任方承担相应的损害赔偿责任。

### （二）销售者应当采取措施保持销售产品的质量

销售者应采取必要的保管措施，使得产品能够基本保持进货时的质量状况，这是销售者保持产品原有质量的义务规定。销售者应当根据产品的特点，采取必要的防雨、防晒、防霉变措施，对某些特殊产品还应采取控制温度、湿度等措施，保持产品进货时的质量状况，目的是保证生产者将合格产品交付给销售者之后，销售者采取适当措施，保证产品质量并将产品通过销售的方式提供给消费者。如果销售者保管不当导致产品质量发生变化，甚至导致产品质量不合格，则销售者应当承担对消费者的违约责任甚至侵权责任。

在约姆贸易公司涉嫌生产销售不符合保障人体健康和人身、财产安全的国家标准的儿童服装案[①]中,当事人约姆贸易公司(被处罚的行政相对人)自行设计涉案婴幼儿服装后,委托无锡某公司进行生产,再通过其在小红书平台经营的店铺进行销售,后被市场监督管理部门买样进行监督抽查,检验结论为不合格。执法部门上海市虹口区市场监督管理局认为,当事人生产销售不符合保障人体健康和人身、财产安全的国家标准的婴幼儿服装,并在销售时没有采取合理措施保证儿童服装产品质量的行为,违反了《产品质量法》第26条第2款第1项规定的"不存在危及人身、财产安全的不合理的危险,有保障人体健康和人身、财产安全的国家标准、行业标准的,应当符合该标准"和《产品质量法》第34条"销售者应当采取措施,保持销售产品的质量"的规定。依据《产品质量法》第49条的规定,对当事人处以责令停止生产、销售涉案产品,并没收不符合国家标准的婴幼儿服装、没收违法所得以及罚款的处罚。可见,销售者通过委托厂家生产的方式销售商品,依然应当采取适当的措施保持产品的质量,并不能因为不是生产者就可免除相应的法律责任。

另外,产品运输过程中的质量风险也应当由经营者承担。《电子商务法》第20条规定,电子商务经营者应当按照承诺或者与消费者约定的方式、时限向消费者交付商品或者服务,并承担商品运输中的风险和责任。但是,消费者另行选择快递物流服务提供者的除外。由此可见,如果消费者另行选择快递物流服务提供者邮寄产品,系消费者与其指定的快递物流服务者构成快递服务合同关系,因此该风险应由消费者承担。

(三)销售者应当遵守法律的禁止性义务规范

主要包括以下几个方面:(1)不能生产国家明令淘汰的产品。国家明令淘汰的产品是指国家行政机关按照一定的程序,采用行政的措施,对涉及耗能高、技术落后、污染环境、危及人体健康等方面的因素,宣布不得继续生产、销售、使用的产品。(2)不得伪造产地,不得伪造或者冒用他人的厂址、厂名,具体是指非法制作标注他人厂名、厂址的标识,或者擅自使用他人厂名、厂址的侵权行为。(3)不得伪造或者冒用认证标志等,伪造或者冒用认证标志、名优标志等质量标志是指非法制作产品质量认证标志、优质产品标志、获国际荣誉奖标志、生产许可证标志

---

[①] 参见上海市虹口区市场监督管理局行政处罚决定书,沪市监虹处〔2024〕092023002421号。

等质量标志的行为,或者未获准认证,未取得优质产品、国际奖等荣誉,未取得生产许可证等,擅自使用相应质量标志的行为。这是一种欺诈行为。(4)生产者生产产品,不得掺杂、掺假,以假充真,以次充好,以不合格产品冒充合格产品。"掺杂、掺假"是指行为人在产品中掺入杂质或者造假,致使产品有关物质的成分或者含量不符合国家有关法律、法规、标准规定要求的欺骗行为。"以假充真"是指以甲产品冒充与其特性不同的乙产品的欺骗行为。"以次充好"是指以低等级、低档次的产品冒充高等级、高档次产品的欺诈行为。此外,依据《侵害消费者权益行为处罚办法》第 5 条的规定,经营者不得有销售的商品或者提供的服务不符合保障人身、财产安全要求;销售失效、变质的商品;销售篡改生产日期的商品;销售的商品或者提供的服务侵犯他人注册商标专用权;销售伪造或者冒用知名商品特有的名称、包装、装潢的商品的行为。

此外,由于直播带货主要是以广告的形式推介产品或服务,但法律法规规定对有些产品禁止或限制发布广告,因此这类产品也相应成为直播带货中禁止或限制销售的产品,主要包括以下几类:(1)麻醉药品、精神药品、医疗用毒性药品、放射性药品等特殊药品,药品类易制毒化学品、戒毒治疗的药品、医疗器械和治疗方法等法律、行政法规禁止发布广告的商品或服务。(2)烟草制品(含电子烟)、处方药,声称全部或者部分替代母乳的婴儿乳制品、饮料和其他食品等法律、行政法规禁止在大众传播媒介发布广告的商品或服务。(3)医疗、药品、医疗器械、保健食品、特殊医学用途配方食品、农药、兽药等法律、行政法规规定发布广告须经广告审查机关事前审查而未经审查的商品或服务(直播或短视频中不含广告的除外)。

(四)赠品同样需要保证质量

以奖励、赠送、试用等形式向消费者免费提供商品是网络直播销售时经常采用的营销手段,但由于赠品具有免费的外在形式,不少直播电商从业者在营销过程中往往忽视了其相关的合规义务,出现了赠品质量不符合要求、夸大虚构宣传广告内容等违规行为,对于与消费者由此产生的消费纠纷或欺诈索赔应对失据。从目前的合规实践来看,原则上赠品与一般商品的质量安全及其附随义务要求并无例外之处,直播电商从业者应按普通商品的标准审查赠品,不得以侵权或者不合格产品、国家明令淘汰并停止销售的商品等作为奖品或者赠品。

1.赠品应当符合产品质量安全要求。《消费者权益保护法实施条例》第 7 条第 2 款规定,经营者向消费者提供商品或者服务(包括以奖励、赠送、试用等形式向消费者免费提供商品或者服务),应当保证商品或者服务符合保障人身、财产安全的要求。同时,产品质量也应当符合法律法规规定的要求,尤其是包装标识上,应当符合产品的包装要求。如果提供的产品属于化妆品、家用电器等生产许可、强制性认证产品,应当取得相应的许可或认证;如果是进口产品,应当符合进口商品管理要求等。对于赠品出现质量等违规问题的,也需要承担退货、更换、修理以及七日无理由退货等责任。

《审理网络消费纠纷案件规定(一)》第 8 条规定,电子商务经营者在促销活动中提供的奖品、赠品或者消费者换购的商品给消费者造成损害,消费者主张电子商务经营者承担赔偿责任,电子商务经营者以奖品、赠品属于免费提供或者商品属于换购为由主张免责的,人民法院不予支持。免费不等于免责,赠品与普通销售的产品承担的合规义务基本相同,赠品不符合法定要求或发生质量问题的,电商经营者应根据标的的性质以及消费者损失的大小,承担修理、重作、更换、退款退货、减少价款、赔偿损失等违约责任。因此,电商从业者在赠品的生产、选品、销售、售后的合规管控过程中,应当同一般商品的管控标准进行管理,不能因为是赠品就放松管理。

2. 存在瑕疵时可以作为赠品使用,但需要如实告知消费者。《产品质量法》第 26 条第 2 款第 2 项规定,产品具备产品应当具备的使用性能,但是,对产品存在使用性能的瑕疵作出说明的除外。《消费者权益保护法实施条例》第 7 条第 2 款规定,免费提供的商品或者服务存在瑕疵但不违反法律强制性规定且不影响正常使用性能的,经营者应当在提供商品或者服务前如实告知消费者。从上述规定可知,赠品原则上应当符合普通在售商品的产品质量安全标准,但赠品允许存在瑕疵,直播电商从业者提供有瑕疵的赠品被免除产品质量责任的前提如下:第一,不存在危及人身、财产安全的不合理的危险,不违反法律强制性规定,有保障人体健康和人身、财产安全的国家标准、行业标准的,应当符合该标准;第二,产品虽然存在使用性能的瑕疵,但不能影响正常的使用性能,如临近保质期但不得超过保质期;第三,应当在提供商品前如实告知消费者。需要注意的是,告知的时间点应当是在提供商品前,而不能是消费者作出购买决策后甚至在收到产品后被告知,这是确保消费者知情权和选择权的基本要求,否则可能会被认为赠品存在"欺诈",进而面临"退一赔三、退一赔十"等消费维权主张。

值得注意的是,在处理此类消费纠纷的过程中,销售者应当承担"如实告知消费者"的举证责任,因此,销售者或者带货主播应当通过适当方式就赠品瑕疵向消费者进行告知,如在介绍赠品时以显著方式口播相关内容并提示消费者在作出购买决策时注意,或者在产品详情页面上以显著方式予以提示,同时要保留好相关证据。

3. 赠品欺诈也可能面临索赔。根据《消费者权益保护法》第 55 条第 1 款的规定,商家出售商品存在欺诈行为的,需向消费者赔付 3 倍价款并退还已付价款,如出售的商品是食品,则还可以依据《食品安全法》第 148 条第 2 款的规定主张 10 倍的惩罚性赔偿。在林某甲、厚某智能公司等信息网络买卖合同纠纷案[①]中,法院认为,对于附赠商品,消费者虽在形式上未支付对价,但经营者实际上已经将赠品的费用摊入经营成本之中,赠品的价款实际上包含在主商品的价款之中。据此,附赠品销售行为中的"赠品"在法律上属于经营者提供的商品,故消费者有权主张《消费者权益保护法》第 55 条规定的惩罚性赔偿。

从实践来看,商家一般会在两种情况下提供赠品:一是作为促销手段在销售过程中向消费者进行展示,并明确表示作为赠品与在售商品一并提供给消费者,一般情况下,消费者会注意到这一促销优惠政策,甚至对赠品的规格进行测算后再进行付款,此时赠品将直接影响消费者的消费决策。二是商家在展示商品时并未对赠品进行介绍展示,也没有将赠品作为促销手段,而是在消费者完成购买行为后,商家在交付产品时将赠品作为礼品附赠给消费者,一般的目的是提升消费者满意度换取好评,或者吸引消费者此后再来购买,此时赠品并未影响消费者此次的消费决策。无论哪种情况,商家依然需要保证赠品符合保障人身、财产安全的要求,并履行瑕疵告知义务。但前一种情况符合因受欺诈误导消费者作出购买决策并由赠品导致损失的情形的,更易被消费者主张"退一赔三、退一赔十"等形式的欺诈赔偿。对于后者交付商品时附赠赠品的行为,由于没有在营销时展示赠品,更容易被认定为单纯的赠与行为,从而不被认定为"欺诈"行为而适用惩罚性赔偿规则。

---

① 参见江苏省苏州市中级人民法院民事判决书,(2023)苏 05 民终 5068 号。

## 第三节　网络直播相关主体的产品质量合规义务

电子商务是通过互联网等信息网络从事销售商品或者提供服务的经营活动，而直播带货则是"直播＋电子商务"，这是基本的直播带货场景，可以说网络直播营销活动是指通过互联网站、应用程序、小程序等，以视频直播、音频直播、图文直播、数字人直播或多种直播相结合等形式推广、销售商品或提供服务的商业活动。2019年1月1日，《电子商务法》正式生效，该法对电子商务经营者、电子商务平台经营者、平台内经营者的概念进行了较为细致且全面的界定。

综合《电子商务法》等的规定以及实际商业场景，其中涉及的主体可以分为直播营销平台、直播间运营者、直播营销人员（主播）、MCN机构、平台内经营者（商家）等五类。在电子商务及直播带货的交易模式中，经营者与消费者是产品质量安全权利义务的相对方，确定经营者的主体身份便可以确定相关方的产品质量安全责任。与一般传统的产品销售模式不同的是，电子商务及直播带货由于媒介载体、业务场景的独特性和新颖性，相关主体存在多重角色、多层场景的关系，进而产品质量相关法律责任也具有多重表现。

### 一、网络直播营销平台

网络直播营销平台是指在网络直播营销活动中提供网络服务的各类平台，包括互联网直播服务平台、互联网音视频服务平台、电子商务平台等。但在以下情形中将被认定为销售者并承担销售者的责任义务：

1. 网络直播营销平台等电子商务平台直接通过运营直播间开展自营业务销售商品的，承担销售者的产品质量责任义务。一般情况下，网络直播营销平台不会被视为销售者，但现在很多电子商务平台经营者已不仅限于提供平台服务功能，还会通过平台自营的方式直接参与商品或服务的经营，在自营的平台中开设自营店铺或者直播间，如京东在其自营的京东商城上开设的京东超市，京东超市对其陈列展示的商品向销售者进行直接销售，由此承担销售者的产品质量义务和消费者保护义务，消费者可以主张电子商务平台经营者承担商品销售者或者服务提供者责任。电子商务平台经营者在其平台上开展自营业务的,应当承担销售者的责任和义务,由于网络直播营销平台属于电子商务平台,电子商务平台开展自营业务与一般电商销售者无异。在这种情形下,其与一般商品和服务的提供者(销售者)具有同样的市场角色定位。由于明确具体销售者的身份对于消费者向其主张消费者权益,并要求其承担销售者责任义务,以及监管部门甄别经营者的具体身份具有重要意义,所以目前在立法实践中逐渐对销售者的标识义务作出细化的规范要求,以避免消费者维权无门。《电子商务法》第 37 条第 1 款规定,电子商务平台经营者在其平台上开展自营业务的,应当以显著方式区分标记自营业务和平台内经营者开展的业务,不得误导消费者。

因此,作为平台经营者,在开展自营业务销售商品时应当以显著方式区分标记自营业务;虽然没有做显著标识但从实际从事自营业务的,也应当承担产品和服务提供者(销售者)的责任。《审理网络消费纠纷案件规定(一)》第 4 条第 1 款规定,电子商务平台经营者以标记自营业务方式或者虽未标记自营但实际开展自营业务所销售的商品或者提供的服务损害消费者合法权益,消费者主张电子商务平台经营者承担商品销售者或者服务提供者责任的,人民法院应予支持。

可见,对于网络直播营销平台等电子商务平台经营者而言,只要实际从事了自营业务,向销售费提供产品或服务,就将被认定为产品销售者或者服务提供者。

2. 网络直播营销平台等电子商务平台所做标识误导消费者认为其为自营者的,承担销售者的产品质量责任义务。《审理网络消费纠纷案件规定(一)》第 4 条第 2 款规定,电子商务平台经营者虽非实际开展自营业务,但其所做标识等足以误导消费者使消费者相信系电子商务平台经营者自营,消费者主张电子商务平台经营者承担商品销售者责任的,法院应予支持。

在秦某与唯品会公司等信息网络买卖合同纠纷案[①]中,原告于唯品会平台上的"唯品国际丨海蓝之谜"店铺购买海蓝之谜眼霜 1 件,后原告主张唯品会公司出售的涉案商品为假货,虚假宣传,夸大产品功效,唯品会公司构成欺诈。唯品会公司为证明其与原告无买卖合同关系,非涉案商品销售方,属于主体不适格,提交了唯品会 App 页面截图并当庭演示,显示在唯品会 App 主页"国际"栏目页面,标注有

---

① 参见北京互联网法院民事判决书,(2023)京 0491 民初 11695 号。

"经营者信息"字样，点击上述"经营者信息"，页面显示有"唯品国际进口商品的销售主体为：VIPSHOPSINGAPOREPTE.LTD."，并公示有相应证照信息。法院认为，根据唯品会公司披露的信息，唯品国际的经营者为VIPSHOPSINGAPOREPTE.LTD.，与唯品会平台系不同经营主体，但在唯品会平台的嵌套经营模式下，唯品国际销售的商品带有"唯品"字样，不足以向消费者表明唯品国际与唯品会平台无关，不足以表明"唯品国际"不是唯品会平台中的一个子项目或子类别而是完全不同的平台或经营者，不足以表明唯品国际经营的商品不属于唯品会平台的自营商品，且根据原告提交的付款记录，涉案商品的收款人亦为唯品会公司。综上所述，法院认定涉案商品的标识足以误导消费者，使消费者相信涉案商品系唯品会平台经营者自营，唯品会公司应就涉案商品对消费者承担商品销售者的责任。

从这个案件可以看出，唯品会公司作为电子商务平台经营者虽然对实际销售主体的经营信息进行了公示，但是公示信息并没有发布在商品销售界面等显著位置，普通消费者很难发现，没有让消费者实际区分出具体的经营者身份信息，客观上并没有尽到公示义务，普通消费者在通常注意范围内足以误解认为唯品会公司是运营主体。同时结合原告的陈述，其系通过唯品会小程序直接搜索涉案商品并进行点击购买。因此，法院判令唯品会公司由于所做标识足以误导消费者认为其为自营者，需承担销售者的产品质量责任义务。

3. 无法提供网络直播间有效信息的，网络直播营销平台等电子商务平台承担销售者先行赔付责任。基于很多消费者对直播间中商品的实际销售主体不清楚，在商品出现质量问题时无法确定相应责任主体，进而无法保障其合法权益的情况，立法者对相关问题进行了完善，一是要求直播间经营者应当以显著方式标明或者说明其真实名称和标记。2024年修订的《消费者权益保护法实施条例》第13条第2款作出了更细化的规定，经营者通过网络、电视、电话、邮购等方式提供商品或者服务的，应当在其首页、视频画面、语音、商品目录等处以显著方式标明或者说明其真实名称和标记。由其他经营者实际提供商品或者服务的，还应当向消费者提供该经营者的名称、经营地址、联系方式等信息。二是要求网络直播营销平台对在其平台上开设直播间的运营者承担相应的管理责任，其中包括要求申请进入平台销售商品或者提供服务的经营者提交其身份、地址、联系方式、行政许可等真实信息，对信息进行核验、登记，建立登记档案，并定期核验更新，相关信息的保管期限不得少于 3 年。三是明确网络直播营销平台应当履行向消费者提供经营者信息的义务。如果未能提供直播间运营者信息，则需要承担先行赔付责任。《审理网络消费纠纷案件规定（一）》第 14 条规定，网络直播间销售商品损害消费者合法权益，网络直播营销平台经营者不能提供直播间运营者的真实姓名、名称、地址和有效联系方式的，消费者依据《消费者权益保护法》第 44 条的规定可以向网络直播营销平台经营者请求赔偿；网络直播营销平台经营者承担责任后，可以向直播间运营者追偿。

4. 网络直播营销平台与平台内经营者承担连带责任的情形如下：(1) 未采取必要的管理措施。《电子商务法》第 38 条第 1 款规定，电子商务平台经营者知道或者应当知道平台内经营者销售的商品或者提供的服务不符合保障人身、财产安全的要求，或者有其他侵害消费者合法权益行为，未采取必要措施的，依法与该平台内经营者承担连带责任。(2) 未尽到基本的审核义务。对关系消费者生命健康的商品或者服务，电子商务平台经营者对平台内经营者的资质资格未尽到审核义务，或者对消费者未尽到安全保障义务，造成消费者损害的，依法承担相应的责任。由于食品类产品关系人体健康安全，为了更好地规范网络出售食品的行为，进一步强化网购食品的质量与安全，法律法规作出更为细致的规定，2021 年修正的《食品安全法》第 131 条第 1 款规定，网络食品交易第三方平台提供者未对入网食品经营者进行实名登记、审查许可证，或者未履行报告、停止提供网络交易平台服务等义务，使消费者的合法权益受到损害的，应与食品经营者承担连带责任。《审理网络消费纠纷案件规定（一）》第 15 条明确规定，网络直播营销平台经营者对依法需取得食品经营许可的网络直播间的食品经营资质未尽到法定审核义务，使消费者的合法权益受到损害，消费者可依据《食品安全法》第 131 条等规定主张网络直播营销平台经营者与直播间运营者承担连带责任。这些补充的责任规定通过加重网络直播营销平台经营者的责任，有利于消费者的维权并纠正防范直播带货的乱象，网络直播营销平台经营者应注意审查直播间运营者的信息，确保信息真实有效，对于食品等重点产品的销售主体，还应审查其食品经营资质。

## 二、直播间运营者

直播间运营者是指在网络直播营销平台上注册账号或者通过自建网站等其他

网络服务，开设直播间从事网络直播带货活动的个人、法人和其他组织。产品生产者、销售者开设直播间的，此时的直播间运营者与上述身份发生竞合，应当承担销售者的责任。除此之外，法律法规还规定了直播间运营者应当承担销售者责任的其他类型：

1. 直播间工作人员引导消费者通过平台提供的支付方式以外的方式进行支付的，承担销售者责任。《审理网络消费纠纷案件规定（一）》第5条规定，平台内经营者出售商品或者提供服务过程中，其工作人员引导消费者通过交易平台提供的支付方式以外的方式进行支付，消费者主张平台内经营者承担商品销售者或者服务提供者责任，平台内经营者以未经过交易平台支付为由抗辩的，法院不予支持。从此规定可以看出，钱款交付收取方式可以作为判断直播间与消费者之间买卖关系是否成立的重点，虽然产品交付主体有可能是第三方，但是指定支付的方式，已经可以认定直播间与消费者之间构成产品买卖关系，网络直播间等平台经营者应当据此承担销售者责任。因此在实践中，网络直播间经营者应当有效管理和防止工作人员引导消费者绕过平台进行支付，避免承担销售者责任。

2. 转让网络店铺未及时进行经营主体信息变更公示的，对此期间产生的交易行为承担销售者责任。转让网络店铺目前在实践中较为常见，但如果没有及时进行经营主体信息变更公示，则不会产生对外公示效力，转让双方之间的协议也不能对抗消费者对经营主体的维权主张，如果实际经营者的经营活动给消费者造成损害，消费者可以主张注册经营者、实际经营者承担赔偿责任。因此，通过协议方式转让店铺的经营者，应当制定风险防范措施，除及时进行经营主体信息变更公示外，还应当对转让期间的产品质量责任承担进行约定。

3. 不能证明已经以足以使消费者辨别的方式标明其并非销售者并标明实际销售者的，承担销售者责任。网络直播营销改变了传统网络购物中消费者单纯通过网页内容了解商品信息的方式，而是主要由直播营销人员通过视频直播展示商品并口头陈述相关信息。直播间运营者对于自身并不是实际销售者承担举证责任，并履行标明义务，直播间运营者不能证明已经以足以使消费者辨别的方式标明其并非销售者并标明实际销售者的，消费者有权主张直播间运营者承担商品销售者责任。直播间运营者尽到标明义务的，也并非当然不承担责任。直播间运营者是否已经尽到标明实际销售者的义务，应当综合交易外观、直播间运营者与经营者的约定、与经营者的合作模式、交易过程以及消费者认知等因素予以认定。在张某与田某信息网络买卖合同纠纷案[①]中，原告在被告经营的淘宝店铺直播间中购买了2枚胸针套装，双方确认被告的销售方式为在直播间中展示货品，原告确认购买后向被告付款，由被告向合作的售卖方拿货后再由被告发货给原告的"代购"模式。法院认为，原告通过网络平台购买了被告出售的商品，双方之间成立网络买卖合同关系。虽然被告采用的销售方式为"代购"模式，但原告系向被告支付货款购买商品，原告要求被告承担销售者责任合法有据，并判令被告赔付原告3倍价款。可见，被告收取了原告的货款，并通过"代购"的方式向原告进行交付，综合这一交易模式，法院依然认定直播间运营者为实际销售者，并据此承担相应责任。

在网络交易及直播带货的商业模式中，直接承担责任的主体是生产者和销售者，明确经营主体在网络交易以及直播带货环节中属于生产者还是销售者，对于承担相应的产品质量合规责任具有重要的法律意义，不同的主体身份承担的法律责任有着显著区别。因此，相关经营者在委托生产、选品带货、售后管理等环节应当通过书面合同的形式就主体身份及协作关系予以明确。也有部分直播主体是广告发布者或者信息服务提供者，如果直播间运营者为其他经营者带货，通常应当承担广告发布者的责任，但应当通过与商家事先签订协议的方式约定产品责任归属问题。

---

① 参见上海市嘉定区人民法院民事判决书，(2023)沪0114民初19193号。

**第五章**

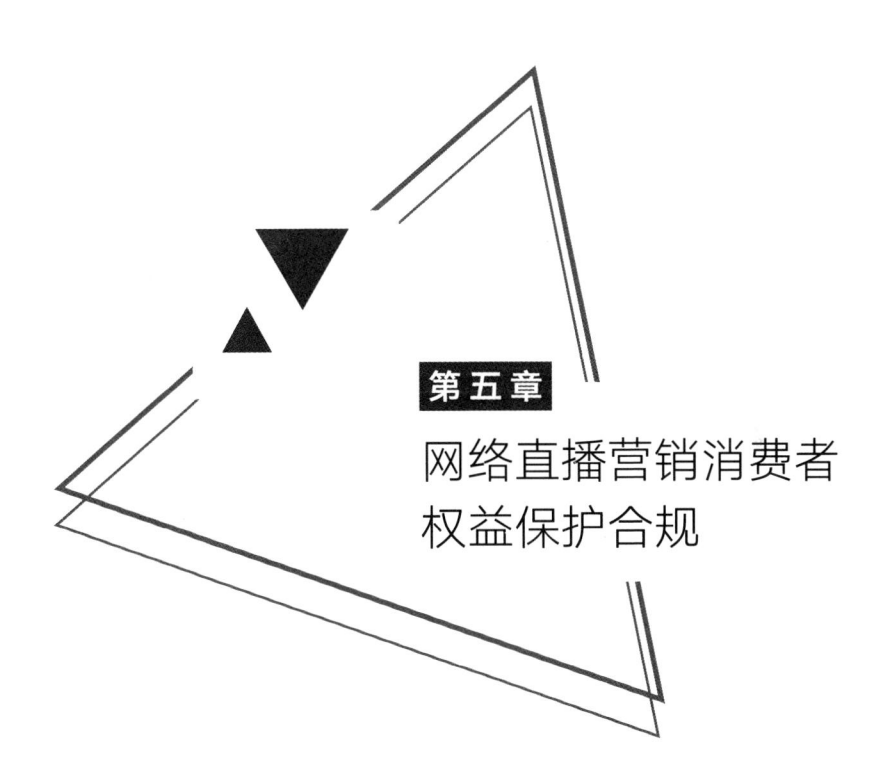

网络直播营销消费者
权益保护合规

随着互联网产业与互联网信息技术日渐发达，互联网领域的相关行业不断地整合、发展和创新，在原有行业的基础上形成了众多新兴业态，网络直播便是当下最热门的一种。但随着网络直播行业的野蛮生长，在发展、壮大其规模的同时，也让消费者侵权问题愈演愈烈。尤其是在网络直播带货过程中，经营者的逐利本性、消费者的弱势地位等特征更加明显，为消费者权益保护设下了多重障碍。由于消费者权益保护的规定内容庞杂，网络直播经营者往往对于相关规定缺乏了解，或缺少有效的合规管理措施，导致侵权问题层出不穷，甚至防不胜防，伴随舆情的发酵，不少商家也因此受到沉重打击。可以说，消费者权益保护是每一个商家应当特别谨慎关注的重要经营内容。

## 第一节 消费者权益保护的规范体系

消费者权益保护是市场经济中的重要规制内容,通过法律、政策、监管措施以及社会舆论等手段,确保消费者的合法权益在购买商品或接受服务的过程中不受侵害。消费者权益保护的核心目的是维护消费者在市场经济中的正当利益,确保他们能够在公平、透明、安全的环境中进行消费活动。目前,我国已经形成了完整的消费者权益保护体系,涉及消费者的具体权利内容、经营者责任义务以及违反相关义务应当承担的法律责任。

### 一、消费者权益保护制度体系

1993年颁布实施的《消费者权益保护法》是我国首次为消费者权益保护进行专门立法,该法经过多次修正,确立了消费者拥有安全保障权、知情权、自主选择权、公平交易权、获得赔偿权、成立维权组织权、获得知识权、受尊重和个人信息得到保护权以及监督权等基础权利体系。同时,在《产品质量法》《电子商务法》等特别法中,有针对性地就消费者权益保护作出专门规定和要求,逐渐形成了消费者权益保护法律法规体系。按照整体原则性建立的消费者保护法体系不是被分割的体系,而是总体功能大于简单相加功能总和的有机整体,[1] 因此经营者与相关从业人员应当系统性地对相关法律法规进行研究适用。按照相关法规的功能进行划分,我国目前消费者权益保护法规总体包括以下方面。

(一)基础性法律、行政法规

1.《消费者权益保护法》

《消费者权益保护法》是我国消费者权益保护的基础性法规,于1993年经第八届全国人民代表大会常务委员会第四次会议通过,并经2009年和2013年两次修正,其主要内容包括立法保护宗旨和原则、消费者权利、经营者义务、国家机关的职责、消费者组织以及法律责任等内容,是消费者权益保护制度体系的基石。

---

[1] 参见李昌麒、许明月编著:《消费者保护法》,法律出版社2014年版,第61页。

2.《消费者权益保护法实施条例》

随着近年来平台经济等新业态、新模式的不断发展，消费者权益保护工作出现了一些新情况、新问题。为了加强消费者权益保护，《消费者权益保护法实施条例》于2024年7月1日起施行。该条例的颁布实施，是继2013年《消费者权益保护法》第二次修订后消费者权益保护事业又一新的重要里程碑，细化了《消费者权益保护法》的规定，构建起消费环境建设和消费者权益保护共同治理体系，强化了经营者的主体责任、政府的消费维权职责、消协组织的公益职责，完善了消费领域信用体系和消费争议解决体系，统筹保护消费者合法权益和支持经营者依法经营，与《消费者权益保护法》共同形成"一法一条例"的框架体系，夯实了消费者权益保护的法治根基。该条例就虚假宣传、不公平格式条款、预付式消费侵权等突出问题，以及针对近年来兴起的平台经济模式中出现的价格歧视、大数据杀熟、虚假营销以及网络直播带货中产生的新问题进行了针对性的规制。

3.《侵害消费者权益行为处罚办法》

《侵害消费者权益行为处罚办法》是经营者往往容易忽视的法规，这部法规是监管部门对经营者违反相关规定侵犯消费者合法权益予以行政处罚的重要依据，是对《消费者权益保护法》等法规进行细化运用的法规，尤其是其中对于"消费欺诈"的行政认定与司法实践认定具有明显不同，应当予以重视。《侵害消费者权益行为处罚办法》于2015年1月5日由原国家工商行政管理总局颁布实施，国家市场监督管理总局于2020年进行了修订。

同时，为了结合各地的具体实际，深圳、上海等地也出台了如《深圳经济特区消费者权益保护条例》《上海市消费者权益保护条例》等地方性法规，这也是经营者应当研究适用的合规渊源。

（二）部门类消费者权益保护法规

1.专业类规范

在一些具体的专业法律领域体现了消费者权益保护的内容，包括商品质量保障类规范的《产品质量法》《计量法》，公平竞争类的法律规范如《广告法》《价格法》《反不正当竞争法》，消费者个人权益类法规如《个人信息保护法》，等等。

2.行业类规范

一些具体的行业领域也在立法中提出了针对性要求，如电子商务行业领域有

《电子商务法》《网络购买商品七日无理由退货暂行办法》等系列规定,旅游和金融行业领域有《旅游法》《中国人民银行金融消费者权益保护实施办法》等规定。

3. 产品类规范

在一些与消费者权益密切相关的产品规范中,也突出了消费者权益的保护内容,如《食品安全法》《化妆品监督管理条例》《药品管理法》等。

此外,最高人民法院为了规范消费纠纷案件的审理,维护消费者的合法权益,还出台了《审理网络消费纠纷案件规定(一)》《关于审理食品药品惩罚性赔偿纠纷案件适用法律若干问题的解释》(以下简称《食品药品惩罚性赔偿的解释》)等司法解释,这些司法解释有助于加强对前述法律法规的正确适用,平衡经营者和消费者之间的权利。

## 二、网络直播经营中应当关切的消费者基础权益

《消费者权益保护法》规定了消费者所享有的九项权利,具体包括消费者的安全保障权、知情权、自主选择权、公平交易权、求偿权、成立维权组织权、获得知识权、受尊重和个人信息得到保护权以及监督权。根据直播带货维权舆情数据分析可以发现,直播带货中消费维权舆情主要反映了虚假宣传、产品质量、价格误导、不文明带货、发货问题、退换货、销售违禁商品以及诱导场外交易等八方面问题,涉及消费者的安全保障权、知情权、自主选择权、公平交易权和个人信息得到保护权。因此,网络直播经营活动中应当重点关注消费者的基础性权益内容,并以此为基础建立合规管理理念。

(一)安全保障权

《消费者权益保护法》第 7 条规定了消费者的安全保障权,首要权利即为消费者的人身安全权和财产安全权。消费者的安全保障权指的是消费者在购买、使用商品或接受服务时享有的保障其人身、财产安全不受损害的权利,消费者有权要求经营者提供的商品和服务,符合保障其人身、财产安全的要求。首先,经营者向消费者提供商品或者服务(包括以奖励、赠送、试用等形式向消费者免费提供商品或者服务)时,应当保证商品或者服务符合保障消费者人身、财产安全的要求。就产品质量而言,满足质量安全要求的产品应当符合保障人体健康安全的国家强制性标准的要求,且不得存在质量瑕疵。对于电商促销中惯常使用的提供以次充好

的赠品进行促销的模式，监管部门也逐渐进行了立法规范，要求免费提供的商品或者服务应当与销售的产品承担同等的质量安全保障义务，对于存在瑕疵但不违反法律强制性规定且不影响正常使用性能的赠品，要求经营者应当在提供商品或者服务前如实告知消费者。其次，电子商务平台经营者应当采取措施对平台内经营商品的安全进行必要管理，如果知道或者应当知道平台内经营者销售的商品或者提供的服务不符合保障人身、财产安全的要求，或者有其他侵害消费者合法权益的行为，未采取必要措施的，依法与该平台内经营者承担连带责任。

（二）知情权

《消费者权益保护法》第 8 条第 1 款规定，消费者享有知悉其购买、使用的商品或接受的服务的真实情况的权利。对于消费者而言，了解商品或服务的真实情况是其作出购买决策的基础。同时，保障消费者知情权对充分发挥商品、服务的效用，防止损害消费者安全的事故发生具有重要作用，也可以准确界定经营者告知义务的评价标准。知情权是法律赋予消费者的一项重要权利，通过保护消费者的知情权减少并非出于消费者的本意进行的交易，从而提前规避后续因侵犯消费者知情权而导致的纠纷，以避免矛盾的产生以及资源的浪费。

网络直播营销模式中，消费的知情权主要表现在以下几个方面：(1) 商家的基本信息，包括产品生产经营者的信息、服务提供者的信息。确定经营者主体信息，是明确和选择消费者交易对象的前提条件。《电子商务法》第 15 条第 1 款规定，电子商务经营者应当在其首页显著位置，持续公示营业执照信息、与其经营业务有关的行政许可信息、属于依法不需要办理市场主体登记情形等信息，或者上述信息的链接标识。具体形式包括在首页、视频画面、语音、商品目录等处以显著方式标明或者说明其真实名称和标记。(2) 产品或服务的基本信息。主要包括商品的性能、功能、产地、用途、质量、规格、成分、价格、生产者、有效期限、销售状况、曾获荣誉等信息，或者服务的内容、提供者、形式、质量、价格、销售状况、曾获荣誉等信息，以及与商品或者服务有关的允诺等对购买行为有实质性影响的信息。(3) 产品或服务的价格信息。经营者应当按照国家有关规定，以显著方式标明商品的品名、价格和计价单位或者服务的项目、内容、价格和计价方法等信息，做到价签价目齐全、内容真实准确、标识清晰醒目。(4) 产品或服务的经营信息。主要包括销售状况、交易信息、经营数据、用户评价等电子信息，经营信息是消费者作出购买决策的重要基础性信息。目前,立法要求电子商务平台经营者要建立健全信用评价制度,公示信用评价规则,为消费者提供对平台内销售的商品或者提供的服务进行评价的途径。电子商务平台经营者不得删除消费者对其平台内销售的商品或者提供的服务的评价,商家也不能通过违规手段对经营信息作虚假或者引人误解的商业宣传,欺骗、误导消费者或者相关公众。除此之外,产品或服务的售后服务以及其他影响消费者作出购买决策以及权益相关的其他信息。

(三)自由选择权

《消费者权益保护法》第9条规定了消费者的自由选择权。消费者的选择权是指消费者能够根据自己的真实意愿自主选择所要购买的商品或接受的服务的权利。自由选择权的核心权能在于保护消费者不受经营者意志的干涉,能依自主意志对商品或服务进行比较、鉴别和挑选,对商品或服务的自由选择不以有偿或无偿而论,是否有益于消费者也应由消费者本身自主决定。自由选择权包括消费者对经营者的选择,对商品或者服务类型、方式的选择,对是否购买该商品或接受该服务的选择。消费者的选择权是消费者主权的具体表现形式之一,是消费者充分满足自身需求的重要保证。网络直播带货中消费者选择权充分实现的阻碍主要存在于购买环节和运输环节。在购买环节中,存在着大量的搭售行为,主播将畅销的或优质的商品与滞销的或劣质的商品捆绑销售,以达到去库存和营利的目的。《消费者权益保护法实施条例》第11条规定,经营者通过搭配、组合等方式提供商品或者服务的,应当以显著方式提请消费者注意。2024年2月23日,央视《焦点访谈》节目曝光了医美直播乱象。记者通过实际进入直播间观看和购买发现,大量医美直播间存在以低价或者赠送的方式,捆绑搭售商品或服务,将消费者引流到线下。捆绑销售本质上属于一种强制交易,消费者被迫强制交易后,捆绑的这些产品并非消费者所想要的,通常都不能正常发挥该商品的价值,这不仅是对消费者公平交易权的侵犯,更是一种资源的浪费。在运输环节中,消费者选择权受阻通常表现为无法自主选择承运快递公司。事实上,无论是购买环节还是运输环节,消费者均享有自主选择权,网络直播活动经营者应当保障消费者的自主选择权。

(四)公平交易权

《消费者权益保护法》第10条明确规定,消费者享有公平交易的权利。理论上，消费者与网络直播经营者属于平等主体，双方均享有公平交易权。但在实践中，网络直播经营者相较于消费者来说通常处于优势地位，经营者在消费者的授权下获得一些基本信息，包括消费者的真实姓名、电话、地址、偏好等，通过对这些基本信息进一步加工，经营者可对消费者的基本情况、购买偏好等进行一个全方位的掌控，而消费者可能对商家的信息乃至产品的信息一无所知。在此种信息完全不对等的情况下，消费者的权益保护对于保证双方之间的平等关系具有重要意义。另外，在网络直播营销实践中，经营者为了方便开展营销工作，通常会制定大量的格式条款，而消费者对于这类格式条款并没有进一步协商的空间，为了购买自己心仪的产品只能被动接受经营者提供的格式条款。部分消费者的法律知识或者相关专业知识相对匮乏，对于格式条款的含义无法理解。《消费者权益保护法》第26条第1款规定，经营者在经营活动中使用格式条款的，应当以显著方式提请消费者注意。此外，《消费者权益保护法实施条例》第9条第2款规定，经营者不得在消费者不知情的情况下，对同一商品或者服务在同等交易条件下设置不同的价格或者收费标准。近年来的"大数据杀熟"等现象就属于此类违法行为。以经营者在电商平台开展价格促销活动为例，假设经营者在直播过程中短时间提供了产品的日常购买链接A和促销活动链接B，两个链接所售产品完全一致，但链接B的价格低于链接A，如果经营者没有对价格不一致的原因作出说明，就可能构成侵犯消费者选择权和知情权的违规行为。因此经营者在促销活动中，要做好促销政策的统筹管理和价格标签的合规标注，充分考虑《反不正当竞争法》和《规范促销行为暂行规定》等法规要求，在充分保障消费者知情权的基础上方可开展差异化营销。

（五）求偿权

《消费者权益保护法》第11条规定了消费者的求偿权。消费者求偿权是指消费者在购买、使用商品或接受服务过程中，若受到人身或财产上的损害，可以依法获得赔偿的权利。消费者求偿权本质上是一种救济权，是消费者人身权益和财产权益的重要保障手段。赋予消费者求偿权不仅可以有效保障消费者的合法权益，同时也可以约束经营者的行为，保障市场环境的稳定。虽然《消费者权益保护法》中规定了平台的先行赔付责任，在一定程度上有利于消费者求偿权的实现，但其还存在着适用条件限制，因此只能保障小范围内的消费者求偿权。直播带货模式涉及的主体多且主体之间的关系复杂，进行主体身份定位对于消费者来说是一个巨大的困扰，倘若无法进行主体关系的定位，那么也无法选择追责主体以及应适用的法律，各大主体之间相互推诿，对消费者的求偿请求置之不理，最后消费者求偿也只能不了了之。维权成本高也是消费者求偿权受到侵害的重要原因，在进行消费维权时，需要付出时间成本、金钱成本，如不能调解成功而走入诉讼路径，则需要付出更多的时间及金钱成本，如交通费、公证费、鉴定费、误工费、住宿费、律师费等，消费者在综合考虑巨大的维权成本及求偿权所获得的赔偿后，往往会放弃求偿，而且此类消费者不在少数。消费者放弃求偿权的同时也会导致商家越发猖獗，且必将导致侵犯消费者合法权益的乱象愈演愈烈。因此，消费者求偿权的保障与实现需要从多方面加强。

在网络直播营销领域，为了更好地保障消费者的合法权益，通过立法确定了电商平台等相关方的连带责任，一是电子商务平台的资质审查义务。对关系消费者生命健康的商品或者服务，电子商务平台经营者对平台内经营者的资质资格未尽到审核义务，或者对消费者未尽到安全保障义务，造成消费者损害的，依法承担相应的责任。二是电商平台的必要措施义务。电子商务平台经营者知道或者应当知道平台内经营者销售的商品或者提供的服务不符合保障人身、财产安全的要求，或者有其他侵害消费者合法权益的行为，未采取必要措施的，依法与该平台内经营者承担连带责任。三是经营者信息提供义务。网络直播间销售的商品损害消费者合法权益，网络直播营销平台经营者不能提供直播间运营者的真实姓名、名称、地址和有效联系方式的，消费者可以依据《消费者权益保护法》第44条的规定向网络直播营销平台经营者请求赔偿。网络直播营销平台经营者承担责任后，可以向直播间运营者追偿。

（六）个人信息得到保护权

《消费者权益保护法》第14条规定了消费者个人信息的保护权，这是2013年《消费者权益保护法》新增的内容，旨在为消费者的个人信息提供法律保护。然而，现实中关于消费者个人信息的保护存在以下问题：一是各大平台经营者对消费者隐私权的重视不足。隐私条款通常以不显眼的小字显示在注册登录界面下方，消费者在未被明确提醒的情况下草草勾选后便进入平台App。消费者若不同意格式合同的隐私条款则无法使用平台App。由于主流平台的用户黏性高，消费者往往只能被迫接受隐私条款以继续使用平台服务。二是大型网购平台如淘宝、京东等在网络购物方面积累了较长时间的用户信息，这些信息在直播购物时被调取使用。相比之下，内容类平台在带货直播兴起后对消费者隐私权的保护相对薄弱，常需消费者跳转至第三方进行购物和支付，涉及大量个人信息的收集与授权，且经常收集与直播购物无关的信息。三是各平台基于大数据技术提供的"个性化推荐"和"定制广告"等功能难以关闭，消费者常常被各种垃圾短信和推销邮件困扰。有消费者表示，在大型网络促销活动前经常会收到曾经浏览或者购买过的商品经营者所发的消息，给生活造成一定困扰。

## 第二节　格式条款：不是默认都有效

我国《民法典》第496条第1款规定，格式条款是当事人为了重复使用而预先拟定，并在订立合同时未与对方协商的条款。由此可见，格式条款是指在交易过程中提前拟定的可重复使用的合同条款。其根本目的是节约成本、提高交易效率。基于格式条款的优势，格式条款在电商领域中被广泛使用。其中，提供格式条款的一方通常是电商经营者，而这些条款在订立时并未与消费者进行协商。在实践中，随着电子商务的发展，网络商品、服务的提供者常借助格式条款的优势地位来增加自己的权利，规避义务，导致消费者的知情权、隐私权等受到侵犯，这也使得电子商务领域因格式条款引发的争议愈加明显。《民法典》《消费者权益保护法》《电子商务法》等相关法律法规针对格式条款制定了适用的违法情形，并规定了相应的违法责任，电商经营者如果被查出存在这些情形，将可能视具体情形被要求责令改正，或同时处以警告、罚款。因此，电商经营者应当严格规范格式条款的制定使用，避免因格式条款而引起争议。

### 一、电商领域格式条款合规风险的表现形式

违法格式条款主要表现为经营者单方面制定的逃避法定义务、减免自身责任、加重消费者责任、限制或排除消费者权利的不平等的格式条款，严重侵害群众利益。根据整理，实践中电商领域格式条款合规风险的表现形式主要包括以下

几点。

(一)经营者在格式条款中免除自身责任

经营者在格式条款中免除自己的责任,是指电商平台或商家在其制定的格式条款中,通过预先拟定的合同条款规定,将其自身本应承担的法律责任或义务排除或限制,试图减轻甚至完全免除其在交易过程中可能产生的责任。这种行为通常是单方面的,并且在消费者没有充分议价权的情况下强加给消费者。具体表现包括以下几种常见形式:

1. 免除对商品质量问题的责任。格式条款可能规定,电商平台对所售商品的质量问题不承担责任,例如,"商品一经售出,平台不承担任何质量问题的责任"。这意味着,如果商品出现质量问题,消费者可能无法要求平台进行赔偿或退换货。

2. 限制对损失的赔偿责任。一些电商平台通过格式条款限制自身对消费者损失的赔偿责任,如"不可抗力或系统故障导致的损失,平台不承担任何赔偿责任"。这种条款将消费者在购买过程中因平台系统故障或其他问题造成的损失全部归咎于不可抗力,而非平台责任。

3. 不公平的免责条款。电商平台可能会在格式条款中加入免责条款,声明对于某些情况平台不负任何责任,如"快递延迟导致的损失,平台不承担任何责任"。这种情况下,消费者如果因为快递问题产生损失,平台可以依据该条款免除自身的责任。

(二)经营者在格式条款中加重消费者的责任

经营者在格式条款中加重消费者的责任,是指经营者在制定格式条款时,通过预先拟定的合同条款规定,将本应由其自身承担的部分责任转嫁给消费者,或者增加消费者在交易过程中的义务和负担。这种行为通常是在消费者没有充分议价权的情况下,经营者单方面制定的不公平条款,具体表现包括以下几种常见形式:

1. 设置不合理的违约金条款。格式条款中规定消费者一旦违约需支付高额的违约金。例如,"如果消费者未按时支付货款,则需支付订单金额20%的违约金"。这种规定可能导致消费者因轻微的违约行为而承担过高的经济责任,而经营者却没有相应的高额违约责任。

2. 单方面取消或修改订单的责任。格式条款中规定,消费者在某些情况下无权取消订单,若取消订单需支付高额的取消费用或赔偿。例如,"消费者取消订单需支付订单总金额50%的违约金"。这类条款使消费者在取消或修改订单时面临过重的经济负担。

3. 退货或售后责任的加重。格式条款中规定消费者在退货时必须承担所有运费,或要求消费者在非常苛刻的条件下才能退货或换货。例如,"退货时消费者需支付来回运费和额外的处理费用"或"商品一旦拆封,消费者不得退货"。这些条款加重了消费者的退货成本和难度。

(三)经营者在格式条款中限制消费者的权利

经营者在格式条款中限制消费者的权利,是指电商平台或商家在其制定的格式条款中,通过预设的合同条款限制、剥夺或减少消费者在交易中的合法权利。这种行为通常以经营者单方面规定的形式出现,并且消费者在接受这些条款时,通常缺乏谈判的余地或未被充分告知,具体表现包括以下几种常见形式:

1. 排除或者限制消费者依法自主选择商品或者服务的权利。一些经营者在格式条款中设置强制搭售的规定,例如,在销售电子产品时,规定必须同时购买特定的配件或软件服务,否则无法完成交易。还有的经营者会利用格式条款限定购买渠道、指定支付方式或设置不合理的购买条件,限制了消费者的自主选择权。

2. 排除或者限制消费者依法变更或者解除合同的权利。格式条款可能规定消费者在某些情况下无权变更或解除合同,或者在变更或解除合同时需承担不合理的费用。例如,"消费者在支付定金后,不得取消订单,否则定金不予退还"。这种条款限制了消费者根据情况调整或取消交易的权利。

3. 排除或者限制消费者依法请求支付违约金或者损害赔偿金的权利。经营者可能在格式条款中设置过高的索赔门槛,变相限制消费者请求赔偿的权利。例如,某在线旅游平台规定,消费者只有在能够提供详细的损失证明材料,且损失金额超过一定数额时,才能向平台请求损害赔偿金。有的经营者还会限定最高赔偿金额或者将赔偿责任转嫁给第三方,增加了消费者获得赔偿的难度。

4. 排除或者限制消费者依法投诉、举报、请求调解、申请仲裁、提起诉讼的权利。格式条款中可能规定消费者在发生纠纷时不得诉诸法院,只能通过指定的仲裁机构解决问题,或规定消费者放弃某些法律救济手段。例如,"消费者与平台之间的任何纠纷仅能通过平台指定的仲裁机构解决,且仲裁结果为最终裁决"。这类条款限制了消费者选择解决纠纷的方式,削弱了其通过司法途径维护权益的权利。

5. 经营者单方享有解释权或者最终解释权。部分经营者规定其对格式条款的解释具有最终权利,且不承担由此解释产生的任何责任,例如,"本协议的最终解释权归平台/商家所有,平台/商家对因解释造成的任何后果不承担责任"。这类格式条款是经营者单方作出的,限制了消费者的权益,应属无效。经营者可以对格式条款进行解释,但没有最终解释权。

6. 排除或者限制消费者售后服务的权利。格式条款中规定消费者在购买商品后无法获得必要的售后服务,或者仅在极为苛刻的条件下享受售后服务。例如,"购买特价商品不享受退换货服务"、"商品售出后概不负责维修"或"消费者需在购买后7天内提出任何售后服务要求,超过期限则不提供服务"。这种条款排除或限制了消费者获得售后支持的权利。

7. 限制消费者的知情权和选择权。格式条款中可能隐瞒重要信息或规定,且消费者无权要求查看或了解合同的具体内容。例如,"消费者购买的商品以实际配送为准,平台不提供详细的商品信息"。这种条款限制了消费者了解商品真实情况的权利,影响其作出明智的购买决定。

(四)经营者未就格式条款对消费者尽到提示说明义务

经营者未就格式条款对消费者尽到提示说明义务,是指经营者在使用格式条款时,没有履行法定的义务,未以显著或清晰的方式提醒消费者注意格式条款中的重要内容,特别是那些涉及消费者权利或免除、限制经营者责任的条款,也没有按消费者的要求对这些条款作出充分的解释和说明,具体表现包括以下几种常见情况:

1. 未显著提示重要条款。格式条款中包含对消费者不利的条款,如免除经营者责任、加重消费者责任、限制消费者权利等,但这些条款在合同文本中被隐藏在大量文字中,或以小字、隐蔽的位置展示,未能引起消费者的注意。例如,某电商平台在其服务协议中隐含了"消费者放弃退货权利"的条款,但未以加粗字体、弹窗提示等显著方式提醒消费者。

2. 未对复杂条款进行解释。格式条款中包含专业性强或较为复杂的法律术语或条款,消费者可能无法理解其实际含义,且经营者未主动向消费者解释这些条款的具体内容及其后果。例如,某平台在格式条款中使用了"不可抗力""免责条款"等法律术语,但未向消费者提供解释说明,导致消费者在不知情的情况下接受了对自己不利的条款。

3. 未及时告知条款变更。经营者对格式条款进行了修改或更新,特别是涉及消费者重要权益的条款(如退货政策、服务条款等),但未以通知、邮件、弹窗等方式及时告知消费者,或未在消费者确认前作出明确的提示说明。例如,某电商平台修改了退货政策,但仅在网站底部发布公告,未向所有消费者发送通知或在消费者下单前提供提醒。

4. 未提供显著的接受确认步骤。消费者在交易过程中需要同意格式条款才能继续,但经营者未在关键步骤提醒消费者仔细阅读并理解条款,或者条款的接受方式仅为一个不起眼的复选框或链接,消费者很容易忽略。例如,消费者在下单前需勾选"我已阅读并同意服务条款",但服务条款的链接不明显且无任何弹窗或提醒。

在朱某某、姚某某诉上海某国际旅行社服务合同纠纷案[1]中,原告朱某某、姚某某于 2015 年 6 月 23 日在"某旅行网"预订了 6 月 26 日上海至沈阳的机票两张,机票预订服务由被告上海某国际旅行社提供,航班承运人为某航空股份有限公司。出发当日,两原告因错过登机时间未能搭乘预订航班,故在某航空公司设立于机场的服务台办理退票手续。某航空公司当即为两原告办理退票手续,并告知原告需扣除退票费 174 元 / 张,剩余票款 476 元 / 张将在两周内退还给订票人。嗣后,原告拨打"某旅行网"客服电话询问退票费事宜,得到的答复是:根据网站预订页面载明的条款,两原告退票将扣除绝大部分票款,仅可退还 95 元 / 张。原告认为,被告收取的机票退票费远远超出航空公司规定的比例。在原告对此并不知情的情况下,被告通过网页格式合同约定退票条件,加重了原告的义务,明显违反了消费行为中的公平交易原则及平等协商原则。被告强行截取航空公司的退票费并无合法依据,明显有失公平公正。被告辩称,对于套餐产品的取消及退订规则,被告已事先在"某旅行网"页面以明显方式进行提示和告知。

关于被告所规定的"套餐退订费"条款是否属于对消费者不公平、不合理的

---

[1] 参见上海市第一中级人民法院民事判决书,(2016)沪 01 民终 8534 号。

格式条款,法院经审理认为:被告产品的售价已超出航空公司的出票价格,至于被告标示的套餐内机票价格,系其单方对总价所作的拆分。对于消费者而言,其作为乘机人,为涉案机票支付了充分的价款。即便退票是基于原告自身原因所致,其依据承运人的退票政策,亦可以获取价款中的大部分作为退款。但被告通过网页载明的退改规则这一格式条款,排除了消费者依法获得退票款的权利,实质上加重了消费者的负担。《消费者权益保护法》明确规定,采用格式条款订立合同的,提供格式条款的一方应当遵循公平原则确定当事人之间的权利和义务。提供格式条款一方免除其责任、加重对方责任、排除对方主要权利的,该条款无效。因此,上述退改规则违背了交易的公平性原则,造成了消费者利益损害,对消费者一方显失公平。此外,在当前法律法规框架内,航空运输企业依法确定机票价格并统一地执行,是实现航空客票销售市场规范化的重要保证。从利益衡量以及规范行业健康发展的角度而言,机票销售商通过自行制定旨在限制消费者合法获取退票款的规则,依法不宜予以鼓励或支持。因此,该格式条款应认定为无效。

该案属于典型的格式条款引起的消费纠纷。司法实务中,法院关于格式条款的效力认定主要针对以下三个方面:一是公平性原则。格式条款的内容必须公平合理,不能显著倾斜于一方利益。二是内容符合法律规定。格式条款中如果包含免除提供方法定责任或者不当限制消费者合法权利的内容,则该条款将被视为无效。例如,电商平台不能通过格式条款免除其对商品质量问题的责任,或在消费者权益受到侵害时拒绝承担法律责任。值得注意的是,实践中,除违反法律强制性规定外,格式条款加重一方义务或者限制另一方权利使用并不必然导致格式条款的无效。三是显著提示义务。如前所述,格式条款中的免责、限制责任或加重消费者义务的条款并不当然无效,但经营者应当以显著方式提示消费者,且负有解释说明的义务。如果提供者未履行此义务,该条款将无法对消费者产生法律效力。该案即强调了格式条款提供方在合同订立过程中的提示和说明义务,以及违反该义务的法律后果。

## 二、经营者使用格式条款的合规要点

电商经营者的合规义务中,格式条款的合理使用尤为关键。为确保格式条款的合规性并避免潜在法律风险,电商经营者需履行以下几项关键义务和建议。

## （一）遵循公平公正原则

电商经营者遵循公平公正原则制定格式条款，意味着在起草和使用格式条款时，应确保这些条款对双方的权利和义务安排合理，不偏向任何一方，尤其不能借助条款免除或减轻自己的责任，而将全部风险和责任转嫁给消费者。具体来说，这一原则要求电商经营者在制定格式条款过程中注意平衡双方利益，合理分配双方的权利和义务，避免条款内容明显倾向于经营者一方。同时，条款中涉及的责任分配应清晰、合理，并且不可单方面减轻或免除经营者的法律责任。例如，如果存在退货或退款的情形，条款应明确规定经营者在何种情况下应承担责任，不能通过格式条款完全免除经营者的责任，避免出现如"经营者一概不予承担""相关责任全部由消费者自行承担"等绝对化、概括性的表述。

目前，各地市场监督管理局和消费者保护协会正与不同行业协会合作，针对争议较大的行业合同制定示范文本，以规范和引导经营者的行为。以上海市为例，目前已发布了《上海市汽车买卖合同示范文本》和《上海市体育健身行业会员服务合同示范文本》等多个示范文本。电商经营者可以参考这些示范文本来完善自己的格式条款，确保合同内容更加规范、透明。经营者可以选择直接采用示范文本，通过订立补充协议将其他条款纳入合同，或将相关内容整合进会员须知等文件中。

## （二）合法合理地解释格式条款

实践中经常可以在商业活动中发现"最终解释权归商家所有"等格式条款。事实上，关于格式条款的解释，《民法典》第498条作出了明确规定：对格式条款的理解发生争议的，应当按照通常理解予以解释。对格式条款有两种以上解释的，应当作出不利于提供格式条款一方的解释。格式条款和非格式条款不一致的，应当采用非格式条款。同时，《侵害消费者权益行为处罚办法》第12条规定：经营者向消费者提供商品或者服务使用格式条款、通知、声明、店堂告示等的，不得作出含有"规定经营者单方享有解释权或者最终解释权"的规定。因此，电商经营者应当避免相关合同中出现"商家最终解释权"等类似违法规定。同时，电商经营者应当依据相关法律规定对格式条款作出合法合理的解释。

## （三）添加可协商约定的内容

格式条款的认定标准是提前拟定、重复使用，以及订立时未与对方协商。为避免提前拟定的格式文本被认定为格式条款，经营者可对重要内容采取选择式、画线式约定,在订立时请消费者自主选择或填写双方具体协商的内容,体现协商过程,以防止条款构成格式条款。如在制定格式条款的过程中参考以下内容:

1. 设置多选项条款。经营者应在合同或协议中,对重要条款设置多种选择供消费者选择。例如,在退货政策、售后服务条款、商品保修等内容上,提供多种方案供消费者根据自己的需求进行选择。通过这种方式,可以表明条款并非单方制定,而是给消费者一定的选择权,从而体现双方协商的意图。

2. 采用画线式或填写式条款。对于需要双方明确约定的重要事项,经营者可以采用画线式或填写式条款。例如,合同中涉及支付方式、交货时间、责任分担等方面的条款,可以让消费者在几个备选项中打钩,或是直接手动填写具体内容。这样,消费者在选择或填写时可以充分了解条款内容,并自主决定最终的约定内容。

3. 保存协商记录。经营者应在合同订立过程中保留与消费者协商的记录,包括消费者对各个条款的选择、填写内容,以及相关的沟通记录。这些记录可以通过电子邮件、聊天记录或平台内置的沟通工具进行保存。这不仅能够证明双方进行了协商,还能在发生争议时作为证据。

4. 明确消费者修改条款的权利。电商经营者可以在合同中明确告知消费者,其有权对条款内容提出修改建议。经营者应建立相应的机制,允许消费者就某些条款进行谈判和修改,并在合同中记录双方最终达成的共识。通过这种方式,可以进一步增强合同的协商性,避免被认定为格式条款。

(四)充分的提示及说明

消费者与经营者就会员协议等条款产生争议时,常以不知情、不理解为由不承认相关条款的效力,为加强与消费者的沟通,避免因未对重要条款进行提示说明受到处罚,经营者可以采取以下措施:

1. 订立面向消费者的重复使用的合同、会员须知、会员保证等文件时,对重要条款采用加粗、加重、添加下画线、改变字体形式等方式,使其有别于普通条款;但相关服务合同大多冗长复杂,同时其中加黑、加粗、下画横线等内容也不在少数。江苏省高级人民法院2016年公布的消费者权益保护典型案例中就电子合同中格式条款提示义务作出认定,其中指出"相对于纸质介质,网站页面中格式条款通过字体加黑方式的提醒功能明显降低,无法达到充分提醒对方注意的效果,不属于《最高人民法院关于适用〈中华人民共和国民事诉讼法〉的解释》第三十一条规定的合理提示注意方式"。因此，在实践中，也可通过改变字体颜色，如将字体标红等方式，提示消费者注意格式条款，大大提高醒目性的同时，提示方式也区别于其他内容，更易引起消费者注意。

2. 单独告知与确认。最高人民法院《关于适用〈中华人民共和国民法典〉合同编通则若干问题的解释》第10条第3款规定，对于通过互联网等信息网络订立的电子合同，提供格式条款的一方仅以采取了设置勾选、弹窗等方式为由主张其已经履行提示义务或者说明义务的，法院不予支持。实践中大多数网络购物平台都是通过让消费者自行点击登录界面下方超链接方式提示消费者注意用户协议或服务协议，这样的操作存在一定履责不充分的风险。对于电商经营者来说，关于合同的核心条款以及制定的格式条款，应当设置单独的确认页面。如在签订合同前，电商经营者应设置确认页面，详细列出合同的核心条款，并要求消费者逐一确认，并且可以通过设置"同意"按钮、提供条款详细说明链接或弹窗提示等方式，对重要条款进行讲解，确保消费者已经阅读并理解这些条款。除文本末尾的签约处，可在重要条款旁添加签名位，请消费者单独签字确认；也可在末尾签约处请消费者抄写指定文字，如"我已充分理解并同意上述条款"。这种充分确认环节可以有效防止消费者未注意到某些条款而导致的争议，保证电商经营者平台对其提供的格式条款履行了"合理提示、说明"的义务。

综上所述，格式条款的内容必须公平合理，不能显著倾斜于一方利益。除违反法律强制性规定外，格式条款加重一方义务或者限制另一方权利使用并不必然导致格式条款的无效，但经营者应当以显著方式提示消费者，且负有解释说明的义务。如果经营者未履行此义务，该条款将无法对消费者产生法律效力。电商经营者在格式条款的制定和使用中，既要保障自身的合法权益，也要确保条款的公平性与透明性，以满足合规要求，减少法律风险。

## 第三节 "七日无理由退货"：到底要不要退？

"七日无理由退货"规则设立的初衷是解决消费者在特定交易领域因信息不

对称而意思表示受影响的问题。《消费者权益保护法》之所以赋予消费者单方解除合同的权利，在于实践中消费者可能会因信息不对称而在意思表示上存在不真实，进而权利受损，尤其是在电商领域下，消费者往往不直接接触商品，对于商品的功能、材质等重要商品信息可能存在判断偏差。因此，"七日无理由退货"规则的合理使用既是消费者权益保护的关键，也是电商经营者合规建设的要点。本节将从实践中的"七日无理由退货"规则的适用重点与难点，分析电商经营者合规建设的要点。

### 一、"七日无理由退货"的适用范围

《消费者权益保护法》从积极和消极两方面，确定了"七日无理由退货"的适用范围。电商经营者应当在法律规定的基础上，结合自身业务开展的实际需要，调整确定"七日无理由退货"的适用范围。

#### （一）适用"七日无理由退货"的商品范围

《消费者权益保护法》第25条规定，七日无理由退货的适用范围为经营者采用网络、电视、电话、邮购等方式销售商品。"七日无理由退货"的核心在于"无理由"，即网络商品经营者必须在商品销售过程中做出的"必要义务"。消费者在收到商品后7日内，只要符合退货条件，无须提供任何理由即可退货。不少经营者会将"七日无理由退货"同因商品或服务存在瑕疵、缺陷而取得的退货权相混淆，从而对消费者的合法权益造成侵害。事实上，如果经营者提供的商品或服务存在瑕疵、缺陷或不符合约定，则属于经营者违约。此时，消费者有权根据《消费者权益保护法》第24条的规定，要求经营者承担退货、更换、维修等义务，并由经营者承担因此产生的运输费用。在这种情况下此时消费者并不受"七日"的法律限制，电商经营者在处理消费者退货请求时应当予以区分判断。

#### （二）不适用"七日无理由退货"的商品范围

不适用"七日无理由退货"的商品范围包括法定不适用和经消费者确认后可不适用。具体分析如下：

1. 法定不适用

《消费者权益保护法》第25条规定以下商品不适用"七日无理由退货"：
（1）消费者定作的商品。定作商品是指经营者根据消费者的要求制作的商品，例

如，依特定消费者需要定制的假肢，或者定制的服装等。该商品已满足特定消费者需要，难以符合其他消费者的需求。如果允许无理由退货，经营者将难以再次销售这些商品，从而遭受损失。因此，消费者无权在收到定作商品之日起7日内无理由退货。（2）鲜活易腐的商品。鲜活易腐商品是指新鲜、有生命或容易腐烂的商品，例如鲜花和活鱼。若允许无理由退货，这些商品在退货过程中可能会死亡或腐烂，或其鲜活程度大幅下降，导致经营者蒙受损失。因此，消费者无权在收到此类商品之日起7日内无理由退货。（3）在线下载或消费者拆封的音像制品、计算机软件等数字化商品。数字化商品包括音像制品和计算机软件等，这类商品具有较高的可复制性，一旦进入消费者掌控范围，容易为消费者所取得和掌握。若允许适用无理由退货，极易被部分消费者钻漏洞从而侵害经营者权利，因此，该类商品一经在线下载或拆封，即应当视为消费者已使用，故无理由退货不适用于此类商品。（4）交付的报纸、期刊。报纸和期刊主要提供新闻和时事评论，其价值在于及时性和时效性。消费者阅读后，这些商品即失去其主要价值。若允许无理由退货，消费者可能会滥用权利，阅读后退货，导致经营者难以再销售退货的报纸和期刊。因此，消费者无权在收到此类商品之日起7日内无理由退货。对于上述四类商品，网络电商经营者应当通过显著标识提醒消费者其不适用"七日无理由退货"，尽到合理的提示义务。

2. 经消费者确认后可不适用

国家市场监督管理总局制定的《网络购买商品七日无理由退货暂行办法》第7条规定，以下几类商品经消费者在购买时确认，可以不适用"七日无理由退货"规定。

（1）拆封后易影响人身安全或者生命健康的商品，或者拆封后易导致商品品质发生改变的商品。这类商品通常涉及卫生、安全及其他因素，例如食品、药品、化妆品等，一旦拆封，其安全性和卫生性无法保证，因此，涉及此类商品销售时，应当不适用"七日无理由退货"规定。

（2）一经激活或者试用后价值贬损较大的商品。此类商品在使用或激活后，其价值会显著下降，且无法恢复到原始状态，如软件、电子产品。因此，网络电商经营者在销售时应当提醒消费者注意，一旦确认购买并激活或试用，将不能适用"七日无理由退货"规定。

（3）销售时已明示的临近保质期的商品、有瑕疵的商品。这些商品在销售时已向消费者告知其特殊性，消费者在知情的情况下选择购买，因此也不适用"七日无理由退货"规定。

在张某与上海某电子商务公司网络购物合同纠纷[①]案中，原告张某于2017年12月29日通过手机终端在被告上海某电子商务公司所经营的网上商城选购了一台三星牌盖乐世C8手机，并支付2399元。商品购买界面下方有购物提示"从2017年8月开始，对盖乐世C8已激活的手机将不再受理7天无理由申请，具体型号信息请您联系官方售后客服"的内容。2017年12月31日，原告收到手机后，于当日16时21分56秒对手机进行了激活并使用。2018年1月1日，原告致电被告客服人员，提出使用手机查看微信朋友圈时有延迟现象，要求退货，客服人员以手机已经激活使用为由拒绝了原告的退货要求。后原告又向被告提出7日无理由退货退款申请，仍遭到被告的拒绝。后经上海市静安区市场监督管理局彭浦市场监督管理所调解不成，原告向法院提起诉讼。一审法院根据《消费者权益保护法》第25条的规定和《网络购买商品七天无理由暂行办法》第7条的规定认定，该案中，被告在盖乐世C8手机的购买界面上明确标注了"从2017年8月份开始，对盖乐世C8已激活的手机将不再受理7天无理由申请，具体型号信息请您联系官方售后客服"等内容，原告购买时也应详细了解商品购买内容，另外根据手机的使用方式，手机一旦被激活使用务必会留下个人使用痕迹，会给第二次销售造成较大影响，该类产品应归类于一经激活或者使用后价值贬损较大的商品。综上，对原告要求被告办理7日无理由退货退款的诉讼请求不予支持。二审法院对一审判决予以维持。经湖南省高级人民法院再审判决认为，根据原《合同法》第39条的规定和《网络购买商品七日无理由退货暂行办法》第20条第2款的规定，对一经激活或者试用后价值贬损较大的商品，网络商品销售者应当在商品销售必经流程中设置显著的确认程序，供消费者对单次购买行为进行确认。如无确认，网络商品销售者不得拒绝7日无理由退货。该案中，上海某商务有限公司虽然在涉案手机的网页购物端对该款已激活的手机不再受理7日无理由申请退货的情况进行了标注，但付款结算亦属于商品销售的必经流程，且该流程更为重要，直接影

---

[①] 参见湖南省高级人民法院民事判决书，(2019)湘民再518号。

响双方权利义务的行使,该公司未在此关键流程设置显著的确认程序供消费者对单次购买行为进行"一对一"确认,未提醒消费者注意"激活的手机不再受理 7 天无理由申请"的格式条款,属于在履行对消费者的告知义务中存在瑕疵,故这一限制性条款不能适用于此次销售。原审法院关于涉案商品是否适用"七日无理由退货"的认定显属不当。原告张某认为其所购买的手机适用"七日无理由退货"的理由成立,应予以支持。

从上述案件的判决可以看出,再审判决结果与一审、二审判决结果完全相反的原因在于对经营者告知义务履行的认定。实践中对于网络电商经营者告知义务履行的认定采取较为严格的标准。在陈某跃与中国移动浙江公司、浙江问问网络科技公司网络购物合同纠纷案[1]中,法院认为,经营者应当设置显著的确认程序履行告知义务,其中"显著的确认程序,供消费者对单次购买行为进行确认"应当与消费者点击购买的行为形成两个独立完成的流程。

综上所述,网络电商经营者在涉及不适用"七日无理由退货"商品的经营时,应当在商品销售必经流程中设置显著的确认程序,包括商品详情介绍界面和付款结算界面。尤其是容易被忽略的付款结算界面,经营者也应当与消费者进行说明,设置"一对一"确认程序,供消费者对此次购买行为进行确认。若未尽到显著的提醒和告知确认义务,网络电商经营者不得拒绝 7 日无理由退货。

**二、特殊场景下"七日无理由退货"规则的适用**

(一)网购二手商品适用"七日无理由退货"的认定规则

"七日无理由退货"是基于消费者在远程购物过程中牺牲了近距离接触观察商品的权利,无法全面了解到商品的真实状况,为保证线上线下的交易公平,平衡经营者与消费者之间权益所作的规定。《消费者权益保护法》等法律法规关于"七日无理由退货"的相关规定也是以此为法理基础进行设计的。因此,原则上,针对网购二手商品而引起的消费纠纷,消费者在此类平台购买商品受到损害时,法院综合认定销售者从事商业经营活动的,销售者应当依据《消费者权益保护法》承担"七日无理由退货"责任,但同时也应审查二手商品本身的性质,二手商品是否

---

[1] 参见四川省成都市龙泉驿区人民法院民事判决书,(2020)川 0112 民初 119 号。

完好以及经营者是否单独取得了消费者的明确同意。

关于二手商品是否不宜退货的认定问题。《消费者权益保护法》第 25 条列举了四类不适用无理由退货的商品：消费者定作的商品、鲜活易腐的商品、在线下载或消费者拆封的数字化商品以及报纸和期刊。这些商品若允许无理由退货，可能导致商品无法再次销售，给经营者带来重大损失。判断根据商品性质不宜退货的情形时，应以此为标准。因此，认定二手商品是否不宜退货，需综合考虑其性质和无理由退货对经营者造成的潜在重大损失。

关于经营者是否单独取得消费者明确同意的认定，同上述经营者履行告知义务的认定相同。经营者在二手商品交付前，应向消费者如实说明商品实时状况，同时要妥善保管商品，确保交付前的商品与其描述相符，同时，应当在商品销售必经流程中设置显著的确认程序，或通过聊天工具与消费者协商，获得消费者单独、明确的同意。

(二) 预售商品须遵守法律关于"七日无理由退货"的规定

实践中，先下单、后制作的交易流程极大可能导致样货与大货不一致、实物与图片不符、货不对板等质量问题，使消费者在漫长的等待之后拿到的却是质量严重不合格的产品。因此，对于普通的预售商品，出于对消费者权益保护的需要，应当遵循相关法律关于"七日无理由退货"的规定。预售商品商家所声称的"不支持退换货"属于霸王条款，不具有相应的法律效力，电商经营者应当避免出现此类规定。对于定制类预售商品，商家可以在销售页面中明确告知消费者退货的限制条件，以保障自身利益。例如，对于已经投入生产或个性化定制的商品，商家可以在消费者付款前明确告知不适用"七日无理由退货"的规定，但需符合法律的透明度和告知义务。如《消费者权益保护法实施条例》第 19 条规定，经营者应当以显著方式对不适用无理由退货的商品进行标注，提示消费者在购买时进行确认，不得将不适用无理由退货作为消费者默认同意的选项。未经消费者确认，经营者不得拒绝无理由退货。

(三) 明确盲盒适用"七日无理由退货"的认定规则

国家市场监督管理总局发布的《盲盒经营行为规范指引(试行)》第 17 条明确规定，盲盒经营者通过充分告知提示，并经消费者单次购买时确认后，以互联网形式销售的盲盒商品拆封后可以不适用七日无理由退货。盲盒经营者不得以默认勾选方式替代消费者确认环节。以全包形式销售整套系列商品，该系列内商品清楚确定的，经营者应依法执行网购七日无理由退货规定。总体来说，盲盒消费具有一定的射幸成分，盲盒的隐藏款或因数量稀少，或因造型别致，在讨论其价值时不应单纯作为普通商品而论。一般来说，盲盒的售价一部分也包含拆开前不知具体产品的"不确定性"。就其商品属性而言，未拆封的盲盒与拆封的盲盒实质上属于两种不同的情况。因此，对于电商经营者来说，盲盒类商品的退货规则如下：（1）消费者将盲盒拆封后，属于导致商品品质发生改变的情况，可以不适用"七日无理由退货"；（2）以全包形式销售整套系列商品的，因其标的物清楚确定，并非盲盒，经营者应依法执行"七日无理由退货"规定。

值得注意的是，网络电商经营者在盲盒销售过程中也应当在商品详情展示界面和付款结算界面设置相应的提示，对消费者进行说明，供消费者对此次购买行为进行确认。

（四）跨境电商零售进口适用"七日无理由退货"的认定规则

根据商务部、国家发展和改革委员会、海关总署、国家税务总局等六部门发布的《关于完善跨境电子商务零售进口监管有关工作的通知》的规定，跨境电商零售进口经营者是指自境外向境内消费者销售跨境电商零售进口商品的境外注册企业，即跨境电商企业和平台均注册经营在境外。实践中，跨境电商零售经营者通常会在国内设置运营主体，但根据运营主体性质的不同，其需承担何种法律责任并不明确。跨境电商企业在跨境电商平台发生的网络交易争议本身难以适用国内的《消费者权益保护法》等境内法规，这也使得跨境电商零售进口是否适用"七日无理由退货"规则引起争议。我们经常会看到跨境电商相关服务条款的表述为："鉴于跨境交易在出入境、海关申报纳税、物流、外汇等方面的复杂性，您在本站上购买的境外商品，不支持7日无理由退换货。"但结合实践来看，这样的声明与规定并不能有效解决跨境电商零售争议。

值得注意的是，海关总署发布的《关于跨境电子商务零售进口商品退货有关监管事宜的公告》第1条规定，在跨境电子商务零售进口模式下，跨境电子商务企业境内代理人或其委托的报关企业可向海关申请开展退货业务，也就是说，面对实践中跨境电子商务零售领域"退货难"的问题，监管部门倾向于由跨境电商零售进口经营者的境内代理人承担相应的退货服务。因此，尽管从法律规范层面跨境电商零售商品适用7日无理由退货,但对提升消费者体验存在一定困难,因此跨境电商平台及跨境电商企业在纠纷处理过程当中,可以对7日无理由退货一事积极探索解决方案,例如,针对实践操作无障碍的商品,支持7日无理由退货;针对实践中亦存在困难的退货请求,可以协商的方式最大程度保障消费者诉求,例如,个人行邮模式的交易中,部分可支持退还消费者全部货款。目前,天猫国际、京东国际和亚马逊海外购等跨境电商平台已经建立了相应的无理由退货机制。中免日上虽不支持7日无理由退货,但针对每个账号用户规定享有一次无理由退货机会,也在一定程度上满足了消费者的需要。

### 三、"七日无理由退货"的适用条件

"七日无理由退货"并不意味着无条件退货。除了应当满足前述商品使用的范围和规则,还应当满足以下条件。

(一)网购商品的目的需为生活消费

生活消费与生产经营是两个相对的概念,生活消费指的是人们为满足日常生活需要而进行的商品或服务的消费行为和过程,而生产经营则是指为了实现经济利益,通过投入、生产、销售和分配产品等活动而进行的消费行为。根据《网络购买商品七日无理由退货暂行办法》第2条的规定,消费者为生活消费需要通过网络购买商品的,可依照《消费者权益保护法》第25条的规定行使"七日无理由退货"的权利。因此,如果消费者购买商品是出于生产经营的需要,而非为了个人或家庭的日常生活使用,则不能适用"七日无理由退货"的规定。滥用"七日无理由退货"的权利,将对商家造成不必要的负担和损失。因此,只有以生活消费为目的的网购商品,才适用"七日无理由退货"这一规定。

(二)退货的商品应当完好

关于商品完好的认定标准,《网络购买商品七日无理由退货暂行办法》第8条和第9条作出了明确规定,具体如下:

1.消费者退回的商品应当完好。商品在退回时应保持原有的外观和功能,不能有明显的使用痕迹或损坏,否则可能影响商家的二次销售。因此,商品能够保持原有品质、功能,商品本身、配件、商标标识齐全的,视为商品完好。举例来说,若消费者购买了一件服装,在7天内申请退货,此时该服装应保持吊牌完好、未曾

洗涤或穿着，以便商家可以再次销售给其他消费者。同样地，若购买的是电子产品，商品在退回时应当没有使用过的痕迹，配件齐全，包装未被破坏。否则，商家有权拒绝退货请求。综上，只有商品在退货时保持完好，消费者才能顺利行使"七日无理由退货"的权利。

2. 消费者基于查验需要而打开商品包装，或者为确认商品的品质、功能而进行合理调试的，不影响商品的完好。例如，在杨某诉北京某公司网络购物合同纠纷案①中，法院裁判认为：手机属于电子类商品，一般情况下，此类商品的"完好"并非"商品包装完好"。对于这类商品，消费者必须拆封、开机才能确认商品的品质和功能，而且拆封后不会导致商品品质发生改变，因此单纯的包装拆封并不影响商品完好的认定。

3. 超出查验和确认商品品质、功能需要而使用商品，导致商品价值贬损较大的，视为商品不完好。包括服装、鞋帽、箱包、玩具、家纺、家居类商标标识被摘、被剪，商品受污、受损，一次性用品密封包装被拆等情形。例如，在张某诉上海某公司信息网络买卖合同纠纷案②中，法院裁判认为：消费者在退货时，同时应当保证商品的完好，减少必要的使用限度。原告张某在收到货品后的试戴行为致使商品表面出现划痕与折痕，影响了商品的二次销售，不适用"七日无理由退货"规则。

网络电商经营者在实际经营过程中应当严格依照相关法律法规的规定适用"七日无理由退货"规则，严禁对"七日无理由退货"规则设定其他增加消费者负担或侵害消费者合法权益的限制性条件。在网络消费市场的复杂生态中，"七日无理由退货"这一制度犹如一柄"双刃剑"，对于消费者来说，它是一项重要的保障权益，给予了消费者购物的试错机会；对于商家而言，虽然可能面临一定的成本与风险，但也有助于提升其整体的商业信誉。在面对是否退货的抉择时，消费者需审慎权衡自身需求、商品实际情况以及市场规则。商家也应以积极的态度处理退货事宜，让"七日无理由退货"制度真正成为促进消费公平、推动市场经济健康

---

① 参见北京互联网法院民事判决书，(2018) 京 0491 民初 1728 号。
② 参见北京互联网法院：《北京互联网法院"七日无理由退货"消费纠纷典型案例》，载百家号"北京互联网法院"2024年3月15日，https://baijiahao.baidu.com/s?id=1793596914624269409&wfr=spider&for=pc。

发展的有力支撑。

## 第四节　预付式消费模式的合规规范

预付式消费是一种消费模式,指消费者在购买商品或接受服务之前,提前支付部分或全部费用,商家则根据合同约定在未来提供相应的商品或服务。这种消费模式广泛应用于各类行业,如美容美发、健身房、餐饮、教育培训等。在预付式消费中,消费者通过一次性或分期付款的方式,获得特定服务的使用权或商品的购买权,但具体的消费行为可能在未来的一段时间内逐步实现。

预付式消费为商家提供了稳定的现金流,有助于商家扩大经营规模和提前筹集资金进行再投资。消费者也可以通过预付式消费享受到较大的价格折扣或增值服务,降低长期消费成本。但不容忽视的是,现实中商家可能会因为经营不善等问题或其他原因倒闭,导致消费者的预付资金无法追回,或者是在合同期内,商家可能因成本压力或其他因素降低服务质量,导致预付式消费纠纷风险上升。

### 一、预付式消费的典型特征

#### (一)预付性

预付消费卡的核心特征在于其预付性。消费者在消费行为发生之前,需先行支付一定金额,以此换取持卡消费的权利。这种预付机制不仅是消费者与经营者之间建立消费合同关系的基础,同时也确保了消费者在未来能够享受经营者提供的商品或服务。预付行为使得消费者在未来的消费中有了保障,而经营者也能够通过提前获得的资金进行运营或投资。

#### (二)不记名

预付消费卡通常是不记名的,这意味着,它不具备人身专属性。在使用过程中,经营者只认卡不认人,消费者无须进行身份验证即可使用。这种特性既方便了消费者的使用,同时又带来了一定的风险。一旦预付消费卡遗失,消费者无法进行挂失或找回,只能自行承担财产损失。不记名性质使得预付消费卡在一定程度上更接近于现金,因此需要消费者格外注意保管。

## (三) 证权性

预付消费卡同时也具备证权性，表现为其可作为合同凭证的功能。持卡消费者在法律上被视为权利人，经营者则是义务人。通过持有和使用预付消费卡，消费者获得了在一定时间内由经营者向其提供商品或服务的权利，卡片本身即为这一权利的证明。因此，预付消费卡不仅是消费工具，更是合同关系的物化载体，具有法律上的证权功能。

## (四) 金融性

预付消费卡还表现出一定的金融属性，这主要体现在两个方面。一方面，经营者通过发行预付消费卡能够募集到大额资金，这些资金可以用于企业的日常运营或其他商业投资，形成了一种变相的融资手段。另一方面，消费者提前支付的款项在使用时通过预付消费卡来完成交易，预付消费卡在一定程度上代替了现金，具备支付功能。某些类型的预付消费卡甚至可以流通或转让，进一步体现了其类似货币的功能，具有一定的流通性和支付性。

## 二、预付式消费的合规风险

### (一) 信息不对称

网络电商经营者在推广预付式消费产品时，往往掌握更多的信息，而基于直播展示内容等因素的有限性，消费者对产品或服务的了解有限。实践中，有的经营者为了提高交易成功率，在推广时不充分披露合同中涉及的关键条款，如使用限制、有效期限、附加费用等，也有经营者使用模糊的语言或技术术语，使消费者难以理解所购买产品或服务的实际内容和限制条件，消费者出于优惠抢购也忽略了相关关键条款，而这些条款往往只有在消费者提出问题或要求退费时才会被提及并作出不利于消费者的解释。例如，有消费者反映在直播间抢购健身房会员卡时，经营者声称会员卡可"随时使用"，但未提及必须每天提前预约且名额有限，导致消费者在实际使用过程中消费体验感极差，可能遭受经济损失和精神损害。同样，经营者也面临消费者投诉、监管处罚和声誉损害的风险。

### (二) 设置严格的退费条件

经营者通过发行预付消费卡能够募集到大额资金，这些资金可以用于企业的日常运营或其他商业投资，形成了一种变相的融资手段。实践中，经营者为了保证自身资金现金流的稳定，设置了严格的退费条件，如必须提供难以获得的证明文件、限定退费时间窗口等，导致消费者在实际操作中几乎不可能获得退款。例如，有消费者反映，某培训机构规定，退费必须在购买后的7日内申请，且须提供三位以上第三方证明无法继续学习的情况，导致多数消费者无法成功退费。甚至部分经营者在退款时被扣除高额手续费或已使用部分的费用，使得消费者即使获得退款，金额也远低于预期。

在邹某娣与株洲某某文化传媒中心服务合同纠纷案[1]中，原告邹某娣于2023年4月19日通过快手App平台直播间添加了被告工作人员的微信，后与被告签订了《某某教育抖音培训合同》，并支付了2993元培训费。报名后发现被告提交的课程与宣传效果存在较大差距，原告遂与被告协商退费事宜，因多次询问退费未果后向法院起诉。法院经审理认为，该案系服务合同纠纷，该《某某教育抖音培训合同》服务模式属于消费者预先支付全部费用，经营者分期分次提供商品或服务的预付式消费模式，合同中关于消费者因自身原因擅自变更或解除合同，不予退还培训费的约定，属于免除自身责任、加重对方责任的格式条款，应属无效。基于此，原告向被告提出解除合同并由被告退款的主张，应予支持。

近年来，预付式消费投诉频发，尤其是教育培训、美容美发、健身等行业，成为消费纠纷的重灾区。针对这种情况，经营者有责任采取积极措施，避免引发消费者权益受损问题。首先，经营者在提供预付式服务时，应明确标示扣款方式，确保收费透明，并持续保证服务质量。其次，经营者应确保企业资质合法合规，合理设置合同条款，不得利用格式条款减轻或免除自身责任，或限制消费者的合法权利。最后，经营者应在交易完成后主动提供合同、发票等凭证，帮助消费者更好地维护其合法权益。严格履行这些义务，经营者不仅能增强消费者信任，还能有效减少纠纷的发生。

（三）资金链断裂

预付式消费的商业模式依赖于消费者的预付款，但如果预售规模过大且供应链或生产环节出现问题，可能导致交付延迟或无法交付，从而增加退费压力，产生资金链断裂风险。尤其是在大型促销活动期间，电商经营者通常以低价吸引大量

---

[1] 参见湖南省株洲市石峰区人民法院民事判决书，(2023)湘0204民初2429号。

订单，但在促销后需支付供应商款项和物流费用，而低价销售导致利润空间缩小，可能无法覆盖促销活动的高额成本，进而导致资金链断裂。

### 三、预付式消费的合规要点

**（一）提高营销信息透明度**

信息透明度指的是企业在经营过程中应公开和分享产品信息、价格、物流和售后服务等方面的信息，使得消费者能够作出更为真实的购买决策。电商经营者在经营中应当从以下几方面提高自身业务的信息透明度。

1. 创建详细的商品描述页面。在每个商品页面详细展示商品的规格、使用条件、保修条款、退货政策等关键信息，并确保消费者在下单前能够清楚看到这些信息。

2. 实现价格透明化。在商品页面和结算页面明确标示商品的售价、可能产生的附加费用（如运输费、税费），避免消费者因隐性费用而感到不满。

3. 保证实施多语言支持。随着跨国电商零售业务量的增长，电商经营者应针对国际市场，为不同语言的消费者提供本地化的商品信息和服务条款，避免语言理解的障碍导致消费者误解和投诉。

**（二）与消费者签订书面合同**

《消费者权益保护法实施条例》第 22 条第 1 款规定，经营者以收取预付款方式提供商品或者服务的，应当与消费者订立书面合同，约定商品或者服务的具体内容、价款或者费用、预付款退还方式、违约责任等事项。这一条款是强制性规定，规定了采用预付式营销模式的经营者均应与消费者签订书面合同，当然书面合同也包括电子合同等形式，经营者设计合同内容时应当遵循格式合同的合规要求，不得侵犯消费者的知情权和选择权，同时要对合同做好保管归档。

**（三）按约定提供商品或服务**

经营者收取预付款后，应当按照与消费者的约定提供商品或者服务，不得降低商品或者服务的质量，不得任意加价。经营者未按照约定提供商品或者服务的，应当按照消费者的要求履行约定或者退还预付款。

经营者出现重大经营风险，有可能影响经营者按照合同约定或者交易习惯正常提供商品或者服务的，应当停止收取预付款。经营者决定停业或者迁移服务场所的,应当提前告知消费者,与消费者协商继续履行提供商品或者服务的义务,或者退还未消费的预付款余额,并提前30日在经营场所、网站、网店首页等的醒目位置公告经营者的有效联系方式等信息。

(四)建立消费者退费保障与反馈机制

消费者退费保障与反馈机制的建立不仅是出于对消费者权益保护的需要,更是展现经营者自身良好形象的重要体现,电商经营者应当建立合法合理的退费保障机制,并配以相应的反馈机制,具体包括以下内容。

1.明确退货和退费政策。服务合同的履行以双方互相配合为基础,本身不宜强制履行。因此,电商经营者应当在合同中明确规定消费者所享有的退货和退费权利。消费者因自身原因要求退费的,在经营者不存在违约的情形下,消费者对合同解除负有单方过错,属于违约一方,经营者可以在合同中约定相应的违约责任。

2.建立消费者资金保障计划。经营者可考虑引入消费者资金保障计划,如提供预付款保险或与银行合作推出消费者预付款保障服务,对于信用评分优秀的消费者用户可以先行进行退费,进一步提升消费者的满意度。

3.建立消费者反馈与处理机制。经营者应当提供多种反馈渠道,如在线客服、电话支持、社交媒体平台等,让消费者能够方便快捷地反馈问题和提出建议。同时应设立专门的消费者投诉处理团队,确保在第一时间响应消费者的反馈,并在短时间内解决问题,减少因服务不当引发的信任危机。

(五)优化业务运营与供应链管理

优化业务运营和供应链管理不仅可以提高效率、降低经营成本、增强灵活性、提升市场主体的竞争力,还可以缩短交货时间、降低商品价格、提高产品质量,从而提升消费者的满意度。电商经营者应当建立良好的业务运行与供应链管理机制,以保证日常业务活动的顺利开展,应对特殊情况的发生,尤其是加强对预售业务活动开展的管理。具体可以从以下几方面展开。

1.合理控制预售规模与交付周期。电商经营者一方面应根据自身的供应链能力和现金流状况,合理控制预售活动的规模,避免订单量过大导致供应链压力过大和交付延迟。另一方面应加强与供应商的沟通和协调,在选择供应商时应考虑其财务健康状况和履约能力,减少因供应商问题引发的风险,建立长期合作关系,保证供应链的稳定性和可靠性，确保预售商品能够按时交付，并在合同中明确交付时间和违约责任。

2. 加强库存与物流管理。电商经营者应当建立并实施动态库存管理系统，实时监控库存状况，确保库存水平与实际需求相匹配，避免库存积压或短缺，同时，选择可靠的物流合作伙伴，建立紧密的合作关系，确保物流环节的高效运行，避免物流问题导致交付延迟。

3. 提升供应链透明度。电商经营者应利用供应链管理软件和大数据分析技术，实现供应链的透明化管理，实时跟踪供应链各环节的运作状态，提前识别并应对潜在问题。

## 第五节　捆绑销售：优惠套餐如何防止违规

捆绑销售作为一种提升客单价和增加销售额的策略，被广泛应用于电子商务领域。经营者以一定的价格优惠或折扣作为吸引消费者的手段，将多种商品或服务捆绑在一起进行销售，设置优惠套餐。这样既可以为消费者提供更多便利，满足其"一站式"购物的需求，同时也能帮助经营者清理库存或推广新品，获取更多的利润。这样的促销手段本可以实现双赢，但部分经营者却通过强制或不当手段进行捆绑销售，侵犯消费者的合法权益，引发合规风险。

**一、捆绑销售的表现形式**

在激烈的市场竞争中，经营者为了抢占市场份额，会采用不同的捆绑销售策略，通常表现为以下3种形式：

1. 商品组合捆绑。这是最常见的捆绑销售形式，多用于一些快消品和日用品。通常包括同类产品捆绑、互补产品捆绑或关联产品捆绑。经营者会推出特定的商品组合套餐，消费者只能按照套餐内容购买，而不能单独选择其中的某一个商品。例如，商家在销售手机时，推出组合套餐，要求消费者同时购买相关的手机配件。

2. 服务与商品捆绑。包括产品和售后服务捆绑、产品和增值服务捆绑。消费者在购买商品的同时，必须接受特定的服务，否则无法完成交易。例如，购买一台电脑，必须同时购买经营者提供的售后服务套餐和增值服务，包括延长保修期、软件安装、技术支持服务等。还有的以服务套餐为主体，捆绑销售相关商品，例如，购买一个健身课程套餐，捆绑销售健身器材或运动服装。

3. 满减或满赠式捆绑。消费者在购买商品达到一定金额或数量时，经营者会给予额外的商品或优惠。例如，电商平台"满300元减50元""买二送一"等活动，促使消费者为了达到满减或获得赠品而增加购买量。这种方式在大促活动期间尤为普遍，商家通过这种方式可以提高销售额。

**二、捆绑销售常见的合规风险**

经营者进行捆绑销售，如果违反了法律规定，侵犯了消费者的自主选择权和知情权，极易引发消费者的投诉和法律纠纷，常见的合规风险主要有以下几种情况。

（一）强制搭售

现行法律法规承认经营者搭售商品或服务的合法性，尊重商家的自主经营权和消费者的自主选择权，但附加了限定条件，即禁止经营者以强制手段搭售商品，保障消费者的合法权益免受侵害。随着互联网经济的发展，强制搭售行为越来越隐蔽。在电子商务中，经营者直接强制要求购买优惠套餐的情况很少见，大部分时候会体现在购买链接中，通常有以下几种强制搭售的方式。

1. 默认勾选。在购买页面，商家可能把搭售商品设置为默认勾选。例如，消费者在购买机票时，常常被默认勾选旅行险或加速包；视频和音乐 App 会员也经常出现捆绑订阅的套餐。随着监管的加强，默认勾选的情况已大幅减少。

2. 未事先明确告知收费信息。例如，部分平台在售卖火车票时，未明确提示需要收取相关费用，在选择了座位后，票价自动增加了 6~10 元的人工审核服务费。类似收费项目没有事先明示收费标准，导致消费者在不充分知情的情况下选择了收费项目，涉嫌侵犯消费者的知情权和选择权。

3. 利用不同颜色、字号、形状等方式误导消费者。例如，有的平台在购买保险或其他增值服务弹窗中，将"放弃""不需要"按钮设计为普通浅灰色或白色，而把"购买""继续订购"按钮设计为醒目颜色或加大字号，可能误导消费者作出错误选择；还有部分平台将收费项目的选择按钮设计为醒目的深色，而其他不选择的按钮则设计为不显眼的白色，可能对消费者造成误导。

4. 利用模糊语言误导消费者。例如，有的平台用"添加保障"代替"购买保险"，有的平台用"享受立减"代替"购买保险"，有的平台用"放弃优惠"代替"不买保险"。类似模糊语言可能对消费者造成误导，需要引起重视。

这些捆绑优惠套餐是否合法的关键在于其销售方式是否透明、公正。经营者如果能在销售过程中明确告知搭售商品或服务的内容、价格，并允许消费者自由选择，则相关的销售策略就是合法的。反之，如果存在默认勾选、不明显提示等误导性引导消费的行为，就涉嫌违法强制搭售。

## （二）虚假宣传

捆绑销售可能涉及虚假宣传的风险。在捆绑销售中，经营者可能会夸大其中某一商品的价值或功效，以吸引消费者购买捆绑组合，也可能会声称捆绑销售后的商品享受了巨大的折扣，还可能会隐瞒捆绑的商品中某一商品的缺陷或限制条件。更有甚者，还可能以赠送之名行捆绑销售之实，例如，经营者宣传"买一送一"，但实际根本没有赠送，而是捆绑销售两个商品，误导消费者，最终还是由消费者买单。如深圳某珠宝旗舰店直播时宣传购买"福牌"就送"手镯"，购买"吊坠"就送"手串"，但实际上"福牌手镯"及"莲心手串"都是捆绑销售，出售克重就是两者相加的克重，和其宣称的"买一送一"并不相符。后来深圳市市场监督管理局认定其构成虚假宣传，罚款 4200 元。[①]

## （三）价格违法风险

捆绑销售中也可能涉及价格欺诈。例如，经营者夸大捆绑商品的价值、虚构原价，声称捆绑销售的商品或服务有很大的价格优惠，但实际上并没有或者优惠幅度远低于宣传的程度；还可能表现为经营者捆绑销售的商品或服务价格不明确，或者故意模糊价格计算方式，没有清晰地标明每个商品或服务的单独价格以及捆绑后的总价，使消费者难以判断价格是否合理；还有可能隐藏附加费用，当消费者下单后，才发现实际支付的价格高于预期。

---

① 参见深圳市市场监督管理局罗湖监管局行政处罚决定书，深市监罗处罚（2024）翠竹 67 号。

### (四)涉嫌不正当竞争

不具有市场支配地位的经营者,拥有自主设置交易条件的权利,消费者如不愿接受该条件,可以选择与其他经营者进行交易,这属于正常的市场交易活动,因此,搭售行为原则上不构成违法。但如果是具有市场支配地位的经营者,其搭售行为就要受到《反垄断法》的规制。《反垄断法》第 22 条第 5 项规定,禁止具有市场支配地位的经营者没有正当理由搭售商品,或者在交易时附加其他不合理的交易条件。根据《禁止滥用市场支配地位行为规定》的规定,违法搭售行为为包括违背交易惯例、消费习惯或者无视商品的功能,利用合同条款或者弹窗、操作必经步骤等交易相对人难以选择、更改、拒绝的方式,将不同商品捆绑销售或者组合销售。合法搭售行为的正当理由包括:符合正当的行业惯例和交易习惯;为满足产品安全要求所必需;为实现特定技术所必需;为保护交易相对人和消费者利益所必需等。因此,对于占有较大市场份额的经营者,应当更为谨慎地使用捆绑销售模式,并定期评估是否存在合规风险。

### 三、捆绑销售的合规建议

为了避免误导消费者和强制搭售的法律风险,商家在进行捆绑销售时需要注意以下事项:

1. 捆绑商品要关联。捆绑销售的商品应当和主商品有一定的关联性,为满足产品安全要求或者为实现特定技术必须要进行捆绑销售。例如,为了实现某个产品的特性要求整套使用,或者套装出售有利于保证产品的质量等。在华多公司诉网易公司滥用市场支配地位纠纷案[1]中,法院认为,从网络游戏商品特性和用途、价格、获得渠道等对需求影响的需求替代,并辅以供给替代分析,本案相关商品市场为网络游戏服务市场。《梦幻西游 2》基于其品质及其较强网络外部性,对用户造成一定锁定,但其虚拟精神娱乐消费产品属性决定了锁定效应有限,不足以使相关消费者对其形成独立需求而排除其他网络游戏的替代,不足以构成独立的相关商品市场。网易公司在相关商品市场网络游戏服务市场不具市场支配地位,不足以成为反垄断法规制的对象。另外,还需注意捆绑销售商品的整体价格应当适

---

[1] 参见广东省高级人民法院民事判决书,(2018)粤民终 552 号。

当，要符合商业惯例和交易习惯。

2.搭售提示要显著。《电子商务法》第19条规定："电子商务经营者搭售商品或者服务，应当以显著方式提请消费者注意，不得将搭售商品或者服务作为默认同意的选项。"对于显著提示的方式，可以使用不同字体、字号、颜色、特殊标记等方式在线上店铺（商品详情页、结算页等位置）予以提示，并将搭售商品的信息、价格、数量等明确告知消费者，确保消费者享有充分的选择权和知情权，并提供多种可选项方式，不得将搭售商品或者服务的任何选项设定为消费者默认同意，不得将消费者以往交易中选择的选项在后续独立交易中设定为消费者的默认选择。

3.搭售方式要合理。在捆绑销售过程中，商家不应当对交易条件和方式、服务提供方式、付款方式、售后保障等附加不合理的限制。如不能利用格式条款、弹窗、操作等必经步骤，将不同商品进行捆绑销售，而且要尊重消费者的选择权，提供可以选择、更改、拒绝的选项，不得拒绝消费者的合法退货要求。

捆绑销售涉及经营者自主经营权、消费者知情权、公平交易权和自主选择权以及市场竞争等多个方面，在遵守《消费者权益保护法》等法律法规的前提下，经营者有权自主决定是否采用捆绑销售的方式来提升品牌影响力和销售额。但在实施相关销售策略前，经营者务必要审慎评估捆绑销售的合规风险，避免因此陷入法律纠纷。

## 第六节　节假日商业性信息怎么发

商业性信息是指通过手机短信、电子邮件等多种方式向受众推送的，包括广告、营销、企业宣传等在内的，以介绍、推销自身或他人商品或服务为目的的商业宣传信息。相较线下发放宣传册、在第三方平台投放广告等，这种营销推广方式运营成本低、触达率高。在电商领域，向电商用户发送商业性信息仍然是推销宣介商品或服务、触达潜在用户和激活已有用户的主要方式之一。然而，不分时段、不分场合地频繁收到各类商家的推送信息会让消费者不堪其扰。因此，规范电商领域发送商业性信息的行为至关重要。对于电商经营者来说，应当认识到任意发送商业性信息可能涉嫌违反《民法典》《个人信息保护法》《消费者权益保护法》等相关法律法规,应当加强商业性信息发送的合规理念,建立相应的合规制度规范。

**一、电商经营者发送商业性信息的合规风险**

电商经营者在发送商业信息时,如果不遵守相关法律法规,可能面临多种违法风险。这些风险涉及法律合规性、用户隐私保护、消费者权益以及平台规则等多个方面。

(一)未经用户同意发送信息

根据《电子商务法》第18条和《网络安全法》中的相关规定,电商经营者必须在获得用户明确同意的前提下,发送商业性信息,并告知信息使用的目的、方式和范围。如果电商经营者未经用户同意发送商业性信息,可能会面临行政处罚,如罚款、责令整改等。根据《网络安全法》的相关规定,最高可以对违法企业处以一定金额的罚款。此外,用户有权要求电商经营者停止发送信息,甚至可以提起民事诉讼,要求赔偿损失。

(二)侵犯用户隐私

电商经营者在发送商业信息时,必然需要使用用户的个人信息。根据《网络安全法》和《个人信息保护法》的相关规定,电商经营者在收集、存储和使用用户的个人信息时,必须确保其收集、存储和使用的合法、正当和必要性。如果电商经营者在未经用户同意的情况下收集、使用或共享用户的个人信息,或者超出用户授权范围使用其个人信息,都可能构成违法。这种行为不仅侵犯了用户的隐私权,还可能导致用户信息泄露等安全问题。同时,如果电商经营者未能采取足够的技术措施保护用户信息,导致信息泄露,可能面临严重的法律后果,包括高额罚款和名誉损失。

(三)虚假或误导性宣传

《广告法》第2条的规定对商业广告作出了认定:商业广告是指商品经营者或者服务提供者通过一定媒介和形式直接或者间接地介绍自己所推销的商品或者服务的商业活动。因此,电商经营者所发送的商业性信息可能构成《广告法》所规范和调整的广告活动。《广告法》对广告的真实性和合法性作出了明确规定,电商经营者在发送商业性信息时,必须确保信息内容的真实性和准确性。如果电商经营者所发送的商业性信息的内容与实际不符,或者通过夸大事实、隐瞒重要信息等方式误导消费者，应当受到相应的行政处罚，包括罚款、吊销营业执照等；造成消费者损失的，电商经营者还需承担相应的民事赔偿责任。严重的虚假广告行为甚至可能需要承担刑事责任，尤其是在涉及食品、药品等敏感领域时。

在王某、佑顺公司网络侵权责任纠纷案[①]中，2021年4月14日17时27分，原告名下的电信号码133××××××× 收到一条短信，内容为："【京东】您的话费余额即将不足？送您立减6元话费充值券，限时1天领取，点击直达3.cn/-1d8BzxM 回复BK退订。"发送该短信的号码为1106×××6366，经查询，该号码使用人为被告佑顺公司，但原告与被告从无任何关系，原告也从未向被告提供过手机号码。2021年4月18日11时26分，原告为了避免再次受到短信骚扰，被迫根据该短信内容的提示发送"BK"进行退订，因此产生了退订费0.1元。原告认为，手机号码属于法律保护的公民个人信息，被告有获取、持有、使用等处理原告个人信息的行为，但该处理行为未取得原告的同意，侵害了原告的个人信息权益。同时，被告发短信的行为影响了原告的安宁权、隐私权，违反了我国关于禁止短信扰民的法律规定和行政监管规定。被告在短信中仅告知原告退订的方法，但是未告知原告退订将产生通信费用，由此造成原告在不知情的情况下被收取短信费。根据《广告法》《消费者权益保护法》等有关法律法规的规定，被告应承担相应的侵权责任。被告辩称，其仅是短信端口提供商，其从事的是增值电信产品的代理业务，是依案外人京东云计算公司的指示发送涉案短信，相关短信内容及涉案手机号均由案外人京东云计算公司提供，其仅为涉案短信发送提供技术支撑。另外，被告认为原告系京东平台用户，并且已同意接收京东平台向其发送相关商业短信。法院经审理认为，被告是涉案短信内容的提供者，也是短信发送者，应由其对涉案短信的发送产生的法律后果承担责任。涉案手机号码属于原告的个人信息，被告存在处理原告个人信息的行为，依据《民法典》第1034条第3款的规定，被告属于个人信息处理者，向涉案手机号码发送商业广告的行为同时属于利用收集的原告的个人信息进行商业广告推送的个人信息使用行为，应遵守个人信息处理的相关规定。被告佑顺公司未告知并未取得原告的同意即处理其个人信息的行为，也不符合法律、行政法规规定的可以无须取得原告个人同意的情形，该处理行

---

[①] 参见广州互联网法院民事判决书，(2021) 粤0192民初44778号。

为侵害了原告对其个人信息的决定权，构成对原告个人信息权益的侵害，因此法院判令被告承担相应的赔礼道歉、赔偿损失等侵权责任。

依现代社会生活及市场经济的运作，以发送手机短信的方式向潜在的消费者投放商业广告，是商家常用的经营策略，同时也带来社会公众饱受短信骚扰，并且权益受损的问题。该案即是未经同意向自然人发送商业短信引发的个人信息及隐私权侵权纠纷，具有一定的典型性。该案中，被告作为发送短信的号码登记使用者，辩称其系受第三方委托处理个人信息。如何认定涉案类似纠纷的个人信息处理者、如何对此中所涉个人信息处理行为作出认定，是审理该类纠纷的难点。该案裁判以最大化保护自然人个人信息及隐私权为宗旨，充分贯彻民事诉讼举证责任的分配原则和要求，认定在无相反证据的情况下，号码的登记使用者为个人信息处理者，并根据已知的事实和日常生活经验法则，合理推定短信发送行为为个人信息处理行为，为同类纠纷的审理提供了有益借鉴，为规范商业推广、保护个人信息权益提供了裁判指引。

## 二、电商经营者发送商业性信息的合规要点

电商经营者在发送商业性信息时，为了确保其操作合规，必须遵循一系列法律法规和实践操作。具体而言，需要注意以下合规要点。

### （一）获取用户的明确同意

在发送任何商业性信息之前，电商经营者必须确保已获得用户的明确同意。同意的意思表示可以通过在用户注册、购买、订阅时提供明确的选项来实现。值得注意的是，电商经营者在获取用户同意时，应明确告知用户将发送何种类型的商业信息、发送频率、发送渠道等，并确保用户能够理解和做出知情选择。工业和信息化部制定颁布的《通信短信息服务管理规定》明确规定，短信息服务提供者、短信息内容提供者向用户发送商业性短信息，用户未回复的，视为不同意接收。因此，消费者对于发送商业性信息的请求未做表示的，电商经营者不得默认用户同意。

### （二）提供简便的退订机制

电商经营者发送的商业性信息中应明确标注短信息内容提供者的名称、联系方式等信息，同时提供简便的退订机制，确保消费者可以随时联系到信息提供者，并表示选择停止接收商业性信息。退订机制应当保证退订过程简单快捷。每一条

商业性信息中都应包含一个显著的退订链接或按钮,方便消费者取消订阅。这一链接或按钮应易于访问且功能正常。用户提交退订请求后,电商经营者应立即停止向该用户发送商业性信息,避免延迟,禁止以变换名义的方式继续发送。

(三)确保信息内容真实合法

电商经营者发送的商业性信息必须符合广告法的要求,确保信息内容真实、合法,不得包含对产品或服务的功能和效果的虚假、误导性或夸大内容,不得包含违反公共秩序和道德的内容。

(四)尊重用户隐私

在收集、存储和使用用户个人信息时,电商经营者必须严格遵守《个人信息保护法》和《网络安全法》等相关法律法规。电商经营者对个人信息的收集和使用必须基于合法、正当和必要的原则。电商经营者不得超出用户授权的范围使用其个人信息。同时,电商经营者应采取适当的技术和管理措施,确保用户信息的安全,防止信息泄露、滥用或未经授权的访问。

(五)避免发送垃圾信息

电商经营者在发送电子邮件、短信等信息时,应在邮件标题信息前部注明"广告"或者"AD"字样,并保证邮件中需提供拒绝继续接收的联系方式。电商经营者应确保发送商业性信息的频率合理,避免频繁或大规模发送未经同意的商业性信息,避免频繁打扰用户,以免引发用户的不满和投诉。同时,电商经营者应当发送与用户的兴趣和需求相关的商业信息,避免发送无关或不必要的信息。

(六)记录和保存用户同意

工业和信息化部公布的《通信短信息和语音呼叫服务管理规定(征求意见稿)》强调,短信息服务提供者发送端口类商业性短信的,须保留"用户同意凭证"至少5个月。电商经营者应保留用户同意接收商业性信息的记录,如保存用户同意接收商业性信息的具体时间、方式和内容,以备日后审核和合规检查。

总体来说,电商经营者在发送商业性信息时,必须遵循一系列的合规要点,以避免法律风险和市场损失。这不仅包括获取用户的明确同意、提供简便的退订机制、确保信息内容真实合法,还需尊重用户隐私、避免发送垃圾信息、记录和保存用户同意,并保持对相关法律法规的持续关注和遵守。通过严格遵守这些合规要点,电商经营者可以有效降低法律风险,维护良好的市场声誉和消费者信任,从而实现业务的可持续发展。

## 第七节　惩罚性赔偿的合规应对

在现代法律的框架下，惩罚性赔偿犹如一柄双刃剑，在企业与消费者、侵权者与被侵权者的复杂关系网中，发挥着独特而又极具影响力的作用。这一制度所带来的风险敞口的杠杆效应，已成为法律合规领域备受瞩目的焦点。惩罚性赔偿作为一种特殊的赔偿形式，通过加重违法者的责任，放大其违法行为的成本，从而起到更强的威慑效果。这种赔偿方式不仅能够保护权利人的合法权益，还能有效遏制恶意行为，鼓励受害者维权，提升侵权成本，从而减少不正当竞争行为。

在消费领域，法律法规的不断完善，以及公益诉讼中对惩罚性赔偿的运用逐渐受到重视，在一定程度上遏制了不法经营行为，对维护消费者权益和市场秩序起到积极作用。然而，目前仍存在诸多问题，如"知假买假"的争议不断、赔偿数额认定标准不统一、消费者维权难度大等，这些都影响了惩罚性赔偿在消费领域的充分有效运用。

### 一、消费领域的惩罚性赔偿制度

(一) 普通消费领域的惩罚性赔偿制度：退一赔三

《消费者权益保护法》第 55 条第 1 款规定，经营者提供商品或者服务有欺诈行为的，应当按照消费者的要求增加赔偿其受到的损失，增加赔偿的金额为消费者购买商品的价款或者接受服务的费用的 3 倍；增加赔偿的金额不足 500 元的，为 500 元。法律另有规定的，依照其规定。

首先，适用该制度的前提是经营者实施了欺诈行为。《侵害消费者权益行为处罚办法》第 5 条、第 6 条和第 13 条分别列举了经营者欺诈的行为，主要包括两种情况：一种是经营者在不能证明自己并非欺骗、误导消费者的情况下而实施的欺诈行为，包括销售的商品或者提供的服务不符合保障人身、财产安全的要求；销售失效、变质的商品；销售伪造产地，伪造或者冒用他人的厂名、厂址，篡改生产日期的商品；销售伪造或者冒用认证标志等质量标志的商品；销售的商品或者提供的服务侵犯他人注册商标专用权;销售伪造或者冒用知名商品特有的名称、包装、装潢的商品。另一种是无须经营者证明,即被认定为欺诈行为,包括在销售的商品中掺杂、掺假,以假充真,以次充好,以不合格商品冒充合格商品;销售国家明令淘汰并停止销售的商品;提供商品或者服务中故意使用不合格的计量器具或者破坏计量器具准确度;骗取消费者价款或者费用而不提供或者不按照约定提供商品或者服务;不以真实名称和标记提供商品或者服务;以虚假或者引人误解的商品说明、商品标准、实物样品等方式销售商品或者服务;作虚假或者引人误解的现场说明和演示;采用虚构交易、虚标成交量、虚假评论或者雇佣他人等方式进行欺骗性销售诱导;以虚假的"清仓价""甩卖价""最低价""优惠价"或者其他欺骗性价格表示销售商品或者服务;以虚假的"有奖销售""还本销售""体验销售"等方式销售商品或者服务;谎称正品销售"处理品""残次品""等外品"等商品;夸大或隐瞒所提供的商品或者服务的数量、质量、性能等与消费者有重大利害关系的信息误导消费者;从事为消费者提供修理、加工、安装、装饰装修等服务的经营者谎报用工用料,故意损坏、偷换零部件或材料,使用不符合国家质量标准或者与约定不相符的零部件或材料,更换不需要更换的零部件,或者偷工减料、加收费用,损害消费者权益;从事房屋租赁、家政服务等中介服务的经营者提供虚假信息或者采取欺骗、恶意串通等手段损害消费者权益。

司法实践中,经营欺诈行为的认定应同时满足四个要件:(1)经营者主观上明知自己的行为是虚假的或误导性的,并且希望或放任这种行为导致消费者产生错误认识。实践中,对经营者欺诈故意的认定通常采用过错推定原则,需要经营者自己举证证明其不存在故意。(2)经营者客观上向消费者实施了虚假陈述或隐瞒真相以及误导性的行为。(3)消费者因经营者的欺诈行为而陷入错误的认识。实践中,通常会综合考虑消费者购买涉案商品的数量、过程,特定时间内购买该商品的频率,以及购买前就同一或类似商品的维权次数等因素来判断。(4)欺诈行为与消费者因错误认识而作出的不真实意思表示之间存在因果关系。如果消费者仅因欺诈行为陷入错误认识,但并未作出购买商品或接受服务的意思表示,则不构成欺诈。

其次,经营欺诈的3倍惩罚性赔偿不以消费者的实际损害后果为要件。根据法律规定,只要经营者存在欺诈行为,消费者即可要求其支付3倍赔偿金,而无须证明其实际损失的发生。惩罚性赔偿制度的主要目的在于惩罚经营者的欺诈行为，而不是为了补偿消费者的实际损失。因此，即使消费者未遭受实际损害，也可以主张 3 倍赔偿金。

(二)食药领域的惩罚性赔偿制度:退一赔十

"退一赔十"的惩罚性赔偿规则主要应用于食品、药品安全领域。《食品安全法》第 148 条第 2 款规定，生产不符合食品安全标准的食品或者经营明知是不符合食品安全标准的食品的，消费者除要求赔偿损失外，还可以向生产者或者经营者要求支付价款 10 倍或者损失 3 倍的赔偿金；增加赔偿的金额不足 1000 元的，为 1000 元。但是，食品的标签、说明书存在不影响食品安全且不会对消费者造成误导的瑕疵的除外。

《药品管理法》第 144 条第 3 款规定，生产假药、劣药或者明知是假药、劣药仍然销售、使用的，受害人或者其近亲属除请求赔偿损失外，还可以请求支付价款 10 倍或者损失 3 倍的赔偿金；增加赔偿的金额不足 1000 元的，为 1000 元。

首先，需要明确可适用 10 倍惩罚性赔偿制度的"不符合食品安全标准"的认定。《食品药品惩罚性赔偿的解释》第 5 条规定，食品不符合食品中危害人体健康物质的限量规定，食品添加剂的品种、使用范围、用量要求，特定人群的主辅食品的营养成分要求，与卫生、营养等食品安全要求有关的标签、标志、说明书要求以及与食品安全有关的质量要求等方面的食品安全标准，购买者依照《食品安全法》第 148 条第 2 款的规定请求生产者或者经营者承担惩罚性赔偿责任的，法院应予支持。该条规定对应当依法承担 10 倍惩罚性赔偿责任的不符合食品安全标准的情况作出了列举。但还需要注意的是，《食品药品惩罚性赔偿的解释》第 8 条也明确了食品的标签、说明书存在瑕疵但不会对消费者造成误导，不适用 10 倍惩罚性赔偿制度的情形，具体如下：(1)文字、符号、数字的字号、字体、字高不规范，或者外文字号、字高大于中文；(2)出现错别字、多字、漏字、繁体字或者外文翻译不准确，但不会导致消费者对食品安全产生误解；(3)净含量、规格的标示方式和格式不规范，食品、食品添加剂以及配料使用的俗称或者简称等不规范，营养成分表、配料表顺序、数值、单位标示不规范，或者营养成分表数值修约间隔、"0"界限值、标示单位不规范，但不会导致消费者对食品安全产生误解；(4)对没有特殊贮存条件要求的食品，未按照规定标示贮存条件；(5)食品的标签、说明书存在其他瑕疵，但不影响食品安全且不会对消费者造成误导。

相对于食品领域,在药品领域有着更为严格的监管趋势。药品惩罚性赔偿的适用对象只能是假药、劣药、包装瑕疵,并不能像食品一样免责。根据《药品管理法》第128条的规定,药品包装未按照规定印有、贴有标签或者附有说明书,标签、说明书未按照规定注明相关信息或者印有规定标志的,除依法应当按照假药、劣药处罚外,还应责令改正,给予警告;情节严重的,吊销药品注册证书。

其次,关于经营者"明知"的认定。从法律规定来看,"明知"的认定并不包括生产者,在食品领域,只规定了经营者的"明知";在药品领域,只规定了销售者和使用者的"明知"。一般来说,"明知"包括确定知道和应当知道两种情形。"确定知道"是指经营者明确知道或了解相关情况;"应当知道"是指推断经营者应当了解商品或服务的相关情况。"明知"通常是通过对行为人的行为来进行判断的。在"明知"的认定上,一般采用过错推定原则,只要销售不符合食品安全标准的食品或者销售、使用了假药、劣药,就推定经营者明知,除非经营者能证明其已履行相关法定注意义务并尽到合理审查责任。司法实践中,对于经营者"明知"的认定通常需要结合经营者的经营范围、经营能力、履行相关法定义务等客观情况予以综合判断。例如,对无须专业检验检疫就能判断是否存在食品安全风险的,如食品是否已过保质期、食品标签是否存在影响食品安全等情形,经营者应尽必要的注意义务,否则推定经营者"明知";对需要专业检验检疫机构检查才能判断是否存在食品安全风险的,只要经营者可以证明销售的食品已由相关部门检验检疫且已尽到必要注意义务,即可推定经营者不构成"明知"。

另外,就食品经营者而言,最高人民法院《关于审理食品安全民事纠纷案件适用法律若干问题的解释(一)》第6条规定,食品经营者具有下列情形之一,消费者主张构成《食品安全法》第148条规定的"明知"的,法院应予支持:(1)已过食品标明的保质期但仍然销售的;(2)未能提供所售食品的合法进货来源的;(3)以明显不合理的低价进货且无合理原因的;(4)未依法履行进货查验义务的;(5)虚假标注、更改食品生产日期、批号的;(6)转移、隐匿、非法销毁食品进销货记录或者故意提供虚假信息的;(7)其他能够认定为明知的情形。这条规定的主体仅限于食品经营者,但某些行为也可以适用于药品以及其他产品。

这里还需注意的是,根据《食品药品惩罚性赔偿的解释》第9条的规定,经营者的经营欺诈行为(退一赔三)与经营不符合食药安全标准行为(退一赔十)竞合时，消费者有权选择具体适用的法律。购买者如果错误按"退一赔十"起诉，但经营者行为构成欺诈，诉讼中有权依法变更要求为"退一赔三"。因变更后的主张未超出原诉讼请求范围，法院可依法作出裁判，避免增加维权成本、造成多次诉讼。

（三）商品或服务存在缺陷的惩罚性赔偿制度

《消费者权益保护法》第55条第2款规定，经营者明知商品或者服务存在缺陷，仍然向消费者提供，造成消费者或者其他受害人死亡或者健康严重损害的，受害人有权要求经营者依照相关法律规定赔偿损失，并有权要求所受损失2倍以下的惩罚性赔偿。

关于缺陷，根据《产品质量法》中的规定，是指产品存在危及人身、他人财产安全的不合理的危险；产品有保障人体健康和人身、财产安全的国家标准、行业标准的，是指不符合该标准。这类惩罚性赔偿的适用条件比经营欺诈惩罚性赔偿的适用条件更为严格，不仅需要造成实际损害，而且还要求达到消费者或其他受害人死亡或健康受到严重损害的程度。商品或服务缺陷致人损伤，会涉及损失赔偿请求权和惩罚性赔偿请求权，由于性质不同，在同一案件中消费者可以同时主张，也可择一主张。就产品缺陷的2倍惩罚性赔偿而言，消费者或其他受害人可以向销售者主张赔偿，也可以向生产者主张赔偿；就消费者损失赔偿请求权而言，不仅包括缺陷产品造成的消费者人身损害和其他物品损害，还包括缺陷产品自损。

## 二、"知假买假"行为的甄别

基于惩罚性赔偿制度而衍生的"知假买假"行为以及"职业打假人"群体始终备受争议。虽然他们可以遏制市场上的不法经营行为，但也脱离了消费者维权的目的，变成不劳而获的牟利手段，同时也给企业带来一系列负面影响。如何对职业打假人进行评判，一方面，在法律界和实务中确实存在不少争议，支持职业打假人的赔偿可能激励更多人参与打假，有助于市场监管；另一方面，也可能导致滥诉现象，增加司法负担，甚至出现恶意敲诈商家的行为。司法实践中，不同地区的法院判决结果不一。例如，北京、上海等地的一些法院倾向于支持职业打假人的索赔请求，认为其有助于净化市场；而另一些地区的法院则可能以购买者非真实消费者为由驳回起诉。此外，部分地方性法规或指导意见也对此作出了限制，如要求必须基于真实消费需求才能获得赔偿。

（一）"消费者"的认定

根据《消费者权益保护法》第 2 条的规定，为生活消费需要购买、使用商品或者接受服务的，属于消费者。若不是基于生活消费需求购物，则不是《消费者权益保护法》规定的消费者，不适用《消费者权益保护法》规定的经营者的惩罚性赔偿制度。

（二）"知假买假"的行为表现

对于经营者而言，确保经营合规是规避职业打假人索赔的根本途径，但不少经营者在实现完全合规之前，屡遭职业打假人的索赔，甚至敲诈也是不容忽视的客观现实。实务中认定构成"知假买假"的行为主要包括以下几个方面。

1. 索赔人是否明知商品存在问题仍然购买以主张惩罚性赔偿。根据对索赔人购买涉案商品的数量、过程以及类似买卖纠纷的诉讼等情况进行综合分析，如果索赔人在购买时知道或应当知道该商品存在问题，却又继续购买，很显然并非为生活消费需要，而是为了谋取赔偿金。

2. 索赔人短期内是否超出合理生活消费需要，反复或多次购买和接受相同或类似的商品或服务。在司法实践中，会参考索赔人在购买涉案商品附近的某一段时间内购买相同或同类商品的频率，如果又以同一理由进行起诉，就不能认定其是受到误导而购买，应当是"知假买假"的行为。

3. 索赔人是否对同类事项反复或多次投诉、举报、复议或提起诉讼。例如，索赔人多次以同一理由进行索赔，类似的问题已经不足以对其形成误导，这种情况也属于"知假买假"。

4. 索赔人是否有超出正常消费者的专业性。例如，索赔人对特定领域商品的国家标准、行业标准非常熟悉，能够精准识别商品极细微的不符合标准之处，并且频繁购买此类商品进行索赔，这可能暗示其"知假买假"。

总之，"知假买假"行为的甄别需要综合考虑购买者的意图、购买行为的合理性、购买者的后续行为以及购买者的动机等多个因素。另外《食品药品惩罚性赔偿的解释》中也规定了生产者或者经营者的举证责任，生产者或者经营者主张购买者"知假买假"的，应当提供证据证明其主张。

## 三、合规建议

**（一）经营者合法诚信经营，避免欺诈**

经营者应从产品质量、广告宣传、售后服务等方面保证合法诚信经营，避免落入惩罚性赔偿的风险。为避免惩罚性赔偿，经营者需要承担一定的举证责任。首先，要确保商品和服务的质量过硬，严格遵循国家质量标准和行业规范，要留存原材料采购合格证明、生产环节质量检测报告等。其次，经营者在广告宣传、产品介绍、促销活动等场景中所陈述的信息要真实准确，有事实依据。不得夸大产品的性能、功效，或者虚构服务内容来误导消费者，应保留广告内容的审核记录、销售人员的培训内容及规范话术的文件。最后，要建立完善的售后投诉处理机制，对于质量问题积极履行退换货、维修等责任，对于服务瑕疵及时改进并向消费者道歉和补偿，不推诿责任，并做好投诉处理流程记录、产品召回相关文档，确保能从经营的各环节证实其合法诚信经营。

**（二）防范职业打假，合理抗辩"知假买假"行为**

在食品领域，《食品药品惩罚性赔偿的解释》中规定对于"知假买假"行为中明显超出生活消费需要，为牟取索赔利益购买的部分，例如，购买数量明显超出生活需要、故意分多次小额支付等情形，经营者可提出抗辩，请求法院对索赔人超出合理范围的惩罚性赔偿主张不予支持。首先，经营者可以通过甄别索赔人是否为职业打假人，并关注其购买行为是否明显超出生活消费需要的范围，以此为依据提出抗辩。经营者可通过查阅新闻报道、诉讼判决等公开信息，或通过内部核查索赔人曾经的维权记录来确认。其次，若商品本身不存在质量问题且符合国家标准、行业标准，经营者可进行抗辩。例如，对于轻微标识瑕疵，如果不影响商品的正常使用且不会对消费者造成误导，便可作为抗辩理由。同时，如果职业打假人存在恶意敲诈勒索等行为，经营者可收集相关证据，向相关执法部门反映。

惩罚性赔偿制度的建立和完善对保护消费者权益、遏制不法经营行为具有重要意义，时刻提醒着企业要秉持合法诚信经营的理念。经营者应谨慎对待每一个经营决策，努力降低潜在的风险敞口，避免惩罚性赔偿带来的法律风险，于激烈的市场竞争中赢得消费者的信任和尊重，实现企业与消费者之间的良性互动和共赢。

# 第六章

## 网络直播营销价格促销合规

随着互联网技术的进步和社交媒体的普及，直播电商成为一种热门的销售模式。大量商家通过直播进行产品销售，价格和促销手段成为吸引消费者的重要因素。直播行业竞争激烈，部分商家和主播为了在众多竞争对手中脱颖而出，会采取不正当的价格和促销策略，如先提价再打折、虚假优惠等，扰乱市场秩序。消费者因信息不对称、冲动消费等，容易受到不合理价格和虚假促销的误导，使自身权益受损。因此，为了保障消费者权益、维护市场秩序、促进直播电商行业的健康发展，加强直播价格促销的合规管理成为必然趋势。

随着市场规模的扩大，直播带货中的价格促销合规问题也逐渐受到监管部门和消费者的关注。为了规范市场秩序、保护消费者权益，并促进行业的健康发展，各地市场监管部门相继出台了一系列直播电商合规指引和监管措施。例如，杭州市司法局发布了《直播电商产业合规指引》，明确了直播电商从业者不得要求商家签订"最低价协议"或采取排除、限制竞争的行为，同时要求直播电商从业者不得通过低价倾销、价格串通、哄抬价格、价格欺诈等方式滥用自主定价权。此外，北京市市场监督管理局也公布了网络交易执法领域典型案例，涉及虚假宣传、价格欺诈等违法行为，显示了监管部门打击直播带货领域不法行为的决心。

这些合规指引和监管措施的出台，旨在建立健全直播电商的市场准入规则、交易行为规范和消费者权益保护机制，减少市场失灵和不正当竞争现象，确保直播带货市场的公平竞争和消费者的合法权益得到有效保护。同时，它们也为直播电商平台和从业者提供了明确的行为准则，有助于行业的长期稳定发展。

## 第一节　明码标价的合规要点

定价是市场经营活动中的重要环节，为了维护公平的市场竞争秩序，保障消费者和经营者的合法权益，规范经营者明码标价的行为，对预防和制止价格欺诈显得尤为重要。明码标价的法律规定，主要集中在《价格法》《明码标价和禁止价格欺诈规定》《规范促销行为暂行规定》《价格违法行为行政处罚规定》等法律法规中。《价格法》是价格领域的基本法律，为明码标价制度提供了基本的法律框架和原则性要求。2022年7月1日起施行的《明码标价和禁止价格欺诈规定》是关于明码标价最重要的法规，取代了原有的《关于商品和服务实行明码标价的规定》和《禁止价格欺诈行为的规定》，是对《价格法》的细化和补充，明确了明码标价的具体行为规范、标价形式的多样化选择、网络交易的标价要求等内容，在保持对明码标价基本要求的同时，更加注重灵活性和实际操作性，适应经济社会发展的新需求，能更好地保障市场公平竞争和消费者权益。

### 一、明码标价的定义及范围

《明码标价和禁止价格欺诈规定》第2条规定了明码标价的定义，是指经营者在销售、收购商品和提供服务过程中，依法公开标示价格等信息的行为。明码标价的目的在于减少信息不对称，使消费者对商品或服务的价值有清晰认识，并确保交易过程中的透明度和公平性。

《明码标价和禁止价格欺诈规定》中明确了除设区的市级以上市场监督管理部门规定可以不实行明码标价的商品和服务、行业、交易场所外，经营者均应当明码标价。目前可豁免该要求的仅有农村集市或拍卖等通过协商、竞价等方式确定价格的少数情形，网络交易自然不在豁免之列。

### 二、明码标价合规要求

明码标价应当根据商品和服务、行业、区域等特点，做到真实准确、货签对位、标识醒目。明码标价的合规要求主要包括以下4点。

## （一）标价的内容要求

《价格法》第 13 条和《明码标价和禁止价格欺诈规定》第 7 条中规定了标价时应当展示的内容，即经营者销售商品应当标示商品的品名、价格和计价单位等有关情况。同一品牌或者种类的商品，因颜色、形状、规格、产地、等级等特征不同而实行不同价格的，经营者应当针对不同的价格分别标示品名，以示区别。经营者提供服务应当标示服务项目、服务内容和价格或者计价方法，并且可以根据实际经营情况，自行增加标示与价格有关的质地、服务标准、结算方法等其他信息。

从该条规定可知，商品的品名、价格和计价单位，以及服务项目、服务内容和价格或计价方法为强制标示的范畴，并且对于同一品牌或者种类的商品，因其具体特征不同而实行分别标价。商品的产地、规格、等级，以及与价格有关的质地、服务标准、结算方法等信息，都被列为经营者可选择增加的内容，这也为地方与行业自主管理留下更大的灵活自主的空间。

《明码标价和禁止价格欺诈规定》第 11 条也规定了关于附带服务的标价问题。经营者销售商品，同时有偿提供配送、搬运、安装、调试等附带服务的，若附带服务由经营者自身提供，应按相关规定对其进行明码标价，明确服务项目、内容和价格等信息。若附带服务不由销售商品的经营者提供的，应当以显著方式区分标记或者说明，以避免消费者混淆，确保消费者清楚知晓不同主体提供的服务及对应价格情况。

## （二）标价的形式要求

《明码标价和禁止价格欺诈规定》第 6 条第 1 款规定，经营者应当以显著方式进行明码标价，明确标示价格所对应的商品或者服务。这里的"显著"要求经营者要以突出、醒目、容易被消费者察觉的方式进行明码标价，明确标示价格所对应的商品或服务。这一要求旨在确保消费者能够在购买决策过程中清晰、准确地了解商品或服务的价格信息，保护消费者的知情权和选择权。"显著"意味着经营者不能将价格标示在隐蔽角落或使用难以辨认的字体、颜色，而应放置在商品或服务的显眼位置，采用较大且清晰的字体、与背景有明显对比的颜色等，使消费者能够轻松识别价格及其对应的商品或服务，同时也便于市场监督管理部门进行监督检查。

在上海青婉健康咨询有限公司未按照规定的内容和方式明码标价案[1]中,当事人在美团平台上架销售"太空艾灸仓年卡"产品时标价为598元,并标注了"限时1折",但未标明该"限时1折"优惠价的起止时间。虽然他们在后台创建了优惠时间段,但在宣传页面上并未标注。执法机关认定其构成了不按规定的内容和方式明码标价的违法行为,价格相关关键内容不够显著,足以使消费者产生误解,影响消费决策的判断,后来当事人被罚款1500元。

至于价格展示的形式,经营者可以选择采用标价签(含电子标价签)、标价牌、价目表(册)、展示板、电子屏幕、商品实物或者模型展示、图片展示以及其他有效形式进行明码标价。在电商领域,经营者应当通过网络页面,以文字、图像等方式对销售商品或者提供服务进行明码标价。

(三)标价的时间要求

《明码标价和禁止价格欺诈规定》第6条第2款规定,商品或者服务的价格发生变动时,经营者应当及时调整相应标价;第16条第3款也规定,当厂商建议零售价发生变动时,标明的被比较价格信息应当立即更新。当商品或服务的价格发生变动时,标价进行动态调整具有重要意义。一方面,及时调整标价保障了消费者的知情权,使消费者能够基于准确的价格信息做出合理的购买决策,若标价未及时更新,可能会误导消费者,侵害其合法权益。另一方面,有助于维护市场的正常价格秩序,避免因标价与实际价格不符而造成的市场混乱,确保价格信号的准确性,促进市场的公平竞争与健康发展。

在广州某商贸公司直播涉价格欺诈案[2]中,该公司在拼多多平台店铺"南京同仁美白祛斑店"的直播间销售"55g南京同仁堂科婷美白祛斑霜"时,直播间对话框显示产品一瓶的价格为"新客价29.3元",主播宣称下播后就恢复到98元/瓶。然而自主播下播后至被检查时,该化妆品并未恢复到98元/瓶的价格进行销售。商品或者服务的价格发生变动时,经营者应当及时调整相应标价。在该案例中,尽管主播宣称下播后价格会变化,但实际上在二十多天的时间里,该化妆品并未按照直播间宣称的价格进行调整。这表明商家没有及时履行调整标价的义务,违

---

[1] 参见上海市松江区市场监督管理局行政处罚决定书,沪市监松处〔2022〕272022000648号。
[2] 参见广州市番禺区市场监督管理局行政处罚决定书,粤穗番市监(执四)罚字〔2024〕11号。

反了明码标价的规定。

（四）其他要求

除了前述标价的基本内容、形式和时间上的要求，还有其他特定场景下的标价要求：

1.《明码标价和禁止价格欺诈规定》第 6 条第 1 款中规定了同物不同价的标价要求，即经营者根据不同交易条件实行不同价格的，应当标明交易条件以及与其对应的价格。例如，电商平台销售中，团购与正常购买价格不同、促销与平日价格不同、淡季和旺季价格不同等。在上海轩缘贸易有限公司涉嫌未标明交易条件以及与其对应的价格案[1]中，当事人在抖音直播时销售某品牌椰子水，价格为 84.9 元/份，不直播时的日常销售价格为 99.9 元/份，"双 12"活动期间特价为 79 元/份，执法机关认定其构成未标明交易条件以及与其对应的价格的行为，罚款 500 元。

2.《价格法》第 13 条和《明码标价和禁止价格欺诈规定》第 8 条都明确了经营者在销售商品或者提供服务时，不得在标价之外加价出售商品或者提供服务，不得收取任何未予标明的费用，以确保价格的公开透明和消费者的合法权益，维护市场价格秩序。在恩施盛景国际旅行社有限公司价格违法案[2]中，当事人在抖音平台的直播间对"1680 元/人的三亚高奢酒店四晚温德姆豪华酒店"等旅行套餐开展直播促销活动。直播时对该套餐的宣传含有"全程纯玩，全程没有任何强制购物，没有任何强制消费，没有任何隐形消费，不仅仅没有任何隐形消费，没有二次消费……"等内容，且直播间和订单页面均无春节需要加价的内容。但在消费者和客服人员进行沟通时，客服人员称行程中有两个购物点，且春节期间酒店客房上涨需要加价 1000 元/人。这与当事人在直播间宣传的"零购物"信息大相径庭，而且春节期间涨价的信息也未在直播间与订单页面予以明示。执法人员认定当事人的行为构成了在标价之外加价出售商品的价格违法行为，处以罚款 5000 元。

3.经营者提供服务，实行先消费后结算的，除按照法律规定进行明码标价外，

---

[1] 参见上海市静安区市场监督管理局行政处罚决定书，沪市监静处〔2024〕062024000542 号。
[2] 参见恩施市市场监督管理局行政处罚决定书，恩施市监处罚〔2024〕158 号。

还应当在结算前向消费者出具结算清单,列明所消费的服务项目、价格以及总收费金额等信息。这一规定确保了消费者的知情权,使其能清楚知晓所消费服务的具体项目、价格及总收费金额,便于消费者核对消费内容,防止经营者乱收费或价格欺诈。

4.《明码标价和禁止价格欺诈规定》第 9 条规定了标示价格的字体要求。经营者标示价格,一般应当使用阿拉伯数字标明人民币金额。经营者标示其他价格信息,一般应当使用规范汉字;还可以根据自身经营需要,同时使用外国文字。民族自治地方的经营者,可以依法自主决定增加使用当地通用的一种或者几种文字。这一规定使价格信息呈现更加清晰、准确且多元,既满足了不同经营场景和消费者群体的需求,又在保障消费者知情权的基础上,为经营者提供了合理的标价方式选择,有利于维护市场价格秩序的稳定和公平。

### 三、赠品的标价要求

随着直播电商的快速发展,商家之间的竞争越来越激烈,为了增加销量,吸引消费者,附送赠品已经成为直播带货中一种常规的营销策略。赠品作为商品流通中的一部分,应当遵循相关标示规定,保障消费者的知情权,确保消费者在购买商品时清楚了解赠品的具体信息,避免因信息不明确而产生纠纷。对于赠品的标示要求,主要体现在《明码标价和禁止价格欺诈规定》第 18 条中,即经营者赠送物品或者服务的,应当标示赠品的品名、数量。赠品标示价格或者价值的,应当标示赠品在同一经营场所当前销售价格。在此条规定中主要包括两层含义:

首先,该法条明确了赠品的强制性标示内容是赠品的品名和数量,并不包含价格。但国家市场监督管理总局 2020 年年底发布的《规范促销行为暂行规定》在第 13 条中要求有奖销售前应当明确公布奖品价格,而有奖销售又包括抽奖式和附赠式两种,其中附赠式有奖销售是指经营者向满足一定条件的消费者提供奖金、物品或者其他利益的有奖销售行为,而提供赠品的行为显然属于有奖销售行为,因此根据《规范促销行为暂行规定》第 13 条,赠品价格必须公布。这两条法规貌似存在冲突。另外,《反不正当竞争法》第 10 条中禁止"所设奖的种类、兑奖条件、奖金金额或者奖品等有奖销售信息不明确,影响兑奖"的有奖销售行为,这里要求有奖销售信息必须"明确"的原因是防止"影响兑奖",避免消费者因为信息不对称被误导而做出非理性的选择。法条中并无明确规定要求公布奖品价格。

实务中也存在客观不能标注赠品价格的情况，如赠品的销售价格可能因为进货渠道不同或者售卖时间的不同而有浮动，又或者有些赠品比较抽象无法衡量价值，如明星签名照、荣誉称号或参加某活动或工作的机会等，还有些赠品未曾出售过，本就没有市场价，无法标价。

结合以上法律的规定以及现实情况，根据"新法优于旧法""特别法优于一般法"的法律适用原则，应当优先适用《明码标价和禁止价格欺诈规定》的规定，即赠品价格不属于强制标示的范围，强制标示的范围只包括赠品的品名和数量，赠品价格可以作为选择标示的内容。

在上海屈臣氏日用品有限公司涉嫌广告中未明示附赠商品数量案[①]中，上海屈臣氏日用品有限公司在其分公司经营场所广告宣传牌及小程序活动页面中，发布了购买商品满 79 元送"元气小盒"（每单限送 1 件，数量有限，送完即止，换购/跨境产品除外）的促销广告内容。然而，该广告中未明示附赠商品"元气小盒"的数量，这种行为被上海市黄浦区市场监督管理局认定违反了《广告法》相关规定。最终，上海屈臣氏日用品有限公司被罚款 5 万元。

在该案例中，上海屈臣氏在促销广告中只提及了赠品的限制条件，如每单限送 1 件、数量有限、送完即止等，但未明确告知消费者赠品的具体数量，没有满足相关法律对于附赠商品信息披露的要求。根据《广告法》第 8 条第 2 款的规定，广告中表明推销的商品或者服务附带赠送的，应当明示所附带赠送商品或者服务的品种、规格、数量、期限和方式。《明码标价和禁止价格欺诈规定》中也要求赠品至少要标注品名和数量。未明示赠品数量会使消费者在参与活动时无法准确了解获奖的概率，容易引发消费者对活动的误解。

其次，该法条明确了如果经营者选择标示赠品价格，则应当标示赠品在同一经营场所当前销售价格。这里标示的前提是该赠品在同一经营场所销售过。如果该赠品并未单独对外销售，或者未在同一经营场所销售，则不可以随意标注，否则即违规。

因此，对于赠品价格的标示，应当按照《明码标价和禁止价格欺诈规定》第 18

---

[①] 参见上海市黄浦区市场监督管理局行政处罚决定书，沪市监黄处〔2023〕012023000361 号。

条的规定,按照赠品在同一经营场所当前销售价格进行标示。如赠品未在同一经营场所销售,但是该赠品有相应市场参考价的,按照该市场参考价进行标示,如"特定时间的某官网/旗舰店售价";若无市场参考价,则要按照《规范促销行为暂行规定》第18条的规定,参照同期市场同类商品的价格进行计算标示;如果也无市场同类商品可参考,实在无法定价的,可以标示"非卖品,无市场参考价"等表述,起到提醒消费者、保障消费者知情权的作用即可。

### 四、积分礼券的标价要求

关于积分礼券的标价要求主要规定于《规范促销行为暂行规定》中,《明码标价和禁止价格欺诈规定》仅在第19条列举价格欺诈行为时提到了通过积分、礼券、兑换券、代金券等折抵价款时,拒不按约定折抵价款是一种价格欺诈行为。关于积分礼券的标价要求,主要有以下几点。

1. 积分礼券标价的一般要求。见《规范促销行为暂行规定》第14条,奖品为积分、礼券、兑换券、代金券等形式的,应当公布兑换规则、使用范围、有效期限以及其他限制性条件等详细内容。例如,在电商平台的促销活动中,若奖品为积分,平台应公布积分的获取方式、兑换比例、可兑换的商品范围以及积分的有效期限等;对于礼券、兑换券、代金券等也应明确使用的店铺范围、适用商品类别、是否可叠加使用、最低消费要求及有效时间等内容。

2. 向第三方兑换的要求。如果积分礼券需要向其他经营者兑换的,应当公布其他经营者的名称、兑换地点或者兑换途径。例如,某电商平台的积分礼券可在合作的某商品或服务的旗舰店或者某些线下连锁超市兑换和使用,平台应公布旗舰店及超市的名称及具体兑换地点、网址和兑换方式。

3. 折抵实物或价款的要求。若积分礼券可兑换具体商品,需标明该商品所需的积分数量或者积分兑换比例,如"每100积分可抵扣××元商品",让消费者清楚了解积分礼券的价值与对应商品的关系;若经营者通过积分、礼券、兑换券、代金券等折抵价款的,应当以显著方式标明或者通过店堂告示等方式公开折价计算的具体办法,如"此积分礼券可在购物满××元时抵扣××元"。未标明或者公开折价计算具体办法的,应当以经营者接受兑换时的标价作为折价计算基准。

### 五、明码标价的法律责任

明码标价是经营者的法定义务。经营者如果违反明码标价规定需承担相应法律责任，根据《价格法》和《价格违法行为行政处罚规定》等法律法规，经营者违反明码标价规定的，会被责令改正，没收违法所得，可并处5000元以下的罚款。

在上海至樾营销策划中心涉嫌违反明码标价规定案[①]中，当事人上海至樾营销策划中心代理华蜂日用品有限公司运营抖音店铺"蜂花官方旗舰店"。当事人委托某主播在抖音号中为蜂花洗发套装产品进行直播推广，直播视频中该主播称上述套装产品中的蜂花生姜健发洗发露产品在蜂花官方旗舰店购买一瓶洗发水需要37.9元，实际该产品在蜂花官方旗舰店销售价格为38.9元/瓶。这明显存在直播宣传价格与实际店铺销售价格不一致的情况，违反了明码标价规定中价格信息应真实、准确的要求。执法机关认定当事人构成了未明码标价的行为，罚款3000元。

明码标价是规范价格行为、维护市场价格秩序的基本要求，能确保交易的公平性和透明度，避免价格欺诈等违法行为。一方面，它有助于保护消费者的合法权益，使消费者能够在充分了解商品价格的基础上做出理性的购买决策，减少因价格不明确而产生的消费纠纷。另一方面，对于电商经营者而言，严格遵守明码标价规定可以树立良好的商业信誉，增强消费者的信任。电商经营者应当规范自身的明码标价行为，明确展示商品或服务的价格及相关信息，避免价格欺诈和误导消费者的行为发生，保护消费者的知情权和公平交易权，避免因违法而面临行政处罚，保障企业的可持续发展。

## 第二节　价格欺诈的防范要点

在市场经济的运行框架中，价格作为市场机制的核心要素之一，精准地调控着资源的分配与商品的流通。然而，价格欺诈如同隐藏在交易活动中的阴影，严

---

[①] 参见上海市闵行区市场监督管理局行政处罚决定书，沪市监闵处〔2023〕122023006774号。

重损害了消费者权益和市场的公平秩序。近年来,随着互联网的普及和电商平台的迅猛发展,价格欺诈问题日益严重。电商领域的价格欺诈呈现多样化且隐蔽的特点。它不同于传统实体商业的价格欺诈,借助网络的虚拟性和信息传播的快速性,其危害范围更广、影响程度更深。部分电商经营者利用商品成本、价格历史、平台规则等方面与消费者之间的信息差进行价格欺诈,通过抬高价格、虚构原价、利用规则漏洞等手段欺骗误导消费者,损害消费者权益。

然而,随着消费者维权意识的提高和监管的趋严,价格欺诈行为给企业带来的不利影响和风险日益凸显,不仅会损害企业品牌形象、破坏企业声誉,还可能会受到监管部门的行政处罚,包括高额罚款、责令停业整顿等,电商平台也可能会采取诸如下架商品、限制店铺流量,甚至关闭店铺等措施。因此,电商经营者应当重视价格合规,避免价格欺诈行为。

**一、价格欺诈概述**

(一)价格欺诈的定义

《明码标价和禁止价格欺诈规定》第 2 条第 3 款明确了价格欺诈的定义。价格欺诈是指经营者利用虚假的或者使人误解的价格手段,诱骗消费者或者其他经营者与其进行交易的行为。此种行为违背了诚实信用、公平交易等基本原则,经营者通过虚构原价、虚假优惠折扣等手段误导消费者对商品或服务价值的判断,使消费者基于认识错误进行购买决策,损害了消费者的合法权益,同时也破坏了市场的正常价格秩序,损害了其他合法经营者的利益。消费者有权依法维护自身权益,要求欺诈方承担相应的民事赔偿责任,监管部门也有权对实施价格欺诈的经营者进行处罚,包括罚款、责令改正等,以保障市场的健康稳定发展和消费者的合法权益。

(二)价格欺诈的认定

结合价格欺诈的定义,认定是否构成价格欺诈行为主要从主观、客观和结果三方面入手:

首先,从主观上看,经营者具有实施价格欺诈、诱骗消费者或者其他经营者进行交易的故意。这种故意体现为经营者出于不正当获利目的,其表现形式有直接故意,即明知价格虚假仍积极为之;也有间接故意,即对价格信息误导消费者的结果持放任态度。无论哪种形式，都构成了价格欺诈主观故意这一关键法律认定要素，是判定其应承担相应法律责任的重要依据。

其次，从客观上看，经营者实施了虚假的或者使人误解的价格手段。这些手段是对市场交易公平性和正常秩序的直接破坏。虚假价格手段可能包括虚构价格组成部分、故意抬高或压低价格基准等，其目的在于误导消费者对商品或服务价值的判断；使人误解的价格手段形式多样，例如，利用复杂的促销规则、模糊的价格标识或者与其他商品不恰当的价格对比，让消费者在信息不对称的情况下产生错误认知。这种行为违反了《价格法》等相关法律法规中关于诚实信用、公平交易的规定，损害了消费者的知情权和公平交易权。

最后，从结果上看，消费者或者其他经营者与经营者进行交易会对其造成实质性的不利影响。经营者可能通过滥用市场支配地位、不正当竞争行为等方式，直接或间接损害消费者和其他经营者的利益。例如，滥用市场支配地位的行为可能表现为搭售、不正当的价格行为、附加不合理条件等，这些行为不仅损害了消费者的利益，还阻止了市场公平竞争，减少了消费者的交易选择，从而损害了消费者获得正常利益的能力；经营者在交易中也可能利用信息不对称的优势，采取欺诈手段，使消费者处于不利地位，最终导致消费者遭受经济损失。

但是，值得注意的是，交易结果并非构成价格欺诈的必要条件，无论交易是否成功，只要存在欺骗性价格表示，即构成价格欺诈。

（三）价格欺诈的免责事由

在市场经济的法律规制框架下，价格欺诈行为被明确界定为对市场秩序与消费者权益的严重侵害，从而受到法律的严格审视与惩处。然而，并非所有看似价格欺诈的行为都会导致要承担法律责任，某些情况下，经营者可能因具有法定的免责事由而免予处罚。

《明码标价和禁止价格欺诈规定》第 21 条规定了价格欺诈的三个免责事由，具体如下：

1. 经营者有证据足以证明没有主观故意

根据相关法律规定，价格欺诈的认定需考虑经营者的主观恶意。即使在某些情况下，存在价格标示的问题，如果经营者能够证明价格变动是基于合理的商业因素，如市场供需关系的正常变化、错误定价后的及时纠正且无欺诈意图等，就有可能被认定为无主观故意，不会被认定为价格欺诈。例如，在某些案件中，如果经营者能够证明其价格标示错误是由于系统故障或员工失误，并且及时纠正了错误，那么市场监督管理部门通常会认定其没有主观故意，从而不予处罚。

在李某盛与上海市普陀区人民政府行政纠纷案[①]中，××公司2022年3月在其经营的阡鹿旅游App上对外发布"北京××酒店【3周年套餐】,7288元净价原价15,000元净价/套尊享"的内容，原告李某盛通过12315平台向上海市普陀区市场监督管理局投诉举报××公司所售上述商品，表示其查询酒店官方价格含税后2晚价格为12,900元，该套餐（商品）原价无销售参考合法依据，存在虚构原价引诱消费者的违法行为，请求予以查处。上海市普陀区市场监督管理局经调查，认为××公司发布的产品价格宣传内容"原价15000元"是酒店销售"3周年限时特惠套餐"中各项单项服务的销售价格总和得出，其原价金额有相应的依据，并非虚构；而该价格宣传也是由酒店提供给××公司，××公司仅对宣传内容进行了摘取，并未对价格进行改动，主观上无价格欺诈的故意，不符合"虚构原价"所要求的诱骗他人购买的主观要件。按照《明码标价和禁止价格欺诈规定》第21条第1项的规定，××公司销售被举报的"3周年限时特惠套餐"不构成虚构原价的价格欺诈行为。2022年8月5日，上海市普陀区市场监督管理局决定对原告的举报不予立案。原告经复议后仍不服，起诉至法院，法院认定上海市普陀区市场监督管理局作出的被诉答复认定事实清楚，适用法律正确，驳回了原告的诉讼请求。

2. 实际成交价格能够使消费者或者与其进行交易的其他经营者获得更大价格优惠

如果经营者在标价过程中出现误差或错误，但最终成交价格确实比标价更低，从而使得消费者或其他经营者获得了更大的价格优惠，未因价格相关行为遭受损失，与价格欺诈损害消费者和公平竞争秩序的本质相悖，这种情况下不构成价格欺诈。这种免责情形体现了法律对实质公平和市场交易中积极结果的考量。经营者虽有看似符合价格欺诈的表象行为，如标价与实际成交价不符等，但最终结果是让交易方获得更优的价格实惠，那么就不被视为价格欺诈。

---

[①] 参见上海铁路运输法院行政判决书,(2023)沪7101行初386号。

在贵州中鼎旅游产业开发有限公司价格违法案[①]中，当事人开发经营了龙里中铁双龙镇巫山峡谷旅游景区，游客接待中心售票处公示景区优惠票收费标准为58元/人，调整时间为2022年4月1日，景区优惠票为景区活动套票，包含玻璃栈道、景区大门票收费项目。当事人公示的收费项目、收费标准与收费依据规定的门票价格为40元/人，景区玻璃栈道价格为90元/人，门票玻璃栈道套票价格为100元/人，其调整后的景区优惠票的项目、价格与依据标准不一致，但是，当事人优惠票的价格低于规定的门票玻璃栈道套票100元/人的价格标准，实际成交价格能够使消费者获得更大价格优惠，执法人员认定当事人的价格违法行为不属于《明码标价和禁止价格欺诈规定》第19条规定的价格欺诈行为。

3. 成交结算后，实际折价、减价幅度与标示幅度不完全一致，但符合舍零取整等交易习惯

交易习惯在一定程度上反映了市场交易中的常见做法和商业惯例，符合舍零取整这类被广泛认可的习惯，说明该价格差异并非经营者为误导消费者以获取不当利益而故意为之，而是基于正常的商业操作逻辑产生的。尽管折价或减价幅度有所差异，只要这种做法符合普遍的商业交易习惯，如"四舍五入"，就不构成价格欺诈。

在常熟迷资服饰有限公司价格违法案[②]中，当事人于2019年上架商品"法兰绒睡袍情侣长袖大码加厚睡衣秋冬浴衣家居服春男女珊瑚绒浴袍"，于2023年9月1日开展限时优惠活动，在商品主图中标注"限时领券立减60"字样，起止时间为2023年9月1日至30日。在限时优惠活动期间，当事人未在显著位置标明限时活动的期限，且实际售价29.9元/件。经核实，当事人在开展限时优惠活动前上述商品售价为98元，最终成交价格低于活动内容标明的"立减60元"后的价格，市场监督管理部门认为该情形符合《明码标价和禁止价格欺诈规定》第21条第3项的规定，不构成价格欺诈。

但这里还需要注意，虽然符合交易习惯可作为免责事由，但仍需明确所谓符合交易习惯的具体标准，以防部分经营者滥用此情形，随意扩大价格标示与实际

---

① 参见龙里县市场监督管理局行政处罚决定书，龙市监处〔2024〕52号。
② 参见常熟市市场监督管理局行政处罚决定书，常市监处罚〔2024〕020004号。

结算的差异范围，打着交易习惯的幌子行价格欺诈之实。因此，经营者在结算时，应确保消费者对基于交易习惯的价格调整方式有一定的知晓度和接受度，这样才能避免被认定为价格欺诈。

**二、价格欺诈的类型**

在复杂的市场交易环境中，价格欺诈有多种表现形式。《明码标价和禁止价格欺诈规定》第19条在总结立法和执法经验基础上，列举了7种典型的价格欺诈行为类型。

（一）谎称商品和服务价格为政府定价或者政府指导价

《价格法》第18条列举了对某些与国家和人民利益相关的、资源稀缺的、与重要的公益性服务相关的商品可以实行政府指导价或政府定价，包括与国民经济发展和人民生活关系重大的极少数商品价格、资源稀缺的少数商品价格、自然垄断经营的商品价格、重要的公用事业价格和重要的公益性服务价格五种类型。同时，政府指导价、政府定价的定价权限和具体适用范围，以中央的和地方的定价目录为依据。不在上述范围内的商品不可以采用政府指导价或政府定价的表述，否则可能会被认定为价格欺诈。

（二）以低价诱骗消费者或者其他经营者，以高价进行结算

这种行为具有欺骗性和误导性，核心在于经营者通过虚假或误导性的价格手段，诱导消费者或其他经营者与其进行交易，然后在实际结算时以高于标示价格的价格完成交易。经营者以低价诱骗的方式故意利用价格差来误导交易对象，损害了消费者的知情权与公平交易权；对于其他经营者而言，这种行为破坏了正常的市场竞争秩序，违背了诚实信用原则。

在北京德开医药科技有限公司价格违法案[1]中，当事人在拼多多平台"德开大药房旗舰店"销售"京新苯磺酸氨氯地平片"宣传20盒到手价3.6元/盒，实际下单后到手价为4.3元/盒；"我药网大药房旗舰店"销售"轻大夫硝酸咪康唑乳膏"宣传到手价9.9元/盒，实际下单后到手价为12.9元/盒；天猫平台"德开大药房旗舰店"销售"对乙酰氨基酚片"宣传多盒到手价9.8元/盒，实际下单3盒为66

---

[1] 参见北京市密云区市场监督管理局行政处罚决定书，京密市监处罚〔2024〕653号。

元。当事人涉嫌违反《明码标价和禁止价格欺诈规定》第 19 条第 2 项以低价引诱消费者或者其他经营者，以高价进行结算的规定，被罚款 209.2 元、没收违法所得 52.3 元。

（三）通过虚假折价、减价或者价格比较等方式销售商品或者提供服务

这种行为通常表现为经营者故意抬高商品原价，然后再进行所谓的降价销售，使消费者对商品的价格优惠产生错误认识并促使其购买。此外，经营者在促销活动中使用虚假的或误导性的价格信息，如虚构原价、虚假优惠折价、谎称降价或提价等，也构成价格欺诈。商家通过此类手段误导消费者或其他经营者，使其对商品或服务的实际价格产生错误认知，破坏了公平、透明的市场价格机制，损害了消费者的经济利益和对市场的信任，同时也对其他合法经营者构成不正当竞争，扰乱了正常的市场秩序。

在上海顽派宠物诊疗中心涉嫌利用虚假的价格手段诱骗消费者与其进行交易案[①]中，当事人于 2024 年 8 月 15 日在美团平台店铺发布了"流浪救助公猫基础绝育"项目，页面标注划线价 1205 元、线上价 166 元、1.4 折。该项目服务内容与当事人线下门店 1190 元"公猫绝育手术套餐"完全一致，当事人为吸引消费者购买，对该项目被比较价格虚增了 15 元。当事人上述行为违反了《价格法》第 14 条第 4 项对于经营者不得利用虚假的或者使人误解的价格手段，诱骗消费者或者其他经营者与其进行交易的规定，属于《明码标价和禁止价格欺诈规定》第 19 条第 3 项规定的通过虚假折价、减价或者价格比较等方式销售商品或者提供服务的欺诈行为，由于情节轻微，罚款 500 元。

（四）销售商品或者提供服务时，使用欺骗性、误导性的语言、文字、数字、图片或者视频等标示价格以及其他价格信息

此种行为会干扰消费者对价格的准确判断，使其产生错误认知，从而干扰消费者的购买决策。通常表现为经营者在商品介绍、广告宣传、价签说明等处使用模糊、歧义、夸大或虚假的语言来描述价格相关信息。例如，使用"特价""惊爆价""史上最低价"等模糊表述，但实际上所谓的"特价"与之前的价格相比并未有明显差异。又如，通过图片、视频的处理或剪辑等手段，对商品的价格信息进行

---

[①] 参见上海市嘉定区市场监督管理局行政处罚决定书，沪市监嘉处〔2024〕142024006372 号。

误导性展示，如在图片上对商品的价格标签进行修改或遮挡部分信息，使消费者无法准确了解商品的真实价格；或者在视频广告中，快速闪过价格信息，让消费者难以看清；或者对价格信息进行夸大、虚假的呈现，与实际情况不符。

在安慕斯科技有限公司价格违法案[①]中，当事人在拼多多平台"安慕斯家居生活官方旗舰店"销售的"安慕斯75度酒精湿巾纸"宣传页面使用"一块钱一包都不要"的标称，但购买页面显示有两种购买规格可选，其中10包价格19.9元，折合单包1.99元；20包价格34.9元，折合单包1.745元，均超过一元每包。经调查，该商品之前做活动时，价格确实曾低于1元每包，但该活动结束后因员工离职等原因，忘记把"一块钱一包都不要"的宣传图片及时下撤，并非故意而是疏忽导致。当事人销售单包超过1元的涉案商品，违法所得共计270.7元。后来执法人员认定当事人为涉嫌违反了《价格法》第14条第4项、《明码标价和禁止价格欺诈规定》第19条第4项的规定，对其作出了罚款433.12元、没收违法所得270.7元的行政处罚。

(五) 无正当理由拒绝履行或者不完全履行价格承诺

价格承诺是指经营者通过商业广告、产品说明、销售推介、实物样品或者通知、声明、店堂告示等方式对商品价格做出的具体承诺。在商业活动中，价格承诺是商家与消费者之间的一种约定，无论是明示还是默示的承诺，都应当遵守。如果经营者在没有合理正当理由的情况下拒绝履行或不完全履行这些价格承诺，即构成价格欺诈，损害了消费者或其他经营者基于价格承诺而产生的信赖利益，破坏了市场交易中的诚信原则，干扰了正常的市场价格预期，扰乱了市场秩序，使得消费者和其他经营者在交易中处于不公平的地位。但是，如有证据证明商家不完全履行价格承诺具有合理正当的客观理由，则不构成价格欺诈。

在大理市苍洱晓宿民宿酒店价格违法案[②]中，投诉人通过"去哪儿"平台预订大理市苍洱晓宿民宿酒店春节期间2月10日至12日三晚"ins风精装两室家庭房"，支付房费909元，但酒店于1月14日晚通知游客取消订单，经当地有关部门调解，当事人以房间需要装修无法提供住宿服务及订单房价低的理由拒不执行平

---

① 参见北京市密云区市场监督管理局行政处罚决定书，京密市监处罚〔2024〕746号。
② 参见大理市市场监督管理局行政处罚决定书，大市监处罚〔2024〕46号。

台订单。同时，在"美团"平台显示当事人"ins 风精装两室家庭房"2024 年 2 月 10 日正常销售，标示价格为 1127 元/晚。经过调查，实际投诉人预订的"ins 风精装两室家庭房"有客人正常入住，现场无装修迹象。当事人的上述行为违反了《价格法》第 14 条第 8 项以及《明码标价和禁止价格欺诈规定》第 19 条第 5 项的规定，被罚款、没收违法所得合计 8384 元。

（六）不标示或者显著弱化标示对消费者或者其他经营者不利的价格条件，诱骗消费者或者其他经营者与其进行交易

经营者为凸显自身商品或服务的价格优势，可能通过不标示或显著弱化标示的方式，例如，使用较小的字体、在不显眼的位置进行标示，或者用模糊不清的语言进行表述。故意隐瞒增加消费者负担或减损消费者利益的特殊条件，未将与交易价格相关的所有重要信息明确地展示给交易对象以诱骗消费者与其进行交易，例如，对于一些可能产生额外费用的情况，如运费、安装费、服务费等，如果不进行显著标示，消费者在购买商品或服务时可能会对总价产生错误的预期。

这种行为的本质就是通过隐藏或淡化不利价格因素来误导消费者或其他经营者，使其在信息不完整、不准确的情况下做出交易决策。严重违背了公平交易和诚实信用原则，损害了交易相对方的合法权益。

在余姚胖虎牛烤肉店违反物价管理规定案[①]中，当事人系一家餐饮企业，持有合法有效的营业执照和食品经营许可证，其在美团平台上开设有店铺"胖虎烤牛肉（余姚万达店）"。为了吸引顾客，当事人于 2023 年 9 月 24 日对其美团店铺此前在售的代金券"46 代 50 元代金券"进行修改，并对外销售。修改后该代金券首页显示"25 代 50 元代金券""周一至周日 11:00~22:00 单次可用 6 张""￥25 特惠促销共省 25 元"等字样，上述内容易使消费者误以为可单次购买 6 张"25 代 50 元代金券"用于抵扣。实际购买该"25 代 50 元代金券"时，仅第一张价值 50 元的代金券可用 25 元购得，后续价值 50 元的代金券需用 46 元购买。当事人的行为违反了《明码标价和禁止价格欺诈规定》第 19 条第 6 项的规定，被执法人员处以罚款 20,000 元的行政处罚。

---

[①] 参见余姚市市场监督管理局行政处罚决定书，余市监处罚〔2024〕82 号。

（七）通过积分、礼券、兑换券、代金券等折抵价款时，拒不按约定折抵价款

这种行为在性质上属于违约行为，违背了商家与消费者之间事先达成的契约，损害了消费者的预期利益。消费者基于商家的承诺而参与相关活动获取相关券类或积分，目的在于在消费时享受相应的价格优惠，商家的拒不履行行为破坏了市场交易中的诚信原则，扰乱了正常的市场秩序，同时也可能会引发消费者的不满与投诉，影响企业的声誉。

根据《明码标价和禁止价格欺诈规定》以及其他相关法规，经营者在进行促销活动时，若承诺通过积分、礼券等方式折抵价款，必须按照约定执行，否则可能构成价格欺诈行为。在网络交易环境中，如果经营者在商品详情页面中宣传了特定的优惠活动，但实际并未按约定进行折抵，则这种行为会被视为价格欺诈。此外，相关法规还要求经营者应以显著方式标明折价计算的具体办法，确保消费者能够清晰了解并确认兑换规则。

在马某荣与北京京东世纪信息技术有限公司网络购物合同纠纷案[①]中，原告马某荣在京东商城领取了"满199减100"的优惠券，购买4件商品总价为201.50元，但只减去商品优惠10元，最终实际支付了191.50元。原告主张其依照商品页面宣传的"满199减100"的优惠活动信息进行商品选购，但被告并未按照优惠活动约定予以扣减金额，构成价格欺诈。法院认为，首先，涉案四款商品的宣传页面上均载有"满199减100"的活动信息，其中三款产品的活动时间为11月12日至11月17日，而另一款产品的活动时间为11月12日至11月15日，属于两个活动，原告的订单不符合减免条件。其次，在付款之前，京东商城提供了该笔订单详情给予消费者核实确认，消费者能够据此知悉该笔订单的详细情况，包括有无优惠金额扣减、扣减金额等。据此，法院认为，被告已经通过显著方式对优惠券的适用范围、活动期间等予以标明，不足以导致消费者陷入错误认识而进行付款，被告也不存在不按约定折抵价款的行为，所以不构成欺诈。

另外，由于市场环境的多变性和交易的复杂性，价格欺诈的手段多种多样，《明码标价和禁止价格欺诈规定》难以全面列举，第19条第8项即规定了"其他价格欺诈行为"作为兜底条款。

---

① 参见北京市第四中级人民法院民事判决书，(2020)京04民终395号。

### 三、网络交易的特殊情形

在网络交易蓬勃发展的当下,网络交易的虚拟性、跨地域性以及信息传播的快速性等特征,为价格欺诈行为提供了新的温床与伪装手段。价格欺诈行为出现一系列特殊情形,这些情形在网络交易的独特环境中滋生,并因网络交易模式的复杂性和虚拟性而具有区别于传统交易的法律特点。

首先,在网络交易中,价格展示的方式多种多样,包括但不限于网页上的显著标价、弹出式广告中的价格宣传以及隐藏在多层链接后的所谓"特价"等。这种多元化的价格展示手段为网络交易者实施价格欺诈提供了更多的操作空间。例如,某些网络经营者可能会利用消费者难以全面审查网页信息的弱点,在不起眼的角落设置不合理的附加条款,从而改变看似诱人的初始标价,这就构成了一种隐蔽的价格欺诈形式。其次,网络交易的跨地域性使得不同地区的价格法规差异以及监管的复杂性成为价格欺诈行为滋生的又一因素。网络交易者可能会利用地域之间的价格监管缝隙,针对不同地区的消费者实施差异化的欺诈性定价策略。最后,网络交易中信息传播具有即时性与广泛性,一方面,这使得欺诈性的价格信息能够迅速扩散,吸引大量消费者;另一方面,也使得消费者在发现价格欺诈后的投诉和维权变得更加复杂,因为网络证据的收集与固定面临诸多挑战。

#### (一)网络交易经营者的价格欺诈行为

《明码标价和禁止价格欺诈规定》第 20 条规定了网络交易经营者不得实施的价格欺诈行为。

1. 在首页或者其他显著位置标示的商品或者服务价格低于在详情页面标示的价格

首页或其他显著位置是消费者最先接触到商品信息的地方,经营者在此处标示较低价格,容易吸引消费者点击进入查看商品。这种行为违反了明码标价的原则,误导了消费者对商品价格的认知,使消费者在购买决策时受到虚假信息的影响,损害了消费者的知情权和公平交易权,也违背了商业活动中应遵循的诚实信用原则。

在北京金多乐商贸有限公司价格违法案[①]中,当事人经营的天猫商城"金多乐

---

[①] 参见北京市密云区市场监督管理局行政处罚决定书,京密市监处罚〔2023〕2263 号。

旗舰店"在其网页上单独写有"卫仕全价冻干狗粮双拼小型犬幼犬柯基比熊泰迪狗粮大型犬粮 1.6kg ￥59.00 包邮"的字样，另一页面显示"更多版本——卫仕冻干犬粮 1.6kg ￥59"，点击进去后下方出现"食品口味——卫仕全价冻干双拼犬粮 1.6kg ￥155"等选项，与标示的价格不符。该行为违反了《明码标价和禁止价格欺诈规定》第 20 条第 1 款的规定，当事人被罚款 1172.5 元。

2. 公布的促销活动范围、规则与实际促销活动范围、规则不一致

经营者在进行网络促销活动时，需要提前公布活动的范围和规则，以便消费者了解自己是否符合参与条件以及活动的具体优惠方式。如果经营者公布的信息与实际执行的情况不一致，如宣传时说全场商品参与促销，但实际上部分商品被排除在外，或者宣传的折扣力度与实际结算时的折扣不同等，就属于欺诈行为。

在狮航假期（北京）国际旅行社有限公司广东分公司价格违法案[①]中，当事人于 2023 年 3 月 20 日至 5 月 10 日，于抖音平台上展示有以下信息：【含往返机票】印尼美娜多半自由行 6 天 5 晚单人，划线价格 11,800 元，标注折扣 4.3 折，销售价格 4999 元，已售 150 份等，对于上述所有商品划线价的含义当事人没有准确标示，但信息中所标识的划线价格和折扣均为虚假信息。其直播时声称销售价格"只限今天直播间"。经核实，2023 年 3 月底至 5 月 10 日，此商品销售价格始终为 4999 元，当事人所称的"仅限今日"为虚假信息。当事人在直播间促销过程中使用"仅限今日"字眼制造紧迫感欺骗消费者的行为，违反了《明码标价和禁止价格欺诈规定》第 20 条第 1 款第 2 项的规定，结合其他价格违法行为，被处以罚款 55,000 元。

除了以上两种情形，《明码标价和禁止价格欺诈规定》第 20 条第 1 款也作出了兜底规定，即其他虚假的或者使人误解的价格标示和价格促销行为，也可能会被认定为价格欺诈，如虚构原价或夸大优惠幅度、先提价后打折、虚假价格比较、不履行价格承诺、隐性收费、虚假赠品信息、利用限时促销误导、模糊或不明确标价、不标示或弱化不利价格条件等。

(二) 网络交易平台经营者构成价格欺诈主体的情形

通常情况下，由于网络交易平台不直接向消费者或其他经营者销售商品，因

---

① 参见广州市越秀区市场监督管理局行政处罚决定书，穗越市监处罚〔2023〕439 号。

此,不被视为价格欺诈的主体。然而,在《关于〈禁止价格欺诈行为的规定〉有关条款解释的通知》中,列举了应当认定第三方网络交易平台构成价格欺诈行为主体的3种情形:(1)第三方网络交易平台在网站首页或者其他显著位置标示的某网络商品经营者所销售的商品价格低于该网络商品经营者在商品详情页面标示的价格的;(2)第三方网络交易平台声称网站内所有或者部分商品开展促销活动,但网络商品经营者并未实际开展促销活动的;(3)第三方网络交易平台提供的标价软件或者价格宣传软件等强制要求网络商品经营者进行虚假的或者引人误解的价格标示的。

关于上述规定的前两种情形,与前述网络交易经营者的价格欺诈行为类似,仅是主体的差异。第三种情形与《明码标价和禁止价格欺诈规定》第20条第2款规定一致,即网络交易平台不能通过技术手段,如设置特定的价格显示规则、提供的标价软件或者价格宣传软件强制商家按照某种方式标示价格等,来促使平台内经营者进行虚假或误导性的价格标示。例如,平台通过技术优势,要求平台内经营者使用统一标价模板,若标价模板存在使用欺骗性、误导性的语言、文字标示价格以及其他价格信息等违反《明码标价和禁止价格欺诈规定》的情形,如未针对不同商品的价格进行区分标注,从而导致价格标示不真实或误导消费者,则可能构成价格欺诈行为。

另外,第三方网络交易平台与网络商品经营者共同开展促销活动,并共同进行了价格标示、促销宣传,如果其价格标示、促销宣传虚假或者引人误解,则第三方网络交易平台与网络商品经营者构成价格欺诈行为的共同违法主体。这意味着,网络交易平台和平台内经营者双方对于价格和促销相关信息的真实性和准确性负有共同的责任,尽管第三方网络交易平台本身并不直接向消费者销售商品,但如果其参与了价格标示和促销宣传,并且这些行为导致了虚假或误导性的信息,那么平台和经营者将共同承担法律责任,任何一方都不能以另一方是主导为由免除自身在确保价格与促销合法合规的责任。

在牡丹卡中心与凯凯通公司价格欺诈案[①]中,牡丹卡中心作为第三方网络交易平台,在"工银e生活"App发起了"端午爱家专场"促销活动,凯凯通达公司

---

① 参见北京市市场监督管理局行政处罚决定书,京市监罚字〔2021〕78号。

作为网络商品经营者,参加了"端午爱家专场"的促销活动,涉案商品西屋电饭煲由凯凯通达销售,商品销售页面由双方共同确认。商品销售页面显示"现价￥681.00 原价￥3,999.00"。但该商品自2020年4月30日上架,促销活动前双方未共同在"工银e生活"App以3999元销售过该商品,原价3999元为虚构。牡丹卡中心与凯凯通达共同对涉案商品开展促销活动,共同进行价格标示,双方虚构原价的行为属于价格欺诈行为。后来市场监督管理部门对双方分别作出罚款8万元的行政处罚。

### 四、价格欺诈的法律责任

价格欺诈的法律责任主要涉及行政责任、民事责任和刑事责任,具体如下所述。

（一）行政责任

根据《价格法》第14条和《价格违法行为行政处罚规定》第7条的规定,经营者利用虚假或误导性的价格手段诱骗消费者或其他经营者进行交易的行为,将被责令改正,没收违法所得,并处以违法所得5倍以下的罚款;没有违法所得的,处以5万元以上50万元以下的罚款;情节严重的,责令停业整顿,或者由市场监督管理机关吊销营业执照。

（二）民事责任

根据《消费者权益保护法》第55条第1款的规定,经营者提供商品或服务存在欺诈行为时,应当按照消费者的要求增加赔偿其受到的损失,赔偿金额为消费者购买商品的价款或接受服务的费用的3倍;如果增加赔偿的金额不足500元的,则按500元赔偿。

此外,根据《民法典》第500条第2项的规定,当事人在订立合同过程中故意隐瞒与订立合同有关的重要事实或提供虚假情况,给对方造成损失的,应当承担损害赔偿责任。

值得注意的是,经营者因价格欺诈被行政机关处罚并不必然承担《消费者权益保护法》中"退一赔三"价格欺诈责任。

首先,二者属于两种不同的法律责任形式。行政处罚是对实施价格欺诈的经营者的行政法律行为的制裁,如罚款、没收违法所得等,其目的是维护市场的正常价格秩序,确保公平竞争的市场环境,保障公共利益,这种处罚依据的是相关的价格管理法规和行政法律法规，如《价格法》《价格违法行为行政处罚规定》等。而"退一赔三"属于民事责任，是基于《消费者权益保护法》中的惩罚性赔偿制度，旨在使消费者的损失得到补偿，并对经营者的欺诈行为给予惩罚性赔偿，以维护消费者的合法权益，并对经营者的欺诈行为进行惩罚和威慑。它侧重于保护消费者作为个体在交易过程中因经营者欺诈行为而遭受的损害。这里的欺诈行为是从消费者权益保护的角度来界定的，强调的是消费者在购买商品或接受服务时，受经营者的误导而产生错误认识并作出购买决策，从而导致自身利益受损。

其次，虽然经营者可能因价格欺诈行为受到行政处罚，但是否需要承担"退一赔三"的责任，还需要满足特定条件。根据司法实践，认定经营者欺诈行为，需要证明其主观上有诱使消费者产生错误意思表示的目的，客观上采取了弄虚作假、隐瞒事实真相等欺骗手段，并且实际诱使消费者作出了错误的意思表示。然而价格欺诈不需要消费者陷入错误认识，也不需要形成交易结果，只需要该价格手段具有实质上欺骗、诱导一般消费者的可能性即可。因此，不是所有的价格欺诈都需要按照《消费者权益保护法》第 55 条第 1 款中"退一赔三"的要求进行赔偿。

最后，司法实践中，消费者是否存在实际损失也是判断承担"退一赔三"责任的考量要素。即使经营者被认定存在价格欺诈行为并受到行政机关处罚，但如果消费者并未因该价格欺诈行为而遭受实际的经济损失，那么要求经营者承担"退一赔三"责任可能不符合公平原则。

综上所述，行政机关对经营者价格欺诈的处罚与经营者在《消费者权益保护法》下承担"退一赔三"责任是两个不同层面的法律问题，虽然存在一定联系，但不能将两者等同，在具体案件中需要综合考虑多种因素来确定经营者是否应承担"退一赔三"的价格欺诈责任。但两者在构成要件上具有重叠，若在构成价格欺诈的情形下，交易者因错误认识实际进行交易的，则商家行为既属于价格欺诈也构成民法上的欺诈。该情形下，购买者可以根据《民法典》要求撤销买卖合同、退回价款，也可以依据《消费者权益保护法》中"退一赔三"的赔偿条款，在退还合同款的情况下另行向经营者要求惩罚性赔偿。因此，经营者依旧要谨慎避免价格欺诈，防止"退一赔三"赔偿结果的发生。

（三）刑事责任

在特定情形下，如果价格欺诈行为非常严重，导致他人遭受数额较大的财产损失等后果，可能会构成诈骗罪，将依据《刑法》相关规定进行处罚，根据诈骗罪司法解释的规定，诈骗公私财物价值3000元至1万元以上，通常会被认定为"数额较大"，可判处3年以下有期徒刑、拘役或者管制，并处或单处罚金。

### 五、合规建议

#### （一）建立价格行为全流程合规机制

价格欺诈是一种严重损害消费者权益和市场秩序的行为，建立价格行为全流程合规机制对于经营者具有重要意义。该机制应当贯穿价格制定、标价展示、价格调整和交易完成等环节，具体如下所述。

1. 价格制定环节

在价格制定方面，经营者需遵循公平、合法和诚实信用原则。这意味着价格应基于合理的成本核算、市场供需状况以及正常的利润预期来确定。经营者要建立完善的成本核算体系，以确保价格能反映真实成本和合理利润。对于新产品或新服务，可以参考市场上类似产品或服务的价格水平，同时结合自身特色进行定价。在定价过程中，还需考虑竞争因素，避免通过低价倾销等不正当竞争方式排挤竞争对手，或者通过价格同盟等垄断行为抬高价格，损害消费者利益。

2. 标价展示环节

根据相关法律规定，标价必须清晰、准确、完整地向消费者展示商品或服务的价格信息。包括商品或服务的名称、产地、规格、等级、计价单位、价格或者服务的项目、收费标准等内容。无论是实体店铺还是电商平台，标价展示都要保证消费者能够轻易获取和理解这些信息，避免因信息不透明或模糊而使消费者误解。对于有附加费用的商品或服务，要分别明确列出各项价格，以免在消费者结算时产生价格欺诈的嫌疑。

3. 促销活动环节

促销活动需遵守《反不正当竞争法》和《规范促销行为暂行规定》等法律法规。促销规则必须真实、准确、清晰且提前向消费者公示，不得进行虚假或引人误解的宣传。经营者在设计促销活动时，要明确活动的起止时间、参与商品或服务的范围、优惠的计算方法和限制条件等，并通过显著的方式告知消费者。对于促销活动中的宣传用语，要避免夸大其词或模糊不清，确保消费者能够准确理解促销内容。同时，要保留促销活动相关的证据，如原价交易记录等，以备监管部门检查。

4. 价格调整环节

价格调整要有合法合理的原因，如因成本变化（原材料价格波动、运输成本改变等）、市场供需关系变化（季节性需求变化、新产品推出导致旧产品价格调整等）而调整价格。并且，在调整价格时经营者有义务及时、准确地通过多种渠道（如店内公告、网站通知、短信提醒等）及时告知消费者价格调整信息，特别是对于长期服务合同或预订商品的价格变化，要给予消费者足够的知情权和选择权，避免消费者因突然的价格调整而遭受损失。

5. 交易完成环节

交易完成后，要保证价格结算准确无误，这涉及消费者的公平交易权。经营者应当完善结算系统，确保价格计算准确，交易凭证（如发票、收据等）上的价格信息必须与实际交易价格一致，且应按照规定保存交易记录，包括价格信息、交易时间、消费者信息等，以备后续可能的查询或纠纷处理。对于价格纠纷，要有明确的处理机制，依据合同约定、交易习惯或相关法律规定及时解决问题，保障消费者的合法权益。

（二）建立证据留存机制

经营者需要建立证据留存机制，主要是为了应对可能出现的价格欺诈行为，确保在发生纠纷时能够提供有力的证据支持。经营者应从主观和客观两个方面来收集证据。

1. 主观方面

《明码标价和禁止价格欺诈规定》第 21 条第 1 项明确规定了价格欺诈的免责事由之一：经营者有证据足以证明没有主观故意即不构成价格欺诈。可见对于陷入价格欺诈风波的经营者而言，能够明确举证不具有价格欺诈的主观故意十分关键。因此，经营者应该在日常经营中妥善保留与定价决策或促销活动规划执行等相关的书面证据。对于商品或服务的价格设定及调整，应详细记录成本核算文件、市场价格波动数据、同行业价格参照等，以便在需要时能够证明没有主观故意进行价格欺诈。保留与供应商的合同、采购发票等文件，以证明进货成本的真实性，进而说明销售价格的合理性。

2. 客观方面

经营者应留存从价格制定到交易完成全过程的证据,这包括但不限于成本核算资料、市场调研数据、标价记录、促销活动相关文件、价格调整依据和通知记录、交易凭证及纠纷处理情况等,以确保在发生纠纷时能够提供充分的证明材料,维护自身合法权益。此外,对于电子商务平台经营者,还需记录并保存平台上发布的商品和服务信息、交易信息,并确保信息的完整性、保密性和可用性,保存时间不少于3年。这些证据是应对价格欺诈指控的关键,能帮助经营者证明自身行为符合法律规定。

总而言之,经营者应当秉持诚信经营理念、遵守价格相关法律法规,在整个价格行为全流程中严格把关,避免实施价格欺诈行为。电商平台也应建立严格的价格监管机制,对平台内经营者的定价行为进行监测和审核,以防止价格欺诈的发生。

## 第三节 价格促销的合规要点

价格促销作为电商领域中极为关键且频繁使用的营销利器,影响着消费者的购买决策。然而,部分经营者虚假标价,或者先抬高原价再进行所谓的折扣促销等,严重违背了诚实信用原则,损害了消费者权益,扰乱了市场竞争秩序,引发了行业内的恶性竞争。随着市场监督管理体系的不断完善与执法力度的持续趋严,经营者若忽视价格促销合规要求,依据《消费者权益保护法》《反不正当竞争法》《价格法》等法律法规,必将面临严厉的法律制裁,包括巨额罚款、责令停业整顿乃至承担刑事责任等严重后果。经营者在价格促销领域必须严守法律底线,以合规为导向开展经营活动,方能在日益规范的市场环境中谋求长远稳定的发展。

### 一、价格促销的标价要求

价格促销是指在短期内通过价格手段或标价方式来促进销售的方法。经营者在开展价格促销活动时,必须确保标价清晰、准确且真实,不得使用欺骗性、误导性的语言、文字、数字、图片或者视频等。清晰意味着促销价格、原价等信息应以显著易懂的方式呈现给消费者,不得模糊混淆;准确要求所标价格数值精确无误,计算合理,如折扣的计算应基于真实的原价,满减的金额设定要明确无歧义;真实则是核心要点,禁止虚构原价、抬高价格后再打折等欺诈行为。这不仅是为了保护消费者的知情权与选择权,使消费者能基于准确标价信息做出合理消费决策,而且是经营者避免价格违法行为的合规要求。

(一)标明附加条件和促销期限

《规范促销行为暂行规定》第 20 条规定,经营者开展价格促销活动有附加条件的,应当显著标明条件。经营者开展限时减价、折价等价格促销活动的,应当显著标明期限。电商经营者应在店铺的显著位置明示促销内容,包括促销原因、促销方式、促销规则、促销期限、促销商品的范围以及相关限制性条件等。

1. 附加条件

通常价格促销活动中的附加条件涵盖多方面内容,如购买数量要求,消费者须一次性购买指定数量的商品才可享受折扣,或"购买满三件打八折",旨在通过批量销售提升总体交易额;支付方式限定也较为常见,像仅支持特定银行卡支付或某类第三方支付平台付款才能享受优惠,这背后往往涉及电商与支付机构的合作推广策略以及相关费用优惠或补贴;会员专属条件也不容忽视,普通会员与高级会员享受的折扣力度有别,或者要求新用户注册成为会员后才能参与促销,以此来增加会员数量并提高用户黏性;还有消费时间区间的设定,例如,仅在工作日特定时段或电商平台的特定主题日,如在"超级星期三"下单才有优惠,以平衡不同时间段的订单流量;以及搭配购买要求,消费者需购买特定组合的商品套餐才能享受价格减免,这有利于推动关联商品的销售,提高客单价,电商经营者通过合理设置这些附加条件,在吸引消费者的同时,也在努力实现自身的销售目标、成本控制以及市场拓展等多项目标。

2. 促销时限

电商经营者开展限时减价、折价等促销活动时标明期限的形式也多种多样。在电商平台的商品搜索结果页面,会以特定图标和醒目的倒计时数字紧邻商品价格展示,如"距活动结束还有××小时××分钟",让消费者在浏览众多商品时能迅速捕捉到促销时效信息。商品详情页内,可能采用时间轴形式直观呈现促销起始与截止时刻,并在时间节点处详细说明不同阶段的折扣力度变化。同时,电商平台的首页轮播广告、弹窗通知以及 App 推送消息都会着重强调促销活动的期限,部分还会附带链接直接跳转至相关商品页面。此外,在购物车页面,对于参与限时促销的商品,会再次以红色字体显示剩余时间提醒消费者尽快结算,以免错过优惠。通过全方位、多渠道且富有创意的期限标明方式,电商经营者既能有效吸引消费者参与促销活动,又能切实履行法律规定的告知义务。

在上海粒糯心实业有限公司蒙自路分公司涉嫌开展限时减价未显著标明期限案[①]中,当事人在运营的小红书商城店铺"汝福智 Vegan"中在餐品广告宣传语中使用"限时特价"等内容,未清晰描述所谓"限时特价"具体时间。该行为违反了《规范促销行为暂行规定》第 20 条"经营者开展限时减价、折价等价格促销活动的,应当显著标明期限"的规定,被处以没收违法所得 1600.79 元的行政处罚。

3. 显著方式

电商经营者应以显著方式标明价格促销的附加条件和期限,这里的"显著"方式主要是指在视觉呈现上具有突出性与醒目性,例如,在网页设计方面采用与页面主色调对比度高的颜色,如以大红色、鲜黄色等亮色字体来标注促销附加条件与期限,字体大小应明显区别于普通描述文字,加粗处理以增强视觉冲击力。在位置布局上,设置于商品详情页面的顶部、中部显眼位置,或者紧邻商品价格、购买按钮等关键区域,如在价格上方直接用悬浮框展示"限时 24 小时,满 300 减 100,需使用指定信用卡支付"。同时,在购物流程页面,如购物车页面和结算页面,也应在显著位置再次呈现,且采用弹窗、闪烁提示等动态效果进一步吸引消费者注意力。在直播营销中,可在直播间醒目位置设置信息栏,以大字体清晰展示促销附加条件与期限,并由主播用口播方式多次以简洁明了且强调性的语言重复促销关键信息,确保消费者在浏览商品、加入购物车以及最终付款的整个过程中,都能毫无遗漏且轻松地注意到这些关键促销信息,从而依据完整准确的信息做出消费决策。

(二)标明折价、减价基准

《规范促销行为暂行规定》第 21 条规定,经营者折价、减价,应当标明或者通过其他方便消费者认知的方式表明折价、减价的基准。未标明或者表明基准的,

---

[①] 参见上海市黄浦区市场监督管理局行政处罚决定书,沪市监黄处〔2024〕012024000846 号。

其折价、减价应当以同一经营者在同一经营场所内，在本次促销活动前7日内最低成交价格为基准。如果前7日内没有交易的，折价、减价应当以本次促销活动前最后一次交易价格为基准。

1. 折价、减价基准

折价、减价的基准主要包括以下几种：(1)商品的原价；(2)对于新品或难以确定历史销售价的商品，可参考市场同档次品牌、同类型商品的平均价格，但需有合理依据支撑；(3)还可依据商品成本加上合理利润来确定，成本涵盖生产、采购、运输等直接成本，同时考虑行业平均利润率等因素；(4)品牌商品可参考供应商提供的建议零售价或指导价，不过也要结合实际市场情况综合判断。

在价格促销中，如果经营者未标明或者表明基准的，其折价、减价的基准应为商品的原价。所谓"原价"，即在《关于〈禁止价格欺诈行为的规定〉有关条款解释的通知》中所规定的经营者在本次促销活动前7日内在本交易场所成交，有交易票据的最低交易价格；如果前7日内没有交易，以本次促销活动前的最后一次交易价格。

在北京学而思教育科技有限公司价格违法案[①]中，当事人通过运营的天猫商城"学而思网校官方旗舰店"销售多门培训课程，商品页面显示"价格￥330.00，促销价￥20.00"，"价格￥799.00，促销价￥20.00"等，但这些培训课程均为首次上架销售，上架即开展促销活动，均未以标示的划线价格实际销售成交过。当事人未标明折价、减价的基准，则应以原价来认定。而该"￥330.00""￥799.00"并未实际成交过，并不符合原价的要求。当事人被处以顶格罚款50万元的行政处罚。

2. 不得随意提高折价、减价基准

《明码标价和禁止价格欺诈规定》第17条中规定，经营者没有合理理由，不得在折价、减价前临时显著提高标示价格并作为折价、减价计算基准。经营者不得采用无依据或者无从比较的价格，作为折价、减价的计算基准或者被比较价格。

这里所谓的"合理理由"有着严格的界定与考量。合理理由通常应基于客观且可证实的商业因素，如原材料成本的大幅上涨导致商品生产成本急剧增加，且

---

① 参见北京市市场监督管理局行政处罚决定书，京市监罚字〔2021〕58号。

这种成本变动有相应的采购合同、市场行情数据等作为支撑；或者因产品进行了重大升级改进，功能、质量等方面有显著提升，经专业评估或行业认可能够证明其价值提升幅度与价格调整相匹配；又或是因遵循政府有关税收、环保政策调整等不可抗力因素致使运营成本发生实质性改变，并且有官方文件或政策依据可查。若经营者随意编造理由或无法提供有效证据支持其所谓的"合理理由"，则将被视为价格欺诈行为。

另外，经营者不得采用无依据或者无从比较的价格，作为折价、减价的计算基准或者被比较价格，即经营者的折价、减价或者价格比较必须要有客观基础，否则将可能会被认定为价格欺诈。客观基础通常涵盖真实的历史交易价格记录，如在特定时间段内该商品实际成交的价格数据，且这些数据应可查证核实；商品的成本核算资料也可作为依据，包括进货成本、生产成本以及运营成本等能合理说明价格调整幅度的信息；行业惯例或市场普遍的价格水平在某些情况下也能成为参照，以表明自身价格策略处于合理区间。经营者为证明促销中折价减价的合法性，需保存以下文件：(1) 完整的财务凭证，如发票、进货单、销售台账等能反映成本与实际交易价格的单据；(2) 商品定价的内部决策文件，包括定价会议记录、成本分析报告等以展示价格制定的合理性流程；(3) 过往促销活动的详细方案与执行记录，以便追溯价格变动的逻辑与依据，从而在面临监管审查或消费者质疑时，能够有力地举证自身价格促销行为的合规性与正当性。若缺乏这些客观基础而进行价格促销行为，极易被认定为价格欺诈。

3. 标明的要求

对于标明的要求，电商经营者可在商品促销页面显著位，如在"主图""订单图""价格详情页""价格说明"等比较醒目的地方，以清晰、易懂的文字明确标注出折价、减价所依据的基准价格，如写明"打折／满减基本价为××元，现价××元"等类似表述，让消费者一目了然；或者通过设置专门的价格说明板块，详细阐述折价、减价基准的确定方式及具体金额，方便消费者点击查看并理解；又或是在下单流程中，以弹窗、提示语等醒目形式再次告知消费者此次折价、减价是以何种基准来计算的。总之，只要电商经营者采取了足以让消费者在正常购物流程中无须费力探寻就能轻易知晓折价、减价基准的方式，并不会引起误解，即可视为满足了法律所规定的标明要求。

## (三)积分礼券公开折价计算具体办法

《规范促销行为暂行规定》第 22 条规定,经营者通过积分、礼券、兑换券、代金券等折抵价款的,应当以显著方式标明或者通过店堂告示等方式公开折价计算的具体办法。未标明或者公开折价计算具体办法的,应当以经营者接受兑换时的标价作为折价计算基准。

### 1. 折价计算的具体办法

价格促销的规则、期限、限制性条件、注意事项均属于必须公示告知和提示的内容,例如,有"折抵吊牌价"或者"折抵价款与其他促销活动不可同时享用"等限制性条件的,应当在规则中明确标示。在电商领域,积分、礼券、兑换券和代金券的折价计算办法各有不同。积分的折价通常基于电商平台设定的兑换比例,例如,一定数量的积分可兑换特定金额或折扣比例的商品,如"100 积分可抵 1 元""1000 积分可兑换 ×× 商品"等;礼券可按照面额直接抵减商品金额,但可能存在使用限制,如满一定金额才可使用,如"满 200 元可用 50 元礼券";兑换券则往往针对特定商品或服务,其价值体现在可免费获取或折价获取相应商品或服务上,如"一张兑换券可换价值 30 元的商品";代金券一般标明了可抵用的固定金额,在满足相关使用条件(如适用范围、有效期等)下对订单金额进行扣减,如"50 元代金券满 100 元可用"等。

另外,如果未标明或未公开折价计算的具体办法,则应以经营者接受兑换时的标价作为折价计算基准。这个规定有助于规范整个电商领域关于券类折抵价款的操作流程,减少因规则模糊导致的消费纠纷与市场混乱,也促使电商经营者主动清晰地公开折价计算办法,否则就要承担以接受兑换时标价为准的后果。建议电商经营者在开展折价、减价或比价等促销活动时,要事先开展合规评估,对计价基准、折减价的具体方式等内容进行审查与评估,并积极主动有效地进行信息披露,避免落入价格欺诈的范畴内。

### 2. 显著方式

与前述"显著方式"的要求类似,电商经营者要在消费者易于注意和理解的位置以消费者易于注意和理解的形式呈现相关信息,如在商品展示页、结算页面等显著位置,以醒目的字体、颜色标明相关折价计算细节,包括积分兑换比例、礼券使用条件、兑换券等额价值、代金券满减额度等,或在直播间以主播多次口播及直播间醒目位置或购物链接,详细说明积分礼券的折价计算办法,使消费者在购物决策过程中能充分了解价格优惠信息,避免因信息不对称而遭受损失。

在嘉兴同仁物资有限公司价格违法案[①]中,当事人在天猫商城平台名为"三星影音旗舰店"的店铺销售音响产品。涉案产品从 2022 年 10 月 31 日到 11 月 3 日在销售页面中标有"88VIP 会员到手价:￥7499"字样。该涉案产品优惠活动为当事人店铺自行组织,未参与平台针对"88VIP"的优惠活动,除消费者未主动告知店铺客服其是否为"88VIP"外,当事人无法自行判断消费者是否为"88VIP"。当事人未在销售页面或其他显著方式标明告知消费者"88VIP"如何在活动期间实现成交价为 7499 元的具体办法,需消费者自行联系店铺客服领券参与上述优惠活动。消费者为天猫商城平台"88VIP",因其不知道具体享受优惠价格的方法,其实际成交价为 7579 元,与当事人宣传的"88VIP 会员到手价:￥7499"相差 80 元。后来监管机关经过调查,认为当事人在天猫商场平台销售产品,通过代金券折抵价款未以显著方式标明公开折价计算的具体办法,罚款 500 元。

## 二、价格比较的合规要求

价格比较作为价格促销的一种方式,在促销活动中被广泛应用。价格比较简称"比价",是指经营者将销售现价与其他价格做比较,通过价差大小来促进消费的价格促销方法。市场实践中,经营者直接展示价差的幅度(相对数),表现为"打折";直接展示价差的额度(绝对数),表现为"降价"。

### (一)价格比较的形式

在促销活动中,价格比较的形式丰富多样:一种常见形式是与该商品在本平台过往特定时段的价格(如原价)进行对比,如在商品详情页面显著位置标明"原价 500 元,现售价 400 元",让消费者直观感受价格落差,此形式依赖电商平台精准的交易数据记录,且要求数据真实可靠,否则将违反价格法规。还有的经营者会将当前销售价格与"建议零售价格""成本价""批发价"等相比较;另一种形式是与其他电商平台同期同款商品价格比较,如某电商在促销活动宣传中指出,其销售的某品牌化妆品价格比其他主流电商平台低 10%,但进行此类比较时,需确

---

[①] 参见嘉兴市秀洲区市场监督管理局行政处罚决定书,嘉秀市监处罚〔2023〕189 号。

保所获取的其他平台价格信息准确且及时更新，不能恶意诋毁其他平台或使用虚假信息误导消费者，否则易触犯反不正当竞争法；还有就是与线下实体店铺同款商品价格对比，电商商家可能会宣传线上购买可节省一定比例的费用，但在比较过程中要充分考虑线上线下商品的附加服务、售后等差异因素，且价格信息来源有据可依，以保障价格比较的合法性与公平性，维护消费者的知情权与选择权。

价格比较最常见的是以划线价的形式来呈现，还可能直接标明差价，如"立省200元"，或者显示差价比例，如"八折促销""劲省30%"等表述，还有的经营者会制作价格对比图表，将自家商品价格与同类竞品或不同时期自身价格进行多维度比较。如在一张柱状图中展示自家商品与同类竞品的价格高低，或者以折线图呈现该商品在过去一段时间内的价格波动与当前售价对比。但是无论以哪种形式进行价格比较，都应当严格遵守法律对价格比较的合规要求，避免落入价格欺诈的风险之中。

（二）价格比较的标示要求

1. 经营者应当明确标示被比较价格及销售现价

这是最基本的价格标示要求。《关于进一步规范网络直播营利行为促进行业健康发展的意见》规定，网络直播平台和网络直播发布者销售商品或者提供服务，采用价格比较方式开展促销活动的，应以文字形式显著标明销售价格、被比较价格及含义。电商经营者或平台必须在网络页面上以文字、图像等方式进行明码标价，明确标示被比较价格，或者通过其他方便消费者认知的方式表明销售现价。使消费者了解价格的变化，能准确地评估该商品的价格走势与优惠力度。这有助于消费者在众多商品和商家间进行合理比较与筛选，避免因价格信息不明而盲目消费，保障了消费者的知情权。

2. 经营者应当明确标示被比较价格的含义

经营者应当明确标示或者通过其他方便消费者认知的方式表明被比较价格的含义。被比较价格主要涵盖以下3种情况。

（1）历史成交价格，如原价，即经营者在本次促销活动前7日内在本交易场所成交，有交易票据的最低交易价格；如果前7日内没有交易，以本次促销活动前的最后一次交易价格。经营者需依据真实的交易记录，明确所选取的过去特定时间段内的成交价格作为被比较价格，且该时间段的界定应符合相关法律规定及行业惯例，以保证价格的真实性与可追溯性，防止虚构高价误导消费者。

（2）厂商建议零售价、吊牌价、零售价、品牌价、专柜价、批发价等，以此为比较基准时，必须准确清晰地标明。将被比较价格标为"厂商建议零售价"时，除明确标示厂商建议零售价外，还应确保价格真实，即经营者与上游厂商之间形成的各类合同或往来中实际存在厂商的价格指导行为，并反映了商品的客观价值和合理溢价。如果经营者用虚假的"厂商建议零售价"与实际销售价进行比较，则很容易对消费者形成价格误导，构成虚假折价、减价的价格欺诈行为。另外，在厂商建议零售价发生变动时要及时更新，遵循明码标价的法律要求，让消费者能确切知晓价格参照源头。

将被比较价格标为"吊牌价"时，被比较价格的真实性体现在所售商品吊牌上标明的价格，且"吊牌价"同样要真实反映商品的客观价值和合理溢价。

将被比较价格标为"专柜价"时，其真实性取决于该商品于线下零售专柜的价格呈现记录状况，具体而言，需存在该专柜依据此专柜价进行商品销售的相应交易记录，以此确保被比较价格的真实可靠性。

将被比较价格标为"成本价""批发价"时，其真实性认定应以相应的成本价和批发价与进货成本、运营成本等相契合为基准，且须有对应的相关账目账簿予以支撑。

另外，在未明确标明被比较价格含义的情况下，《明码标价和禁止价格欺诈规定》将"经营者在同一经营场所进行价格比较前七日内的最低成交价格"作为兜底标准。例如，电商经营者在促销中仅以"五折""20%off"等形式进行折扣描述，或者仅标示一个划线价，但并未进一步合理解释被比较价格详细信息的，则其用于计算折扣的被比较价格应认定为原价。

（3）同行业同类产品平均价格或特定竞争对手产品价格，在此情形下，经营者获取数据的途径应合法合规，所采用的比较价格应能客观反映市场行情，避免恶意贬低对手或采用无依据、不可比的价格。例如，某电商经营者宣称其销售的某商品价格低于行业同类产品平均价，数据来源于某市场调研机构报告，若其数据来源不合法或在比较中夸大优势、模糊关键信息误导消费者，则可能会涉及价格欺诈。

经营者应尽量避免直接与竞争对手比价，鉴于竞争对手所处的经营场所、经销层级、所属地域以及交易条件都存在差异，经营者通常难以做到向消费者全方位且精确无误地阐释被比较价格的真实确切含义。而且使用同行业同类产品平均价格或特定竞争对手产品价格作为被比较价格时，需要确保这些价格具有可比性。根据相关法规和最佳实践，比较时应明确列出产品与竞争对手产品之间的实质性差异，避免误导消费者。此外，比较应基于客观标准，包括产品的相关特征，并提供消费者验证比较的简单机制。在价格敏感行业中，需确保价格比较不因竞争对手价格变动而变得误导性。在实际操作中，执法机构通常会综合考虑多种因素，如经营模式、销售渠道、供求状况等，以确保价格比较的合理性和准确性。

因此，无论被比较价格是原价、厂商建议零售价、吊牌还是专柜价等，都应当标明该价格的具体真实含义，杜绝虚构、虚标被比较价格。并且一般需要以该价格在同一经营场所销售过，除非属于厂商建议零售价，因为这种不会使消费者误认为该商品在本经营场所已有成交记录。在直播带货中，直播主体在进行价格比较时应该做到以下两点：第一，在直播间或商品详情页中准确标明被比较价格含义；第二，被比较价格应当真实，并可以提供真实依据，包括但不限于相应的销售记录、相关合同、账本账簿等。

3. 经营者标示的被比较价格应当做到真实有依据

《明码标价和禁止价格欺诈规定》第 16 条第 1 款规定，经营者在销售商品或者提供服务时进行价格比较的，标明的被比较价格信息应当真实准确。第 17 条第 2 款也明确规定，经营者不得采用无依据或者无从比较的价格，作为折价、减价的计算基准或者被比较价格。因此，经营者应当确保"价差"的真实有效，禁止虚构浮夸"价差"的幅度或者额度。

在上海海亿电子商务有限公司涉嫌利用使人误解的价格手段、诱骗消费者与其进行交易的不正当价格行为案[①]中，当事人于 2024 年 6 月 14 日~21 日开展"618"狂欢价活动，其间在天猫销售"方太 J45ESA 母婴级消毒柜家用奶瓶消毒嵌入式厨房电器"时，宣传"【狂欢价】方太 J45ESA 母婴级消毒柜家用奶瓶消毒嵌入式厨房电器旗舰店"618"年中狂欢节￥4999.00￥2749.00"，折后￥1979.08"等内容。针对宣传内容，当事人解释"￥4999.00"是该商品的原价，"￥2749.00"

---

① 参见上海市嘉定区市场监督管理局行政处罚决定书，沪市监嘉处〔2024〕142024006365 号。

是本次促销活动平台参与活动的报名价格,也就是参与"618活动时平台和公司网店的折扣参考价格"。但经调查,当事人6月7日活动开始前,该旗舰店的销售成交最低价是1971元。当事人宣传的原价不真实,属于被比较价格信息不真实的欺诈行为,后被罚款2000元。

4. 明示真实全面的价格促销相关信息

电商经营者应当明示对价格的形成或者确定具有重要影响的促销信息,并且保证其真实性。根据《规范促销行为暂行规定》第20条的规定,经营者开展价格促销活动有附加条件的,应当显著标明条件。经营者开展限时减价、折价等价格促销活动,也应当显著标明期限。

价格促销的附加性条件涵盖多个方面,从数量限制角度,如"限购×件",这关乎消费者购买权益的边界,也利于商家控制促销成本与库存;商品限制方面,如"××商品不参加促销",对于哪些商品参加价格促销活动,经营者应通过商品详情页面、店铺公告、直播介绍、客服告知等方式向消费者进行明示;时间限制方面,如"限时×小时/天",经营者须确保在规定时间内准确执行促销价格,否则构成违约或虚假宣传;消费资格限制,如"会员专享""新用户专享"等,旨在区分不同消费群体给予差异化优惠,经营者应合理设定并清晰公示此类条件,避免歧视性对待或误导非目标群体;支付方式限制,如"特定银行卡支付立减",经营者有义务提前说明,保障消费者在充分知晓的情况下进行交易。

在促销期满后,经营者也应当及时将售价恢复为促销前的销售价格,及时撤下与促销有关的文字、关键词、图片、视频等内容。若经营者未能履行此义务,继续展示促销信息可能会误导消费者,使其误以为促销活动仍在进行或商品价格仍处于优惠状态。

在葛某经营的淘宝网店涉嫌价格欺诈案[1]中,消费者在当事人葛某经营的淘宝网店"itstong原创设计品牌"中购买了一款羽绒服,商品页面显示"价格¥2598.00 淘宝价¥1399.00 最后3天"。查阅该商品的成交记录后发现,该款商品从2015年11月13日至11月19日都是按照1399元的价格成交,并不符合当事人该款商品价格在11月14日"最后3天"的宣传。在这个案例中,"最后3天"

---

[1] 参见杭州经济技术开发区管理委员会行政处罚决定书,杭经开价罚决〔2016〕5号。

这一表述属于典型的促销期限附加信息，旨在通过限时促销刺激消费者尽快做出购买决策。然而，在"最后 3 天"期限内，实际价格并未发生如宣传所暗示的变动情况。这一行为严重违背了促销期限附加信息应如实传达真实情况的原则，属于《价格法》中"利用虚假的或者使人误解的价格手段，诱骗消费者或者其他经营者与其进行交易"的违法行为，当事人被罚款 1000 元。

电商经营者应当详细且显著地告知消费者促销期限、数量限制、适用范围、消费资格要求及支付方式等附加条件，避免模糊表述或故意隐瞒引发误解。在直播过程中或商品详情页面，以醒目的文字、图片、视频等形式呈现上述信息，确保消费者能轻松获取。一旦促销信息发生变更，应及时更新并再次明示，商家或主播有义务在第一时间通过显著的方式，如在电商平台的商品详情页置顶公告、直播过程中实时插播通知、向已关注或下单的消费者推送消息等，将变更后的信息完整且准确地传达给消费者。

（三）电子商务平台的比较价格说明合规要求

在电商领域，平台内经营者一般不会对每个商品的被比较价格的含义进行说明，而由交易平台在商品详情页最下端统一展示价格说明模板的方式对被比较价格进行说明。这种统一说明方式的实质并非对"划线价"等被比较价格的精准阐释，其更大程度上像是一份免责声明。就电商行业的现状而言，淘宝、京东、拼多多等诸多知名网络交易平台在对"划线价"等被比较价格进行解释时，绝大多数采用此种模式。

然而在执法实践中，对"划线价"的标示，仅有平台的价格说明模板是不够的，还需要平台内经营者履行对单个商品价格的标示义务，如在商品展示图、商品橱窗图或是商品详情页面中对被比较价格的含义进行直接标明，并保持特定且唯一。具体来说，平台内经营者必须标明划线价格的含义，且应当真实准确有依据，对于电子商务平台经营者在商品详情页面底部统一制作的价格说明，平台内经营者未自行明确标示被比较价格含义的，其标示的被比较价格应当至少符合划线价格说明含义中的一个。并且，针对其符合的某一价格含义，平台内经营者应当做到真实有依据。

值得注意的是，电商平台不直接向消费者销售商品或提供服务，原则上不应成为价格违法行为的责任主体。但是，如果电商平台和平台内经营者共同组织开展相关促销活动,尤其是共同确认价格,且电商平台明知或应知平台内经营者的价格促销存在违规的情况而未予采取措施制止和处理,电商平台有可能与平台内经营者构成共同违法主体。因此,电商平台必须严格加强自身的管理,确保合法合规经营,并对入驻商家进行严格审查,以培训、显著提醒、要求上传价格证明等各种方式规范平台内经营者的价格比较行为。平台还需加强对商品质量和价格管理的把控,确保所售商品货真价实,杜绝虚假宣传、虚构原价等行为,以防控企业合规风险。

另外,根据《明码标价和禁止价格欺诈规定》第4条第3款的规定,交易场所提供者应当尊重场所内(平台内)经营者的经营自主权,不得强制或者变相强制场所内(平台内)经营者参与价格促销活动。电商平台应规范自身价格行为,避免利用技术手段强制平台内经营者进行虚假的或者使人误解的价格标示,不强迫或变相强迫平台内经营者参与平台价格促销活动。

### 三、价格促销中常见风险行为

实务中,部分经营者为追求短期利益最大化,可能会采用一些不正当价格手段,主要有以下几种风险行为。

#### (一)虚构原价

在电商领域,价格促销环节中虚构原价的现象颇为突出。部分电商经营者在促销活动期间屡屡实施虚构原价之举,旨在塑造大幅折扣之表象。前述已阐述过"原价"的定义,即经营者在本次促销活动前7日内在本交易场所成交,有交易票据的最低交易价格;如果前7日内没有交易,以本次促销活动前的最后一次交易价格。在《关于〈禁止价格欺诈行为的规定〉有关条款解释的通知》中所称"虚构原价",是指经营者在促销活动中标示的原价属于虚假、捏造,并不存在或者从未有过交易记录。促销活动中的虚构原价既包括对商品原价进行捏造,也包括在商品此前无交易记录的情况下使用"原价""原售价"等表述,误导消费者认为产品此前曾以标明的价格成交。

在北京福气连连文化传媒有限公司、北京吃客之家电子商务有限公司价格欺诈案[1]中,某直播平台账号"酒富盛名(發总)"进行带货直播,以998元的价格销

---

[1] 参见北京市市场监督管理局行政处罚决定书,京市监处罚〔2023〕137号。

售涉案商品"茅乡名家名作酒 梅兰竹菊一箱4瓶"。主播带货人员以某某商城平台店铺"酒印酒类旗舰店"同款商品的页面展示价（7980元）作为被比较价格进行展示，但实际上该商品并未在该电商平台上产生销售订单。当事人通过标示相差悬殊的价格，在直播时对比展示，以巨大的差价吸引消费者购买，存在被比较价格不真实准确的价格欺诈行为。当事人的上述行为违反了《价格法》《明码标价和禁止价格欺诈规定》等有关规定，北京市市场监督管理局依法对两家公司作出罚款30万元的行政处罚。

实践中对"原价"的理解存在较多误区。部分经营者错误地将商品上市之初的建议零售价或曾经短暂设定但无实际成交的价格视作原价，亦有经营者把其他地区、其他销售渠道甚至不同时期的高价交易信息不当地认定为本交易场所的原价。这些对原价的错误认知与操作均存在构成价格欺诈行为的潜在风险。在电商领域，"本交易场所"通常指特定的电商平台店铺页面或特定的网络销售渠道，这样能确保价格数据来源的一致性和可追溯性，避免商家通过跨平台或多渠道混淆价格信息，并且"原价"还需要具有交易票据作为证明。以某电商平台上的一家数码产品店铺促销售卖一款笔记本电脑为例，按照规定，其"本交易场所"就是该店铺在该电商平台的页面。若要确定这款笔记本电脑的原价，就需要查看在此次促销活动前7日内在该店铺页面上成交且有交易票据记录的最低交易价格。如果前7日内该店铺没有这款电脑的交易记录，那就以该次促销活动前该电脑在该店铺页面的最后一次交易价格作为原价。

这里值得注意的是，在实务中，往往经营者会连续开展多次连续且独立的促销活动，其"原价"是处在动态变化中的。经营者开展连续促销活动，首次促销活动中的促销让利难以准确核算到单个商品或者服务的，应当以首次促销活动中单个商品的结算价格作为计算下次价格促销活动时的原价。例如，某手机店宣传某款手机"今日促销4000元，原价5000元"，促销结束后马上又开启新一轮"7.5折"优惠活动。按照规定，"7.5折"的计算基础为7日内最低价格，即促销价4000元，那么此次优惠活动该手机的销售价格应为4000元的"7.5折"3000元，而不是以原来的5000元为基准的3750元。因此，经营者进行连续促销时，若宣称"原价"为被比较价格，应注意"原价"会因促销的变化而变化，要对最终销售价格进行及时变更。

为避免价格欺诈风险,经营者在价格促销活动中,要准确理解"原价"表述的法定含义,避免因概念理解有误而造成价格欺诈。在促销活动中,要掌握"原价"的禁止使用范围,若没有相应的实际销售记录,如新店开业或新品上市促销,就应尽量避免将日常销售的零售价标示为"原价""原售价""成交价",否则将构成"虚构原价"的价格欺诈行为,存在受到行政处罚的法律风险。如果在促销活动中确需通过价格对比来吸引消费者,建议采用"参考价""厂家指导价""厂家建议零售价"等字样。并且要进行商品零售价格变动记录,充分掌握商品零售价格的变动情况,还要建立价格监测机制,关注市场上同类型商品的销售价格,为价格促销活动的策划与执行提供数据支持。

(二)虚假优惠折价

虚假优惠折价是指经营者在促销活动中,标示的打折前价格或者通过实际成交价及折扣幅度计算出的打折前价格高于原价。虚假优惠折价的发生,一方面是因为经营者对"原价"的理解有误,如将促销活动前并未实际成交的标价作为原价,以此计算折后价格;另一方面则是因为有些经营者故意先涨价,再将涨价后的价格宣传为"原价",不符合原价必须是前7日内在本交易场所成交,有交易票据的最低交易价格这一要件。虚假优惠折价通过虚构被比较价格或错误呈现价格比较关系,严重违背了被比较价格应具备的真实性原则,构成对市场价格秩序及消费者权益的侵害。

在上海丽格鞋业有限公司涉嫌虚假优惠折价案[①]中,当事人在天猫设立"regal官方旗舰店",参加了天猫举办的"天猫春夏新风尚"活动,部分鞋类产品的价格为"新风尚"价,分别为850元、929元、829元。其中,在"限时限量85折"活动中,即上述三款产品以"新风尚"价格为基础打85折,折后价应分别为722.5元、789.65元、704.65元,而当事人相关商品在天猫网上的显示价格分别为723元、790元、705元,均高于85折后价。后来被监管机关认定为虚假优惠折价行为,被罚款1000元。

《规范促销行为暂行规定》第21条对经营者在促销活动中对商品进行折价和减价提出了合规要求,即经营者折价、减价,应当标明或者通过其他方便消费者认

---

① 参见上海市徐汇区市场监督管理局行政处罚决定书,沪市监徐处〔2019〕042019001589号。

知的方式表明折价、减价的基准。未标明或者表明基准的,其折价、减价应当以同一经营者在同一场所内,在本次促销活动前7日内最低成交价格为基准。如果前7日内没有交易的,折价、减价应当以本次促销活动前最后一次交易价格为基准。

电商经营者负有依法准确计算并清晰标明折后价格之义务,务必确保实际折扣幅度与所标示之优惠幅度相符,严禁出现实际折扣低于标示幅度之情形。在开展打折促销活动时,应将折扣商品、非折扣商品以及不同折扣幅度的商品予以显著区分,以明晰界限,杜绝任何混淆或误导消费者的侵权行为发生。若计划实施打折促销活动,则依规定至少在活动起始前7日内,须以"原价"实施销售行为且完成成交并开具发票,并妥善留存交易票据,以防止虚构原价合规风险。

(三)虚构特价

"特价"促销也是价格促销的常见方式之一。部分经营者企图通过不标注"特价"被比较价格来营造一种价格十分低廉、优惠力度极大的模糊印象,此情形易引发诸多法律风险与市场秩序隐患,可能导致消费者对商品真实价格优惠程度产生误解,涉嫌侵犯消费者的知情权。电商直播间的特价促销活动中,不标注被比较价格的情况较为常见。部分主播为了吸引消费者、提升直播间人气和销量,在宣传特价商品时故意不明确标注被比较价格,使消费者难以直观了解商品的真实优惠程度。这种在促销活动中单独声称"特价"的价格表示方式无依据或者无从比较,属于价格欺诈,常见的"表示无依据或无从比较"情形主要是指当次促销前商品的实际成交价格并不高于标称的特价价格。

法律责任方面,无依据的价格比较行为大概率会被认定为《价格法》第14条第4项规定的"利用虚假的或者使人误解的价格手段,诱骗消费者或者其他经营者与其进行交易"的不正当价格行为,依照《价格违法行为行政处罚规定》第7条的规定,行政机关可就价格欺诈行为处以经营者没收违法所得,并处违法所得5倍以下罚款的行政处罚;没有违法所得的,处以5万元以上50万元以下的罚款;如相关违法行为情节严重,经营者将面临停业整顿,吊销营业执照等行政处罚。

在北京原驰蜡象教育科技有限公司价格违法案[①]中,当事人在运营的抖音平

---

① 参见北京市市场监督管理局行政处罚决定书,京市监处罚〔2022〕168号。

台"北京尚德"店铺销售"〈双证取证+就业实操协议班〉正规授权单位权威颁发！"商品，该商品标示了4个递减式优惠价格：图片标示价格——"￥3580元，官方价：￥9940"；实际成交价格——"秒杀价￥2480，券后￥2474"。官方价：￥9940划线价为官方价，经过￥3580元、秒杀价￥2480递减式优惠后，最终以券后价￥2474成交（该价格为使用抖音商城发放的6元优惠券后价格）。其中，￥3580元作为被比较价，未标明该被比较价的详细信息，且该被比较价格高于2022年6月1日该商品销售以来当事人在该店铺所销售的所有13单的成交价格。该行为违反了《明码标价和禁止价格欺诈规定》第16条的规定，未明确标示被比较价格的详细信息，被罚款10万元。

另外，在上海炽然光电科技有限公司涉嫌违反价格欺诈案[1]中，当事人自2016年8月起在天猫平台上开设的"布雷科曼旗舰店"中销售一款"led灯泡7W节能灯泡螺口E27球泡螺旋高亮家用大功率照明"，该商品从上市起销售价格一直为68元，该商品在其网页上的价格标示为：专柜价136元，促销价68元（今日特价）。该店所售的该款商品所标的"今日特价"，该价格标示无依据，也无价格比较。当事人在上述价格行为中标示的灯泡的"专柜价"无相关证据支持证明，"专柜价"与"促销价"之间形成巨大的折扣优惠，诱骗消费者购买，构成"专柜价""一口价"无依据的价格欺诈行为，后来被罚款5000元。

因此，电商经营者慎重使用"特价""一口价""秒杀价""惊爆价""冰点价"等模棱两可且难以求证其真实含义的字眼。如要进行"特价"促销，应当标明或者通过其他方便消费者认知的方式表明折价、减价的基准。应依据合法合理的标准确定"特价"被比较价格，如按照促销活动前7日本交易场所内有交易票据的最低成交价格或特定的价格核算规则来确定原价。在直播及商品页面展示中，务必清晰、准确且显著地标注被比较价格、特价及折扣幅度等信息，不得故意模糊、夸大或虚假标注以误导消费者。同时，要确保所依据的交易数据真实可靠，有完整的交易记录与票据可供追溯查证。

（四）"最低价"宣传

诸多电商经营者热衷于宣称其商品或服务价格为全网最低、历史最低或特定

---

[1] 参见上海市浦东新区市场监督管理局行政处罚决定书，沪监管浦处字（2018）第152017013425号。

范围内的最低价,以吸引消费者眼球并激发其购买欲。某些不良商家为牟取不当利益,在缺乏充分依据或故意篡改数据的情况下,肆意标榜最低价,或虚构所谓的参考价格体系,或对价格比较范围进行模糊处理,甚至无视同行业其他合理定价,也扰乱了正常的市场价格秩序。

在直播间或电商详情页面中,时常会见到"全网最低价""史上最低价"的表述,这种宣传风险较高、证明难度大,不建议使用。首先,使用了绝对化用语,可能违反《广告法》;其次,可能违反《反不正当竞争法》第 8 条第 1 款的规定,构成作引人误解的虚假宣传;再次,也可能违反《价格法》,构成价格欺诈;最后,还可能违反《消费者权益保护法》,构成消费欺诈。

因此,电商经营者在促销活动中,对于"本直播间最低价""全网最低""全年最大力度的优惠"等宣传用语的运用需秉持高度审慎态度。此类宣传用语的使用应以获取品牌方确切承诺并持有相应真实有效的证据为前提条件,若无法证明,则应极力避免使用上述及类似表述,以免引发法律风险。即便持有品牌方的明确承诺,亦不可掉以轻心。

如果电商经营者一定要进行最低价宣传,则应先确定好价格比较基准,此基准或为原价,或为其他有依据的价格标准。要基于严谨的市场调研与成本核算,在特定时段或特定销售渠道内能够证实其价格的相对最低性。在宣传表述中,务必清晰、准确且完整地披露价格比较的范围、对象以及声称"最低价"所依据的数据来源,严禁模糊处理或故意误导消费者。同时,应持续监测市场价格动态,确保在宣传有效期内,所宣称的最低价真实有效且能够提供相应证明材料,如交易记录、价格监测报告等。若因市场波动等使得商品价格不再为最低,应及时停止相关宣传或予以修正说明,务必保证价格比较的真实性。

## 第四节 有奖销售的合规要点

有奖销售作为一种常见的促销手段,近年来在市场营销中被广泛运用。在现今电商发达的数字经济时代,尤其在节假日以及"618"和"双 11"这样的大型电商促销活动期间,已然成为有奖销售活动最为集中的时段。商家通过有奖销售激发了消费者的购买欲望,不仅提高了产品的销售量,还在一定程度上提升了品牌的知名度和影响力。然而,随着市场竞争的加剧和消费者权益保护意识的提高,有奖销售活动也面临着更加严格的监管和合规要求,部分经营者利用"游戏规则"中信息的不对等,损害了消费者的合法权益,这样势必带来很大的法律风险。

### 一、有奖销售概述

(一)有奖销售的概念

有奖销售是指经营者以销售商品或者获取竞争优势为目的,向消费者提供奖金、物品或者其他利益的行为。提供的奖金、物品或者其他利益必须是与经营者销售商品或者提供服务相关的利益行为,如果相关利益与销售商品或者提供服务没有关系,则不构成有奖销售。

经营者开展有奖销售的目的并不局限于销售商品、提供服务,根据《规范促销行为暂行规定》第12条的规定,经营者为了推广移动客户端、招揽客户、提高知名度、获取流量、提高点击率等,附带性地提供物品、奖金或者其他利益的行为,属于该规定所称的有奖销售。在互联网时代,经营者为了推广店铺,增加流量,常常采用附赠的方式,如消费者通过关注店铺,将商品加入购物车,即可获得抽奖机会,满减券,或者为了增加直播间的人气,获取流量而发放福袋。这些直播带货中为获取流量、提高点击率而附带性地提供物品、奖金或者其他利益的行为,以及"红包""优惠券""锦鲤""清空购物车"等促销名目均属于有奖销售规制的范畴。

(二)有奖销售的分类

有奖销售活动包括抽奖式有奖销售与附赠式有奖销售,抽奖式有奖销售是指经营者以抽签、摇号、游戏等带有偶然性或者不确定性的方法,决定消费者是否中奖的有奖销售行为;附赠式有奖销售行为是指经营者向满足一定条件的消费者提供奖金、物品或者其他利益的有奖销售行为。两者有很大的不同,抽奖式有奖销售重在强调中奖概率的不确定性,无论是采用抽签、摇号还是游戏的方式,每个人的中奖概率都不确定;而附赠式有奖销售是以消费者满足商家设定的条件为前提,只有满足了条件才能获得商家提供的利益。

## 二、有奖销售的合规要点

### (一)禁止信息不明确的有奖销售行为

《反不正当竞争法》第 10 条第 1 项规定,"经营者进行有奖销售不得存在下列情形:(一)所设奖的种类、兑奖条件、奖金金额或者奖品等有奖销售信息不明确,影响兑奖"。《规范促销行为暂行规定》第 13 条第 1 款规定,经营者在有奖销售前,应当明确公布奖项种类、参与条件、参与方式、开奖时间、开奖方式、奖金金额或者奖品价格、奖品品名、奖品种类、奖品数量或者中奖概率、兑奖时间、兑奖条件、兑奖方式、奖品交付方式、弃奖条件、主办方及其联系方式等信息,不得变更,不得附加条件,不得影响兑奖,但有利于消费者的除外。具体而言,包括以下几点。

1. 直播中要明确向消费者告知有奖销售活动的起止时间

避免不明确的表述,如采用"即日起"或未精确到分秒的时间表述对外展示。主播口播或是在直播背景、直播页面、购物链接显著标示活动的起止时间,具体标示方式应精确到秒,如"本次促销活动从 2024.11.01 00:00 开始到 2024.11.12 00:00 止",并要按促销时间严格履行承诺,避免消费者对活动时间产生歧义从而遭到投诉举报。

在百丽电子商务(上海)有限公司违反有奖销售有关规定案[1]中,当事人于 2019 年 9 月 24 日—27 日在天猫官方旗舰店开展有奖销售活动。活动开始前,该公司在店铺微淘上发布数条关于本次有奖销售活动的宣传信息,如"#924 欢聚日";在天猫旗舰店铺首页对外公示宣传图片,内容如下:"0—1 点赢 iPhone11,9 月 24 日 0 点开抢,立即加购。"市场监督管理部门责令其停止违法行为,并处以罚款 8 万元。

2. 明确奖品的详细信息

具体包括物品的种类、品名、规格、型号、数量、价格或奖金金额、中奖概率等。直播中直播团队可以用文字、图片或实物展示的方式,对赠送的或将要抽取的商品或服务的详细信息进行明确告知,如商品是正装还是小样、是否是同一品

---

[1] 参见上海市徐汇区市场监督管理局行政处罚决定书,沪市监徐处〔2020〕042019002153 号。

牌等信息都要进行明确说明，以免引起消费者误解。

在直播中不仅要明确告知奖品的具体内容，也要说明奖品的品名、数量。至于奖品的价格标示可灵活处理：如果标示奖品的价格或价值的，应当标示奖品在同一营业场所当前销售价格；如果不标示价格，则至少标示品名、数量；如果采取返还有价赠券或者积分返利等方式开展促销活动，有价赠券或者积分返利附加了使用条件，也需要在赠券或者经营场所显著位置明确标示。

对于直播中容易出现奖品价格是浮动的，具体奖品在不同渠道的销售价不同。此时主播可以以"特定时间的官网或者官方旗舰店的售价"作为公示的参考，并加以注明时间点，进而能够对应到特定的价格，不影响兑奖。

对于特定的奖品，如到直播间的明星的签名照等无可参考的同期市场同类产品，标注奖品价格存在困难的情况，需要尽可能做到有条件公示的全部公示。若存在客观上计算具体价格的障碍，应向消费者说明具体情况，包括不能公布奖品价格的原因。同时对奖品相关信息必须予以详细阐明，如大小、样式、规格、种类等，必要时可以附上相应照片加以说明，以确保能够使得消费者准确可得到的具体奖品，确保该奖品的确定。

在上海欢橙餐饮管理有限责任公司涉嫌有奖销售信息不明确案[①]中，当事人于2021年4月20日在其微信公众号"果之满满"上发布抽奖活动推文"百分百中奖！"活动奖项设有"一等奖：280元果汁卡，二等奖：牛油果King果汁一杯，三等奖：牛油果公仔钥匙扣"。因奖品数量以及各奖项中奖概率、奖品价格没有明确公布而被处以罚款5万元。

3. 明确告知消费者参与有奖销售的条件与方式

参与有奖销售的条件主要是对消费者设置活动门槛，如需购物满×××元、须购买特定商品或服务、须分享/转发至×××人等，还有一些限制条件，如是否允许同一用户使用多个账号参与活动，同一用户的认定方式是否可以为同一手机号码、同一或近似地址、同一IP、同一邮箱等。同时，经营者及电商平台要适当制定、设置一些防外挂规则及技术措施，如在有奖销售活动规则中告知用户不得使用辅助程序等非人为操作方式或利用平台技术漏洞等方式参与活动，否则将取

---

① 参见上海市浦东新区市场监督管理局行政处罚决定书，沪市监浦处〔2021〕152021001600号。

消中奖资格。

在上海双立人亨克斯有限公司涉嫌进行违法有奖销售活动案[①]中,当事人在微信公众号上发布了一篇文章,主要介绍该公司的巴拉利尼不粘锅,该文章末尾附有一个"有奖互动",内容为:"自己做饭时有没有最怕糊锅的美食？做菜翻车记录可以在评论区集合了哦。晒翻车不尴尬,截至9月7日中午12:00,有机会送你一口优秀的巴拉利尼不粘锅,回家重新挑战这道美食吧。"市场监督管理部门查明:该有奖销售互动活动中未对"有机会"进行解释说明,属于未公布参与条件及参与方式,同时,该有奖互动活动也未公布中奖名额以及如何确定中奖人员的摇奖机制等信息。后市场监督管理部门责令当事人停止违法行为,并处罚款5万元。

4. 明确奖品的开奖时间、兑奖时间、兑奖方式、奖品交付方式、弃奖条件

直播中需要对开奖兑奖的关键信息予以告知,如有特殊情况,要明确说明。例如,某些地区不可邮寄、奖品快递费用需由中奖者自行承担等情况。

在西安市雁塔区学而思课外培训学校有限公司违法有奖销售案[②]中,当事人为了吸引老学员继续参加培训,在该公司微信公众号公布了"学霸锦鲤""续报锦鲤""直播互动礼物雨"有奖销售活动,但未在有奖销售前明确公布奖项种类、开奖方式、奖品价格等,有奖销售信息不明确,违反了《反不正当竞争法》第10条第1项"经营者进行有奖销售不得存在下列情形:(一)所设奖的种类、兑奖条件、奖金金额或者奖品等有奖销售信息不明确,影响兑奖"和《规范促销行为暂行规定》第13条第1款"经营者在有奖销售前,应当明确公布奖项种类、参与条件、参与方式、开奖时间、开奖方式、奖金金额或者奖品价格、奖品品名、奖品种类、奖品数量或者中奖概率、兑奖时间、兑奖条件、兑奖方式、奖品交付方式、弃奖条件、主办方及其联系方式等信息,不得变更,不得附加条件,不得影响兑奖,但有利于消费者的除外"的规定,被责令停止违法行为并处以275,000元罚款。

另外,还需注意的是,有奖销售活动尽量避免通过第三方开展,尤其是由主办方无法控制的第三方进行兑奖,以免造成中奖者实际无法兑奖或兑奖困难的情况

---

① 参见上海市闵行区市场监督管理局行政处罚决定书,沪市监闵处〔2022〕122021010292号。
② 参见西安市市场监督管理局行政处罚决定书,西市监罚〔2021〕0168号。

出现。如果向消费者提供的虚拟奖品需要向第三方兑换的,还应当公布第三方的名称、兑换地点或者兑换途径,如提供会员权益兑换,应该告知消费者具体的兑换步骤,避免影响消费者成功兑奖。

5. 设置权益类等虚拟奖品时须公布详细规则

如果有奖销售的奖品是虚拟奖品,如积分、礼券、兑换券、代金券等形式,应当在直播中公布具体详细的兑换规则、使用范围、有效期限以及其他限制性条件,不能只是简单告知消费者有奖销售的活动内容,如"买1000送100",需要公布详细的兑换和使用规则,如是否指定商家可用、是否需要消费到一定金额才能使用、是否一次只能使用一张、是否可当次购物抵扣等。如果没有披露这些信息,也是一种信息不明确、影响兑奖的违法情形。

在平安健康互联网股份有限公司上海分公司有奖销售违法案[①]中,当事人为了推广平安好医生App,开展有奖销售活动,发布"走2000步每天领6元,新人可领186元""新用户注册直接送206元""立即下载天天领6元""下载立得6元""平安好医生步步夺金计步器,每天走2000步,我给你发6元红包"等推广内容。但是消费者下载平安好医生App后参与步步夺金有奖活动,实际领取的奖励金(红包)为可在App平台上购买商品时用于抵扣的等值健康金,并非等值人民币,健康金类似抵用券,但经营者没有进行解释说明,导致消费者误解,也造成部分消费者未能及时领到相关奖励金。该公司的行为违反了《反不正当竞争法》第10条,"经营者进行有奖销售不得存在下列情形:(一)所设奖的种类、兑奖条件、奖金金额或者奖品等有奖销售信息不明确,影响兑奖"的规定,最后被责令停止违法行为,并罚款2万元。

6. 明确有奖销售活动主办方名称及联系方式

消费者在参与有奖销售活动过程中遇到问题,如奖品发放有误、规则不清晰等,需要及时联系主办方进行沟通和解决。因此,在直播中需要明确有奖销售活动主办方名称及联系方式,这也体现了活动的公正性和公开性,可以增强消费者对活动的信任度。

直播中可以在直播画面固定区域显示,如在直播屏幕的角落(右上角、左下角

---

① 参见上海市嘉定区市场监督管理局行政处罚决定书,沪市监嘉处〔2020〕142019002014号。

等位置）持续显示，以文字形式标明主办方名称和电话、邮箱等联系方式。文字的字体、大小、颜色要确保一定的清晰度和辨识度，避免被直播界面其他元素过度遮挡；也可以以主播口播的方式介绍有奖销售活动规则，多次（至少两次，开头和中间某个环节）清晰地说出主办方名称和联系方式，并且提醒观众注意；还可以在直播过程中，在特定时间（如活动开始、奖品升级等节点）弹出一个带有主办方名称及联系方式的提示框，停留数秒确保观众能看到；如果直播平台支持，在直播界面可以设置一个专门的"活动详情"按钮，点击可以弹出一个页面，页面上明确写有主办方名称、联系电话、电子邮箱、联系地址等；亦可以安排专人在直播过程中将主办方名称和联系方式以评论形式发布，并通过管理员权限等方式将该评论置顶显示。

此外，还需要注意的是，不得在有奖销售中宣传最终解释权归主播或商家所有，这会被认定为侵犯消费者权益的"霸王条款"。

7. 不得随意变更已公布的有奖销售信息，做不利于消费者的变更

消费者通常会基于直播中公布的有奖销售信息来决定是否参与活动，如果主办方擅自变更已公布的有奖销售信息且对消费者不利，则会损害消费者的预期利益，同时也违背了市场交易的公平性和诚信原则。

在深圳市快易典教育科技有限公司不正当有奖销售案[①]中，当事人于2020年5月18日至9月30日开展了"打卡全额返"促销活动，并在微信公众号发布了活动规则和兑奖条件。2020年5月21日当事人单方面修改了《打卡活动用户协议》，增加了不利于用户兑奖的条款。2021年3月25日当事人开始按照擅自修改后的协议，设置系统程序审核用户兑奖资格，单方面将用户跨年级学习、跨学段学习、上学期间打卡、上学期间学习等情形认定为虚假提供资料骗取退款，取消用户兑奖资格。当事人修改规则、增设条件、增加兑奖难度、取消兑奖资格的一系列影响用户兑奖的行为违反了《规范促销行为暂行规定》《反不正当竞争法》的规定；最后被市场监督管理部门责令停止违法行为，处罚款40万元。

主办方应谨慎制定有奖销售规则和信息，充分考虑各种可能的情况和风险，

---

[①] 参见《省市场监管局举办第二期广东省反不正当竞争执法大讲堂活动》，载广东省市场监督管理局网2022年1月12日，http://amr.gd.gov.cn/zwdt/xwfbt/content/post_3757904.html。

确保规则清晰、明确、合理，避免后续需要进行不利变更；若确实因不可抗力或其他正当原因需要变更有奖销售信息，应及时、公开、透明地向消费者说明，并提供合理的解决方案；设立专门的客服渠道，及时处理消费者对于有奖销售信息变更的咨询和投诉。

总而言之，主播需要格外注意公布有奖销售的详细信息，由于屏幕大小、播出时长的限制，直播往往很难对法律所要求罗列的各项逐条予以详细阐明。实践中较好的做法是对于抽奖单独开具相关商品链接，在链接中予以具体阐明，以文字形式表述，而非仅通过主播口头宣读的方式。

(二) 抽奖式有奖销售的最高金额不得超过 5 万元

巨额奖金或其他形式的高价值物品或服务是吸引消费者参与消费与抽奖的重要手段。《反不正当竞争法》及《规范促销行为暂行规定》中均对抽奖式有奖销售的最高金额进行了严格限制，即最高奖的金额不得超过 5 万元，也就是说，无论奖品属于何种形式，只要是采用抽奖式有奖销售，均要注意避免奖金超过 5 万元。

例如，实务中很多房地产开发商开展"砸金蛋抵扣房款"的促销活动，虽然形式上类似于《价格法》上的"折扣"，但仍然属于抽奖式有奖销售，应避免抵扣放款价值高于 5 万元；又如，大促活动中的"清空购物车"抽奖活动，应当避免构成实际抵扣房款价值高于 5 万元的情形；再如，某知名主播曾在直播间里发 30 万元红包，由于操作失误，仅设置成 6 人抢，前一、二名一个 7 万多元，一个 6 万多元，都超过了 5 万元。根据《反不正当竞争法》第 10 条的规定，抽奖式的有奖销售，最高奖的金额超过 5 万元，所以这种情况也是违法的。

为了准确认定 5 万元的数额，《规范促销行为暂行规定》中明确列举了抽奖式有奖销售最高奖的金额超过 5 万元的情形：

1. 最高奖设置多个中奖者的，其中任意一个中奖者的最高奖金额超过 5 万元。

2. 同一奖券或者购买一次商品具有两次或者两次以上获奖机会的，累计金额超过 5 万元，如一张奖券或者一张购物付款单，有多次抽奖机会的，多次抽奖机会所抽中的奖金金额累加在一起超过 5 万元的。

3. 以物品使用权、服务等形式作为奖品的，该物品使用权、服务等的市场价格超过 5 万元。抽奖式有奖销售中最常见的作为奖品的商品使用权就是汽车使用权、房屋使用权,该商品使用权的市场价格如何计算?以汽车使用权为例,通常会以汽车的租赁价格为标准对汽车使用权的市场价格进行计算。

在中山市金沙实业股份有限公司不正当有奖销售案[1]中,当事人通过关联企业的微信公众号、微博账号、微信小程序等平台开展"全民嗨翻1元好房活动"进行抽奖式的有奖销售活动,奖品设置为"时代小满1套房子的10年使用权"。活动中有人中奖,当事人按照"告知书"的约定向中奖用户兑付了奖金78,000元,也就是说,商家把房屋的10年使用权折算成市场价值78,000元,并付现金给中奖者,最高奖金额已超过5万元,违反了《反不正当竞争法》第10条第3项的规定,构成不正当有奖销售行为。依据《反不正当竞争法》第22条的规定,执法机关责令当事人立即停止违法行为,并处罚款5万元。

4. 以游戏装备、账户等网络虚拟物品作为奖品的,该物品市场价格超过5万元。

5. 以降价、优惠、打折等方式作为奖品的,降价、优惠、打折等利益折算价格超过5万元。

6. 以彩票、抽奖券等作为奖品的,该彩票、抽奖券可能的最高奖金额超过5万元。要提醒注意的是,这里是以彩票、抽奖券的可能奖金,而并非彩票、抽奖券的购买价值作为判断标准。

7. 以提供就业机会、聘为顾问等名义,并以给付薪金等方式设置奖励,最高奖的金额超过5万元。

(三)禁止欺骗性有奖销售

1. 禁止谎称有奖

谎称有奖的具体情形包括以下几种:(1)虚构奖项、奖品、奖金金额等;(2)仅在活动范围中的特定区域投放奖品;(3)在活动期间将带有中奖标志的商品、奖券不投放、未全部投放市场;(4)将带有不同奖金金额或者奖品标志的商品、奖券按不同时间投放市场;(5)未按照向消费者明示的信息兑奖等。

实践中,有的活动主办方为了人为控制活动的进度或中奖的节奏,避免大奖过早地被抽走而影响整个活动效果,仅在特定区域或分时间段投放奖品或奖券,

---

[1] 参见广州市越秀区市场监督管理局行政处罚决定书,穗越市监处字〔2021〕159号。

这种行为即属于谎称有奖。为避免落入"谎称有奖"的范畴,要确保不同地区和不同时间段之间抽奖的独立性,保证消费者的知情权。

在上海勇王包装制品有限公司不正当有奖销售案[①]中,2019年11月11日,即"双11"期间,当事人在天猫网店"烤乐仕旗舰店"开展"宠粉福利,仕不可挡"会员大转盘抽大奖活动,活动中在抽奖精灵页面仅对抽奖条件及兑奖方式作了说明,未明确活动时间及中奖概率,影响兑奖。当事人设置的奖项为一等奖到七等奖,但在所有抽奖条件中均将一等奖到四等奖的中奖概率设置为0%,虚构了一、二、三、四等奖的奖项,消费者实际只能抽中五、六、七等奖。当事人因采用谎称有奖的方式进行有奖销售,被上海市松江区市场监督管理局罚款8万元。

2. 不得内定人员中奖

经营者进行有奖销售不得采用让内部员工、指定单位或者个人中奖等故意让内定人员中奖的欺骗方式。内定人员既可以是公司的内部员工、也可以是指定的单位或者个人。这种方式提前选定中奖者,打破了抽奖式有奖销售中中奖概率的不确定性,属于欺骗性有奖销售行为。

在上海学而思教育培训有限公司涉嫌不正当竞争案[②]中,"上海学而思"微信公众号上曾发布"全面成长新学年,领2021暑秋续报成长奖学金"活动,以参加在线大转盘抽奖的有奖销售方式促进老学员续报下一季课程,共计投放了价值12万元的优惠券。当事人在活动抽奖程序的源代码中设置条件,故意让提前选好的有意向续课的学员中奖,导致活动的中奖奖项不随机、中奖概率不随机,与对外公布的抽奖活动规则及信息不一致,欺骗了消费者,使其对中奖奖项、中奖概率产生了错误的认知。

执法机关认定,当事人的上述行为违反了《反不正当竞争法》第10条第2项:"经营者进行有奖销售不得存在下列情形:……(二)采用谎称有奖或者故意让内定人员中奖的欺骗方式进行有奖销售"的规定,根据《反不正当竞争法》第22条"经营者违反本法第十条规定进行有奖销售的,由监督检查部门责令停止违法行为,处五万元以上五十万元以下的罚款"的规定,责令当事人停止违法行为并罚

---

① 参见上海市松江区市场监督管理局行政处罚决定书,沪市监松处〔2020〕272020000113号。
② 参见上海市杨浦区市场监督管理局行政处罚决定书,沪市监杨处〔2021〕102021000324号。

款 35 万元。

（四）现场即时开奖须及时公示

在现场即时开奖的有奖销售活动中，对超过 500 元奖项的兑奖情况，应当随时公示。商家通过网络形式开展有奖销售，如果符合"即时开奖"的情形，如直播销售前的"红包雨"，若存在红包金额超过 500 元的情形，应及时公布中奖结果。

（五）禁止将质量不合格的产品作为奖品/赠品

《零售商促销行为管理办法》第 12 条规定：零售商开展促销活动，不得降低促销商品（包括有奖销售的奖品、赠品）的质量和售后服务水平，不得将质量不合格的物品作为奖品、赠品。

消费者虽然没有对赠品支付对价，但赠品是基于消费者购买其他商品而得到的，赠品也大多计入销售成本中，因此应当受到《消费者权益保护法》及《产品质量法》的约束。在赠品与所购商品为同一商品种类的情况下，如发生质量安全问题，造成消费者损害，消费者有权选择由销售者承担违约责任或者侵权责任；同时也可以要求生产者承担侵权责任。在赠品和所购买的商品为不同商品种类的情况下，赠品发生质量安全问题，造成消费者损害的，消费者不仅可以要求销售者承担违约或者侵权责任，也可以要求赠品的生产者对此承担侵权责任。

主播在选品谈判时不仅需要与品牌方针对商品予以明确的约定，还应当在合同中针对赠品、奖品质量予以约定，避免出现诸如将质量不合格的物品作为奖品、赠品的情况，具体涉及以下三点：(1) 经营者在促销活动中提供的奖品或者赠品必须符合国家有关规定，尤其注意产品的标签标识必须符合法律规定，实践中一些企业以定制类商品作为奖品时，尤其应当注意该类风险；(2) 不得以侵权或者不合格产品、国家明令淘汰并停止销售的商品等作为奖品或者赠品；(3) 不得使用应当通过特定方式流通的产品作为奖品或赠品，例如，根据《药品经营和使用质量监督管理办法》《药品网络销售监督管理办法》相关规定，药品生产、经营企业不得以搭售、买药品赠药品、买商品赠药品等方式向公众赠送处方药或者甲类非处方药。

在欧缇丽（上海）化妆品有限公司促销违法案[①]中，当事人在天猫平台欧缇丽官方旗舰店开展购买"欧缇丽葡萄籽肌底液赋颜肌活精华 30ml"赠送"欧缇丽葡

---

[①] 参见上海市静安区市场监督管理局行政处罚决定书，沪市监静处〔2021〕062020000907 号。

萄籽赋颜肌活精华液（赠品）10ml" 1 支的促销活动，其中提供的"欧缇丽葡萄籽赋颜肌活精华液（赠品）10ml"的产品限用使用日期为 2020 年 6 月 28 日，至上述促销活动开展时已超限用使用日期。当事人的行为违反了《零售商促销行为管理办法》第 12 条的规定，构成了开展促销活动时将质量不合格的物品作为赠品的违法行为，被上海市静安区市场监督管理局罚款 4000 元。

综上，有奖销售活动中，奖品或赠品虽然表面上是消费者无偿获得的，但本质上仍然是商品，商家仍应对奖品或赠品的瑕疵承担责任。

（六）禁止违规兑奖

当消费者参与了有奖销售活动，满足了一定条件，获得了奖品或赠品，活动主办方就应当履行承诺，向中奖者发放奖品或赠品。但实践中，有些主办方存在违规兑奖的情况，如少兑、晚兑甚至不兑，还有的进行虚假兑奖、中此发彼，欺骗消费者。

# 第七章

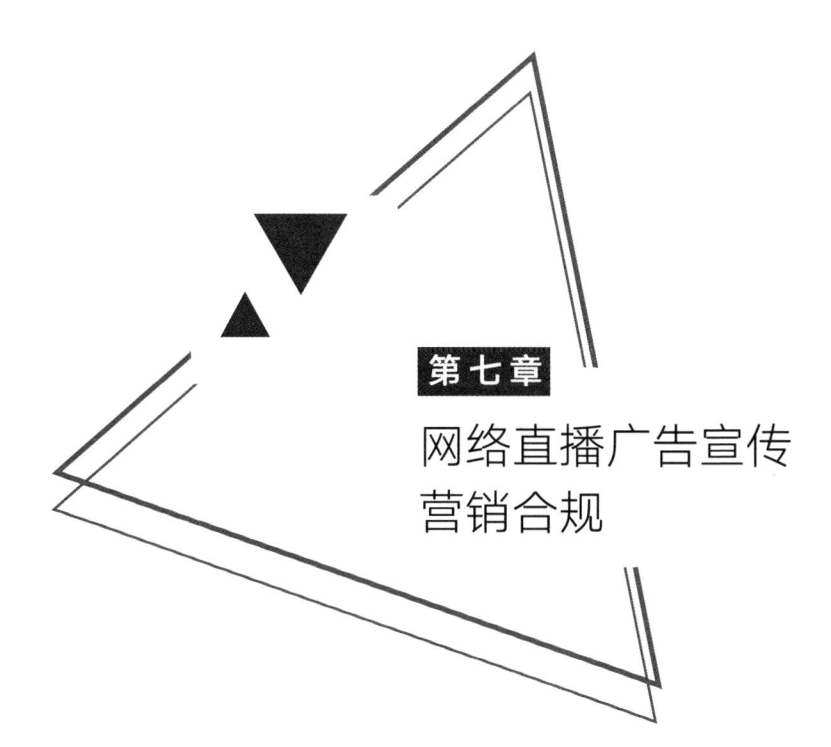

## 网络直播广告宣传营销合规

随着互联网技术的蓬勃发展以及人们消费模式的改变，直播营销模式发展得非常迅猛。网络直播作为数字经济的重要业态，在助力消费增长方面发挥着积极的推动作用，以其便捷性强、曝光率高、受众广的特点迅速成为各品牌商家青睐的营销方式，通过直观展示商品以及实时互动等形式，为消费者带来了全新的消费体验。然而，由于直播营销属于新兴发展模式，具有模式新、主体多、流量大、频次高等特点，目前存在一些亟须规范和完善的地方，也为该行业带来了一系列新的消费维权问题。

北京阳光消费大数据研究院、北京工商大学新商业经济研究院、中新经纬研究院和消费者网共同发布的《直播带货消费维权舆情分析报告（2023）》的数据显示，涉及虚假宣传问题的舆情数据最多，占比达到了38.97%，这说明虚假宣传仍然是直播营销的主要问题，值得引起直播营销各参与主体的重视。

广告作为链接品牌与消费者的桥梁，重要性不言而喻。消费者可以通过广告了解新产品、新服务的特点、功能、价格等关键信息，从而为作出购买决策提供依据；对于品牌商来说，广告也有助于提高品牌知名度，塑造品牌形象，通过广告传达品牌的价值观、个性和定位，在消费者心中建立起独特而清晰的品牌形象。但品牌商在进行广告宣传时，如果策略不当，违法违规，轻则面临警告、小额罚款等行政处罚，重则面临巨额罚款，甚至涉及虚假广告罪等刑事犯罪，将严重损害品牌形象，导致商誉受损。目前不少职业举报人将广告违规作为重要的投诉举报事项，并向企业主张赔偿补偿，导致企业不胜其烦。因此，作为企业经营者应当高度重视广告合规的重要性，才能让企业在长期的市场竞争中稳健发展。同时，直播营销中的广告合规是直播领域中必须重视的关键环节，对于行业的健康发展、消费者权益保护以及企业品牌声誉的维护都具有不可忽视的重要作用。

## 第一节　直播广告营销概述

直播营销活动兼具"电子商务+宣传促销+导购卖货"等特点,商家、主播、消费者参与直播的直接目的就是交易,在直播营销中,品牌及商品宣传的成分会被弱化,主要通过主播与消费者互动的形式介绍商品的性能、用途以及优惠的价格等,类似把线下的导购场景搬运到了线上,使直播营销体现了更多的"交易"特征,所以,不能将直播内容简单认定为商业广告。主播在宣传品牌或商品的时候所介绍的内容,既包含商品的必要客观描述,如名称、规格、成分、用途等,也会包含一些主观的推荐和评价性语言,不同的内容会有不同的法律性质,由不同的法律法规进行规制。

治理直播带货中的虚假广告宣传乱象,通常适用的是《反不正当竞争法》和《广告法》。相对而言,《广告法》的管制力度更大。直播营销中的宣传内容是否属于商业广告,是否应适用《广告法》? 国家市场监督管理总局发布的《关于加强网络直播营销活动监管的指导意见》(以下简称《网络直播指导意见》)规定:直播内容构成商业广告的,应按照《广告法》的规定履行广告发布者、广告经营者或广告代言人的责任和义务。由此可以看出,一方面,国家市场监督管理总局对直播营销适用《广告法》持肯定态度;另一方面,相关部门认为直播营销并不当然接受《广告法》规制,而是应根据行为性质来判断,属于商业广告才选择性地适用《广告法》;如不属于,则应接受其他法律法规的规制如《反不正当竞争法》。因此,区分直播营销是否为商业广告是非常有必要的。

### 一、直播广告的适用场景及认定

直播带货通常包括主播展示产品、介绍产品功能、使用体验、价格优惠等行为,甚至直接引导观众购买。这些行为中,有些可能属于广告,有些可能属于一般的销售行为。法律对广告行为有明确的监管要求,对于发布虚假广告等违法行为设定了具体的行政处罚甚至刑事处罚的规则,因此对于直播带货的相关经营者而言,了解和明确区分哪些具体行为会被法律认定为广告,通过明示标识、内容审核、合规合同等方式规避风险具有重要意义。

（一）直播广告的适用场景

根据《广告法》《互联网广告管理办法》的相关规定，广告是商品经营者或者服务提供者通过一定媒介和形式直接或者间接地介绍自己所推销的商品或者服务的商业广告活动。可见，广告行为通常具有以下要素特征：(1)以直接或间接推销商品或服务为目的，存在付费推广、佣金分成、免费获赠产品等商业利益关系；(2)利用网站、网页、互联网应用程序等互联网媒介进行传播，以文字、图片、音频、视频等形式为载体；(3)包含产品功能宣传、价格优惠引导、购买链接推广等推销性质内容。结合以上特征，直播广告的适用场景包括以下几个方面。

1. 直播过程中的信息流广告，通常指出现在直播平台"推荐"页面内的广告，比如在用户正常浏览视频时，右下角带有"广告"二字的内容；或在显著位置展示、推荐直播间或直播内容等，以引导用户关注或进入相关直播间。

2. 直播间宣传展板、卡台文案、背景布置、图文介绍中的内容，具有推荐商品或服务的宣传性广告语。

3. 直播间的广告宣传片，即在直播过程中播放的品牌方、直播间的宣传视频。

4. 主播直播中对商品或服务的口头介绍、演示、试用时，使用的商品或服务必要信息之外的，带有主观评价性的、赞美性的话术或宣传语等具有广告性质的内容。

5. 对直播录屏、截屏或同时附有文字直播内容或者购物链接进行再次宣传的内容。

此外，直播营销中虽未直接呈现广告信息但直播间摆有商品的样品或货架，是否构成广告需要综合考虑直播时间长短、摆放品类、数量、直播方式等情况。

（二）直播广告的认定要件

直播营销虽有多种适用场景，但内容是否构成商业广告，归根结底还是要结合《广告法》中关于商业广告认定的四要件逐一判断和考察。

根据《广告法》的规定，商业广告就是指商品经营者或者服务提供者通过一定媒介和形式直接或者间接地介绍自己所推销的商品或者服务的商业广告活动。其中，"商品经营者或者服务提供者"是商业广告的主体要件；"通过一定媒介和形式"是商业广告的形式要件；"直接或者间接地介绍"是商业广告的行为要件；"推销的商品或者服务"是商业广告的客体要件。因此,认定直播内容是否属于商业广告可从以上四个方面进行认定。

1. 主体要件

商业广告的主体要件为商业广告的特定受益者及委托主体,即广告主。根据《互联网广告管理办法》的规定,商品销售者或者服务提供者通过互联网直播方式推销商品或者服务,构成商业广告的,应当依法承担广告主的责任和义务。在直播广告中,广告主为了推销其商品、服务或者传达特定信息,发起并主导着直播广告活动。要判断直播内容是否为直播广告,首先需要明确是否存在具有商业利益的特定受益者和相应的委托主体。

若主播并未受托于特定广告主,直播内容不是向观众推销商品,直播目的也不是促进特定商品或服务的交易,而是单纯以"好物分享""好物推荐"等形式分享自己使用过的产品或服务的使用心得,进而吸引粉丝关注,增加账号流量,其中并不存在特定"广告主"及直播活动所指向的广告服务委托主体,这种情况不会被认定为商业广告。

2. 形式要件

商业广告的形式要件为通过一定媒介和形式。直播广告作为互联网广告的形式之一,必须通过互联网媒介,如网站、网页、互联网应用程序等,以文字、图片、音频、视频或其他形式展现。[①] 常见的媒介和形式包括:直播平台、主播的口头表述、主播的展示和演示、直播间中的弹幕、滚动字幕、商品详情页的文字描述、直播间内的购买链接、优惠券图标、直播间背景布置和道具等。

在实际执法过程中,有些情况下,市场监督管理部门认为某些直播带货行为未构成通过一定媒介和形式直接或者间接地介绍自己所推销的商品或者服务,即未满足商业广告的构成要件时,其将根据《反不正当竞争法》将该行为认定为商业宣传行为并进行相应的处理。

在上海飞象健康科技有限公司涉嫌发布违法广告案[②]中,上海飞象健康科技有限公司在天猫商城开设"倍至旗舰店"销售冲牙器。当事人委托某主播于2021

---

[①] 参见《互联网广告管理办法》第2条。
[②] 参见上海市闵行区市场监督管理局行政处罚决定书,沪市监闵处〔2022〕122021005086号。

年 2 月 21 日 20：50～24：00 在天猫平台进行了直播销售。直播销售的商品是倍至胶囊冲牙器，型号为 A30/A31/A32，直播到手价为 349 元。该主播在直播中使用了"……他是洁碧的孩子，就叫倍至。洁碧不是冲牙器类里数一数二的吗？但他出了一个倍至……"等宣传用语。经查明，上海飞象健康科技有限公司自主研发销售的"倍至冲牙器"商品与"洁碧"品牌无直接关系，并且该公司与经营"洁碧"品牌的公司也没有直接关系。上海飞象健康科技有限公司不存在对该主播的直播活动进行录制并将录像通过销售页面等渠道进行播放推广的行为。后上海市闵行区市场监督管理局认定上述直播活动构成了虚假宣传，根据《反不正当竞争法》对该公司处以罚款 5 万元。

该案中，主播在直播中对产品的介绍存在虚假宣传，但执法部门未将该违法行为认定为虚假广告，主要是因为当事人不存在对该网络直播活动进行录制并将录像通过销售页面等渠道进行播放推广的行为，不满足商业广告认定的形式要件，即直播带货行为未构成通过一定媒介和形式直接或者间接地介绍自己所推销的商品或者服务，因此未被认定为商业广告，而是按照《反不正当竞争法》将该行为认定为虚假宣传，并进行处罚。

3. 行为要件

商业广告的行为要件为直接或间接地介绍。商业广告的方式多种多样，既可以采取直接的方式进行商品介绍，如直接在直播间进行商品或服务的名称、品牌、功能、优势的推荐；也可以通过赞美企业形象来促使消费者对企业产生信赖；或者采用比较含蓄的知识介绍、体验分享、消费测评等形式间接地推销商品。直播间"种草"、分享好物的直播形式逐渐成为常见营销方式。这意味着，无论是明示还是暗示，只要直播内容涉及商品或服务的推销，并且意图促进商品或服务的销售，这种行为就可能被认定为商业广告。

根据《互联网广告管理办法》第 9 条的规定，测评种草类推文是否被认定为商业广告的关键在于是否附加购物链接等购买方式。但实践中有的种草类广告虽然没有附加购物链接，也可能构成商业广告，例如，在直播中附加具有销售引流效果的信息，如商家的门店地址、订购电话、微信、网址、二维码等，也会被认定为商业广告。同时，如果广告主与主播之间存在直接或间接交易关系，或者存在其他的合作等，未附加购物链接的合作内容仍可能被认定为商业广告。

在上海草润生物科技有限公司直播中发布违法保健食品广告案[①]中,2020年5月,上海草润生物科技有限公司通过"看点直播"平台宣传其销售的"矿宝牌矿物元素口服液",宣称"原料天然""有消炎的作用""喝了三个月,怀孕了"等内容,并多次现场展示矿宝产品。市场监督管理部门依据《广告法》的规定,责令当事人停止发布广告,并处罚款15万元。该案中,当事人以直播为广告形式对矿宝产品进行虚假宣传,当事人虽未直接在直播过程中销售产品,但大量宣传产品疗效以及指导观众服用产品。考虑到当事人进行直播的主观目的等因素,市场监督管理部门最后认定涉案直播内容为广告,并按相关法律作出行政处罚。从此案例中可以看出,直播中"上链接"并非认定广告的必要条件。根据《广告法》的规定,广告也包括"间接地推销商品或者服务",在直播中虽未直接推销商品或服务,仅营销品牌,但营销品牌的目的也是最终指向商品或服务,所以也有可能会被认定为是广告宣传。

4. 客体要件

商业广告的客体要件为推销的商品或者服务。对于客体要件的认定,关键在于该产品是否在直播中被作为推广和销售的对象。例如,在一场直播中,主播详细介绍了一款新上市的智能手机的各项参数和功能,并提供购买链接,那么这款手机就是被推销的商品。如果在直播营销中还出现了其他产品,但未直接出现该产品的相关广告信息,则需要根据直播情况综合判断是否构成广告。

(三)直播营销中不认定为广告的情形

1. 法定向消费者展示的信息

《广告绝对化用语执法指南》第4条中规定,商品经营者在其经营场所、自设网站或者拥有合法使用权的其他媒介发布有关自身名称(姓名)、简称、标识、成立时间、经营范围等信息,且未直接或者间接推销商品或服务的,一般不视为广告。

2. 商品或服务的必要信息

《网络交易监督管理办法》第19条规定,网络交易经营者应当全面、真实、准确、及时地披露商品或者服务信息,保障消费者的知情权和选择权。例如,医药企业必须在官网的首页或者经营活动的主页面显著的位置持续公示药品生产或者经

---

[①] 参见上海市青浦区市场监督管理局行政处罚决定书,沪市监青处〔2020〕292020000287号。

营许可证信息,这些信息属于法定公示内容,通常情况下就不被认定为广告。

再如,直播中主播展示某款手机,宣称"6期免息,送无线充+送壳膜套装+延保一年"。这些内容涉及商品的品名、型号,促销活动详情,都属于必须告知消费者的内容,是商业必要信息,而不是商业广告。商业必要信息内容是相关法律法规规定的经营者必须向消费者提供的信息,也包括在促销活动中,对于促销时间、范围、折扣等的表述,除了这些商业必要信息,其他部分的表达都有被认定为广告的可能性。商业广告一般会通过抒发强烈感情的表达方式,或者文字/图片具有很强的诱导性,以吸引消费者并进而产生购买冲动,而商品必要信息只是客观陈述事实,语言相对平实。

3. 不指向特定产品的推荐

在直播中,如果推荐不指向特定产品,一般不被认定为直播广告。例如,仅介绍品牌理念、公益直播等。然而,这种不指向特定产品的推荐和广告之间的边界有时可能比较模糊。如果主播虽然没有明确提及产品,但通过描述让观众能够联想到某些特定的产品类别或品牌,也存在一定的被认为是广告的可能。

4. 直播表演

为了增加直播的趣味性,吸引观众,某些商家尝试在直播中进行表演,直播表演是否构成广告,需要综合多方面的因素来判断。如果直播表演仅是单纯的艺术展示,没有明显的商业推广意图和行为,即使客观可能吸引消费者购买产品、提升品牌影响力,通常也不构成广告。如一场纯粹的音乐演奏会或者人物访谈,没有对任何商品或服务进行提及和推荐,则不会被认定为广告。但如果在直播表演中明确提及特定的商品、服务或品牌,并对其进行详细的介绍和推荐,或者在表演场景中显著展示商品或品牌标识,且与表演内容存在明显关联,或者表演者通过语言或动作暗示观众购买或使用某种商品或服务,则该表演可能会被认定为广告。

以上所述的这些不认定为广告的行为虽不构成商业广告,不受《广告法》的规制,但如果有虚假宣传等违法行为,也同样需要接受《反不正当竞争法》等其他法律的调整,因此在直播营销中应当格外注意广告宣传的合法性,避免不必要的法律风险。

(四)直播营销中广告的认定方法

在考虑直播营销信息是否构成广告时,不仅要根据《广告法》关于广告的定义来判断,也要考虑直播营销的现状、特征和经营模式。如果直播内容符合广告特征,应直接认定为广告。如果直播中不直接出现广告信息但直播间有展示的样品或货架,则需要考虑直播时间长短、摆放品类、数量、直播方式等情况综合判断。其中,对于涉及医疗、医药、医疗器械产品和保健食品的展示,因涉及变相发布广告的情形,应按广告处理;对于主播在直播中使用的话术或宣传语,一般不认定为商业广告,但若对直播录屏、截屏或同时附有文字直播进行宣传,则构成商业广告。另外,如果直播营销平台提供付费导流等服务,对网络直播营销进行宣传、推广,这种情况下可能构成商业广告。例如,直播营销平台通过特定的推广方式,如在显著位置展示、推荐直播间或直播内容等,以引导用户关注或进入相关直播间,从而达到宣传、推广商品或服务的目的,可认定为直播广告。

## 二、直播广告的类型与模式

(一)品牌推广型直播广告

品牌推广直播广告是一种通过直播平台来提升品牌知名度、塑造品牌形象、传递品牌价值观和文化的广告形式。这种广告类型不仅是为介绍产品而服务,更注重与观众建立情感共鸣,让观众对品牌产生好感和认同。通过讲述品牌的发展历程、背后的故事或者品牌理念的来源,使观众更深入地理解品牌的内涵,旨在对品牌形象产生长期、持续的积极影响,而非追求短期的销售转化。例如,某互联网创业公司的创始人在直播中分享创业经历、品牌愿景和未来规划,可增加品牌的亲和力和可信度;又如,某高端服装品牌直播其时装秀的幕后准备工作,包括设计师的灵感来源、面料的挑选、制作过程等,可展现品牌对品质和设计的追求;再如,某企业直播其参与公益活动的过程,如向贫困地区捐赠物资、支持环保项目等,可体现品牌的社会责任感。

(二)产品销售型直播广告

产品销售型直播广告是最常见的,以直接促进产品销售为主要目的的直播广告形式,重点展示产品的功能、质量、外观等特性,让观众清晰了解产品的优势。主播常常通过价格优惠、赠品、限时折扣等手段吸引消费者购买。主播通过营造购买紧迫感,利用限量供应、限时促销等方式,促使观众尽快下单,并实时回答观众关于产品的疑问,解决他们的购买顾虑。例如,某手机品牌直播专门介绍一款新发布的手机时,详细展示其各项参数、独特功能和使用体验;又如,某食品企业直播其农产品种植基地和加工车间,展示产品的源头和生产环境,让观众了解产品的品质把控,增强购买信心。

(三)活动宣传型直播广告

活动宣传型直播广告主要是为了推广特定的活动而进行的直播形式。直播内容紧紧围绕活动的主题、时间、地点、参与方式等关键信息展开,通过展示活动的亮点、精彩环节的预告等,激发观众的兴趣和参与欲望,并在直播中鼓励观众提问、留言,与观众实时互动,解答关于活动的疑问。例如,电商平台在直播中宣传"618"促销活动,介绍各种满减、优惠券的使用规则,以及热门商品的优惠力度;又如,一场音乐节在直播中公布演出阵容、舞台设计和特色活动区域,吸引乐迷购票参与。

(四)服务介绍型直播广告

服务介绍型直播广告是通过直播的方式向观众详细阐述和推广各类服务的一种广告形式。通过可视化展示服务流程,让观众直观地看到服务是如何开展和实施的;突出服务能够根据不同客户的需求进行调整和优化,强调个性化和定制化;主播在直播中可以及时回应观众对于服务细节、费用、效果等方面的问题。例如,旅行社直播介绍热门旅游线路,展示景点风光、住宿条件和行程安排,同时提供定制化旅游方案的咨询;又如,教育培训机构通过直播展示课程体系、教学方法、师资力量,介绍其特色课程、教学成果和学习保障措施,在线机构还可能进行课程试听片段的播放,以此来吸引消费者。

### 三、直播广告的负面清单

随着监管部门以及平台对广告违规行为的监管日趋严格,制定直播广告负面清单对直播带货经营者至关重要,既可以对应《广告法》《消费者权益保护法》等法规的具体要求,列举禁止行为,避免因触犯"虚假广告"等条款面临罚款或账号封禁等违规风险,也可以为团队提供操作指南,减少内容审核盲区,提升合规效率,可以说,负面清单是以简明规则平衡商业创新与法律合规的风险防控"导航仪"。

1. 虚假宣传。包括:(1)夸大产品或服务的功效、性能、质量等,如声称普通保健品能治疗疾病;(2)虚构产品的销量、好评等数据来误导消费者。

2. 误导消费者。包括：(1)使用模糊、歧义的语言，使消费者对产品或服务产生错误理解；(2)隐瞒重要的产品信息，如售后政策、使用限制等。

3. 侵犯知识产权。主要是指未经授权使用他人的商标、专利、著作权等。

4. 不正当竞争。主要是指恶意贬低竞争对手的产品或服务。

5. 违反《广告法》的绝对化用语。包括使用"国家级""最高级""最佳"等绝对化用语。

6. 低俗、色情内容。包括以低俗、色情的方式吸引观众关注，推广产品或服务。

7. 未经审查发布特殊商品或服务广告。如未获得相关部门审批发布医疗、药品、医疗器械、保健食品等广告。

8. 泄露个人隐私。在直播中未经授权泄露消费者的个人信息。

9. 宣扬不良价值观。鼓励过度消费、奢侈消费等不良价值观。

10. 售后服务无法保障。在直播中承诺的售后服务无法兑现。

11. 数据造假。如刷观看量、点赞量、评论量等，营造虚假的热度和口碑。

12. 诱导未成年人消费。针对未成年人进行不恰当的营销，诱导其购买不必要的产品或服务。

## 四、直播广告各主体责任

(一)直播平台经营者

直播平台经营者在直播广告中的主体责任取决于其在直播营销活动中的具体作用和参与程度。

直播平台作为提供互联网直播信息服务的主体，应当严格遵守《广告法》及其他相关法律法规的规定，履行广告发布者或广告经营者的责任和义务。如果平台在首页推送直播海报或链接，或者通过设置热播榜单等方式对直播活动进行推荐，则应显著标明"广告"，并承担相应的广告发布者责任。此外，平台还需负责审核主播资质、制定平台直播规范、加强内容生态审核和安全治理等。如果直播平台未能识别并阻止含有虚假宣传内容的直播广告，导致消费者遭受损失，平台可能需要承担相应的法律责任。或者平台发现违法广告但未及时处置，也可能会被监管部门追究责任。

根据《消费者权益保护法》的规定，消费者通过网络交易平台购买商品或者接受服务，其合法权益受到损害的，可以向销售者或者服务者要求赔偿。网络交易平台提供者不能提供销售者或者服务者的真实名称、地址和有效联系方式的，消费者也可以向直播平台提供者要求赔偿。网络交易平台提供者明知或者应知销售者或者服务者利用其平台侵害消费者合法权益，未采取必要措施的，依法与该销售者或者服务者承担连带责任。直播平台（网络交易平台）还应加强对商家主体资质的规范，督促其公示相关信息，并建立全流程的管理体系，保障消费者权益。

此外，对于涉及知识产权、隐私权等民事权利的侵权行为，直播平台也可能需要承担相应的民事责任。

（二）商家

根据《互联网广告管理办法》和《电子商务法》的规定，商品销售者或服务提供者通过互联网直播方式推销商品或服务，构成商业广告的，应当依法承担广告主的责任和义务。这意味着商家需要对广告内容的真实性负责，并确保其符合相关法律法规的要求。如果商家在直播过程中使用虚假宣传手段误导消费者，制造引人误解的虚构内容，发布虚假广告，扰乱市场秩序，将构成虚假宣传。

如果直播行为由商家发起，MCN机构参与直播，消费者通过点击直播间内商家的销售链接进行线上购买，这种情形下商家是产品的经营者。如果在直播营销中存在虚假广告宣传行为，无论直播中涉及的虚假广告内容是由商家提供，还是MCN机构的设计或主播自己的表述，商家作为广告主均需承担虚假宣传的责任。根据《广告法》的规定，商家除了要承担民事责任（如退货、退款、更换、修理以及赔偿损失），还可能面临行政责任（如缴纳罚款、停业整顿等）甚至刑事责任（如虚假广告罪）。

如果商家仅为供货方，产品的实际销售及付款、退换货均由平台、MCN机构或主播完成，这种情形下平台、MCN机构或主播是经营者，即使产品的广告宣传违反法律规定，也不能认定由商家承担广告宣传的责任，但不能免除其他责任，如产品质量、知识产权侵权等责任。

（三）MCN机构

在直播带货经营活动中，一般由MCN机构与商家签订产品推广合同，负责聘用明星或者达人对商家的产品在直播平台上进行推广销售,并根据产品在直播中的实际销售额获取一定比例的佣金或收取一定的服务费用。根据《互联网广告管理办法》的规定,如果主播通过直播向用户推荐商品或服务,构成商业广告,MCN机构作为广告经营者或广告发布者,需要承担相应的法律责任。这意味着MCN机构需确保其参与的广告内容合法合规,并对广告的真实性、合法性负责。若因虚假广告使得消费者权益受损,且MCN机构明知或应知广告内容虚假,MCN机构可能需要承担连带赔偿责任。此外,若MCN机构未能履行相关义务,也可能面临行政或刑事责任。

如果主播在直播过程中,口播违反《广告法》的内容,MCN机构作为主播的代理方,可能需要承担相应的赔偿责任。这包括但不限于因主播擅自发挥使得广告被责令停止发布而造成的财产损失。因此,MCN机构在与个人主播进行合作时,应审慎设定双方之间的权利义务,并进行必要的合规性复核及调整。这要求MCN机构在与个人主播合作时确保所有交易基于真实情况,并符合法律法规的要求。

(四)主播

主播在直播广告中的法律责任主要取决于其在广告活动中的具体角色和行为。有的主播受雇于MCN机构或者经纪公司;有的主播与MCN机构为合作关系,主播与商家并没有签订任何合同,直播中的产品及策划均由MCN机构完成,主播的收入也由MCN机构支付;有的主播直接与商家签订推广合同,由主播负责商家产品在直播平台上的策划推广销售,并根据产品在直播中的实际销售额进行利益分配。

根据《广告法》及相关法律法规,主播可能承担以下3种责任。

1. 如果主播利用自己的影响力和形象对商品或服务进行推荐、证明,其身份应当认定为广告代言人。在直播间内,主播通过介绍商品的优点、使用方法以及自己的使用感受等,证明商品确实物有所值,并向其粉丝群体推荐购买。有时可能主播并未明示或者官宣自己是其推销商品的品牌代言人,但是无论是在法律规定上还是从实质层面上看,其都属于我国《广告法》规定的"广告代言人"。在这种情况下,对于涉及消费者生命健康的虚假广告,广告代言人应与广告主承担连带责任;对于其他商品或服务的虚假广告,若广告代言人明知或应知广告虚假仍设计、制作等,则需与广告主承担连带责任。

2. 依据《广告法》的相关规定，在主播拥有并独立运营网络直播平台的个人账号，能够自主决定发布的内容的情况下，主播如果参与了广告的设计、制作、代理或发布等环节，那么其应按照《广告法》的规定履行广告发布者或广告经营者的责任和义务。实践中，很多主播在推介过程中不仅发挥代言作用，还利用自己的网络平台账号投放、发布视频内容，进而通过网络直播活动推销商品或服务，兼有广告代言人和广告发布者身份。按照《广告法》的规定，主播应该审查广告主的资质和广告内容的真伪。

3. 如果主播在直播带货时销售产品的店铺是主播所有，那主播就不仅是代言人或广告发布者，还多了一层经营者的身份，会被认定为"广告主"，要承担更多责任。如果主播以产品的经营者或服务提供者的身份进行直播带货，此时，主播需要对其销售的商品或提供的服务质量负责，并按照《电子商务法》等相关法律承担相应的法律责任。如果主播销售的商品或服务存在质量问题或者涉及虚假宣传，将面临行政处罚甚至要承担刑事责任。

根据具体情况，主播还可能涉及其他法律责任。例如，在直播过程中主播出现不当言行或违反相关法律法规的行为，主播可能需要承担相应的民事赔偿责任或行政责任。

## 第二节　直播广告的基本合规要求

### 一、直播广告内容合规要点

（一）内容真实合法，禁止虚假广告

1. 广告所宣传的产品或服务的信息必须真实、准确，不得虚假、夸大或误导消费者

创意是广告的灵魂，而真实是广告的生命。《广告法》将真实性列为广告的核心原则。真实性原则是指广告活动必须真实、客观地宣传商品或者服务，不得弄虚作假、欺骗和误导消费者。广告的真实性至少应包括两个层面：一是广告所宣传的产品和服务要真实，这要求广告介绍和推销的商品或服务客观存在，真实可

靠;二是广告表现要真实,这要求广告在产品的信息和传递方式上是真实的。

在"凉山孟阳""凉山阿泽"虚假广告案[1]中,一个名叫"凉山孟阳"的年轻女孩自2018年在网上迅速走红,"父母双亡,自己只能辍学在家照顾弟弟妹妹,每天吃的是土豆……"她的"悲惨遭遇"一度感动了众多网友。走红后,"凉山孟阳"开始频繁直播带货,短短几年拥有了386万粉丝。然而,后来经调查发现,她的父母都健在,视频中的土坯房也是摆拍。除了故意"卖惨",她在直播间售卖的雪燕、红花等商品也并非产自大凉山。随着当地警方的深入侦查,一条从前端打造人设、孵化网红,到中端内容编撰、剧情拍摄、电商运营,再到后端农产品供应,流量变现的制假售假灰色产业链浮出水面。自2021年以来,成都某文化传媒有限公司(MCN机构)负责人唐某等人,通过话术、剧本摆拍贫困悲惨身世短视频、打造虚假人设,包装孵化旗下"凉山孟阳""凉山阿泽"等网红主播。然后,以"助农"为噱头,低价购入非凉山农副产品,贴上"大凉山"商品属性,直播带货假冒大凉山原生态农特产品,销售额超3000万元,非法牟利超1000万元。

凉山州昭觉县人民法院对"凉山孟阳""凉山阿泽"虚假广告案进行了一审宣判,该公司负责人唐某、"凉山孟阳"、"凉山阿泽"等8人因虚假广告罪被判9个月至1年2个月不等的有期徒刑。其中,"凉山孟阳"(阿西某某)被判刑11个月,处罚金8万元;"凉山阿泽"(阿的某某)被判刑9个月,处罚金4万元。

近年来一系列"网红"直播卖惨、虚假助农等违法行为的背后,是一套完整的获利运作模式。通常,"卖惨式"带货行为主要有3种:[2]

一是以"调解感情纠纷"为名"卖惨式"带货。主播在直播间编造婆媳矛盾、出轨、破产、未成年寻母等故事,演绎调解家庭矛盾、情感纠纷、私人变故等夸张情节,以博取用户的同情心,诱导其购买直播间内售卖商品。如"让我们伸出援手,帮帮这对失散二十年的母女重聚,您每购买一只手镯就是在为她们的团圆尽一份力"。

二是编造离奇剧情博关注带货。主播在直播间编造明显不符合常识的离奇剧

---

[1] 参见《"卖惨带货、演戏炒作"违规行为处罚公示》,载微信公众号"抖音直播"2021年3月22日,https://mp.weixin.qq.com/s/paNnosbtL2M2R4bezV2I7Q。

[2] 抖音安全中心:《"卖惨带货、演戏炒作"违规行为处罚公示》。

情，博取关注，诱导用户购买商品。如"刚出生就会叫爸爸妈妈""89岁奶奶生了8斤重儿子""丈夫去世6年，打工途中又相逢"。

三是利用同情心"套路"带货。主播在直播间上演团队矛盾、债务纠纷等情节增加降价戏码，以此夸大商品价格优势，其间常出现叫喊、争吵、摔东西甚至肢体冲突等过激表现。如"×××孩子已经连学费都交不起了，今天帮他讨债，已经把欠债工厂老板堵在仓库里，原价3999的戒指现在降价到99，先拍先得"。

以上这些行为不仅无法产生正面作用，反而可能引发严重违规的后果。直播中的"卖惨炒作"带有欺骗性质，骗取观众同情，博取关注，违背了主播行为规范，影响主播和商家形象，直播内容很容易被判定为违反平台规范、存在欺诈行为，可能会导致直播间被封，账号被注销等。

2. 遵守相关法律法规，禁止宣传违禁物品或服务

直播广告必须严格遵守相关法律法规，禁止宣传违禁物品或服务，包括毒品、枪支、管制刀具等，还包括假冒伪劣商品、未经审批的医疗药品和医疗器械，以及封建迷信相关的物品或服务、博彩、色情相关的物品或服务等违背社会公序良俗和相关法律法规的物品或服务。如果直播广告中出现对上述违禁物品或服务的宣传，将面临严重的法律后果，如直播平台可能会被责令整改、罚款，主播可能会面临行政处罚甚至刑事处罚。

(二) 广告语言规范

1. 谨慎使用绝对化用语

在直播中，主播通常依靠个人形象或语言魅力对商品的使用效果进行推荐和宣传，为了能吸引观众，在介绍时往往会掺杂个人喜好和夸张描述，经常会出现"最好的""性价比第一""全网最低价"等绝对化用语。但由于商品和服务市场日新月异，充满着不确定性，使用绝对化用语会不够准确，往往无法提供有效的证据证明，这样不但容易误导消费者，而且可能不正当地贬低其他同类商品或服务。因此，对于无法证实的形容词要绝对禁止使用，如"国家级""最高级""最大""最好"等，对商品或服务的表述应避免绝对化。

据《中国质量报》报道，某知名主播在一次直播中采取了一种颇具"创意"的手法，让团队制作了几个字牌，上面写有"销量NO.1"等字样，该主播拿起牌子，用红笔将上面的文字画掉，并告诉观众，这些标注是违反《广告法》的。这种行为

表面看是在普法，但他演示给观众，结合前后直播内容，仍有"曲线表达"其带货产品"销量第一"的用意。该主播演示划去极限词的做法是在"打擦边球"，虽然没有直接使用绝对化用语，但其是故意用这种方式告知公众所售产品事实上销量第一，只是因涉及法律禁用词汇才不加表述，这种行为依然涉嫌违规。

在直播广告中，也存在一些使用绝对化用语不被视为违反《广告法》的例外情形。根据《广告绝对化用语执法指南》的规定，绝对化用语的例外包括以下6种。

（1）仅用于对同一品牌或同一企业商品进行自我比较的。例如，某商品广告称为消费者提供舒适、高端、顶级三款高品质的商品，其中的"顶级"不具有排除其他同类商品的可能，因此不认定为禁止使用的绝对化用语。此类情形还包括"最大户型""最小尺码""最新产品""顶配车型"等。

自我比较通常不会损害竞争者的利益，但建议在"自我比较"的情况下使用绝对化用语时，特别注意前后文等具体的使用场景和语境，尽量通过清晰的介绍让受众明确知晓是同一品牌内或者同一企业商品的比较，而不是和其他竞争者进行比较；另外，同一品牌内或者同一企业商品的比较也应有事实依据，避免不实和片面的比较。

（2）仅用于宣传商品的使用方法、使用时间、保存期限等消费提示的。例如，某主播在介绍一款饮料的使用方法时，说"加热至某温度口感最佳"，此处的"最佳"便是在提示消费者合理使用方法时使用的绝对化用语，并非为了任何推销目的，也不会影响消费者的购买决策。因此，这种说法不会贬低竞争者，也不会具有影响购买决策的误导性，是可以使用的。

（3）依据国家标准、行业标准、地方标准等认定的商品分级用语中含有绝对化用语并能够说明依据的。如欧洲、美洲和大洋洲的许多国家对葡萄酒都有相关的分级，既然是分级，则其中必定有最高级的一种，翻译为"最高级"或"顶级"，通常不认定为禁止使用的绝对化用语。建议在基于分级使用绝对化用语时，应尽量明确其是否有中国境内有效的国家标准、行业标准、地方标准等依据。

（4）商品名称、规格型号、注册商标或者专利中含有绝对化用语，广告中使用商品名称、规格型号、注册商标或者专利来指代商品，以区分其他商品的。例如，汇源100%葡萄汁包装上标注的"100%葡萄汁"和配料表标注的"纯净水，葡萄浓缩汁"都属于食品标签的内容。根据调查，汇源"果汁含量100%"情况属实，因此这样宣传也是合规的。

（5）依据国家有关规定评定的奖项、称号中含有绝对化用语的。如果有客观证据证明奖项真实，则可以宣传。各地的指导意见有着不完全相同的看法，例如，北京的指导意见认为，称号只要是通过合法途径获得即可；上海的指导意见认为，称号需要通过法律或行政法规授权获得；浙江省的指导意见则认为，奖项称号应当是按照法律法规和国家有关规定评定的。对此，《广告绝对化用语执法指南》明确规定为"依据国家有关规定评定"，这意味着大量的市场化评奖评级机构所评定的奖项中含有绝对化用语的，并不能得到豁免。

（6）在限定具体时间、地域等条件的情况下，表述时空顺序客观情况或者宣传产品销量、销售额、市场占有率等事实信息的。①"时空顺序"：绝对化用语表示时空顺序或者可被证实的历史事实，不会发展变化的，如首发、首映、首播、首家、首款、最早成立等；或者作为数量词如独家代理、唯一授权等，如有事实依据且能完整表示清楚，不至于对消费者造成误导的，应当允许使用。但建议直播时使用这类表述时要非常慎重，确保已经有比较充分的事实依据，并注意满足有关"在限定具体时间、地域等条件的情况"这一前提性要求。②"事实信息"：销量、销售额、市场占有率等与商品或服务相关的信息，属于可被证实的历史事实，不会发展变化，只要有真实的证据予以证明，就不宜认定为绝对化用语。例如，一家企业依据天猫销量数据使用了"连续三年天猫家具行业销量第一"的广告，因为他们限定了具体的平台"天猫"，也限定了时间"三年内"，也限定了品类"家具行业"，并且也有天猫提供的真实数据证明，因此，可以不被认定为禁止使用的绝对化用语。

《广告法》为维护市场的正常竞争，避免消费者被误导，规定广告中不得使用"国家级""最高级""最佳"等表示绝对化、极限的用语，原则上只要商家对商品的宣传与实际相符，不存在欺骗误导消费者即不属于虚假宣传，但为了避免麻烦，尽量还是不要使用绝对化用语。因为这些绝对化表述一旦被发现描述的产品信息与链接图文不符、购买后收到的产品与主播表述不符，都会被认定为虚假广告，主播、平台、商家都需承担法律责任。而且这些绝对化用语不仅不能用于广告当中，也不能用于商品列表页、商品的标题、副标题、主图以及详情页、商品包装等位置，否则就会涉嫌通过极限用词诱导消费者购买商品，侵犯消费者的知情权和公平交易权。

2. 语言文明、健康

在直播广告中，保持语言文明、健康至关重要。避免使用粗俗、低俗、淫秽或带有侮辱性、歧视性的词汇和表述。不能使用带有种族歧视、性别歧视、地域歧视等倾向的语言描述产品或针对观众；要用清晰、准确、易懂的语言传达广告信息，避免模糊、含糊不清或容易引起误解的表述；语气应友善、温和，避免强硬、命令式或带有威胁性的口吻；尊重消费者的感受和需求，不进行过度吹嘘或虚假承诺。

富有个人魅力的主播通过亲和力与专业度建立信任，可以提升用户停留时长，并结合生动互动激发消费者的情感共鸣，增强购买意愿，可以说，高魅力主播是流量变现的核心驱动力。但在实践中，不乏主播由于言语失范导致粉丝反感流失甚至翻车的情况，这充分凸显了主播言行规范的重要性：首先，主播作为公众人物，在直播中拥有广泛的影响力和传播力。他们的每一句话都被大量观众接收和传播。规范的言行能够树立良好的公众形象，赢得观众的信任和喜爱；而不当的言行则可能迅速引发负面舆论，损害自身声誉。其次，规范的言行有助于维护直播行业的健康发展。一个行业的形象往往由其从业者的表现所塑造。主播们的规范言行能够提升整个行业的专业度和可信度，吸引更多消费者参与直播购物。最后，对于所推广的产品和品牌来说，主播的言行直接影响着消费者的购买意愿。如果主播在直播中言辞不当，可能会让消费者对产品产生负面印象，甚至波及品牌形象，导致销售下滑。

此外，规范的言行也是遵守法律法规和社会道德规范的体现。直播行业并非法外之地，主播应当遵守相关法律和道德准则，通过积极、健康、文明的言行引导社会风尚。

总之，主播言行规范不仅关乎个人形象和职业发展，更对整个直播行业的繁荣稳定以及社会风气的营造具有重要意义。

（三）导向性合规

直播营销活动应当遵循社会主义核心价值观，坚持正确的广告导向。这包括不得含有国家标志、国家机关及工作人员形象，不得损害国家尊严或利益、违背社会良好风尚，不得借党和国家重大活动从事违法违规商业营销宣传，不得损害未成年人和残疾人的身心健康。同时，广告内容应真实、合法，以健康的表现形式表达，符合社会主义精神文明建设和弘扬中华优秀传统文化的要求。

如果直播中存在违规导向的广告，可能导致观众产生不适，对直播间失去信任，减少观看和参与，进而影响直播间的广告收益和商业价值。对于在直播中投放广告的企业而言，广告的导向直接关系企业的品牌形象。积极、正面的广告导向能够提升品牌的知名度和美誉度，增强消费者对品牌的认同感和忠诚度；而不良的广告导向则会损害企业的品牌形象，可能会引发公众的抵制和谴责，对企业的形象造成严重损害。对于 MCN 机构而言，旗下主播的违规行为会使 MCN 机构的声誉受到损害，影响其在行业内的形象和口碑，也可能面临罚款、赔偿等经济处罚。对于主播而言，可能会导致其账号被封禁，失去直播和发布广告的机会，影响行业口碑，进而造成其影响力和商业价值下降。因此，直播广告违反导向性要求会对直播行业各个主体的发展都会带来巨大的冲击，因此必须严格遵守相关规定。

### （四）引证内容合规

直播广告中确保引证内容的合规性具有重要意义，这不仅关系广告的合法性和真实性，还直接影响消费者的权益和企业的信誉。

直播广告中引证内容不合规的情形包括但不限于以下方面：(1) 引证内容不真实、不准确，如使用虚构、伪造或者无法验证的科研成果、统计资料、调查结果、文摘、引用语等信息作证明材料。(2) 未标明引证内容的出处，如广告使用数据、统计资料、调查结果、文摘、引用语等引证内容时，未标明真实、准确的出处。(3) 未明确表示引证内容的适用范围和有效期限，如引证内容有适用范围和有效期限，未明确表示。

在温州宝旭乳胶制品有限公司发布违法广告案[①]中，温州宝旭乳胶制品有限公司指派公司员工录制的乳胶制品视频中，有员工手拿乳胶枕头口述"能够促进你的血液循环，缓解疲劳""抗菌防螨率高达 99%"等内容。2022 年 4 月 1 日，当事人将录制好的视频投放到直播平台进行直播带货，支付平台广告费用 1000 元。截至 2022 年 5 月 31 日，上述视频共播放 61 次，乳胶枕头合计销售 175 个，金额 13,982.5 元，利润 1118.6 元。当事人的上述行为违反了《广告法》第 11 条第 2 款、

---

① 参见浙江省温州市市场监督管理局行政处罚决定书，温市监处罚〔2022〕153 号。

第 17 条规定，对于宣称的数据无法提供证明，温州市市场监督管理局依法责令当事人改正违法行为，停止发布广告，罚款 1 万元。根据《广告法》第 59 条第 2 款规定，广告引证内容违反规定的，由市场监督管理部门责令停止发布广告，对广告主处 10 万元以下的罚款。广告经营者、广告发布者明知或者应知引证内容违反规定仍设计、制作、代理、发布的，由市场监督管理部门处 10 万元以下的罚款。

广告使用数据、统计资料、调查结果、文摘、引用语等引证内容的，应当真实、准确，并表明出处，相关证明文件也应真实、合法、有效。如果引证内容有适用范围和有效期限的，应当明确表示，这有助于消费者理解这些数据或信息在何种情况下是有效的，从而作出更明智的判断。对于由第三方提供的引证内容，广告主应当标明其出处，即引证内容的来源，这样可以确保广告中的信息不是基于广告主自身的主观判断，而是经过了独立第三方的验证和确认。

（五）公平竞争，合理对比

在直播过程中，为了突出自身商品或服务的优势，主播常常会将一种产品或服务与另一种产品或服务进行直接或间接的对比。这种比较广告在直播中具有一定的优势，通过直观的对比，能够更清晰地展示产品或服务的特点和优势，让消费者更容易理解和接受，对比的方式往往也更能引起观众的兴趣，提高直播的关注度和参与度。然而，比较广告也存在一定潜在风险，如果比较内容不客观、不准确、不全面，可能会被认定为对竞争对手进行的恶意贬低或虚假对比，不仅违反《广告法》等相关法律法规，同时也容易引起竞争对手的不满和消费者的质疑，导致品牌形象受损。

在松下家电（中国）有限公司广告贬低其他生产经营者的商品或者服务案[1]中，松下家电（中国）有限公司的主播在"松下电器旗舰店"直播间推销一款松下剃须刀时表示，"某飞某浦，我们比他们便宜……拿我们家跟某朗某博比啊，我们家的切割转速都秒杀他们家""某飞某浦跟我们都没有法比"。经查实，主播在直播间讲述的某飞某浦、某朗某博分别是指飞利浦、博朗。当事人的行为违反《广告法》，被杭州市钱塘区市场监督管理局警告并罚款 3 万元。

主播在直播带货过程中，如果需将其推荐的商品与其他同类型产品做对比，

---

[1] 参见浙江省杭州市钱塘区市场监督管理局行政处罚决定书，杭钱塘市监处罚〔2023〕429 号。

务必要将表述控制在正当的商业评论内,且与产品的核心性能、质量、价格等直接相关;在进行商品对比时,应保持客观的态度,确保信息客观真实,并有可靠的数据和证据支持,不夸大或歪曲自身及竞品的情况;直播中避免使用贬低、攻击性或侮辱性的语言针对竞争对手;仅对产品信息进行客观呈现,避免主观评论、评价竞品的好坏,不对竞品的负面信息进行渲染,避免被认定为商业诋毁的不正当竞争行为。

(六)知识产权合规

直播带货中的知识产权合规问题是避免侵权纠纷的重要内容,确保商品以及直播运营过程不侵犯他人的知识产权是规避民事赔偿、行政处罚及账号封禁等合规风险,维护消费者信任与品牌商誉、保障业务可持续运营的不可忽视的经营要素;经营者应当从商标权、专利权、著作权等方面建立知识产权合规风险的防范机制。

1. 不侵犯他人的商标权、专利权

(1)商标侵权。一是未经授权使用他人商标来推广自己的产品或服务,导致消费者产生混淆。例如,在直播中销售与某知名品牌相似的服装,并使用该品牌的商标标识来吸引消费者。二是故意使用与他人商标近似的商标,企图误导消费者。例如,将知名品牌的商标稍做修改后用于直播广告。

(2)专利侵权。直播推广的产品或技术侵犯了他人的专利权,例如,未经许可使用他人的发明专利或实用新型专利技术。还有一种值得注意的情况,为了让自己的产品具有更强的竞争优势,在直播中将"专利申请号"当作"专利号"做虚假宣传,对未获得专利证书的商品谎称已取得专利证书。例如,某主播在直播间推销她的粉扑产品时宣称为"全新专利粉扑",但该商品盒内的产品说明书上仅标明专利申请号,而不是专利号。这种虚假宣传行为的主观恶性较强,含有明显的欺诈性。

(3)抄袭创意。抄袭他人直播广告的创意、策划方案、营销模式等,虽然可能不直接涉及具体的知识产权类别,但这种行为也损害了原创者的权益。

2. 不侵犯他人的著作权

通常情况下,在直播中侵犯著作权的情形主要包括在直播中播放未经授权的音乐、影视作品片段作为背景或用于演示,或者未经许可使用他人创作的图片、文字、动画等内容作为直播广告的素材。在斗鱼公司与音著协著作权权属、侵权纠纷案[1]中,斗鱼直播平台网络主播冯某某在线直播过程中,播放歌曲《恋人心》,时长约1分10秒(歌曲全部时长为3分28秒)。歌曲播放过程中,主播不时与观看直播的用户进行解说互动,感谢用户赠送礼物打赏。直播结束后,视频被保存在斗鱼平台,观众可随时登录该平台进行播放观看和分享。音著协认为,歌曲《恋人心》的词曲作者张某与协会签订有《音乐著作权合同》,斗鱼公司侵害了其对歌曲享有的信息网络传播权,起诉要求斗鱼公司赔偿涉案歌曲著作权使用费及合理开支共计4万余元。最后,北京知识产权法院认定斗鱼公司侵害了音著协就涉案歌曲《恋人心》享有的信息网络传播权,应当承担侵权责任。判决斗鱼公司赔偿中国音乐著作权协会经济损失2000元及因诉讼支出的合理费用3200元。

综上可知,直播营销各主体在参与制作直播广告时,应尽量依靠团队自身的创造力和才华,制作独特的直播广告文案、脚本、图片、视频等。如需使用其他素材,应尽可能收集和整理合法的、无版权争议的素材,如公共领域的图片、音乐等,以供直播广告使用。如果确实需要使用他人的作品,务必事先获得合法授权,对于第三方素材,即使在合法授权范围内使用,也应在直播中明确标注来源和作者。

## 二、直播广告形式合规

### (一)直播广告的可识别性

《互联网广告管理办法》第9条规定,互联网广告应当具有可识别性,能够使消费者辨明其为广告。除法律、行政法规禁止发布或者变相发布广告的情形外,通过知识介绍、体验分享、消费测评等形式推销商品或者服务,并附加购物链接等购买方式的,广告发布者应当显著标明"广告"。《互联网广告可识别性执法指南》中也规定,"广告发布者(或者自行发布广告的广告主,下同)可以通过文字标注、语音提示等方式,增强互联网广告的可识别性。通过文字标注方式的,应当显著标明'广告'。通过语音提示方式的,应当通过清晰的语音提示其为'广告'"。

目前,在网络平台、直播中充斥着大量的软文广告、分享笔记、种草文案、经

---

[1] 参见北京知识产权法院民事判决书,(2019)京73民终1384号。

验分享帖等形式的商品或服务推荐,对于广告发布者而言,除得到豁免的情形外,这些都需要进行整改,规范标识文字,标注"广告"标识。

对于直播中的广告可识别性要求,《互联网广告可识别性执法指南》第 9 条提供了 3 种路径豁免直播中难以直接进行"广告"字样标识的义务,如果符合这 3 种情况,可以不用标注"广告"标识:(1)直播间运营者或者直播营销人员在直播营销活动中始终显著标明其为商品经营者或者服务提供者,或者消费者可以通过其账号名称识别其上述身份的;(2)在直播页面显著标明直播内容为广告的;(3)在直播过程中对广告时段的起止点作出显著标明或者明确语音提示的。

除此之外,在直播时,只要符合商业广告特征的内容,都应标注"广告"标识。与此同时,还要注意"广告"标识的显著性,具体包括以下 7 个方面。

1. 标识的位置。将"广告"标识放置在直播画面的显著位置,如屏幕的上方、中央或下方,避免被其他元素遮挡或混淆。如放在屏幕顶部的正中央,以确保观众在观看直播时能够轻易注意到。

2. 标识的尺寸。使用足够大的字体或图形来显示"广告"标识,使其在直播画面中具有突出的视觉效果。如字体大小至少占屏幕面积的一定比例,以保证清晰可见。

3. 标识的颜色。选择与直播背景和其他内容形成鲜明对比的颜色,如红色、黄色等醒目的颜色,可以使标识在画面中更加引人注目。

4. 标识的持续时间。"广告"标识在直播过程中持续显示足够长的时间,而不是短暂闪现。如在整个广告相关的直播片段中始终存在。

5. 标识的动画效果。可以为标识添加闪烁、动态效果等,以吸引观众的注意力。但要注意动画效果不要过于复杂或刺眼,以免影响观看体验。

6. 标识的清晰。确保"广告"字样清晰、简洁,没有过多的修饰或复杂的设计,让观众能够快速理解其含义。

7. 语音提示。主播在介绍相关内容时,通过口头明确说明这是广告。例如,在一场直播中,"广告"标识以较大的红色字体显示在屏幕下方的正中央,并且不断闪烁,同时主播在开始介绍相关产品时,口头强调"接下来为大家带来的是一则广告"。这样的组合方式能够让"广告"标识具有显著的效果,让观众能够清晰地识别广告。

## (二)直播广告代言

直播广告代言已成为品牌推广的重要方式,特别是在"粉丝经济"的推动下,明星和网红直播带货等形式,能够快速提升产品销量和品牌知名度。根据相关法律规定,主播在直播营销中使用的话术或宣传语,如果构成商业广告,主播可能构成广告代言人,并依法承担相应的法律责任。

1. 主播的不同角色定位对认定的影响

主播是直播广告代言中的关键角色。在网络直播带货中,主播的主要角色通常是广告代言人。他们以自己的名义和形象向不特定公众推荐商品或服务。但主播与不同主体的合作模式具有多样性,有时其不仅具备广告代言人的身份。

一是主播是直播营销平台聘请的人员,例如,某直播营销平台聘请某主播,此时主播可能构成该平台的广告代言人,但也需要根据实际的委托关系、费用、合同条款、责任承担等方面来综合加以认定。

二是主播是直播间的运营者,若主播实际向直播平台方注册、申请直播间,自行设计直播方案并实际决定直播内容与形式,主播此时可能构成广告经营者;主播若与商家形成广告代言法律关系,则同时构成广告代言人和广告发布者,若没有形成广告代言法律关系,则构成广告表演和广告发布者。

三是主播是独立的直播营销人员,主播的角色具有双重可能性。他们可能以广告代言人的身份出现,利用个人影响力推广产品;抑或仅作为提供直播劳务服务的自然人,专注于内容创作与观众互动。

四是主播是MCN机构的工作人员,其角色定位同样具有不确定性,此时主播既可能是广告代言人,也可能不是,而MCN机构则可能因其在广告策划、发布等环节中的积极参与构成广告经营者。

五是主播是商品、服务的经营者本人或其内部职工,此时,主播的行为往往直接代表了广告主的意愿与立场,因此需承担广告主的责任。若主播仅为内部职工,则相关责任可能由作为广告主的经营者主体来承担。

2. 广告代言人相关的特殊角色

广告代言人是指广告主以外的,在广告中以自己的名义或者形象对商品、服务做推荐、证明的自然人、法人或者其他组织。与广告代言人相关的有下列特殊的角色,这对于识别理解广告代言人的性质有重要的法律意义。

（1）广告表演者。广告活动中的表演者要按照导演或者剧本要求，将广告内容通过声音、表情、动作等方式表演出来，表演者不需要对于商品和服务进行负责，而是对于剧本、导演负责。如果广告中存在虚假或者误导内容，应该追究制作广告文案或剧本，或者制作广告内容的广告公司的相关责任，而不是表演者的责任。表演者更多的是在广告中对商品进行展示，既不会表明身份，也不存在公众辨识出其身份的可能性。此种情况下，该广告表演者不构成广告代言人。

（2）导购。导购仅对商品或者服务的性能、功能、用途、质量、价格、成分等客观要素进行介绍，而不是通过自己使用的感受、体验去证明或者推荐该商品或者服务。导购内容侧重于商品或者服务中客观内容的讲解说明，也可能有促销的客观必要信息。但通常情况下，导购不会在导购过程中表明自己的个人身份，且一般公众不会辨识出其身份，其与广告代言人的特征是不同的，在认定上不能混淆。但如果导购在直播/短视频中表明自己身份，强调以自己的形象或名义进行推荐和证明，其就可能演变为广告代言人。

（3）企业法定代表人及员工。从定义可知，广告代言人是独立于广告主之外的，因此广告主企业的法定代表人或员工出现在广告中通常不会被认定为广告代言，即使该员工为名人或以自己的真实身份做推荐。如格力电器由法定代表人董明珠在其直播广告中多次出镜，由于董明珠是格力电器董事长兼总裁，为自己公司产品推介和证明，法定代表人本身就代表该经济组织，不符合"广告主以外的"这一定义，并不会引发消费者的误导。企业员工为广告主的员工，本身也是受广告主委托进行的广告代理，属于广告代理人，而非广告代言人。然而，如果员工在直播/短视频中以自己的名义或形象对商品或服务做了推荐和证明，其行为可能超越了单纯的工作职责范畴，转而具备了广告代言人的某些特征，可能被认定为广告代言人。

（4）明星或知名人士。近年来，直播带货也吸引了众多明星加入。除邀请明星至直播间参与某特定产品介绍外，也有部分明星长期稳定参与商业直播带货，他们在直播间推荐的产品不局限于某单个品牌，而更向专业的带货主播靠拢。邀请明星参与的直播带货活动，最为明显的目的就是利用明星的高知名度及其个人影响力来影响消费者的购买决策，体现了当下"粉丝经济"的力量。

在实务中，明星在参与直播带货时，有时并不直接与品牌方签订合作协议，而是通过与第三方签订整体的合作协议,由第三方选定相关品牌方与明星进行合作直播,客观上也属于授权第三方与品牌方达成合作协议。另外,如果明星参与其他主播的直播间只是助阵"人气",虽然表明了自己的名义和形象,但并没有在主观上有推荐、证明、劝诱等意图的表达,不宜认为其参与直播活动的行为是代言行为。但如果明星参与品牌方直播活动,存在以自己的名义或形象对商品、服务做了推荐证明的行为的,则会被认定为广告代言人。不过,相比于明星在大众面前直接推荐"代言"产品,明星们"无意间"露出的私人物品更能够吸引粉丝和其他消费者。邀请明星录制"种草""翻包"视频正是应运而生的一种新型营销模式。在这种模式中,明星受品牌方委托,在"种草""翻包"过程中为品牌方的产品进行了推荐、证明,明星的代言价值仍然存在,因此,这种看似"新颖"的广告营销模式本质上仍然是"广告代言"活动。

当然,如果是真实的明星自用物,且明星并未与该商品的经营者或其他第三方针对该商品签署任何商业合作协议,只是在对外发布的视频或者在与粉丝互动中单纯地向粉丝分享自己平时的爱用好物,无明显的品牌露出,则不属于广告代言。另外,要注意的是,在商业广告中使用"体验官"等称呼的知名文艺工作者、知名体育工作者、专家学者、"网红"等身份识别度很高的群体,即使采用这类称呼,也不会改变其广告代言人的身份特征。

(5)品牌方委托的 KOL 或 KOC(关键意见消费者)。近年来,自媒体的发展造就了一批知名博主、UP 主、大 V 等。因他们在其领域范围相当具有影响力,且合作费用远低于流量明星,也是品牌方钟爱的合作对象。博主们接到品牌方的合作邀请之后,往往将广告内容穿插在自己创作的内容中向粉丝发布。博主的知名度虽然没有明星高,但也具有一定的可识别性,他们的行为实际上构成了以自己的名义或形象推荐、证明品牌方的产品或服务,而且他们会在自己创作内容的评论区展示相关产品的专有购买链接,因此,这也构成广告代言行为。其实,在广告代言行为的界定问题上,核心在于判断相关主体是否表达了个人见解、是否利用了自己的形象和名义。对于一些知名度较高的主体,虽然直播广告中没有表明其身份,但对于广告所推销的商品或者服务的受众而言,通过其形象即可辨明其身份的,也属于"以自己的形象"代言,因此流量较大的带货主播和网红的带货行为也有可能构成广告代言行为;而如果广告中没有标明身份,对于相关受众而言也难以辨别其独立身份的,则属于广告中演员的表演行为,不属于广告代言行为。直播营销人员以自己的名义或者形象对商品、服务做推荐、证明,构成广告代言行为的,应当依法承担广告代言人的责任和义务。

部分KOL或KOC接受了品牌方的委托后,不是以传统广告的形态直接推荐、证明商品或服务,而是在直播平台、短视频平台、微博等新媒体上以"种草""优选""评测"等其他间接推广形式为品牌方的产品进行推荐、证明。在这种间接推广形式下KOL或KOC可能不一定与品牌方签订了广告代言活动。若品牌方的目的仅是由KOL或KOC向其提供测评和建议等咨询类服务,KOL或KOC只需要将其测评和建议提供给品牌方即可,无须通过其有一定粉丝数量的账号公开发布,则不属于代言;然而,如果公开发布测评和建议,就很有可能构成推荐或证明经营者商品或服务的代言活动。相应地,如果KOL或KOC在公开其测评和建议的过程中未尽到广告代言人应承担的相应审慎义务的,监管机构仍有可能对其进行处罚。

(6)国家机关工作人员。《广告法》第9条规定,广告中禁止使用或变相使用国家机关、国家机关工作人员的名义或形象。但目前多地市委书记、市长、县长、局长等官员化身"网红"直播"带货",为当地特色产品做宣传推广,目的是促进经济发展且未从中获利,按照《公益广告促进和管理暂行办法》,应属于公益广告,这种公益广告中的行为,是国家机关工作人员履行职责的行为,其不会被认定为广告代言人。

(7)虚拟数字人。随着"元宇宙"时代的到来,大众对于虚拟数字人的接受度越来越高,不少虚拟偶像拥有的粉丝和流量不亚于真人明星。目前出现在商业广告中的虚拟数字人主要分为两类,一类是以非真实人物为原型的虚拟数字人,如"洛天依""AYAYI""柳夜熙"等;另一类则是以明星、名人为基础的真人转化型虚拟数字人。

非真人转化的虚拟数字人,即虚拟数字人与现实中的自然人身份不存在直接对应关系,这种情况下在直播广告中使用虚拟数字人,更多是艺术创意的过程,即便该虚拟数字人发表了意见,也是广告主意志的直接反映,而且,该类虚拟数字人仅是一个IP形象,不是法律意义上的民事主体,并非《广告法》所规定的自然人、法人、其他组织,与一般的真人代言人存在较大的差异,即便该虚拟数字人拥有自己的名称和形象,在代言时也以该名义或形象进行,原则上也无法被认定为《广告法》意义上的代言人。但这并不意味着虚拟数字人代言广告的行为可以不受法律规制,其背后的广告主、广告发布者、广告经营者以及虚拟形象背后的真人原型,均可能承担相应的法律责任。

真人转化的虚拟数字人,则有被认定为"广告代言人"的可能性。2021年4月,七部门联合印发的《网络直播营销管理办法(试行)》第25条规定:"直播间运营者、直播营销人员使用其他人肖像作为虚拟形象从事网络直播营销活动的,应当征得肖像权人同意……"这类虚拟数字人的广告代言、直播带货行为是肖像权人知悉且授权许可的,在大部分情况下,虚拟数字人的真人原型也负有在微博等公开渠道发布、推广品牌代言广告的义务,并且肖像权人从虚拟形象的代言广告等商业行为中也会获得广告代言费等商业利益。

真人虚拟分身的真人原型是否会被认定为"广告代言人",可根据虚拟数字人形象与真人的相近程度、虚拟数字人广告代言的商业收益划分、虚拟数字人广告代言是否得到授权等因素综合判定。如果虚拟数字人和肖像权人本人的商业行为高度绑定,那么肖像权人本人应承担《广告法》下有关"广告代言人"的责任和义务。

3. 直播不同场景中广告代言人的界定

(1)展示介绍。如果主播只是介绍商品客观情况,如商品展示、卖点详细介绍、功能讲解、化妆教学、客服答疑、操作示范等,并未用自己的名义或者形象进行推荐、证明,那么这时主播不应被认定为广告代言人。

(2)种草探店。如果主播通过自己的名义、形象在各类意见中表达出自己的推荐、证明,如专家意见、KOC或KOL意见、直播探店、美食探店、新品品尝、爆品打造、同类商品对比评测等,根据具体情形可能被认定为广告代言人。

(3)场景演绎。参与人员如果在进行场景演示,如角色扮演或通过场景演绎需求和产品时没有表明自己的身份,对于相关受众而言也难以辨别其真实身份的,则应认定为广告中演员的表演,属于表演者,不能认定为广告代言人。

(4)价格促销。主播如仅介绍了促销时间、地点、参与资格等必要信息内容,如优惠促销、打折信息、优惠券、兑换码、引导购买等,那么这时该主播仅为导购,并不是广告代言人。

(5)粉丝经济。如主播受到相关品牌广告主、广告经营者委托,在直播中展示某些商品，粉丝因对主播的喜爱也要追随购买，这种情况下主播也可能被认定为广告代言人。

4.直播广告代言人的行为准则

（1）遵守代言范围的限制。直播广告代言人须符合相关规定，不得为法律禁止生产、销售的产品（含禁止提供的服务）进行广告代言；不得为无证经营的市场主体或者其他应取得审批资质但未经审批的企业进行广告代言；不得为烟草及烟草制品（含电子烟）进行广告代言；不得为面向中小学（含幼儿园）校外培训及其他教育、培训行业的相关广告代言等。

（2）进行广告内容审查。直播广告代言人应依照《广告法》等相关法律法规规章规定，恪尽合理审查义务。全面核验所代言企业或广告经营者设计、制作的代言商业广告文案（样稿、样片、脚本）内容是否与其代言的商品或者服务实际情况相一致，表现形式是否健康，拒绝夸大其词、格调不高的文案，注重语言严谨，不得明知或者应知广告违法违规仍为其代言，不得为虚假或者引人误解的广告代言。

（3）真实使用代言产品或服务。《广告法》第38条第1款规定，广告代言人在广告中应依据事实，不得为未使用过的商品或者未接受过的服务做代言。如果广告代言人代言了并未实际使用的产品或者未接受过的服务，根据《广告法》第28条第2款第4项的规定，就可能构成虚假广告并要承担相应的法律后果。

在上海笑果文化传媒有限公司涉嫌制作违法广告案[①]中，2021年2月，脱口秀演员李某（男性）在其个人微博号发布了某品牌女性内衣广告，含有"一个让女性轻松躺赢职场的装备""我说没有我带不了的货，你就说信不信吧"等内容，附带当事人推介该商品的视频。女性立足职场，靠的是能力和努力，上述广告将"职场"与"内衣"挂上关系，可以"躺赢职场"的表述是对女性在职场努力工作的一种歧视，是对女性的不尊重行为，文案内容低俗，有辱女性尊严。经调查，当事人作为公众人物在广告中利用自身的知名度为品牌女性内衣做推荐，属于广告代言行为，且其并未使用过该商品。执法机关认为，当事人上述广告发布行为违反了《广告法》第9条第7项的规定，构成了发布违背社会良好风尚的违法广告的行为；同时，当事人的代言行为违反了《广告法》第38条第1款规定，构成了广告代

---

[①] 参见上海市奉贤区市场监督管理局行政处罚决定书，沪市监奉处〔2021〕262021000283号。

言人为其未使用过的商品作推荐、证明的行为。综上,北京市海淀区市场监督管理局作出行政处罚:一是没收违法所得225,573.77元;二是罚款651,147.54元。

本案中,当事人身为男性为女性内衣代言,很显然是未真实使用过,这就与《广告法》中的规定背道而驰。代言人不得为未使用过的商品(未接受过的服务)作推荐、证明,应当充分使用代言商品,保证在使用时间或者数量上足以产生日常消费体验,确保宣称的功效等内容与实际体验相一致。代言人应当提供充分证明力的证据,证明其使用商品或者接受服务是在广告发布之前。如果是境外明星代言,使用商品或者接受服务是在境外进行的,应当提交使用证明或者接受服务证明的公证文书、认证文书以及外文翻译件。

值得注意的是,象征性购买或者使用代言商品不应认定为广告代言人已经依法履行使用商品的义务。代言人为婴幼儿专用或者异性用商品代言的,应当由代言人近亲属充分、合理使用该商品。代言人在广告代言期内,应当以合理的频率、频次持续使用代言商品。对于电子产品、汽车等技术迭代速度较快的商品,代言人仅使用某品牌的某一代次商品,不得为该品牌其他代次商品代言。

广告主主动提供代言商品或者服务给广告代言人进行使用,须如实记录使用过程、使用效果并保存相关证据。广告代言人无法使用商品服务或者拒绝使用的,应终止广告代言活动。

(4)禁止未满10周岁的未成年人进行广告代言。《广告法》第38条第2款规定,未满10周岁的未成年人不得作为广告代言人。但是未成年人用品广告中经常会出现未成年人的形象,大部分情况他们只是表演者的身份,但是如果是具有一定社会知名度的未成年人(如童星),以其个人名义或者形象推荐产品或服务,则构成广告代言行为。

在至初牛奶贸易(上海)有限公司涉嫌利用童星代言发布违法广告案[①]中,至初牛奶贸易(上海)有限公司在对其经销的A2奶粉进行宣传推广过程中,邀请艺人胡某及其子参与其品牌网络直播活动。他们通过官方网站、官方微信公众号、官方微博等自媒体使用胡某及其子姓名和形象为其产品进行代言。但该艺人之子在当事人组织活动及广告发布时实际年龄未满10周岁。当事人的行为违反了

---

① 参见上海市工商行政管理局检查总队行政处罚决定书,沪工商检处字〔2018〕第320201810009号。

《广告法》第 38 条第 2 款"不得利用不满十周岁的未成年人作为广告代言人"的规定。依据《广告法》第 58 条的规定，原上海市工商行政管理局检察总队作出行政处罚，责令停止发布该违法广告，并处罚款 10 万元。

《广告法》中规定未满 10 周岁的未成年人禁止作为"广告代言人"，但并未禁止未成年人参与广告，未成年人还是可以作为广告的表演者，如婴幼儿奶粉广告中可以出现婴幼儿的画面。企业在发布企业宣传片、短视频、直播中，如果必须由未满 10 周岁的未成年人出镜，应当尽量避免镜头内只有未成年人，最好设置场景式表演，并且对于未成年人的影响力、名气、广告词等也应尽量限制，避免违规风险。

（5）代言期间后续跟踪。代言广告期间，代言人应对所代言企业及代言商品或服务予以跟踪关注，如代言企业出现严重违法失信行为、代言商品或者服务存在严重质量安全问题时，应及时核实评估后，视情况采取解除代言合同、发表个人声明等补救措施。代言广告期间，代言人如出现不当言行、侵犯他人合法权益、偷税漏税、涉嫌犯罪等较大影响的负面事件，继续代言易造成更大社会不良影响的，应主动与代言企业协商解除代言合同、停止广告代言。代言人发现商品经营者和服务提供者在未签订商业广告代言合同或未经其授权同意的情况下，擅自利用其肖像、签名等形式发布广告时，应及时通过告诫商品经营者和服务提供者改正、向市场监督管理部门举报、提起民事诉讼等途径，依法维护自身肖像权、姓名权等合法权益，并迅速发布声明予以澄清，提醒公众防止上当受骗。

（6）主动配合监督。广告代言人应自觉接受政府相关部门监管和社会监督。市场监督管理部门依法对涉嫌虚假广告开展调查时，涉及的代言人应予以积极配合，主动接受调查询问，如实提供广告代言合同、代言费票据等相关证据材料，不得推诿拒绝，不得提供虚假、伪造的证明材料，不得阻碍调查人员依法执行公务，并及时履行已经生效的法律文书。

（7）对有前科的广告代言人的限制。《广告法》第 38 条第 3 款中规定，在虚假广告中作推荐、证明受到行政处罚未满 3 年的自然人、法人或其他组织，不得作为广告代言人。

此外，直播广告代言人还应当自觉践行社会主义核心价值观，代言活动应当符合社会公德和传统美德，不得有如下行为：不得发布有损国家尊严或者利益的言论；不得实施妨碍社会安定和社会公共秩序的言行；不得宣扬淫秽、色情、赌博、迷信、恐怖、暴力等内容；不得宣扬民族、种族、宗教及性别歧视；不得炒作隐私；不得宣扬奢靡浪费、拜金主义、娱乐至上等错误观念和畸形审美；不得以饰演的党和国家领导人、革命领袖、英雄模范等形象或近似形象进行广告代言（以饰演的其他影视剧角色形象进行广告代言的，应当取得影视剧版权方授权许可）；不得宣扬其他违背社会良好风尚的言论和观念。

同时，主播在直播过程中也需遵守相关法律法规，如国家广播电视总局、文化和旅游部共同制定的《网络主播行为规范》等，也对网络主播的从业行为进行了规范，包括网络主播应当遵守的各项规定以及在提供网络表演及视听节目服务过程中不得出现的行为等。不得出现违反《宪法》所确定的基本原则及违反国家法律法规的内容，不得损害人民军队、警察、法官等特定职业、群体的公众形象，不得宣扬淫秽、赌博、吸毒等不良内容等。

广告主在与广告代言人的合作过程中，发现广告代言人发生违法犯罪、违反公序良俗等行为或者存在法律法规规定的不得代言的情形的，可及时采取停播、撤回等方式停止发布代言广告，以减少对品牌产生的负面影响，并主动向有关部门报告。

(三)避免数据造假与流量作弊

网络直播中数据造假与流量作弊的问题比虚假宣传有过之而无不及。直播带货观众人数注水、销售数据造假等，已经形成了一条造假产业链。在"直播带货"产业链中，粉丝数、评论数、点赞数都可以伪造，让消费者虚实难辨。甚至一个10万+粉丝数的直播间，可能真实的观看人数只有寥寥几人。

在这些"流量骗局"中，卖家需要靠直播刷量来获取店铺销量以及收入；主播们则需要靠刷量来标榜自己的人气，从而获取更高的广告费；经纪公司同样也需要以此捧红公司旗下的主播，然后为公司赚取更多的收入；至于直播平台，通过这种刷量能够让他们获得更好看的用户数据。如果数据造假用于支持广告宣传，使广告内容存在虚假或引人误解的信息，可能违反《广告法》中关于广告真实性的规定。

对于普通的消费者而言，其通过直播购买商品和服务是因为相信主播的选品能力，但在虚假流量和虚假交易量的宣传假象之下，消费者的知情权受到了损害，让消费者无法掌握商品真实销售情况，从而对商品产生误判。《网络直播营销行为规范》中规定：主播向商家、网络直播营销平台等提供的营销数据应当真实，不得采取任何形式进行流量等数据造假,不得采取虚假购买和事后退货等方式骗取商家的佣金。根据《反不正当竞争法》以及《电子商务法》的规定,经营者不得通过制造虚假交易的方式来配合其他的经营者进行刷单的行为。根据《刑法》的相关规定,机构以非法占有为目的制造虚假的交易事实,骗取商家的财产利益的,如果数额巨大就可能构成诈骗罪。

为了遏制这种现象,平台应加强监管,利用技术手段检测和打击数据造假行为,对违规者进行严厉处罚,包括封禁账号、限制直播权限等。直播活动参与者不能单纯依赖数据,要综合多方面因素评估直播广告的效果和价值。流量固然重要,但更重要的是提高商品和服务的质量水平,以质取胜,这样才能保证企业的长久发展。

(四)语言文字规范

在直播广告的形式上,语言文字规范至关重要,主要包括以下 4 个方面:

1. 广告用语应当使用普通话和规范汉语,避免使用方言和外国语言文字。如果需要使用方言或少数民族语言文字,应符合社会主义精神文明建设的要求,不得含有不良文化内容。

2. 用词准确,避免使用模糊、含混或易产生歧义的词汇,确保所表达的意思清晰明确。广告中不得出现错别字或拼写错误,如需使用谐音字,需加引号以示区别。

3. 语言文明,不使用粗俗、低俗、侮辱性或攻击性的语言,保持礼貌、尊重和友善的态度,营造良好的交流氛围。

4. 专业术语恰当,如果涉及特定行业或领域的产品或服务,应正确使用专业术语,并在必要时进行解释。

## 第三节 重点行业直播广告合规指南

### 一、食品直播广告宣传合规要点

(一)如实披露食品的真实信息

在宣传食品时,要如实描述食品的成分、配料、保质期、生产日期等,不夸大食品的营养成分和功效。

2025年3月27日,国家卫生健康委、国家市场监督管理总局公布了50项食品安全国家标准和9项标准修改单,其中新《食品安全国家标准 预包装食品标签通则》(GB 7718－2025)明确规定,预包装食品不允许再使用"不添加""零添加"等用语对食品配料进行特别强调。

此前"零添加""无添加""不添加"等是众多食品企业热衷的宣传话术,有些企业甚至会将其印在产品包装的显眼位置。而实际上,"不添加"只是对产品生产过程中是否添加某种物质的描述,但这并不能等同于食品最终产品中配料或成分中不存在该物质。禁止预包装食品使用"零添加""不添加",是为了使消费者正确了解食品标签信息,更科学、更自主地选择食品,避免使消费者盲目关注这些宣传用语,忽略了产品真实属性,对食品安全和健康造成潜在风险。

同时,新标准对"无""不含"等词汇的使用也加以严格限制:当使用这些词汇时,相应配料或成分含量必须为"0";对于食品添加剂、污染物,以及法律法规和标准中明确禁止添加或不应存在于食品中的物质,严禁使用"无""不含"等词汇及其同义语进行声称。因此,在网络直播带货过程中,在口播介绍产品、发布产品详情页等展示产品特性的环节应当避免使用"不添加""零添加"等用语对食品配料进行宣传,也应当谨慎使用"无""不含"等词汇。

食品如宣称"无糖""低盐""低脂""非转基因""有机"或者某些成分的含量,一定要真实,且有证据证明,否则会被认定为虚假广告。

由此可见,直播广告中要如实宣传食品的真实信息,这是广告真实性的最基本的要求。

(二)普通食品不可宣称保健功能和疾病治疗功能

《食品安全法实施条例》第38条第1款规定,对保健食品之外的其他食品,不得声称具有保健功能。因为普通食品通常只是为了提供人体所需的基本营养成分,如碳水化合物、蛋白质、脂肪、维生素和矿物质等,其并不具备直接预防、治疗疾病或调节人体生理机能的特定功效,而且普通食品没有经过严格的保健功能或治疗疾病的审批程序,擅自宣称具有此类功能属于违法行为。

普通食品广告宣称保健功能和疾病治疗功能包括明示和暗示两种形式。其中暗示的情形包括使用等同或者近似表述,在法定保健功能表述或疾病治疗术语基础上略微修改但不改变表述原意，或者借助产品成分明示或者暗示产品具有保健功能或疾病治疗作用，这些都是违法行为，会面临行政处罚。

在东阿阿胶电子商务（北京）有限公司违法广告案[1]中，东阿阿胶电子商务（北京）有限公司在直播间发布"阿胶对女性朋友的话，是特别友好的，但不是说男人不可以吃啊，男女6岁以上的小孩子，正在长身体的小孩子，比较矮小，比较瘦小的，都可以去吃我们的一个阿胶啊"等广告。当事人在抖音店铺直播间陈列并销售的保健品（阿胶片）和食品（桃花姬阿胶糕、固元糕、阿胶红枣黑芝麻丸）均含阿胶成分，未陈列销售药品，但在直播间发布上述涉及"男女六岁小孩"言论的广告时，未明确其所宣传的"阿胶"是药品、保健品还是普通食品。同时，当事人在直播间以声音加视频形式发布"阿胶的话，增强我们的免疫力啊"等广告，后来北京市朝阳区市场监督管理局对其作出处罚，责令其停止发布违法广告，并处警告及罚款11万元。

在该案中，普通食品（桃花姬阿胶糕、固元糕、阿胶红枣黑芝麻丸）均含阿胶成分，主播利用内含的成分宣称普通食品的保健功效，这是典型的违法广告，食品企业应引以为戒。

（三）特殊食品：跨境电商零售进口保健品

跨境电商零售进口商品按个人自用进境物品监管，不执行有关商品首次进口许可批件、注册或备案要求是跨境电商零售进口模式的一大优势，即在境外作为保健食品、药品、医疗器械等的商品，只要在《跨境电子商务零售进口商品清单》内且限于个人自用并满足跨境电商零售进口税收政策规定的条件的，原则上可以不履行一般贸易模式下的商品首次进口审批许可要求而直接通过跨境电商渠道向中国消费者销售。不过，这也意味着这类商品在我国境内难以被视为保健食品、药品、医疗器械进行监管，有关的推广宣传活动中仅能将之作为一般商品进行描述，这些商品广告本身无法取得保健食品、药品、医疗器械广告批准文号，其内容中既不能出现明示或暗示保健、疾病治疗功能的相关表述，也不得含有使推销的商品与药品、医疗器械相混淆的用语。否则，相关推广宣传行为可能基于具体的违规内容被认定为普通食品广告宣传保健功能、普通食品广告涉及疾病治疗功能

---

[1] 参见北京市朝阳区市场监督管理局行政处罚决定书，京朝市监处罚〔2024〕52号。

等违法广告宣传行为。

## 二、化妆品直播广告宣传合规要点

（一）化妆品成分信息真实准确

近年来，一些化妆品品牌为追求宣传效果，会着重宣传并夸大产品中含有的一些热门成分及含量，以吸引消费者。主要包括3种情况。

1. 虚构实际并不含有的成分。部分直播广告中存在虚构化妆品成分、夸大产品功效等问题，这不仅会误导消费者，也违反了相关法律法规，损害了消费者的合法权益，同时还可能影响整个行业的信誉。2023年，某知名职业打假人通过网络进行公开举报某知名主播直播间销售的眉笔存在虚假宣传问题。据了解，该眉笔宣传的卖点之一是"首乌早眉笔"，宣传中称该款眉笔中添加了"画眉珍品"螺子黛（骨螺分泌物）作为上色自然的秘密，然而经查询其备案成分未添加螺子黛。该举报导致产品销量暴跌，主播的商业形象也受到较大影响。

2. 概念性添加成分。除了直接或暗示宣传虚假的成分外，采用"概念性添加成分"广告也是不少化妆品品牌的常用宣传手段。化妆品企业宣称其产品中具有某种功效性原料，但事实上该等原料的实际含量非常低，并不具有相应的成分功效或者功效微乎其微，正如上述首乌眉笔案例，首乌提取物在备案成分上排名倒数第一，实际用量极少，夸大了产品的独特性和优势。

3. 通过产品名称暗示含有相关成分。《化妆品标签管理办法》第8条第1款第2句规定："以暗示含有某类原料的用语作为商标名，产品配方中含有该类原料的，应当在销售包装可视面对其使用目的进行说明；产品配方不含有该类原料的，应当在销售包装可视面明确标注产品不含该类原料，相关用语仅作商标名使用。"如果产品名称中明示或暗示含有某种成分，而实际并不含有，则属于误导、欺骗消费者的情形，构成发布虚假广告的违法行为。

（二）化妆品功效宣称合规

化妆品直播广告应当真实、合法，不得含有虚假或者引人误解的内容，不得欺骗、误导消费者。相关企业应确保所宣传的化妆品功效有相应的科学依据，并能够提供证明材料。而且，平台内经营者披露的功效宣称信息应与注册/备案资料中标签信息和功效宣称依据摘要的相关内容保持一致。

1. 使用清晰、明确、客观的语言描述功效。在直播中应使用清晰、明确、客观的语言描述化妆品功效，使用避免模糊、夸大或误导性的表述。如"显著改善""彻底消除"等绝对化词汇应谨慎使用。在杭州沃鑫化妆品贸易有限公司化妆品广告对化妆品名称、制法、效用或者性能有虚假夸大内容案[①]中，杭州沃鑫化妆品贸易有限公司在快手上开办"秦老师带你健康优雅到老"店铺，从韩国购进数千盒婵真美菁润泽保湿眼霜，并在涉案化妆品网页内容商品详情中宣称"适用任何肤质"，上述宣称属于具有适用包括敏感皮肤在内的任何肤质的特定宣称，应符合《化妆品功效宣称评价规范》第11条第1款规定的"进行特定宣称的化妆品（如宣称适用敏感皮肤、宣称无泪配方），应当通过人体功效评价试验或消费者使用测试的方式进行功效宣称评价"。但当事人无法提供上述宣称所要求的人体功效评价试验或消费者使用测试的方式进行功效宣称评价报告（结果）。涉案商品在违法广告宣传期间共开展12场次直播销售活动，后被杭州市拱墅区市场监督管理局处以罚款52,243.05元。

作为生产者、销售者，应当就其生产、销售的产品所宣称的功能提供充分的证据予以支持，如实验或评价数据等，不能盲目夸大其功效，误导消费者。如果不能举证证明涉案产品确实具有其宣称的功效，则应承担举证不能的不利后果。

2. 功效宣称不能涉及疾病治疗或使用医疗用语。"可以起到镇定皮肤，消炎的作用"这句广告用语，是很多护肤品触碰的"雷区"。《广告法》明确规定，除医疗、药品、医疗器械广告外，禁止任何广告涉及疾病治疗功能。《化妆品监督管理条例》中规定，无论明示或暗示，化妆品都不得宣称具有医疗作用。实践中不少企业因在其化妆品广告中使用了相应明示或暗示医疗作用的用语而被执法部门处罚。《化妆品命名指南》中明确了明示或暗示医疗作用和效果的词语，如抗菌、抑菌、除菌、灭菌、防菌、消炎、抗炎、活血、解毒、抗敏、防敏、脱敏、斑立净、无斑、祛疤、生发、毛发再生、止脱、减肥、溶脂、吸脂、瘦身、瘦脸、瘦腿等。企业在广告宣传中应注意避开此类宣传表述。

3. 普通化妆品不能声称具有特殊用途化妆品功效。化妆品分为普通化妆品和特殊用途化妆品。普通化妆品不能声称具有特殊用途化妆品功效，这是化妆品

---

[①] 参见浙江省杭州市拱墅区市场监督管理局行政处罚决定书，杭拱市监处罚〔2024〕194号。

广告宣传中的一项重要原则。特殊用途化妆品因其具有特定的功效，如防晒、染发、烫发、祛斑美白、除臭等，在上市前经过了更为严格的审批和检测程序；而普通化妆品并没有经过这些针对特殊功效的评估和认证。根据相关法律法规，发布特殊用途化妆品广告，或者在化妆品广告中宣传特殊用途的，应当提供国家药品监督管理部门核发的特殊化妆品注册证书。普通化妆品宣称"美白""淡斑""防晒""烫发""染发""防脱发"或宣称新功效的，已超出化妆品备案的功效用途，属于宣称虚假功效的行为。

不少商家为了规避此种法律风险，绞尽脑汁寻找另类的宣传方法，如避免直接使用标准术语，而是替换成更加隐晦的措辞，或是使用谐音、故意将关键字眼替换为错别字或拼音等方式，以试图逃避监管，尤其是平台和监管机关的网络监测。但是，实践证明，并不是直接使用标准术语才会遭到处罚，监管机关通常更倾向于以是否足以误导消费者、是否会对购买行为有实质性影响等实质性标准进行判断，例如，有的案件中，"靓白、去黄""修护润白""焕白提亮、改善暗黄""靓白力+52%""提亮光泽、改善暗沉""焕醒自然白"均被认定为宣称（或暗示）"美白"的特殊功效；有的案件中，通过图片对比使用前后肤色改变差异的方式，表明商品"真人实测有美白力"，被认定为宣称商品有"美白"功效；有的案件中，宣称"鲜活少女肌不惧阳光"，也被认定为宣称防晒功效；还有的案件中，用谐音"百斑困扰，就此解决"被认定为宣称"祛斑"的特殊功效；有的案件使用"镁白""淡 ban 美 bai"也被认定为非特殊用途化妆品宣称美白（或美白淡斑）的功效；使用"亢炎"而非"抗炎"也被监管机关认定为使用医疗用语的违法行为。

另外，还要注意，特殊化妆品宣称所注册的类别之外的其他功效，或者普通化妆品宣称所备案功效之外的其他功效，也会被认定为虚假广告。

### 三、"三品一械"直播广告宣传合规要点

(一)"三品一械"广告的特殊要求

1. 广告发布审批制度

《"三品一械"广告审查暂行办法》第 2 条第 2 款明确规定，"未经审查不得发布药品、医疗器械、保健食品和特殊医学用途配方食品广告"，即对"三品一械"广告的发布实行审查制度。国家市场监督管理总局负责组织指导药品、医疗器械、

保健食品和特殊医学用途配方食品广告审查工作，而各省、自治区、直辖市市场监督管理部门、药品监督管理部门（以下简称广告审查机关）负责药品、医疗器械、保健食品和特殊医学用途配方食品广告审查，也依法可以委托其他行政机关具体实施广告审查。

在北京交个朋友数码科技有限公司违反《广告法》案[①]中，北京交个朋友数码科技有限公司于2023年9月21日和23日，在其运营的"交个朋友直播间"，以口播形式对矫正方案设计、儿童涂氟、成人超声波洁牙等7个品类的口腔服务项目进行直播推广，涉及拍片检查等服务和超声洁牙机等医疗器械的使用。该直播发布前未经广告审查机关审查，未取得广告发布批准文件。上海市市场监督管理局查明，当事人在接受委托时核对了相关主体资质、广告内容和证明文件等，但未发现其提交的《医疗广告审查证明》并非本案广告的《医疗广告审查证明》。上海市市场监督管理局认为，当事人作为长期从事广告业务的公司，且一直从事直播营销活动，接受委托代理涉案广告时核对的医疗广告审查证明文件与本案广告不一致，应该知道涉案广告为医疗广告，且医疗广告发布之前须经审查。后该公司被上海市市场监督管理局罚款约29.29万元，并没收广告费用29.29万元，罚没款共计585,852.2元。

直播发布广告需要严格遵守相关法律法规，对于医疗、药品、医疗器械、保健食品等特殊商品或服务的广告，必须提前进行审查，获得批准文件后方可发布，否则将面临相应的处罚。直播相关主体应当加强对广告内容的审核和管理，确保广告的真实性、合法性和准确性，确保相关证明文件真实、合法、有效。直播营销活动中涉及"三品一械"商品的宣传时，应严格按照审查通过的内容发布，不得剪辑、拼接、修改，不得增加链接、二维码等内容。已经审查通过的广告内容需要改动的，应当重新申请广告审查。

2024年5月29日，国家市场监督管理总局发布《药品、医疗器械、保健食品、特殊医学用途配方食品广告审查管理办法（征求意见稿）》（以下简称《"三品一械"广告审查办法（征求意见稿）》），其中根据实践情况规定了两类无须重新进行广告审查的情形：(1)仅对视频、图片的长宽比、文字字体或者背景颜色进行调整，

---

[①] 参见上海市市场监督管理局行政处罚决定书，沪市监总处〔2024〕322023000399号。

且不影响应当显著标明或者清晰展示内容视觉效果的;(2)仅增加、删除或者变更产品价格、线上线下销售地址、门店名称、联系电话、配送方式以及网络链接、二维码等内容,且不违反该办法第11条有关规定的。这体现了广告审查的灵活性和合理性。

"三品一械"广告审查完成后,所发布的广告应当显著标明广告批准文号,且在广告中应当显著标明的内容,其字体和颜色必须清晰可见、易于辨认,在视频广告中应当持续显示。

2."三品一械"广告内容合规

《"三品一械"广告审查暂行办法》第11条规定,药品、医疗器械、保健食品和特殊医学用途配方食品广告不得违反《广告法》第9条、第16条、第17条、第18条、第19条的规定,不得包含下列情形:

(1)使用或者变相使用国家机关、国家机关工作人员、军队单位或者军队人员的名义或者形象,或者利用军队装备、设施等从事广告宣传;

(2)使用科研单位、学术机构、行业协会或者专家、学者、医师、药师、临床营养师、患者等的名义或者形象作推荐、证明;

(3)违反科学规律,明示或者暗示可以治疗所有疾病、适应所有症状、适应所有人群,或者正常生活和治疗病症所必需等内容;

(4)引起公众对所处健康状况和所患疾病产生不必要的担忧和恐惧,或者使公众误解不使用该产品会患某种疾病或者加重病情的内容;

(5)含有"安全""安全无毒副作用""毒副作用小",明示或者暗示成分"天然"因而安全性有保证等内容;

(6)含有"热销、抢购、试用""家庭必备、免费治疗、免费赠送"等诱导性内容,"评比、排序、推荐、指定、选用、获奖"等综合性评价内容,"无效退款、保险公司保险"等保证性内容,怂恿消费者任意、过量使用药品、保健食品和特殊医学用途配方食品的内容;

(7)含有医疗机构的名称、地址、联系方式、诊疗项目、诊疗方法以及有关义诊、医疗咨询电话、开设特约门诊等医疗服务的内容;

(8)法律、行政法规规定不得含有的其他内容。

3."三品一械"广告标识要求

（1）保健食品广告。《"三品一械"广告审查暂行办法》要求，保健食品广告应当显著标明"保健食品不是药物，不能代替药物治疗疾病"，声明本品不能代替药物，并显著标明保健食品标志、适宜人群和不适宜人群。

《"三品一械"广告审查办法（征求意见稿）》在原"保健食品标志、适宜人群和不适宜人群"的标识要求的基础上，新增"显著标明产品名称"的要求，但同时也新增例外情况："保健食品注册证书或者备案凭证中未标注不适宜人群或者不适宜人群标注为'无'的，广告中可以不标注。"其中还明确了"保健食品以外的其他食品广告不得声称具有保健功能，也不得借助宣传某些成分的作用明示或者暗示其具有保健功能"。这与《食品安全法实施条例》第38条第1款[①]的规定一致。

（2）药品广告。《"三品一械"广告审查暂行办法》明确要求广告要标明"禁忌、不良反应"，处方药还应当显著标明"本广告仅供医学药学专业人士阅读"，非处方药广告还应当显著标明非处方药标识（OTC）和"请按药品说明书或者在药师指导下购买和使用"。

《"三品一械"广告审查办法（征求意见稿）》还新增了药品广告须标明"药品通用名称"的要求，并对"禁忌、不良反应"标识进行调整："禁忌、不良反应不能全部标明的，应当标明主要内容并注明'详见药品说明书'。"

（3）特殊医学配方食品广告。《"三品一械"广告审查暂行办法》要求，特殊医学配方食品应当显著标明适用人群、"不适用于非目标人群使用""请在医生或者临床营养师指导下使用"。

《"三品一械"广告审查办法（征求意见稿）》在此基础上新增"显著标明产品通用名称、特殊医学用途配方食品标识"的要求。

（4）医疗器械广告。《"三品一械"广告审查暂行办法》要求，推荐给个人自用的医疗器械的广告应当显著标明"请仔细阅读产品说明书或者在医务人员的指导下购买和使用"。产品注册证书中有禁忌内容、注意事项的，还应当显著标明"禁忌内容或者注意事项详见说明书"。

---

① 《食品安全法实施条例》第38条第1款规定：对保健食品之外的其他食品，不得声称具有保健功能。

《"三品一械"广告审查办法(征求意见稿)》在上述标识基础上新增了"显著标明产品名称"的要求。

4. 不得变相发布三品一械广告

以介绍健康、养生知识等形式变相发布广告,隐蔽性强,容易脱离有效监管,损害消费者的合法权益。《互联网广告管理办法》第8条规定,禁止以介绍健康、养生知识等形式,变相发布医疗、药品、医疗器械、保健食品、特殊医学用途配方食品广告。介绍健康、养生知识的,不得在同一页面或者同时出现相关医疗、药品、医疗器械、保健食品、特殊医学用途配方食品的商品经营者或者服务提供者地址、联系方式、购物链接等内容。

《"三品一械"广告审查办法(征求意见稿)》规定,在网络直播中不得以介绍健康、养生知识等形式变相发布"三品一械"广告或利用代言人在网络直播中为"三品一械"产品作推荐、证明。在网络直播中变相发布"三品一械"广告的形式主要有以下3种:(1)以健康讲座、养生课堂等形式,看似在普及知识,实则重点介绍和推荐特定的"三品一械"产品,并强调其功效和优势;(2)通过讲述个人使用经历或所谓的"患者故事",暗示产品的神奇效果,从而达到推广产品的目的;(3)利用娱乐节目、互动游戏等环节,巧妙地植入"三品一械"的品牌和产品信息。

例如,以"健康养生分享会"为名进行直播,主播在分享过程中过度强调某款保健食品能"根治"多种疾病,这就属于变相发布广告,是被法律所禁止的。又如,请所谓的"专家""患者"在直播间进行现身说法,宣传某种医疗器械的神奇疗效,如"使用该器械后,多年的顽疾立刻痊愈"等,但实际上这些"专家""患者"的身份和经历可能是虚构的,或者该器械并不具备所宣传的功效。上述情况中,相关责任人或企业可能面临相应的处罚,包括责令停止发布广告、罚款等。同时,这种行为也损害了消费者的利益,可能导致消费者误信广告而购买无效或不适合的产品,甚至可能影响身体健康。

5. 针对未成年的网站禁止发布医疗和"三品一械"广告

《互联网广告管理办法》第12条规定,在针对未成年人的网站、网页、互联网应用程序、公众号等互联网媒介上不得发布医疗、药品、保健食品、特殊医学用途配方食品、医疗器械、化妆品、酒类、美容广告,以及不利于未成年人身心健康的网络游戏广告。这也与《广告法》第40条、《未成年人节目管理规定》第18条的内容一致。

(二)保健食品广告宣传合规要点

1. 允许声称的保健功能

目前,监管部门依法批准注册的保健食品允许声称的保健功能主要有 24 类[1],超出这些功能之外的,都属于虚假宣传。24 类保健功能具体如下:有助于增强免疫力、有助于抗氧化、辅助改善记忆、缓解视觉疲劳、清咽润喉、有助于改善睡眠、缓解体力疲劳、耐缺氧、有助于控制体内脂肪、有助于改善骨密度、改善缺铁性贫血、有助于改善痤疮、有助于改善黄褐斑、有助于改善皮肤水分状况、有助于调节肠道菌群、有助于消化、有助于润肠通便、辅助保护胃黏膜、有助于维持血脂(胆固醇/甘油三酯)健康水平、有助于维持血糖健康水平、有助于维持血压健康水平、对化学性肝损伤有辅助保护作用、对电离辐射危害有辅助保护作用、有助于排铅。

需要注意的是,声称保健食品具有相应的保健功能必须经过严格的科学评价和审查,且不能替代药品治疗疾病。例如,一款声称具有增强免疫力功能的保健食品,需要有相关的权威实验数据和研究报告来证明其有效性。

2. 保健食品不得宣称疾病治疗功能

在直播中宣称保健食品具有疾病治疗功能的行为是严重违规的。它不仅误导了消费者,让消费者可能放弃正规的医疗治疗,延误病情,还破坏了市场的正常秩序,损害了消费者的合法权益。《广告法》第 18 条明确规定,保健食品广告不得含有表示功效、安全性的断言或者保证,不得涉及疾病预防、治疗功能,不得声称或者暗示广告商品为保障健康所必需,不得与药品、其他保健食品进行比较等。

例如,主播在直播中推广一款鱼油软胶囊保健品时,如果使用"可以降血脂,促进血液循环,预防心脑血管、动脉硬化、中风、心脏病、高血压"等语言进行宣传,实质上便属于宣传该产品具有治疗功能,并且就疗效作出保证,这样的宣传行为极易混淆消费者对保健食品与药品的认知界限,诱导消费者购买实际上不具有治疗功能的保健食品,情节严重的,可能耽误病患的治疗,侵害其生命健康权。

---

[1] 参见《允许保健食品声称的保健功能目录 非营养素补充剂(2023 年版)》

3. 不得进行虚假认证

根据《广告法》《食品安全法》的相关规定,禁止虚构保健食品的认证资质、伪造检测报告或假借专家名义宣传疗效,违者将面临高额罚款、账号封禁及刑事责任。将普通保健食品伪装成高科技产品,产品价格随着权威认证信息的堆叠而水涨船高,造成价格虚高现象,严重侵害了消费者的经济利益。这样的行为也破坏了认证的权威性和公信力,进而对政府监管部门的公信力造成了不良影响。在没有事实依据的情况下,使用"国内唯一一款""全球公认""美国哈弗医学院临床证明""欧盟 EDOM 认证""英国 BRC 认证""瑞士 SGS 认证"等权威认证信息进行宣传,均属于虚假宣传行为。

(三)药品广告宣传合规要点

1. 处方药

《互联网广告管理办法》中规定:禁止利用互联网发布处方药广告。《"三品一械"广告审查暂行办法》第 21 条列举了一些禁止发布广告的药品,包括麻醉药品、精神药品、医疗用毒性药品、放射性药品、药品类易制毒化学品,以及戒毒治疗的药品、医疗器械;军队特需药品、军队医疗机构配制的制剂;医疗机构配制的制剂;依法停止或者禁止生产、销售或者使用的药品、医疗器械、保健食品和特殊医学用途配方食品。

《"三品一械"广告审查暂行办法》第 22 条第 1 款规定,该办法第 21 条规定以外的处方药和特殊医学用途配方食品中的特定全营养配方食品广告只能在国务院卫生行政部门和国务院药品监督管理部门共同指定的医学、药学专业刊物上发布。

以上药品不得做广告,也就意味着相关药品的直播带货也应受到相应的限制。

2. 非处方药

根据《网络直播指导意见》直播中是允许发布药品广告的,但需要经过事先审查。作为药品直播带货业者,应在直播活动开展前进行广告审查,审查涵盖关于药品直播带货的主要信息,并按照批准的内容进行直播带货。

关于处方药的禁止性规定并未限制非处方药,说明非处方药可以在直播中呈现,并且在实际直播中也有一些药店针对非处方药进行了直播。在发布非处方药广告的时候还要注意遵守《广告法》第16条关于"三品一械"广告的禁止性规定，如不得含有表示功效、安全性的断言或者保证；不得说明治愈率或者有效率；不得与其他药品、医疗器械的功效和安全性或者其他医疗机构比较；不得利用广告代言人作推荐、证明等。另外，还要注意，药店进行药品直播所依附的直播平台除了具有一般直播平台的资质，还应取得互联网药品信息服务资格证书。

综上所述，尽管现行法律法规并未完全禁止以直播形式发布非处方药和"三品一械"广告，但实际操作中存在严格的限制和明确的禁止条款，抖音平台也发布了关于"三品一械"和兽药直播间广告禁投的公告，禁止挂载相关商品的直播间进行广告投放。这些规定和指引表明，对于"三品一械"产品进行直播营销是受到限制的，目前中央和地方对"三品一械"广告的监管严格，企业开展"三品一械"直播可能面临较高的合规风险。相关企业和个人在进行直播营销时需要严格遵守相关法律法规，避免违规操作。

### 四、医疗美容行业直播广告宣传合规要点

近年来，很多爱美人士都开始尝试医疗美容，从事医疗美容的机构也越来越多，甚至还出现了医疗美容直播带货。医疗美容，即医美，是运用具有创伤性或侵入性的医学技术方法，对人的容貌和人体部位形态进行修复与再塑。目前，一些网络平台上医疗美容直播间的带货主播在推荐美容医疗机构的同时，还会极力推销各种医疗美容服务和产品。医疗美容归根到底属于医疗活动，而我国对于医疗广告的监管非常严格，因此，在通过直播的方式发布广告时，应严格遵守关于医疗广告的规定。

（一）区分生活美容与医疗美容

生活美容是指运用化妆品、保健品和非医疗器械等非医疗性手段，对人体所进行的诸如皮肤护理、按摩等带有保养或保健性的非侵入性的美容护理。生活美容的主要目的是美化和修饰容貌与形体，而不涉及对人体内部结构的改变或修复。生活美容机构只需具备营业执照以及公共场所卫生许可证即可开展经营活动，并且从业人员多为经过专业培训的美容师。由于其操作手段相对简单且不涉及医学治疗，因此其风险较低，但效果也相对较弱。

而医疗美容不仅能够改善外观，还能解决一些损美性疾病问题。常见的医美

项目有隆胸、隆鼻、瘦脸、热玛吉、水光针、微针、割双眼皮、激光去痣等。医疗美容的风险较高,因为它涉及对人体内部结构的改变或修复,可能带来一定的副作用和并发症。因此,开展医疗美容的机构需取得医疗机构执业许可证,且诊疗科目须含"医疗美容科"。医疗美容必须由具备执业医师资格的医生进行,并且需符合严格的场地环境和设备标准。此外,医疗美容由卫生健康行政部门监管,确保操作过程的安全性和合法性。

随着越来越多从业者加入美容行业,部分从业者还未真正分清楚生活美容和医疗美容的区别,不少生活美容机构因违规开展医疗美容项目被处罚。常见的医疗美容项目,如洗牙、打耳洞、洗文身、去文眉、针灸减肥、激光脱毛和光子嫩肤等,很容易被误认为是生活美容项目。美容机构在未取得医疗机构执业许可证、相关人员未取得医师资格证书的情况下,开展医疗美容项目而产生严重后果的,可能需承担行政处罚、民事赔偿,以及非法行医罪的刑事责任。

对于生活美容与医疗美容的广告宣传也有不同的合规要求。发布生活美容广告和医疗美容广告需要遵循不同的法律规定和标准。前者相对宽松,而后者则更为严谨,发布广告时需确保所有宣传内容均符合国家相关法律法规的要求。同时,生活美容机构不得发布任何医疗美容广告。

### (二)对医疗美容信息的宣传要真实

医疗美容机构自行直播或者入驻网络直播营销平台成为直播间运营者的,应当对其医疗美容直播信息作真实的商业宣传,不得欺骗、误导消费者。否则,要按照《广告法》第55条的规定承担法律责任。常见的违规行为主要包括以下7种情形:(1)提供的服务与直播宣传有关美容效果承诺不一致的;(2)对产品的性能、功能、内容、质量、价格、销售状况、曾获荣誉、允诺信息与直播宣传不一致的;(3)直播宣传的医疗机构、医生资历、荣誉虚假或者引人误解的;(4)直播过程展示虚假案例、虚构治疗前后对比照片,美容效果或产品功效虚假或对其夸大宣传,误导消费者的;(5)直播宣传言论使用虚构、伪造或者无法验证的科研成果、统计数据、调查报告等作为证明材料的;(6)直播现身说法或引入体验者虚构使用效果的;(7)直播过程中通过虚假交易、虚假刷单等误导消费者的。

### (三)医疗美容广告备案与审查

其他直播间运营者为美容医疗机构(医疗机构)的医疗美容提供网络直播服

务的,除为保证消费者知情权和选择权,全面、真实、准确、及时地披露医疗美容必要信息外,直接或者间接介绍自己所推销的美容医疗机构(医疗机构)或者医疗美容服务的,美容医疗机构(医疗机构)应当依法取得医疗广告审查证明,直播间运营者应当依法查验医疗广告审查证明,并严格按取得核准的内容直播。

(四)不得变相发布医疗美容广告

关于变相发布医疗美容广告的认定,国家市场监督管理总局《医疗美容广告执法指南》第8条第3项规定:对卫生技术人员、医疗教育科研人员的专访、专题报道中出现有关美容医疗机构的地址和联系方式等内容的,应认定为以介绍健康、养生知识、人物专访、新闻报道等形式变相发布医疗美容广告。直播营销主体在介绍健康、养生知识等普及医疗卫生健康科普的直播中,不得介绍具体的医疗美容,或者出现相关医疗美容机构(医疗机构)的详细地址、电话号码、电子信箱、网址、二维码、商品条形码、互联网即时通信工具等信息。

(五)公益医疗美容广告标注要求

直播营销主体在美容医疗机构出资设计、制作、发布或冠名的公益直播(广告)中,不得标注医疗美容机构(医疗机构)的地址、网址、电话号码等联系方式,以及其他与宣传、推销医疗美容项目有关的内容;不得标注美容医疗机构(医疗机构)名称(字号)和商标标识的面积超过直播页面或直播使用的展示板等平面图板的1/5;不得显示美容医疗机构(医疗机构)名称(字号)和商标标识的时间超过5秒或总时长的1/5,使用标版形式标注机构名称和标识达到时间不得超过3秒或总时长的1/5。

(六)医疗美容广告负面清单

医疗美容网络直播中,按照前述行政合规建议依法构成医疗美容广告的,不得有以下内容:(1)违背社会良好风尚,制造"容貌焦虑",将容貌不佳与"低能""懒惰""贫穷"等负面评价因素做不当关联或者将容貌出众与"高素质""勤奋""成功"等因素做不当关联。(2)违反药品、医疗器械、广告等法律法规规定,对未经药品管理部门审批或者备案的药品、医疗器械做广告。(3)宣传未经卫生健康行政部门审批、备案的诊疗科目和服务项目。(4)宣传诊疗效果或者对诊疗的安全性、功效做保证性承诺。(5)利用行业协会以及其他社会社团或组织的名义、形象作证明,使用患者名义或者形象进行诊疗前后效果对比或者做证明。

(6)利用广告代言人为医疗美容做推荐、证明。要说明的是,医疗美容广告中出现的所谓"推荐官""体验官"等,以自己名义或者形象为医疗美容做推荐证明的,应当被认定为代言人。(7)以介绍健康、养生知识、人物专访、新闻报道等形式变相发布医疗美容广告。(8)对食品、保健食品、消毒产品、化妆品宣传与医疗美容相关的疾病治疗功能。(9)其他违反广告法律法规规定,严重侵害群众权益的行为。

在上海智美颜和医疗美容门诊部有限公司违反广告法案[1]中,当事人主要从事医疗美容服务,为推广自身品牌和相关服务项目,委托上海雍苑蓓碧网络科技有限公司在其运营的直播间作直播推广。2022年8月3日,直播间就当事人品牌及"智美颜和旗舰店"(天猫店铺)销售的"嫩肤套餐(包括'嗨体水光2.5ML 1次''全模式AOPT超光子1次''海菲秀1次')""四代热玛吉900发套餐""四代热玛吉1200发套餐"等3个服务项目作直播推广。主播在直播中宣称"(嗨体水光)非常适合皮肤偏干的一个人群""相对来说,在我们推荐的项目里面,嗨体水光是一个比较的,安全系数比较高一点""(超光子)能够很好地改善我们皮肤的暗沉,痘印问题,皮肤泛红以及我们的痘痘问题,都能得到一个很好的改善""(热玛吉)机构可以验真,医生可以验真,机器可以验真,头也可以验真""热玛吉是一个比较的、立竿见影的,而且持续时间比较久的一个项目""你是我见过打热玛吉效果最好的一个人"等。执法机关查明,当事人在发布以上医美广告时并未对广告内容进行审查,并且在广告中进行功效、安全性的断言或者保证,还以自己的名义和形象做广告代言,进行推荐、证明。以上行为违反了《广告法》的规定,后执法部门对其处以33.17万元的罚款。

由上述案例可知,通过直播形式进行医美广告宣传,应严格遵守国家关于医疗广告的规定和行业规范,随着监管越来越严格,直播主体应注意避免可能出现的合规风险,各方共同努力,确保医疗美容直播行业的健康有序发展。

## 五、教育培训直播广告宣传合规要点

### (一)禁止保证性承诺

在教育培训市场,学员通常很关心培训效果,为了迎合这种需求,教育培训机

---

[1] 参见上海市市场监督管理局行政处罚决定书,沪市监总处〔2023〕322023000025号。

构的广告中经常会对教学效果作出承诺。但教学培训需要双方共同努力才能取得一个比较好的结果，此类单方保证，本质上就是夸大、虚假宣传，很容易误导某些不理性的消费者，所以这是被法律所禁止的。常见禁止保证性用语有"保过""一次性通过""双倍提升""短期突破高分""××天速成"等。

例如，有的在线教育机构在直播中宣传其公务员考试培训课程时，向观众承诺"只要参加我们的培训课程，保证能够通过公务员考试，否则全额退款"。然而，实际情况是，公务员考试的结果受到多种因素的影响，包括考生自身的知识水平、考试发挥、岗位竞争等，并非仅取决于参加培训课程，因此这类行为也属于虚假广告宣传。这种保证性承诺不仅误导了消费者，也破坏了教育培训市场的公平竞争环境。《广告法》第 24 条规定，教育培训广告不得对教育、培训的效果作出明示或暗示的保证性承诺。《广告法》第 58 条对于这种违法行为规定了相应的处罚措施，包括责令停止发布广告、消除影响、处以罚款，以及吊销营业执照。

（二）禁止受益者推荐

利用受益者的名义或形象进行推荐，是教育机构常用的广告方式。他们常常直接在其官网、微信公众号或直播时发布明星学员案例，公布学员的名字、照片，再配以一些家长评语或老师评语，或者展示学员的就读培训经验等，也可能自行或委托第三方编写软文、制作视频，在自媒体或直播间进行发布推广。

法律规定禁止利用受益者来对教育培训广告作推荐。《广告法》第 24 条第 3 项规定，教育、培训广告不得利用科研单位、学术机构、教育机构、行业协会、专业人士、受益者的名义或者形象作推荐、证明。例如，有的教育培训公司为了推广其培训产品，在直播中邀请所谓的"受益者"分享自己在该机构培训后的成功经历，"受益者"声称通过参加该机构的课程成绩大幅提升，最终考入了理想的学校。这种行为是典型的违规行为。

为了避免构成利用受益者推荐，建议避免以教育机构为主体来发布相关信息，而是由学员自行发布分享，如直播中避免直接发布"明星学员"案例，而是设置"用户评论区""课程分享区"等，由学员在评论区中自由点评，类似于电商平台中的好评或图片展示。这样的展示属于学员的自发行为，不构成教育机构的广告行为。

## (三)禁止虚假宣传

在直播教育培训中,常见的虚假宣传手段包括师资力量造假,夸大教师的学历、教学经验和教学成果,甚至虚构知名教师团队;编造虚假的受益者、明星学员、成功案例;谎称获得了某些权威机构的认证、奖项或荣誉;伪造与知名教育机构的合作关系,以增加自身的可信度。

教育培训机构应披露真实培训广告内容,确保消费者获得准确、真实、完整的信息,并且不得烘托渲染紧张氛围,故意造成学生或者家长的焦虑情绪。

## (四)使用他人名义或形象须得到授权

对于教育培训机构而言,在日常的宣传推广资料中使用学员的名义或形象的行为屡见不鲜,如将学员的上课场景拍摄制作成宣传海报或视频,但有可能并未事先取得学员或其监护人的同意。

根据《广告法》第33条的规定,在广告中使用他人名义或形象的,应事先取得其书面同意;使用无民事行为能力人、限制民事行为能力人的名义或形象,需要取得其监护人的书面同意。如果未经学员或其监护人的授权而使用他人名义或形象来进行广告宣传,教育培训机构应承担相应的民事侵权责任,即侵犯学员的肖像权或姓名权的侵权责任。如果需要使用学员形象,通常可以在学员课程协议中加入肖像权授权许可使用条款,明确约定教育培训机构可以在日常宣传推广中无偿使用学员的形象或名义,抑或与学员及其监护人单独签署肖像权授权许可使用协议。如果需要使用未成年人的名义或形象对培训服务做推荐、证明的,要注意避免邀请10周岁以下的广告代言人,无论是未成年人明星,还是普通学员或其他小朋友,都须满足年龄条件。

教育培训广告合规不仅有助于相关机构避免法律风险,还能提升行业整体形象,促进青少年健康成长。教育培训机构和其他各广告市场主体均应自觉遵守相关法律法规,及时整改违法行为,共同营造一个健康有序的教育培训广告环境。

## 六、房地产直播广告宣传合规要点

### (一)项目资质披露合规

发布房地产直播广告时,要清晰展示房地产项目的合法开发资质和相关许可证,如预售许可证等。未取得预售许可证即发布预售广告,或者未在预售、销售广告中载明预售或销售许可证书号，都属于违规行为。

某些房地产开发公司建设楼盘过程中，在未取得商品房预售许可证情况下，就对外发布房地产预售广告，该行为违反了《房地产广告发布规定》第5条的规定，即"凡下列情况的房地产，不得发布广告：……（四）预售房地产，但未取得该项目预售许可证的"。还有些房地产开发商，虽然取得了商品房预售许可证，但对外发布的房地产预售、销售广告中并未载明预售或者销售许可证书号。这种行为违反了《房地产广告发布规定》第7条第3项规定："房地产预售、销售广告，必须载明以下事项：……（三）预售或者销售许可证书号"。依据《房地产广告发布规定》第21条的规定，依法对违法者责令停止发布广告并处以罚款。

（二）不得宣传房地产项目升值或者投资回报承诺

某些房地产公司在直播广告宣传中使用了宣传房地产项目升值或者投资回报承诺用语，如"地铁口增值物业，升值前景无可限量，3年保值回购保障""30年超长摇钱树，头三年收益率达36%以上，高收益投资""巨大升值空间，升值金铺""升值幅度达50%，小投入，低门槛，高收益，头年投资回报率超6%，年递增10%及以上"等，这些广告语属于含有升值或者投资回报的承诺，违反了《广告法》第26条第1项的规定，即"房地产广告不得含有下列内容：（一）升值或者投资回报的承诺"。依据《广告法》第58条的规定，市场监督管理部门将依法对违法者责令停止发布广告并处以罚款。

（三）不得以到达某一具体参照物所需时间表示位置

某些房地产企业在直播广告中使用"1分钟车程即可到达客运站或10分钟车程到达××火车站，20分钟车程便可直达××机场""距地铁3号线××站5分钟"等广告语。这些广告语违反了《广告法》第26条第2项和《房地产广告发布规定》第4条第2项，即"房地产广告，房源信息应当真实，面积应当表明为建筑面积或者套内建筑面积，并不得含有下列内容：……（二）以项目到达某一具体参照物的所需时间表示项目位置"。依据《广告法》第58条的规定，市场监督管理部门将依法对违法者责令停止发布广告并处以罚款。

（四）不得对规划或者建设中市政配套做宣传

某些房地产广告中包含有"地铁×号线""××高铁站""××机场"等内容，其中所宣传的地铁、高铁站和机场还处于在建状态或规划状态，但其做宣传时并未突出"在建、规划"表述。这些广告违反了《广告法》第26条第4项和《房地产广告发布规定》第4条第4项规定,即"房地产广告,房源信息应当真实,面积应当表明为建筑面积或者套内建筑面积,并不得含有下列内容:……(四)对规划或者建设中的交通、商业、文化教育设施以及其他市政条件作误导宣传"。依据《广告法》第58条的规定,市场监督管理部门将依法对违法者责令停止发布广告并处以罚款。

(五)禁止使用绝对化用语

一些商家在销售商品时为了吸引消费者的眼球,会宣称自己的商品属于"最好的""某某第一的""效果最佳"等,或者介绍自己公司是"某某行业首选的、最强的"。此类广告行为涉嫌违反《广告法》第9条第3项的规定,使用了绝对化用语。在实践中,经营者极易因违反此类规定被罚,甚至在一段时间内,出现了职业打假人对直播经营者使用绝对化用语宣传产品的行为进行举报以牟利的情况。为规范和加强广告绝对化用语监管执法,国家市场监督管理总局于2023年发布了《广告绝对化用语执法指南》,明确广告中使用绝对化用语未指向商品经营者所推销的商品,或者广告中使用的绝对化用语指向商品经营者所推销的商品,但不具有误导消费者或者贬低其他经营者的客观后果的,不适用《广告法》关于绝对化用语的规定。但作为直播经营者,仍应将绝对化用语纳入广告宣传的负面清单进行重点管理,切实防范这方面的合规风险。

(六)禁止办理户口、升学、就业等承诺

某些房地产公司在直播广告中,宣称有的房地产项目宣传"买房即可办理本地户口,享受优质教育资源,解决孩子升学难题",或者"购买本楼盘,保证安排就业,解决后顾之忧"。然而,户口的办理通常需要符合当地的户籍政策,升学也受到教育部门的相关规定和学校的招生政策约束,就业更取决于个人的能力和市场的需求,并非单纯购买房产就能保证实现。这些广告违反了《房地产广告发布规定》第18条的规定,即"房地产广告中不得含有广告主能够为入住者办理户口、就业、升学等事项的承诺"。

(七)不得发布含有风水等封建迷信内容的广告

此类问题比较多出现在房地产项目的宣传推广活动中,有的某房地产公司为了突出其楼盘的独特性和吸引力,宣传楼盘所在位置是"风水宝地",能给住户带来"旺财旺运""家族兴旺"等好处。这种宣传方式明显带有封建迷信色彩。房地产广告是否违规,关键在于是否虚假宣传、夸大宣传,是否欺骗、误导消费者。应遵循真实、合法、科学、准确的总原则,在实事求是的基础上开展广告活动,确保房地产广告的合法合规。随着直播行业的飞速发展,以及监管规范越来越完善,直播广告的合规性在当前互联网经济中显得尤为重要,这不仅关系企业的合法经营和品牌声誉,还会直接影响消费者的权益保护和市场的健康发展。企业应建立完善的广告宣传合规管理体系,针对直播广告的具体情形进行合规审查,使企业最大限度地避免合规风险,以保障企业形象、品牌价值、商业声誉以及可持续的经济利益。

# 第八章

## 网络直播营销知识产权合规

数字化时代，互联网的普及和数字技术的发展，使得信息的生产、复制和传播变得前所未有地快捷。云计算、人工智能、大数据和区块链等新兴技术的迅猛发展，促进了信息产业的繁荣。互联网经济，如电子商务、在线教育、数字娱乐等的蓬勃发展，带来了海量的数字内容和服务，也带来了知识产权保护的新挑战和机遇。这些变化对传统的知识产权保护体系提出了新的要求。

网络直播营销作为新兴商业模式，其知识产权合规性直接决定了经营者的法律安全与商业生命力。从法律维度观察，直播场景中涉及的商品展示、文案设计、背景素材均可能触碰商标权、专利权及著作权边界。为了有效应对这一问题，我国知识产权法律体系也在不断适应现实进行完善。从《民法典》到《电子商务法》以及著作权、专利权、商标权和商业秘密保护立法的修订，再到《互联网直播服务管理规定》等部门规章的出台，对网络直播带货视域下知识产权保护进行了系统规定。而在平台监管层面，主流直播机构已将知识产权审核纳入流量分配算法。抖音制定《商品发布规范》，明确要求商家上传商标注册证、版权证明等文件，违规商品将被自动拦截；快手推出"原创保护计划"，对通过认证的合规直播间给予流量倾斜。这意味合规者不仅能规避风险，更可获取竞争优势。

从商业生态视角分析，知识产权合规是构建消费者信任的核心支柱。构建有效的知识产权合规体系可增强供应链稳定性，预防合作方违约导致的连带责任风险，避免"货到直播间即涉诉"的被动局面。相关企业唯有将知识产权合规转化为商业战略内核，方能在流量红海中行稳致远。

## 第一节　网络直播音乐、视频合规风险分析及防范

在直播过程中，直播主体通常会在直播间播放特定的音乐或者视频，调动观众的感官，起到渲染和吸引的作用。合适的歌曲或者视频的插入能够为直播观众提供高效的情绪价值，这也使得越来越多主播选择在直播的同时播放演唱特定音乐或者播放视频，与之而来的问题就是这种播放或者演唱音乐、播放视频的行为可能构成侵权。主播在直播中所播放的音乐、视频应当取得相应的授权，但在实践中，直播间音乐、视频侵权事件频繁发生，可见，对于直播间播放或演唱音乐、视频的行为还需进一步加强规范。

### 一、网络直播音乐、视频侵权风险表现

著作权是法律赋予创作者对其所创作的具有独创性的文字、艺术等作品所享有的专有权利。就音乐、视频作品而言，其创作通常经过作词、作曲、演唱和剪辑录制等阶段，其中凝结了作者具有独创性的智力成果。根据《著作权法》的规定，创作者对于相应的音乐、视频作品享有著作权，具体包括发表权、署名权等人身权利和表演、信息网络传播等财产权利。

直播间音乐、视频侵权是指主播未经授权使用他人享有版权的音乐、视频作品，从而侵犯版权持有者的合法权益的行为。这种侵权行为主要表现为以下5个方面。

1. 未经授权播放他人享有版权的音乐。指直播过程中公开播放未经版权持有者授权的音乐作为直播的背景或将音乐的播放作为主要直播内容。该类型是直播间音乐侵权的主要表现形式。事实上，无论是将音乐作为背景音乐播放，还是为了丰富直播内容而播放音乐，都涉及对他人作品的使用。然而，这些行为如果未经著作权人授权，实际上是对其专有权利的侵犯。

2. 翻唱行为。指通过自己的演唱技能去演唱他人享有音乐版权的作品，或者与观众连麦对唱共同完成歌曲演绎等方式。实践中，不少主播在直播间表示自己是对音乐作品进行改编。但实际上，改编需要主播具备一定的专业音乐知识和改

编技巧。这不仅要求主播理解音乐的理论知识，还需要他们有创新和表达能力。然而，大部分网络主播并没有这种专业背景，导致许多所谓的"改编"直播间并未对音乐作品进行实质性的改编，并未跳出音乐作品的演绎范畴。

3. 音乐、视频剪辑和二次创作。指主播将他人享有版权的音乐、视频进行剪辑、改编或二次创作，并在直播过程中使用。

4. 音乐、视频下载和分享。指主播在直播间内提供音乐、视频的相关下载链接或分享未经授权的音乐、视频资源。

5. 直播中视频侵权。未经权利人授权，在直播过程中播放他人视频的，属于典型的侵权行为。目前，相较于传统直播中视频侵权行为类型，解说类视频（解说类视频是直播者通过对视听作品详细地讲解、评论和分析，帮助观众理解的短视频）和反应（Reaction）类视频。反应类视频是指直播者在观看其他视频、事件、新闻、演出或任何其他内容时，将自己的即时反应、评论和感受录制并发布的短视频。在涉及视频播放时，侵权界限的认定较为模糊，同时也带来了更大的侵权风险，更应当予以重视。

在斗鱼公司与麒麟童公司侵害录音录像制作者权纠纷案[1]中，歌曲作品《小跳蛙》由彭某、李某共同创作并收录于麒麟童公司制作发行的专辑《我们爱音乐》中，麒麟童公司是该专辑的录音制作者，享有该专辑及其全部歌曲的录音制作者权。麒麟童公司通过多年商业运作与投入，使得涉案歌曲《小跳蛙》在儿童市场上取得了良好声誉，在中国市场广泛传播，具有极高的市场价值。2016~2019年，在未获得麒麟童公司授权、许可，未支付任何使用费的前提下，斗鱼公司旗下冯某莫等12名主播以营利为目的多次在斗鱼直播间演唱《小跳蛙》，并接受粉丝巨额打赏，获得巨大经济利益。直播后，形成的相应直播视频仍在互联网传播，供所有用户点击、浏览、播放、分享、下载。麒麟童公司认为，斗鱼公司与其主播未经许可，在直播活动中以营利为目的多次演唱涉案歌曲，严重侵害麒麟童公司对涉案歌曲依法享有的著作权等权利，故诉至法院。斗鱼公司对主播在其直播间演唱涉案歌曲的行为侵害了麒麟童公司的著作权不持异议，但提出其仅为技术服务提

---

[1] 参见北京互联网法院民事判决书,(2019)京0491民初23409号；北京知识产权法院民事判决书,(2021)京73民终598号。

供者，不应成为承担责任的主体。一审法院经审理认为，主播系涉案直播行为的直接实施者，斗鱼公司并未直接实施网络直播行为，但涉案视频产生于斗鱼直播间，直播方与斗鱼平台签订的《斗鱼直播协议》中，约定直播方在被告平台提供直播服务期间产生的所有成果的全部知识产权由斗鱼公司享有。根据上述协议内容，斗鱼公司对涉案视频成果享有利益，应当有义务审查涉案视频内容是否侵害他人的知识产权。斗鱼公司未尽到审查义务，对涉案侵权行为主观上属于应当知道，构成侵权，应承担相应的民事责任。二审法院根据已查明的事实认为，直播方在斗鱼公司平台提供直播服务期间产生的所有成果的全部知识产权由斗鱼公司享有，即使按照斗鱼公司主张的更新后的版本，亦规定斗鱼公司享有直播视频文件排他的、不可撤销的、免费的授权许可。根据上述协议内容，斗鱼公司将前述直播过程形成的视频置于其经营的平台，供用户在个人选择的时间地点浏览观看时，应当有义务审查前述视频内容是否侵害他人的知识产权。斗鱼公司未尽到审查义务，将网络主播使用涉案歌曲《小跳蛙》的视频内容通过网络进行播放和分享，使公众能够在个人选定的时间和地点浏览视频内容，侵害了麒麟童公司对涉案录音制品的信息网络传播权。

在音著协与斗鱼公司著作权权属、侵权纠纷案[1]中，2007年11月23日，音著协与马某萍签订《音乐著作权合同》，合同中约定：马某萍同意将其拥有著作权的音乐作品（现有和今后将有的所有音乐作品）的表演权、复制权、发行权、广播权及信息网络环境下的表演权、复制权（亦称信息网络传播权）以信托方式授权音著协进行集体管理。2018年，斗鱼公司签约主播冯某莫、阿某、陈某发、周某珂等在直播过程中多次播放、演唱涉案歌曲《咱们屯里的人》等共25首歌曲。2018年4月2日，音著协委托律师事务所向斗鱼公司发送《关于贵公司所涉侵犯著作权事件的函》，称鉴于斗鱼公司未征得许可并未支付著作权使用费而使用音乐作品的行为已构成对著作权人合法权益的侵犯，通知斗鱼公司于2018年4月12日前与音著协指定联系人洽商著作权许可使用事宜。2018年4月9日，斗鱼公司向音著协回函，要求音著协提供涉嫌被侵权的音乐作品权属文件及涉嫌

---

[1] 参见北京市东城区人民法院民事判决书，(2018)京0101民初15266号；北京知识产权法院民事判决书，(2019)京73民终1669号。

侵权的主播名称、主播房间号、具体网页链接地址文件，以便于斗鱼公司判断处理。但音著协未予回复。2018年7月24日，斗鱼公司在斗鱼直播平台上下架了包含播放涉案歌曲《咱们屯里的人》内容在内的直播视频文件。音著协认为，斗鱼公司在未征得歌曲《咱们屯里的人》词曲作者及音著协许可和支付相关著作权使用费的情况下，在其经营的斗鱼直播平台上使用音著协管理的《咱们屯里的人》歌曲，提供在线播放和在线传播服务，侵犯了著作权人的合法权益。斗鱼公司辩称，斗鱼直播为国内知名的直播平台，仅为用户提供直播技术、信息存储服务，不提供直播内容，内容由用户自行决定，且因平台注册用户数据较大，加之用户直播行为的即时性与随意性，客观上不能对所有用户进行及时的监管和全程实时监控。同时，斗鱼公司在收到诉状后，经集中排查已及时删除了涉案视频链接，因此，斗鱼公司认为自身主观上事先并不存在过错，客观上事后也采取了补救措施，对涉案行为的发生无过错，不应承担侵权责任。一审法院认为：按照《侵权责任法》第36条[①]的规定，在接到被侵权人通知后，网络服务提供者及时采取删除、屏蔽、断开链接等必要措施后，则可以免责。但是结合本案的情况，主播在直播过程中的视频录制系自动上传到斗鱼平台供公众浏览，且主播与斗鱼公司签订的《斗鱼直播协议》约定直播方在直播期间产生的所有成果均由斗鱼公司享有全部知识产权、所有权和相关权益。不同于不特定网络用户随机将自有的内容上传至网络平台的情况，涉案视频系斗鱼平台与主播共同的营收场务，法院综合认定，斗鱼公司对于涉案视频并非仅提供了信息存储空间服务等网络技术服务，不属于《侵权责任法》规定的网络服务提供者，而是较深意义上的合作关系，因此，斗鱼公司应对其平台上的涉案视频承担相应的侵权责任。二审法院维持了一审判决。

通过以上案例可知，在网络直播侵权案件中，关于网络直播服务经营者的责任承担问题是重点和难点。随着网络直播行业的快速发展，网络直播服务平台的数量也越来越多，如何加强对于直播服务平台的监管，落实直播服务平台的侵权责任对于规范网络直播行为，营造良好的互联网直播环境具有重要意义。

结合上述案例，目前的司法实践中，法院对于主播直播侵权情况下直播平台

---

[①] 《侵权责任法》已失效，相关规定参见《民法典》第1195条。

责任承担的判断依据主要包括以下两个方面。

1. 权利与义务相统一原则。根据斗鱼公司提交的《斗鱼直播协议》，主播虽然与直播平台之间不存在劳动或劳务关系，但双方约定主播在直播期间产生的所有成果均由斗鱼公司享有全部知识产权、所有权和相关权益，这里面的"所有成果"当然包括涉案视频在内的上传并存放于斗鱼直播平台的视频。虽然主播是视频的制作者和上传者，但因为主播并不享有对这些视频的知识产权和所有权，根据权利义务相一致的原则，其不应对视频中存在的侵权内容承担侵权责任。而相应的，既然斗鱼公司是这些成果的权利人，享有相关权益，其自然应对因该成果产生的法律后果承担相应责任。上述案例一中，法院正是依据权利与义务统一原则，认定斗鱼平台应当承担侵权责任。

2. 主播与直播平台合作模式。实践中，主播与网络直播平台的合作模式主要有以下两种：一是平台服务模式，即网络用户申请注册为平台主播，网络用户作为主播，对其直播的内容具有自主决定权，网络直播平台对主播的直播行为没有直接的控制力。在此种模式下，网络直播平台应当认定为网络服务提供者，关于网络直播平台的责任认定主要依据是否履行合理的事前审查和事后必要监管义务，若履行相应的义务，应当认定网络直播平台履行相应职责，不承担侵权责任。二是主播签约模式，即网络主播与网络直播平台签订劳动合同或其他合作协议，在这种模式下，网络主播接受平台的管理和安排，平台对主播的内容具有直接的控制权和决定权。在"签约模式"下，可能存在两种法律关系：(1)劳动关系。如果直播平台与网络主播构成劳动关系，那么主播的直播活动属于职务行为。此时，直播平台需要对主播的直播内容承担直接侵权责任，这意味着如果主播在直播过程中侵犯了他人的权利，直播平台需要直接承担法律责任。(2)合作关系。如果直播平台与网络主播是合作关系，那么两者需要对直播内容侵权共同承担责任。这意味着主播和平台都需要对侵权行为负责。无论上述哪种关系，直播平台都应对主播的侵权行为承担法律责任。特别是考虑到直播平台直接从网络主播的打赏收益中获利，这种商业模式决定了平台在主播侵权情况下需要承担赔偿责任。这有助于最大限度地保护著作权人的合法权益。在上述案例二中，法院正是依据案件事实，认定主播与斗鱼直播平台之间属于"签约合作模式"，平台与主播往往有较深入和较全面的合作，对于主播直播次数、时长、平台资源倾斜、收入分成等有特殊约定,故该情况下主播和平台的关系非常紧密,平台对主播的控制力和把控程度较高,主播直播内容侵权,可以视为直播平台构成直接侵权,因此法院认定斗鱼平台承担侵权责任。

上述两个案例判决具有典型意义,明确了网络直播服务平台在保护著作权方面的责任,强化了对录音录像制作者权的保护。通过对该案件的分析,可以看出司法实践在不断适应互联网技术的发展,完善网络直播活动主体的责任承担。未来,随着技术的不断进步,相关法律制度也需不断完善,以更好地保护各方的合法权益。

**二、网络直播音乐、视频侵权风险防范**

根据实践中网络直播音乐、视频侵权易发的情形,如何进一步规范网络直播活动,加强网络直播音乐、视频侵权风险防范,应当从以下3个方面入手。

(一)制定明确版权政策

网络直播活动过中,网络直播者所播放、改编、创作的涉及侵权的音乐、视频一般源于网络直播服务提供者的版权数据库。为了避免在网络直播过程中侵害他人对音乐、视频所享有的著作权,网络直播服务提供者应当制定明确的版权政策。一方面,网络直播服务提供者可以通过向相关知识产权主体购买版权的方式,建立自己的版权数据库。目前,抖音已与环球音乐、华纳音乐、环球词曲、太合音乐、华纳盛世、大石版权等多家唱片及词曲版权公司达成合作,并已获得这些公司全曲库音乐使用权,极大丰富了自己的版权数据库。网络直播服务者也可以参考线下KTV的做法。线下KTV运营方通常通过每年都向音著协缴纳音乐作品的版权使用费的方式得到音集协发放的协会许可证,提供海量的歌曲和音乐电视作品供消费者点播。通过除此之外,网络直播平台还可以参照美国视频网站油管(YouTube)与华纳音乐集团的"在先许可"合作方式,积极与版权方合作,探索共赢模式。"在先许可"合作方式是指通过与音乐公司合作,在先签署版权协议,允许主播在直播中使用正版音乐,并通过广告分成、付费订阅等方式实现双方收益共享。另一方面,网络直播服务提供者应制定详细的版权政策和使用指南,建立严格的版权管理预警制度,明确禁止未经授权使用他人作品的行为。主播在注册和直播前应阅读并签署版权协议，承诺遵守平台的版权规定。在同网络直播者签订直播合同时明确版权尊重与保护条款，要求网络直播者在直播过程中严格依据平台相关音乐数据库，进行音乐作品的使用与创作。网络直播服务提供者应当定期组织对主播进行法律知识培训，增强其版权意识，如可以举办讲座，邀请法律专家或律师详细讲解《著作权法》的相关规定和典型案例，帮助主播了解版权保护的重要性及侵权的法律后果。同时，网络直播服务提供者应鼓励和支持主播创作原创内容，如通过设立原创奖励机制、举办原创大赛等方式，提高主播的原创积极性，减少对他人作品的依赖。

(二)完善内容审核机制

《网络安全法》第 9 条、第 10 条、第 21 条、第 25 条规定了网络运营者的网络安全监管义务。《电子商务法》第 5 条规定电子商务经营者从事经营活动应当履行网络安全保护方面的义务。根据《互联网直播服务管理规定》第 7 条第 2 款的规定，互联网直播服务提供者应当建立直播内容审核平台，落实直播内容审核责任。目前，网络直播内容审核有多种措施，具体包括直播音视频墙功能、风险等级预配置、风险时段设定、AI 内容辅助识别、直播审核人员巡检管理等。今日头条、抖音、西瓜视频和火山小视频等网络直播平台的直播审核系统通常采用人工审核和机器模型拦截相结合的方式。直播内容审核责任具体可以从以下方面展开：

一方面，网络直播服务提供者应当通过技术手段监控和打击直播过程中侵犯他人知识产权的行为，将人工智能技术广泛应用在直播审核工作。例如，根据平台版权数据库，通过神经网络视频理解模型、语音识别、智能关键词等技术，AI 帮助审核人员第一时间发现和锁定违规直播内容，对于明显的违规内容，可以第一时间予以封停直播间，避免危害影响进一步扩大。

另一方面，网络直播服务提供者也应当结合人工审核，建立多层次的审核机制，确保不同类型的违规内容能够得到及时有效的处理。对于机器发现的疑似违规直播间，审核人员会进行逐个细致审核；而针对机器模型认定不违规的直播画面，直播服务提供者也可以设置一定兜底策略，即由人工复审团队抽检机器放出的直播间是否违规，保证直播内容审查的准确性和全面性。同时，在进行内容审核和管理的同时，平台应严格遵守相关隐私保护法规，采取有效措施保护用户个人信息。

## (三) 合理使用他人作品

为了平衡公众娱乐文化需求和著作权人的法定权利,《著作权法》第 24 条采取"列举＋兜底条款"的立法方式,规定了 12 种合理使用的具体情形并以"法律、行政法规规定的其他情形"为兜底。合理使用背后的法理基础在于保障社会公共利益,抑或使用并不会对于作品价值造成威胁,不会侵害权利人的合法权益。合理使用的认定需要符合《著作权法》第 24 条所规定的情形。该条第 1 款第 9 项规定,表演者免费表演已经发表的作品,也并未获利的,认定为合理使用。

在网络直播中,有主播主张自己在直播中并未通过开通打赏等方式获利,对于相关作品的使用应当构成合理使用。事实上,网络直播过程中即使未开通打赏服务,直播中大量观众涌入所带来的流量收益以及后续可期待利益也是非常可观的,因此,仅依据未开通打赏服务等主张合理使用并不成立。实践中,合理使用的情形通常是非商业用途,在类似网络直播等商业性质明显的活动中,合理使用的认定更为严苛。通常能被认定为合理使用的情形为"在网络直播过程中,为介绍、评论某一作品或者说明某一问题对作品进行适当引用",且在该情形下也应当指明作者姓名或者名称、作品名称,并且不得影响该作品的正常使用。如果仅是提及音乐作品中的小部分字词曲,而并没有实质性的思想、表达上的完整作品再现,法院通常会认定为作品的合理使用。如在音乐著作权协会与福建周末电视公司、福建电视剧中心、北京图书大厦侵犯著作权纠纷案[1]中,法院认为:对于歌曲《一无所有》的使用,因两被告在涉案电视剧中对该作品的使用仅有短短的 7 秒钟,且在剧中仅演唱一句歌词、弹奏相应的曲子,被告的使用行为对该作品的正常使用不产生任何实质不利影响,也未实质损害该作品的权利人的合法权益,两被告行为的情节显著轻微,故不构成侵权。

对于解说类视频和反应类视频,在直播或者视频制作过程中,直播者可以通过口述等其他方式转化原视频内容的表现,或者在引用中使用较少部分的原音乐、视频,避免损害原音乐、视频的市场价值。综上所述,在网络直播过程中为了介绍、评论某一作品或者说明某一问题对作品进行适当引用,且表明出处的情况下,属于《著作权法》规定的"合理使用"。

---

[1] 参见北京市第一中级人民法院民事判决书,(2003)一中民初字第 11687 号。

## 第二节　网络直播装饰合规风险分析及防范

在直播过程中,为了吸引用户,主播通常需要对直播间及其展示的商品进行装饰。这些装饰元素包括图片、标识、提示文字等。然而,值得注意的是,如果这些装饰元素中的图文,包括文字字体,具有一定的独创性,并且是他人享有著作权的美术作品、摄影作品、书法作品、文字作品等,未经权利人许可擅自使用的将构成著作权侵权。因此,在直播带货过程中,装饰直播间时需要特别注意文案标识、背景板图片、文字字体的使用,确保不侵犯他人的著作权。

### 一、直播间装饰侵权风险表现

直播间装饰侵权具体可能包括以下情形:(1)直播中广告文案侵权。广告语通常是指经营者或者广告主在向公众推广其服务或者商品时使用的与相应商品或服务能产生固定联系的特定宣传用语。[①]在直播过程中,主播通常会通过特定的广告或文案吸引观众注意力,如知名主播李佳琦的经典用语"oh my god,所有女生买它买它""买它你就是仙女"等,不仅可以烘托直播效果,带动直播商品销售,同时给观众留下了深刻印象。广告文案一旦符合《著作权法》第2条所规定的作品的构成要件,即成为受《著作权法》保护的文字作品。在直播过程中未经授权使用他人享有著作权的广告用语或者文案,属于侵权行为。(2)直播中图片侵权。在直播过程中,主播通常会用同直播主题相呼应的图片作为直播间背景,或者在直播展示商品中,用与商品用途近似的效果图进行更好的宣传。若未对图片来源进行严格规范和审核,也可能涉及侵害他人著作权。(3)直播中字体侵权。绝大多数人对字体侵权问题重视不足。根据《著作权法实施条例》第4条第8项关于美术作品的界定,结合该条例第2条关于作品的定义,如果字体符合独创性、可复制和具有审美意义3个构成要件,即属于美术作品,受《著作权法》保护。

---

① 参见史源、张国华主编:《直播与合规——中国直播行业合规管理指南》,浙江工商大学出版社2021年版,第76页。

在恒享公司、美柚公司著作权侵权及不正当竞争纠纷案[1]中，2021年10月29日，恒享公司为宣传、推广、介绍"翼眠"品牌及相关产品，组织主持创作了"如果不是活动力度大，谁会一口气买五个，主要是太舒服了"等文案，恒享公司在发布的短视频中使用上述文案。同时，恒享公司在抖音平台开设"翼眠品牌旗舰店"，发布包括"曾经一个无压枕摆在面前""老罗竟然公开DISS一个枕头""别别别，别划走""如果不是活动力度大"等在内的一系列短视频，并根据品牌形象、产品定位精心设计、制作和设置，开设直播间。美柚公司在抖音平台开设名为"睡眠博士美柚专卖店"的店铺，以发布短视频、开设直播间等方式介绍、推广和销售枕头产品。2021年10月30日至12月17日，美柚公司在其店铺多次以罗永浩关于枕头的介绍为切入点，发布标题为"老罗多次推荐，来自大名鼎鼎的睡眠博士，tpe无压枕，可水洗，提高睡眠质量""趁着活动力度大赶紧入手送家人"的视频。同时，美柚公司在其店铺开设直播间，使用与恒享公司相近的直播间布局、陈设。恒享公司认为，根据《著作权法》的规定，"如果不是活动力度大，谁会一口气买五个，主要是太舒服了"等文案是具有独创性并能以一定形式表现的智力成果，相关短视频的制作以及直播间的布局、陈设，均为恒享公司投入大量人力、物力、财力，根据品牌形象、产品定位精心设计、制作和设置的，为恒享公司重要的商业资源。美柚公司上述发布与恒享公司相近似短视频，使用与恒享公司相近似直播间布局、陈设的行为，足以引人误认为是恒享公司商品或者与恒享公司存在特定联系。因此，恒享公司主张立即停止著作权侵权及不正当竞争行为，并赔偿损失。美柚公司辩称，恒享公司的文案不具有任何独创性以及文学价值，文字内容没有任何思想性，仅涉及商品的物理性质，不属于作品，不应当受到《著作权法》的保护。同时主张恒享公司举证的直播间布置并非恒享公司的独创或特有标识，该设计更没有任何知名度和影响力。恒享公司无法举证证明其早于美柚公司使用圆拱门形设计作为直播间背景。法院经查明认定：美柚公司文案在介绍产品特性和功能过程中所使用的比喻修辞、介绍用语的起承转合等表达方式与恒享公司存在多处相似，整体构成实质性相似。同时，美柚公司直播间与恒享公司直播间在圆拱结构背景、宣传标语色调、产品陈设、主播站位、产品展示方式等方面相似。综合认定

---

[1] 参见杭州铁路运输法院民事判决书，(2022)浙8601民初697号。

美柚公司的涉案行为侵害恒享公司的涉案文字作品信息网络传播权并构成不正当竞争。

可见，市场主体在争取交易机会或获取交易优势的过程中，竞争是核心要素。正常的市场竞争应以劳动付出为基础，保持良性竞争。《反不正当竞争法》通过维护竞争自由和市场自由，为创新和发展提供了良好的激励和制度保障。在宣传和推广相似度较高的产品时，同业竞争者难免在产品特性与功能的介绍方面存在近似，因此在宣传和推广方式上应尽可能有所区分，避免"搭便车"和不劳而获，共同维护良好、有序的行业经营秩序。

目前，"短视频＋直播"已成为商家重要的营销手段，其片头文案、产品介绍和直播间的宣传风格及设计理念等创意内容是吸引用户和获取交易机会的关键。优质创意不仅能为商家带来大量用户流量，还能成为重要的获客渠道。合理的模仿借鉴有利于促进良性竞争循环，激发市场活力，是被法律和市场所允许的。然而，部分商家通过模仿甚至直接抄袭他人创意的方式在网络直播竞争中取得主动权地位，这样的行为明显超出了合理模仿的范围。如果不禁止此类行为，将严重冲击企业的正常营销推广和自主创新积极性，进而破坏市场竞争秩序。上述案例的判决明确了"短视频＋直播"复合型推广方式中具有一定特色和影响力的宣传内容，属于《反不正当竞争法》保护的法益，合理界定了模仿自由的范围与正当竞争的界限，明确了"短视频＋直播"复合型推广方式的行为边界，为类似案例提供了范例和借鉴。

**二、直播间装饰侵权风险防范**

（一）合法获取装饰素材

直播间装饰中使用的图片、视频、音乐等素材应通过合法途径获取。在获取装饰素材过程中应当注意以下两点：

1.使用授权素材库中可用于商业等其他用途的素材。实践中，网络直播活动主体应当纠正认识误区，"免费下载""系统自带"并不等于可以免费进行商业活动。尤其对于网络上下载的素材应进行严格的审核。网络上有不少标注为可以免费使用的素材，但在下载过程中夹杂着并非免费，而是需要授权才能使用的素材，稍有不慎便可能会侵权。因此，在直播间装饰素材的选择过程中应当履行严格的审查义务。如在字体的选择上应当选择宋体、楷体、黑体等免费提供的并可以用于商业用途的字体，避免使用微软雅黑等需要购买版本的字体。

2.购买正版素材、自行创作或委托专门设计机构设计。对于直播间的装饰素材需要，可以通过购买正版素材，获得授权的方式规避侵权风险。也可以通过自行创作或者委托他人设计，约定好知识产权归属的方式满足装饰需要。自行创作过程中也应当避免侵犯他人知识产权。目前，不少创作者喜欢借助 AI 工具进行创作，实际上，AI 创作模型的形成和完善依赖于大量的数据训练，而用于训练的数据往往包含受版权法保护的内容，使用 AI 工具进行创作也存在侵权风险。近年国内外已经出现多起 AI 创作引起的相关版权侵权案。如 2024 年 2 月 8 日全球首例 AIGC 平台侵权案件[①]，被告通过某 AI 网站的 AI 生成绘画功能，生成了与原告奥特曼中国区的版权代理商享有版权的奥特曼形象实质性相似的图片，广州互联网法院经裁定认为生成式 AI 奥特曼侵犯著作权。在利用 AI 等技术进行创作时，应当尽可能回避与知名艺术家或知名作品相关的提示词。如果必须模仿知名者的风格或者相关作品时，还应当着重审查技术生成作品是否存在"实质性相似"的情形。除自行创作外，也可以委托专门设计机构进行创作，但应当注意在委托合同中明确知识产权归属以及使用等相关权属和责任承担。

（二）定期审查装饰内容

网络直播活动主体应建立定期审查机制，检查直播间装饰是否存在侵权风险，及时处理侵权投诉。具体操作建议从以下 3 个方面展开：一是建立定期审查直播间装饰内容的机制。可以通过指定专门人员或团队负责审查工作，制定详细的审查标准和流程，确保每次直播前对于直播间所涉及的装饰内容都进行必要的检查。二是加强技术手段支持。网络直播活动主体在使用装饰作品时，可以借助图像识别和 AI 技术，可以对直播间的装饰内容进行自动化审查，快速发现并标记潜在的敏感信息和侵权内容，提高审查效率和准确性。三是建立反馈机制。网络直播活动主体可以设置专门的意见反馈途径，或者在直播活动过程中关注观众的反馈意见，并进行收集整理，及时调整和改进装饰内容。观众的反馈可以帮助发现审查过程中可能忽略的问题，并提供改进的方向。

---

① 参见广州互联网法院民事判决书，(2024) 粤 0192 民初 0113 号。

## (三）加强培训和教育

网络直播活动主体应当对主播和相关工作人员进行培训，增强其产权保护意识。一方面，网络直播活动主体平台应制定明确的知识产权保护政策，并在主播注册和日常管理中严格落实。政策应包括禁止未经授权使用他人作品、规定侵权行为的处罚措施等，确保主播在直播过程中遵守相关规定。另一方面，网络直播活动主体可以与产权保护机构、法律专家合作，定期组织知识产权保护相关的培训课程，举办产权保护经验方法的交流活动，向主播普及知识产权的基本概念、分享最新的产权保护法律动态、讲解产权保护经典案例，提升参与网络直播活动主体的知识产权保护水平，指导如何正确选择和布置直播间的装饰内容，营造良好的网络直播氛围。

## 第三节　网络直播商标合规风险分析及防范

商标影响力的形成产生是企业艰辛的成长史。自由竞争背景下，能够克服阻碍成功存活下来的企业背后都意味着大量人力、物力和财力的付出，凝结着巨大的经济价值，有权威机构估算，美国"可口可乐"品牌的价值高达300亿美元。消费者在消费选择过程中也很重视商品的品牌效应。综上，不可否认，在实践中商标保护具有至关重要的作用。

根据国家知识产权局发布的《二〇二三年中国知识产权保护状况》白皮书，2023年全国法院受理知识产权民事一审案件462,176件。其中，商标案件131,429件，同比上升16.85%。[①] 相较于专利案件和著作权案件，商标案件数量增长最快，更说明了对于商标侵权案件打击刻不容缓。互联网高速发展的时代背景下，直播电商模式高度成熟。在该模式下，直播平台也逐渐成为违法犯罪的高发地，不少网红主播在直播过程中"翻车"，涉嫌违法犯罪案件数量与日俱增。直播电商模式犹如一柄双刃剑，带来巨大经济效益的同时，不能忽视的是，直播电商领

---

① 参见《2023年中国知识产权保护状况》，载国家知识产权局官网，https://www.cnipa.gov.cn/art/2024/4/30/art_91_192134.html。

域并非法外之地。相反，因其受众之广、范围之大，更应该重点规范监管。网络直播商标侵权应当作为商标案件的重点予以重视和打击。

### 一、网络直播商标侵权表现形式

商标侵权是指未经商标专用权人许可，将与他人注册商标相同或者近似的商标用于使用在同一种或类似商品，或用于商品包装、容器、服务场所以及交易文书上，或者将商标用于广告宣传、展览以及其他商业活动中，用以识别商品或者服务来源的行为。[1]

网络直播商标侵权是互联网时代下商标侵权的一种特殊方式，是指从事网络直播活动的个人、法人和其他组织未经商标专用权人许可，通过直播营销平台，包括互联网直播服务平台、互联网音视频服务平台、电子商务平台等，侵害他人商标专有权的行为。

2019 年国家对于《商标法》进行修改，将法定赔偿限额从 300 万元提高到 500 万元，充分体现了国家打击商标侵权案件的决心。2023 年 8 月，国家市场监督管理总局印发《关于新时代加强知识产权执法的意见》，针对当前侵权假冒行为的新特点，提出加强互联网领域知识产权执法，严厉查处网络销售、直播带货中的侵权假冒违法行为。2024 年 5 月 6 日，国家市场监督管理总局发布《网络反不正当竞争暂行规定》，采取互联网专项立法的方式，在细化完善《反不正当竞争法》等相关法律法规、司法解释的基础上，基于互联网模式特点，进一步扩大保护范围，将"客户端、小程序和公众号等"线上经营、宣传、推广渠道全面纳入，涵盖网络商标侵权的多类型方式，加大商标专用权保护力度。

在赛饰公司与微播公司等侵害商标权纠纷案[2]中，2013 年 8 月 22 日，阿加莎公司与赛饰公司签订《商标独占许可合同》，将"AGATHA"商标以独占许可使用的方式授权给赛饰公司。涉案商标及其品牌在全球有超过 250 个销售点，产品覆盖天猫、京东等 7 个渠道 8 个平台的主流电商渠道。张某未取得授权生产带有涉案商标的商品，并且晟合公司出具的授权书打印件载明：晟合公司为"AGATHA"

---

[1] 参见《商标侵权判断标准》。
[2] 参见北京市海淀区人民法院民事判决书，(2021)京 0108 民初 6194 号。

品牌合法使用人，授权武某在抖音平台中销售其指定的"AGATHA"品牌产品。弘宇公司向张某购买涉案商品，并在授权书打印件载明的抖音账号进行直播营销。赛饰公司主张弘宇公司通过涉案抖音号在直播过程中推广并销售涉案商品，侵害了其对涉案商标享有的商标权，主张微播公司作为抖音平台经营者，未尽到合理注意义务，应当同弘宇公司承担共同侵权责任。法院裁判认为，首先，涉案商标在市场上具有较高的知名度和较广的销售渠道，弘宇公司核实涉案商品来源是否合法成本较低，不适用《商标法》第64条第2款规定的销售者的免责事由，应当承担侵权责任。其次，根据《电子商务法》第9条关于电子商务平台经营者的认定，微播公司应当属于电子商务平台。最后，关于微播公司是否应当承担共同侵权责任的关键点在于微播公司是否尽到合理注意义务。一方面，结合网络直播的特殊性，以及直播平台事前审核的能力和成本等，对于直播平台是否尽到合理注意义务的认定不应采取严格标准；另一方面，结合案件事实，从微播公司关于从事直播营销的个人、法人和其他组织的准入审核，账号及直播营销功能注册注销，直播营销行为规范机制、营销商品的管理和监管规则，知识产权保护规则的制定和针对侵权行为采取的删除、屏蔽、断开链接等必要处置措施等事实行为，可以认定微播公司履行了合理注意义务，不承担共同侵权责任。

通过上述案例可知，各类网络平台纷纷引入直播服务的当下，网络直播带货成为市场中普遍存在的现象，相比传统广告，其具有即时性、互动性、效果直观性、推销对象精准性等显著特点，可以最大限度地发挥推销和广告效应，具有将流量迅速变现的优势。但网络直播带货同时也带来了相应的问题：一是直播平台性质认定问题，二是相关主体责任承担问题。

上述案例是典型的网络直播带货侵权案件，同时也是全国首例认定直播带货场景下直播平台为电商平台的案件，为后续案件裁判和直播营销活动规范运行提供重要指引作用。根据《电子商务法》关于电商平台的规定，结合案件事实，综合直播平台主要活动类型、直播内容和直播界面商品信息、购买商品是否需要跳转等流程，认定主要从事营销活动的直播平台应当属于电子商务平台。同时，基于直播平台直播内容的多样性，应当做到个案分析，具体性质认定需要结合案件事实和相关法律法规，直播平台被认定为电子商务平台并不影响其在其他情境下认定为其他性质的平台。该案亦依据《民法典》第1194条~第1197条、《电子商务法》第二章第二节关于电子商务平台经营者注意义务和相关侵权责任承担的规定，结合《网络直播营销管理办法（试行）》和《网络交易监督管理办法》相关规定，在认为不应对电子商务平台经营者确定严格注意义务的前提下，归纳总结了"合理注意义务"的边界。

## 二、网络直播商标侵权风险防范

### （一）及时申请注册商标

《商标法》第 4 条规定了注册在先的原则。一方面，商标使用者应当及时进行商标注册登记，避免被"抢注"情况的出现。商标一旦经过确权登记，即具有绝对的排他效力。如果主体对于自身商标未及时进行注册登记，可能会被其他主体抢先注册已经在使用的商标，导致原主体只能在原先范围内继续使用该商标；一旦超出原有使用范围，可能面临侵权风险，将被责令停止侵权行为，处以没收、销毁侵权商品及主要用于制造侵权商品和伪造注册商标标识的工具，并处以相应数额的罚款。另一方面，商标使用者在申请商标注册登记前应当进行商标检索，即通过检索的方式，查询是否存在与自身将要申请注册的商标相同或近似的商标，避免商标注册申请被驳回。实践中，相关商标使用者可以通过以下 3 种途径查询：（1）通过国家知识产权局商标局官网查询；（2）向国家知识产权局商标局办事大厅申请查询；（3）委托相关商标代理机构跟踪查询。

商标使用者做好商标申请准备工作后，便可以开始着手申请注册商标。《商标法》第 18 条规定，申请注册商标可以自行办理也可以委托依法设立的商标代理机构办理。商标注册具体依据《商标法实施条例》第二章关于商标注册的申请的有关规定，涉及集体商标、证明商标注册时，还需依据《集体商标、证明商标注册和管理规定》的有关规定进行。

### （二）商标专用权事先审查

从实践案例来看，网络直播中商标侵权的主要事由在于网络直播活动主体并未尽到合理的审查义务，未对网络直播活动内容所涉及的商标的专用权进行审查，从而导致侵害他人合法权益。对此，网络直播活动主体应当建立健全规范化的知识产权事务管理和决策流程，将知识产权合规审查纳入规章制度制定，明确知识产权合规审查作为重大事项决策、重要合同签订、重大项目运营等经营管理行为的必经程序,并对不合规内容及时提出修改建议,未经合规审查不得实施。在知识产权许可、转让过程中,网络直播活动主体还应当通过尽职调查等方式降低风险,审查商品来源,严格把关进货,验证供货商的知识产权权利凭证或授权许可证明材料,推动一物一码技术的应用,确保产品溯源畅通。审查内容包括但不限于商标注册证明、登记证书,还应当包括授权许可书等材料。如果未能规范审查程序或严格核查商品来源,依据《民法典》《电子商务法》《网络直播营销管理办法(试行)》《网络交易监督管理办法》的相关规定,可能会被认定为"未尽到合理注意义务"从而承担相应的侵权责任。情节严重的,甚至可能因为他人提供的产品存在注册商标权属纠纷且涉嫌假冒注册商标,涉嫌销售假冒注册商标的商品罪。

(三)建立商标使用义务清单

随着网络直播活动盛行,我国出台的关于网络直播行为的相关规范的数量也越来越多。为了避免信息差,网络直播活动主体应当密切关注知识产权相关规范的立改废释活动,建立商标使用清单。对于商标使用领域,尤其是目前关于网络直播过程中的商标使用规范进行系统的总结梳理。建议梳理的义务清单应当包括合法合规使用清单、侵权行为清单和法定抗辩事由清单。合法合规使用清单的梳理主要依据商标专用权保护的相关法律法规规范,如《商标法》《电子商务法》等关于商标注册、登记和使用的相关规定,以及网络直播活动主体依据相关上位法规定所制定的内部规章制度,总结成系统的合法合规使用清单。侵权行为清单的制定可依据《商标法》第 57 条关于侵权行为的认定,结合网络直播具体情境下的商标侵权行为表现予以明确侵权行为界定。同时,也可以参照相关指导案例的裁判认定,完善互联网新视域下商标侵权行为的认定。法定抗辩事由清单的确定依据为《商标法》第 32 条确定的在先使用抗辩事由、第 59 条确定的正当使用抗辩事由和第 64 条确定的未使用抗辩和合法来源抗辩。通过建立商标使用清单,规范网络直播活动主体相关行为,避免商标侵权风险出现。

## 第四节　网络直播中专利侵权风险及防范

专利权是国家依申请,以向社会公开、其技术有新颖性、创造性、实用性为前提，授予申请人的一种排他性权利。截至2024年5月底，我国发明专利有效量为532.6万件。① 2023年，专利权人中遭遇过专利侵权的比例为6.7%，企业专利权人遭遇专利侵权后采取维权措施的比例为83.1%，较2022年提高10.4个百分点。69.3%的专利权人认为我国知识产权保护力度需要大幅强化或逐步强化。② 上述数据直观表明了目前我国专利有效量巨大，但专利侵权案件数量也不容忽视，绝大多数专利权人认为专利权保护力度还需进一步加强。《民法典》《电子商务法》《专利法》等相关法律法规对于专利权人的保护已形成系统规定。随着网络直播的普及，互联网时代下专利人被侵权风险进一步扩大，网络直播中专利侵权案件时有发生，为了进一步保障专利权人的合法权益，《民法典》第1194条~第1197条、《电子商务法》第84条针对互联网侵权行为作出针对性规制。总体来说，互联网视域下，相较于传统专利侵权行为，对于网络直播专利侵权行为的打击和规制还有进一步完善的空间。

**一、网络直播专利侵权风险表现**

专利侵权指的是未经专利权人许可，他人擅自实施专利保护范围内的发明创造的行为。根据侵权行为的性质和表现形式，专利侵权可以分为直接侵权和间接侵权两大类。直接侵权是指行为人直接实施了受专利保护的技术方案或设计；间接侵权则涉及辅助、诱导或促成他人实施直接侵权的行为。

相较于传统专利侵权的表现形式，网络直播专利侵权本质上是行为人通过互联网实施专利侵权行为。通过互联网实施的专利侵权行为中通常会涉及三方主体，即侵权人、被侵权人和网络直播服务提供者。不同类型的行为主体所应当承担的侵权责任的具体表现形式也有所不同。网络直播专利侵权人承担相应侵权责任的行为表现形式主要为行为人未经权利人授权许可，在网络直播过程中直接使用或者售卖侵害他人发明、实用新型或者外观设计专利的产品。而网络直播服务提供者承担侵权责任的行为表现形式有所区别，相较于直接侵权人，网络直播服

---

① 参见《知识产权统计简报》（2024年第8期），载家知识产权局官网2024年6月6日，https://www.cnipa.gov.cn/module/download/down.jsp?i_ID=193139&colID=88。

② 参见《2023年中国专利调查报告》，载家知识产权局官网，https://www.cnipa.gov.cn/art/2024/4/15/art_88_191587.html）。

务者承担侵权责任的认定主要依据《民法典》第1194条~第1197条、《电子商务法》第84条所规定的网络服务提供者直接侵权责任和事前未尽到合理的审查义务或者在侵权行为发生事后未及时采取相应的删除、下架等补救措施的间接侵权责任。实践中，网络服务提供者利用自身经营的直播服务平台直接使用或者发布侵害他人专利权的情形较少，主要涉及网络直播服务提供者的间接侵权责任。依据上述所提到的《民法典》《电子商务法》关于网络服务提供者的间接侵权责任的规定可以看出，法条规定中"及时""合理期限""必要措施"的相关表述较多，这也使得司法裁判中关于间接侵权责任的认定存在不统一的情况，也就越发凸显开展专利侵权风险防范的重要性。

在陈某、陈某娜侵害外观设计专利权纠纷案[1]中，原告陈某是名称为"厨具架（免打孔贴墙）"、专利号为ZL201930548282.2的外观设计专利权人，申请日为2019年10月9日，授权公告日为2020年3月13日。2020年1月10日起，被告陈某娜多次从协益五金塑料制品厂购入涉案侵权产品一，从华弘鞋花配件厂购入涉案产品二，并在拼多多App上的"好平价家居"店铺进行销售，以及通过直播方式售卖。原告主张被告陈某娜该两件产品均是侵权产品，其销售行为侵害了原告的外观设计专利权。被告陈某娜确认该两件产品系其销售、许诺销售，不确认系其制造，且主张"合法来源"抗辩。法院经查明，被告陈某娜向协益五金塑料制品厂购入涉案侵权产品一时，协益五金塑料制品厂业务员李某鑫向陈某娜发送了涉案侵权产品一的专利申请受理通知书和相关专利证书，法院认为，作为普通销售者，陈某娜已尽到审慎注意义务，对于被诉侵权产品一，被告陈某娜符合主观不知情构成要件，对其主张的"合法来源"抗辩予以支持。对于被诉侵权产品二，法院查明，被告陈某娜之所以转销被诉侵权产品二正是因为被诉侵权产品一价格要求更高，而被诉侵权产品一同被诉侵权产品二之间仅存在细微差别，二者的外观基本相同，而被告陈某娜已经知晓该产品的专利权属，因此法院认为，被告陈某娜的改售行为并不是因为其知晓产品一的侵权风险，而是为了规避责任的故意行为，不符合"合法来源"构成要件。综上，法院判决被告陈某娜承担相应的专利侵权责任。

上述案例是典型的网络直播中专利侵权案件。依据《专利法》第77条的规

---

[1] 参见广东省高级人民法院民事判决书，(2022)粤民终1447号。

定,行为人不知道是未经专利权人许可而制造并售出的专利侵权产品,且能证明该产品合法来源的,不承担赔偿责任。最高人民法院《关于审理侵犯专利权纠纷案件应用法律若干问题的解释(二)》进一步明确了"合法来源抗辩"的制度适用。"合法来源抗辩"制度的确立在保护专利权人的同时,兼顾保障正常商务交流活动秩序,为实践中善意销售者权利保障提供了重要抓手指引,也为网络直播活动主体规避专利侵权风险指明合法有效路径。对于网络直播活动主体来说,应当从正规的渠道进货,同时要强化证据意识,注意留存相关供货清单、货款收据、付款凭证等,以防在诉讼中无法提供相关证据。另需指出的是,合法来源抗辩仅是免除赔偿责任的抗辩,销售者仍应承担停止销售侵权产品,并支付权利人维权合理费用的责任。

## 二、网络直播中专利侵权风险防范

### (一)事前必要的审查

对于网络直播活动主体来说,网络直播活动的内容可能涉及他人专利权的,应当事前进行一定的审查,确保取得相关专利权人的许可。如利用网络直播从事买卖或推广服务的主体,应当通过审查专利权属信息或者授权信息,确保买卖或推广的产品取得专利权人授权,不存在专利侵权纠纷。同时,对于通过交易等商业方式取得的产品,为了避免后续陷入专利权侵权纠纷,还应当保留相关正规进货证明、授权销售证明,以证明产品的合法来源。其中,网络直播服务提供者对事前必要审查义务更应当重视。一方面,网络直播服务提供者接触的产品不计其数,所涉及的侵权风险也就更高;另一方面,相较于商标权和著作权来说,专利权所涉及的对象内容较为专业化,非专业人士一般难以进行准确的判断。综上所述,网络直播服务提供者应当建立系统的事前审查机制。具体来说,既可以设置严格的准入机制,即有意从事网络直播活动的主体应当针对直播销售或推广的产品出具相应的权属证书,以证明取得合法授权。若无法出具相关证明,应禁止在直播平台上从事活动。同时,也可以通过设置专门的专利审查岗位,聘请专业人士负责审查工作,以避免陷入侵权纠纷。

### (二)事中合理的注意

对于网络直播活动的相关主体来说,事中的注意义务是指在网络直播过程中，应当充分关注相关直播信息反馈，尤其是相关的投诉信息反馈。实践中，网络直播活动主体在事前的必要审查义务中未发现专利侵权风险的，也难以确保万无一失。因此，对于网络直播活动主体来说，在直播过程中应当密切关注直播活动动态，直播过程中涉及侵害他人专利权或者收到侵害他人专利权信息提示与反馈的，应当及时采取警示、暂停发布、关闭账号等处置措施，消除违法违规直播内容。其中，对于网络服务提供者而言，应当在网络服务平台设置相应的意见或者投诉专栏，并安排专门的工作人员负责投诉意见的收集，以便后续的救济处理。

（三）事后及时的救济

事后的及时救济义务的主要指向对象是网络直播服务提供者。背后原因在于对于网络服务提供者而言，网络直播活动中所涉及的产品不计其数，出于网络直播服务提供者自身审查能力有限，以及发展需要，在网络直播活动前不宜对网络直播服务提供者施加过高的审查监管义务。但在相关侵权事件发生后，网络服务提供者作为相关服务经营主体，在网络直播活动中获利，应当承担相应的义务。实践中，诸多司法判例的案件事实主要是侵权人通过网络直播服务提供者所提供的网络平台的网络直播实施侵权行为，而对于网络直播服务提供者来说，法院认定其是否承担相应的侵权责任的事实依据为其是否履行相应删除、下架等救济的义务。具体包括：一是采取必要措施防止损害后果扩大。《民法典》第1195条规定，网络用户利用网络服务实施侵权行为的，在相关权利人告知网络直播服务提供者网站上存在侵权商品时，网络直播服务提供者应当及时将相关通知情况转达对应的网络用户，并根据相关权利人提供的证据进行初步调查判断，对于明显侵权的，应当立即采取删除屏蔽、断开链接和下架等必要措施；对于不能马上确认的，可以在将收到的情况告知对应的网络用户后，对相关权利人给予回应，表示已将相应情况转达且暂时采取必要措施，后续双方可通过行政或司法途径解决。若网络服务提供者未及时采取上述必要措施防止损害后果扩大，应当就损害结果扩大部分与侵权网络用户承担连带责任。二是协助调查义务。当相关权利人发现侵权行为后，将侵权行为诉诸行政或司法途径的，网络直播服务提供者作为相关管理人员，应当负有协助调查的义务。具体来说，网络直播服务提供者应当及时提供相关网络用户的个人信息和交易记录，包括真实姓名、名称、地址和有效联系方式等材料，以便调查取证工作顺利进行。

**第九章**

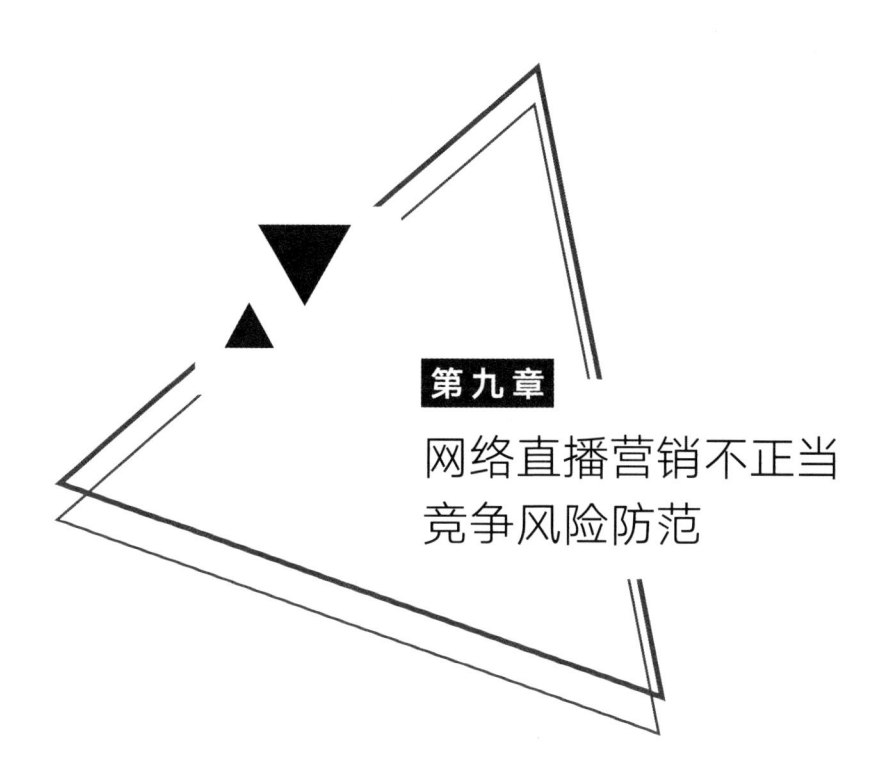

# 网络直播营销不正当竞争风险防范

在当今市场经济环境中,不正当竞争行为于良好且可持续发展的市场生态而言负面作用巨大,破坏了公平竞争原则,造成不合理的资源配置,使得优质企业难以发展,消费者权益受到侵害,严重损害市场的健康与稳定。近年来,随着互联网技术的飞速发展,线上购物便捷度的提高、社交媒体的广泛使用加上名人效应,网络直播购物已经成为很多人购物时的首要选择,这为网络直播带货提供了广阔的平台,基于此,网络直播带货领域呈现蓬勃发展的态势,市场前景良好。然而,利益滋生诱惑,不少商家为了在网络直播带货中"多分一杯羹",不惜采取不正当竞争手段获取市场资源,常见的表现形式包括虚假宣传,夸大产品功效、性能,误导消费者购买;恶意贬低竞争对手的产品,通过捏造事实来抬高自身;数据造假,通过刷粉丝量、点赞量、销售量等,营造虚假的繁荣景象以吸引消费者,更有甚者,通过刷量制造出"爆款"的假象;此外,还存在未经授权使用他人商标、专利等侵犯知识产权的行为。

良好的市场环境能够让所有参与者都在平等的规则下竞争,促进市场的健康发展。保障消费者的合法权益,使其基于真实准确的信息作出理性的消费决策。进一步提升行业的整体信誉和形象,吸引更多的优质资源进入,推动网络直播带货行业的可持续发展。然而若对以上不正当竞争行为听之任之,网络直播带货领域必将面临巨大风险。因此,识别与规制不正当竞争行为对于维护市场的公平竞争秩序,让网络直播带货更好地服务于经济和社会发展具有重大意义。

## 第一节　网络直播营销不正当竞争之虚假宣传行为

直播电商是互联网经济与传统经济融合发展的重要形式。与传统线上营销模式相比，直播电商的营销模式具有虚拟化和场景化的显著特征，电商经营者需要通过主播展示和演绎产品质量、性能、价格等信息的行为向消费者推介商品和服务，进而影响消费者作出购买决定。同时也正因为高度依赖主播的信息输出以及同质化产品销售的激烈竞争，为了提升产品竞争力和销量，不少商家采取虚假宣传等违规营销手段，通过夸大产品功效、虚构原价、误导性演示等方式，诱导消费者产生购买的冲动。虚假宣传的行为不仅侵犯了消费者的知情权和选择权，也扰乱了公平竞争的市场环境，法律法规对此专门进行了立法规制。

### 一、虚假宣传的概述

（一）关于虚假宣传立法情况

1. 基础法律法规

《反不正当竞争法》是规制虚假宣传类不正当竞争行为的基础法律，其中第8条规定，经营者不得对其商品的性能、功能、质量、销售状况、用户评价、曾获荣誉等作虚假或者引人误解的商业宣传，欺骗、误导消费者；经营者不得通过组织虚假交易等方式，帮助其他经营者进行虚假或者引人误解的商业宣传。另外，《广告法》对虚假广告违法行为进行了规制，该法第28条第1款规定，广告以虚假或者引人误解的内容欺骗、误导消费者的，构成虚假广告。一般认为，虚假广告属于虚假宣传的一种特殊形式，根据《反不正当竞争法》第20条第2款的规定，在违法行为查处过程中，经营者违反该法第8条规定从事虚假宣传，其中属于发布虚假广告的，依照《广告法》的规定处罚。为了加强对网络不正当竞争行为的规制，2024年国家市场监督管理总局发布实施了《网络反不正当竞争暂行规定》，并根据网络监管的新情况就虚假宣传的不正当竞争行为作出了针对性的监管要求，该规定扩张了虚假宣传的对象，罗列了重点监管的虚假宣传方式和行为。

在行政责任方面，对于从事虚假宣传的违法行为，根据《反不正当竞争法》第

20 条的规定，处 20 万元以上 100 万元以下的罚款；情节严重的，处 100 万元以上 200 万元以下的罚款，可以吊销营业执照。对于其中构成发布虚假广告行为的，《广告法》第 55 条规定，处广告费用 3 倍以上 5 倍以下的罚款，广告费用无法计算或者明显偏低的，处 20 万元以上 100 万元以下的罚款；两年内有 3 次以上违法行为或者有其他严重情节的，处广告费用 5 倍以上 10 倍以下的罚款，广告费用无法计算或者明显偏低的，处 100 万元以上 200 万元以下的罚款，可以吊销营业执照，并由广告审查机关撤销广告审查批准文件、一年内不受理其广告审查申请。可见，针对发布虚假广告的行为处罚更加严重。

需要说明的是，由于目前实务中对于广告和宣传的区分判断存在较大争议，且互联网营销模式下，想将广告行为和宣传行为进行精确区分更加困难，虽然在处理结果上有较大不同，但对于从业者而言避免违规是确保合法经营的主要目的，因此本章内容将虚假广告和虚假宣传合并罗列。

2. 相关司法解释

最高人民法院《关于适用〈中华人民共和国反不正当竞争法〉若干问题的解释》（以下简称《反不正当竞争法解释》）中进一步明确规定，经营者在商业宣传过程中，提供不真实的商品相关信息，欺骗、误导相关公众的，应当认定为《反不正当竞争法》第 8 条第 1 款规定的虚假的商业宣传。具体而言，经营者对商品作片面的宣传或者对比；将科学上未定论的观点、现象等当作定论的事实用于商品宣传；使用歧义性语言进行商业宣传；做出其他足以引人误解的商业宣传行为，欺骗、误导相关公众的，法院可以认定为《反不正当竞争法》第 8 条第 1 款规定的"引人误解的商业宣传"。

3. 消费者权益保护法规

虚假宣传行为严重损害了消费者合法权益，是消费者权益保护法规的重点监管内容。《消费者权益保护法》第 20 条第 1 款规定，经营者向消费者提供有关商品或者服务的质量、性能、用途、有效期限等信息，应当真实、全面，不得作虚假或者引人误解的宣传。通常认为这一规定是实现和保障消费者知情权的基本要求。

2024 年 3 月 15 日正式实施的《消费者权益保护法实施条例》对禁止虚假宣传提出了进一步要求，该法第 9 条规定，经营者应当采用通俗易懂的方式，真实、全面地向消费者提供商品或者服务相关信息，不得通过虚构经营者资质、资格或者所获荣誉,虚构商品或者服务交易信息、经营数据,篡改、编造、隐匿用户评价等方式,进行虚假或者引人误解的宣传,欺骗、误导消费者。条例不但列举了部分经营者通常采用的虚假或引人误解的宣传表现方式,同时要求经营者介绍商品或者服务信息时既要真实、全面,又要以通俗易懂的方式介绍相关信息。经营者对于以通俗易懂的方式介绍相关信息的要求要特别关注,"通俗易懂"属于主观性较强的规制要求,经营者应当在表述商品信息时做到确保让具备一般认知水平的消费者准确、无歧义获悉商品信息为基本要求。

实施虚假宣传的违法行为,不但违反了法律法规从而可能面临行政或刑事处罚,也侵犯了消费者的合法权益。为了保障消费者的合法权益,《侵害消费者权益行为处罚办法》第6条罗列了9类虚假或者引人误解的宣传行为,并将该类行为认定为欺诈行为;除非经营者能够证明自己并非出于欺骗、误导消费者而实施此种行为。针对欺诈行为,经营者需要承担民事赔偿责任。《消费者权益保护法》第55条规定,经营者提供商品或者服务有欺诈行为的,应当按照消费者的要求增加赔偿其受到的损失,增加赔偿的金额为消费者购买商品的价款或者接受服务的费用的3倍;增加赔偿的金额不足500元的,为500元。可见,实施了虚假宣传的违规行为,不但有可能面临行政处罚,也可能需要按照消费者的要求增加赔偿其受到的损失。

4. 专门立法

虚假宣传行为属于市场监管领域频发的违规行为,除《反不正当竞争法》就市场竞争方面进行了基础性规制外,《消费者权益保护法》对消费者权益保护领域的监管要求进行了规定,《电子商务法》《食品安全法》等具体领域的法规也对市场竞争行为提出了相应的立法要求,结合行业特性进行了更为细化和针对性的立法规制。

《电子商务法》第17条规定,电子商务经营者应当全面、真实、准确、及时地披露商品或者服务信息,保障消费者的知情权和选择权。电子商务经营者不得以虚构交易、编造用户评价等方式进行虚假或者引人误解的商业宣传,欺骗、误导消费者。《电子商务法》基本是对《反不正当竞争法》等法律法规就虚假宣传的监管要求在电子商务领域的强调,具体适用规范仍按照相应的法律法规进行处理。

《食品安全法》第140条规定,违反该法规定,在广告中对食品作虚假宣传,欺骗消费者的,依照《广告法》的规定给予处罚。同时规定了相关人对此承担连带责任:一是广告经营者、发布者设计、制作、发布虚假食品广告,使消费者的合法权益受到损害的,应当与食品生产经营者承担连带责任。二是社会团体或者其他组织、个人在虚假广告或者其他虚假宣传中向消费者推荐食品,使消费者的合法权益受到损害的,应当与食品生产经营者承担连带责任。发布虚假食品广告或者在虚假广告等虚假宣传中向消费者推荐食品,使消费者的合法权益受到损害的,都需要承担连带责任。连带责任主要是经营者需要向消费者承担的退一赔三、产品质量侵权赔偿等民事责任。由于可能衍生的连带责任较为复杂且后果严重,因此,对于网络直播营销而言,应当尽力避免虚假广告或宣传。

《网络交易监督管理办法》第14条针对虚构交易、编造用户评价等4类虚假宣传行为进行了列举,要求网络交易经营者不得违反《反不正当竞争法》等的规定,实施扰乱市场竞争秩序,损害其他经营者或者消费者合法权益的不正当竞争行为。网络交易经营者违反规定的,依照《反不正当竞争法》的相关规定进行处罚。

此外,其他专门领域的法律法规对虚假宣传的行为也进行了立法规制。《旅游法》第32条规定,旅行社为招徕、组织旅游者发布信息,必须真实、准确,不得进行虚假宣传,误导旅游者。《产品质量法》第59条规定,在广告中对产品质量作虚假宣传,欺骗和误导消费者的,依照《广告法》的规定追究法律责任。《电信条例》第40条第4项规定,电信业务经营者在电信服务中,不得有对电信用户不履行公开作出的承诺或者作容易引起误解的虚假宣传的行为。

5. 刑事法规

《刑法》第222条规定了虚假广告罪:广告主、广告经营者、广告发布者违反国家规定,利用广告对商品或者服务作虚假宣传,情节严重的,处2年以下有期徒刑或者拘役,并处或者单处罚金。根据最高人民检察院、公安部《关于公安机关管辖的刑事案件立案追诉标准的规定(二)》第67条的规定,广告主、广告经营者、广告发布者违反国家规定,利用广告对商品或者服务作虚假宣传,涉嫌下列情形之一的,应予立案追诉:(1)违法所得数额在10万元以上的;(2)假借预防、控制突发事件、传染病防治的名义,利用广告作虚假宣传,致使多人上当受骗,违法所得数额在3万元以上的;(3)利用广告对食品、药品作虚假宣传,违法所得数额在3

万元以上的;(4)虽未达到上述数额标准,但2年内因利用广告作虚假宣传受过2次以上行政处罚,又利用广告作虚假宣传的;(5)造成严重危害后果或者恶劣社会影响的;(6)其他情节严重的情形。

(二)虚假宣传的法律构成

1. 虚假宣传的对象

《反不正当竞争法》第8条第1款规定,经营者不得对其商品的性能、功能、质量、销售状况、用户评价、曾获荣誉等作虚假或者引人误解的商业宣传,欺骗、误导消费者。《网络反不正当竞争暂行规定》第8条规定,经营者不得对商品生产经营主体以及商品性能、功能、质量、来源、曾获荣誉、资格资质等作虚假或者引人误解的商业宣传,欺骗、误导消费者或者相关公众。通过上述条款可知,虚假宣传的对象由商品信息递进为生产经营主体信息和商品的自然信息和市场信息。生产经营主体和商品的主体信息包括资格资质、资产规模、曾获荣誉等,以及生产经营主体、商品是否存在;商品的自然信息包括商品性能、功能、质量、来源等,商品的市场信息包括价格、销售状况、用户评价等。

2. 虚假宣传的形式

按照《反不正当竞争法》和《网络反不正当竞争暂行规定》的立法精神,虚假宣传应当包括虚构类虚假宣传、引人误解类虚假宣传以及帮助实施虚假宣传三类,具体说明如下。

(1)虚构类虚假宣传。虚构类虚假宣传的主要表现形式是无中生有地编造、伪造、捏造并不存在的事实,宣传并不存在的商品、服务以及相关信息。如产品没有取得专利而宣传有专利;宣传的产品尚未生产出来,却宣传已经是库存待销产品。对于虚构类虚假宣传可结合《广告法》第28条进行理解,虚构类虚假宣传主要包括4类:①商品或者服务不存在的;②对购买行为有实质性影响的信息虚假;③在宣传中使用虚构、伪造或者无法验证的科研成果、统计资料、调查结果、文摘、引用语等信息作证明材料的;④在宣传中虚构使用商品或者接受服务的效果。在上海某硕网络科技有限公司发布虚假广告案[1]中,主播××在抖音平台直播过程中推销"××美容仪护肤家用"时展示的KT板上写有"P5身体护理全身

---

[1] 参见上海市青浦区市场监督管理局行政处罚决定书,沪市监青处〔2024〕292024002489号。

嫩肤缓解身体酸痛和痛经"的内容。此 KT 板为当事人员工设计制作并于直播时提供给主播，对于相关产品缓解身体酸痛和痛经的功效当事人无法提供证据材料进行证明。至案发时，当事人上述商品的广告费用为 10,000 元。另查明，当事人于商品网页中提及的"SGS 国际认证 28 天功效实测""多项国际认证 +10 大专利证书"能提供相应的测试报告、专利证书等。监管部门认为，当事人的行为构成虚构使用商品效果，违反了《广告法》第 28 条的规定，对其作出罚款 1 万元的行政处罚。

（2）引人误解类虚假宣传。对确实存在的信息进行夸张、歪曲、片面的宣传，进而误导消费者和相关公众，如宣传保健食品具有某种治疗功能。对于引人误解类虚假宣传可结合最高人民法院《关于适用〈中华人民共和国反不正当竞争法〉若干问题的解释》进行理解，该解释第 17 条规定，经营者具有下列行为之一，欺骗、误导相关公众的，法院可以认定为《反不正当竞争法》第 8 条第 1 款规定的"引人误解的商业宣传"：①对商品作片面的宣传或者对比；②将科学上未定论的观点、现象等当作定论的事实用于商品宣传；③使用歧义性语言进行商业宣传；④其他足以引人误解的商业宣传行为。法院应当根据日常生活经验、相关公众一般注意力、发生误解的事实和被宣传对象的实际情况等因素，对引人误解的商业宣传行为进行认定。值得注意的是，《上海市反不正当竞争条例》还将"忽略前提条件、必要信息使用或者不完全引用第三方数据、结论等内容的"列为可以认定为引人误解的商业宣传的情形。如 2024 年 9 月，某主播在直播间曾以"全国销量第一""在香港都要排队买的香港美诚黑松露流心奶黄月饼""米其林大师调制"等话术或宣传物料推销"香港美诚月饼"，之后被曝月饼并非香港生产销售，而是产自广州和佛山，该主播因涉嫌"误导消费者"被合肥市高新区市场监督管理局立案调查。由于在产品营销过程中明显有误导消费者的倾向，违背了《广告法》《互联网广告管理办法》《网络直播营销管理办法（试行）》等法律规章，涉嫌虚假宣传、欺诈消费者。后据联合调查组于 2024 年 9 月 26 日发布的《情况通报》，涉事主播所属公司被处以 6894.91 万元的罚款。这一事件在网络上造成了深远影响，必将推动网络直播行业合规管理的反思和变革。

（3）帮助实施虚假宣传。《反不正当竞争法》《网络反不正当竞争暂行规定》均规定了经营者不得帮助其他经营者实施上述虚假或者引人误解的商业宣传行为。

目前，实施虚假宣传已经成为一项产业链式的运作服务，有专门的企业或个人以帮助他人实施虚假宣传为业，尤其是在网络直播营销等电子商务经营模式中采用较多，刷单、刷好评等行为层出不穷且花样翻新。如国家市场监督管理总局在《2021年度重点领域反不正当竞争执法典型案例——网络虚假宣传篇（第一批）》中公布了一则案例，2020年年底，当事人根据11家大众点评平台入驻商家打造所谓"网红店"的需求，招募大量大众点评平台"大V"到店付费用餐。"大V"在用餐后，编造好评"作业"发布并予以高分点评。当事人对"大V"的"作业"审核后，将餐费予以返还。当事人通过此类方式在大众点评平台内提高了相关商家的星级并大量增加优质评价，通过内容和流量双重造假，帮助商家欺骗误导相关公众。由于当事人的行为违反了《反不正当竞争法》第8条第2款的规定，依据第20条第1款对当事人责令停止违法行为，并处罚款20万元。

关于帮助实施虚假宣传的具体类型，《上海市反不正当竞争条例》作出了专门列举，该法第11条规定，经营者不得实施下列行为，帮助其他经营者对销售数量、用户评价、应用排名、搜索结果排名等进行虚假或者引人误解的商业宣传：①组织虚假交易、虚构评价、伪造物流单据、诱导做出指定的评价；②为其他经营者进行虚假或者引人误解的商业宣传提供组织、策划、制作、发布等服务以及资金、场所、工具等条件；③其他帮助进行虚假或者引人误解的商业宣传的行为。被帮助的其他经营者实施的虚假或者引人误解的商业宣传是否完成，不影响前述违法行为的认定。

3.虚假宣传的方式

开展虚假宣传的载体是商业宣传行为，而在实务中，对于正常商业宣传与虚假宣传的边界存在争议。《上海市反不正当竞争条例》第10条列举了商业宣传的几种类型：(1)在经营场所或者展览会、展销会、博览会等其他场所，以及通过互联网等信息网络对商品进行展示、演示、说明、解释、推介或者文字标注等；(2)通过上门推销或者举办鉴定会、宣传会、推介会等方式，对商品进行展示、演示、说明、解释、推介或者文字标注等；(3)张贴、散发、邮寄商品的说明、图片或者其他资料等；(4)其他不构成广告的商业宣传行为。该条例将构成广告的虚假宣传排除在商业宣传的范围外，其主要原因在于《反不正当竞争法》规定，对构成虚假广告的商业宣传的违法行为依据《广告法》进行处理。需要注意的是，在网络环境中商业宣传和商业广告的边界往往难以做到泾渭分明，但不同的归责方式产生不同的违法后果，对于经营者而言，在实施合规管理的过程中区分此类行为并不重要，应当一体避免违规行为的出现。

由于网络经营发展日新月异，新的经营手段层出不穷，针对网络经营的特点，《网络反不正当竞争暂行规定》第8条第1款对虚假宣传的方式进行了列举，包括：(1)通过网站、客户端、小程序、公众号等进行展示、演示、说明、解释、推介或者文字标注；(2)通过直播、平台推荐、网络文案等方式，实施商业营销活动；(3)通过热搜、热评、热转、榜单等方式，实施商业营销活动；(4)其他虚假或者引人误解的商业宣传。

4. 虚假宣传的效果

构成违法的虚假宣传行为应是造成了欺骗、误导消费者或者相关公众的客观后果，或者有欺骗、误导的可能性。近年来的立法对欺骗、误导的对象逐步进行了扩张。《反不正当竞争法》将欺骗、误导的对象定位为消费者，《反不正当竞争法解释》中将欺骗、误导的对象定位为相关公众，而在《网络反不正当竞争暂行规定》中将欺骗、误导的对象定位为消费者或者相关公众。由于虚假宣传使经营者通过此等违法行为获取不正当竞争优势，既侵害了已经作出购买决定的消费者的合法权益，又可能使其他同类经营者无法在同等条件下获得交易机会，导致利益受损，市场竞争失序，因此，受欺骗的对象不仅是已经购买相关商品的消费者，也包括未购买的潜在消费者，还包括其他相关公众。在实践中，认定商业宣传行为是否构成欺骗、误导消费者或者相关公众，进而构成虚假宣传的违规行为，通常主要考虑两方面因素：一是该商业宣传行为是否可能对购买行为产生实质性的影响，如《广告法》列出的商品的性能、功能、产地、用途、质量、规格、成分、价格、生产者、有效期限、销售状况、曾获荣誉等信息，这些信息往往容易对消费者作出购买决策产生实质性影响；二是夸张表现与虚假宣传的区分，有时经营者发布的宣传信息明显对购买行为不会产生影响的，如某化妆品广告以"今年二十，明年十八"作为广告词，吸引年轻消费者购买，暗示商品具有防衰老、抗衰老等功效。这种广告词明显有违常理，属于采用了过度夸张的表现手法，不会使消费者产生误解，也就不属于虚假宣传或虚假广告。

总之，虚构类虚假宣传以及引人误解类虚假宣传的归责判断具有较强的主观性,也给执法监管提供了较大自由裁量空间,通常执法监管机关会根据日常生活经验、相关公众一般注意力、发生误解的事实和被宣传对象的实际情况等因素进行认定。

**二、虚假宣传的具体行为概举**

目前,《反不正当竞争法》《网络反不正当竞争暂行规定》《反不正当竞争法解释》《侵害消费者权益行为处罚办法》对虚假宣传行为进行了具体列举。

(一)使用虚假或引人误解的商品服务信息进行虚假宣传

商品信息和经营者信息是消费者作出购买决策的主要依据,对购买行为有实质性影响。在网络直播交易模式中,商家通常通过口播介绍,以及在直播间背景板、店铺页面、商品详情页面、推广页面、客服聊天工具等任何向消费者展示的场景中,以文字、图片、音频、视频等形式,对所销售商品本身(基本属性、所属类目、规格、数量、保质期、瑕疵等)、品牌、外包装、发货情况、交易附带物等商品信息和经营者信息所作的描述。主要包括以下4种情形:

1. 商品或者服务不存在的。此类行为主要表现为将并不存在的商品或者服务对外进行宣传营销。如直播间运营者供应链出现问题,在消费者下单后无法进行发货交付,则有可能被认定属于构成虚假广告的违法行为。

2. 对商品的生产经营主体以及商品的主体信息和经营信息进行虚假宣传。主要包括商品生产经营主体和商品的性能、功能、质量、来源、曾获荣誉、资格资质等主体信息,以及商品生产经营主体和商品的销售状况、交易信息、经营数据、用户评价等经营信息。如在美某(上海)网络科技有限公司发布引人误解的商业宣传案[1]中,该公司安排知名主播推广产品"初普 stop vx 美容仪",直播过程中使用了"坚持用了一个月,就相当于打了一次热玛吉"的描述,该行为被上海市长宁区市场监督管理局认定为构成虚假宣传,并作出了罚款30万元的处罚决定。

3. 使用虚构、伪造或者无法验证的科研成果、统计资料、调查结果、文摘、引用语等信息作证明材料的,也包括虚构使用商品或者接受服务的效果的。在上

---

[1] 参见上海市长宁区市场监督管理局行政处罚决定书,沪市监长处〔2021〕052021000013号。

海馨宽商贸有限公司涉嫌发布违法广告案[1]中，当事人上海馨宽商贸有限公司在其天猫平台网店宣传销售的产品1（产品链接名称：松下吸尘器家用小型手持便携式超静音无线车载MC-SBU1FC）为"超静音"；产品2（产品链接名称：松下F-WYP66XC除湿机家用卧室地下室静音抽湿机除湿器工业大功率）为"静音"；产品3（Panasonic/松下脸部按摩器EH-SP32瘦脸紧致提拉滚轮美容仪器）具有瘦脸功效，经查证，当事人发布的宣传内容与事实不符，执法机关认定该行为构成发布虚假广告，依法予以处罚。

4.忽略前提条件、必要信息使用或者不完全引用第三方数据、结论等内容。如上海某姬实业有限公司发布虚假广告案[2]中，当事人通过网店销售一款美德乐纯羊脂膏，为吸引顾客购买产品，当事人在该产品网页上发布了"产妇哺乳期霜""母婴均可用""助力安心哺乳"等广告内容。通过国家药品监督管理局查询，该产品备案号为国妆网备进字（苏）2021500137，使用人群为"普通人群"。[3] 执法机关认为，当事人发布的上述广告内容不符合《化妆品分类规则和分类目录》中使用人群分类目录的规定，并对当事人作出了行政处罚。化妆品的"适用人群"/"适用对象"范围描述是化妆品在直播口述、广告宣传以及商品详细描述中容易出现违规的重要风险点，网络主播在描述商品信息时容易忽视这部分内容，为了扩大销量，将使用人群为"普通人群"的化妆品，宣称为适用于孕妇、哺乳期妇女、婴幼儿、儿童。

（二）采用虚假销售信息

主要包括：(1)采用谎称现货、虚构预订、虚假抢购等方式进行营销；(2)以虚假的"清仓价""甩卖价""最低价""优惠价"或者其他欺骗性价格表示销售商品或者服务；(3)以虚假的"有奖销售""还本销售""体验销售"等方式销售商品或者服务；(4)谎称正品销售"处理品""残次品""等外品"等商品。例如，在《2023江苏省民生领域案件查办"铁拳"行动典型案例（第六批）》中公布了一则案例，当

---

[1] 参见上海市金山区市场监督管理局行政处罚决定书，沪市监金处〔2024〕282023004106号。
[2] 参见上海市金山区市场监督管理局行政处罚决定书，沪市监金处〔2023〕282023008551号。
[3] 根据《化妆品分类规则和分类目录》中使用人群分类目录的规定：新功效（不符合以下规则的产品；宣称孕妇和哺乳期妇女适用的产品）—婴幼儿（0~3周岁，含3周岁），儿童（4~12周岁，含12周岁）—普通人群（不限定使用人群）。

事人于 2023 年 6 月 3 日接到某网络平台购买"康赛迪 复方斑蝥胶囊"的订单,而店内没有该药品销售,为满足平台发货要求,在未征得消费者同意的情况下,当事人以"开塞露"代替"康赛迪 复方斑蝥胶囊"发货。执法机关认定当事人采用谎称现货的方式进行虚假发货,符合《网络交易监督管理办法》第 14 条第 2 款第 3 项"采用谎称现货、虚构预订、虚假抢购等方式进行虚假营销"的行为,依法对其予以处罚。

(三)采取虚假的销售数据

指采用虚构交易额、成交量、预约量等与经营有关的数据信息等方式进行欺骗性销售诱导。虚假交易和虚假排名是较为常见的虚假宣传行为,实践中通常将这类行为称为"刷单"。在网络直播营销等电子商务交易过程中,交易排名关系到产品的展示排序,交易数量更多往往意味着更被市场和销售者所接受。因此有的商家为了获取更多的竞争优势和交易机会,不惜采取"刷单"的方式。目前,刷单的行为包括正向刷单和反向刷单两种方式。正向刷单指的是网店经营者通过借助虚假交易或者虚假好评,营造出网店商品销量更高、质量更好的虚假表象,以此在电商平台获得更靠前的搜索排名,以便在同行竞争中占据有利地位。反向刷单则是针对竞争对手的店铺或商品开展恶意好评或恶意差评的举动,其目的在于利用电商平台的规则,揭露对手的刷单行为,或者让竞争对手受到不合理的处罚(关闭店铺、停业、禁止上架新产品等)或者营造出其商品质量低劣的假象,以获得相对的竞争优势。通过"刷单"所提供的巨大销量和用户评价来进行虚假宣传,非常容易使消费者产生误解,影响消费者的实际判断,最终直接对消费者的购买决策造成影响。

"刷单炒信"的类型和手段繁多。2021 年 7 月 22 日,国家市场监督管理总局公布第一批共 10 起网络虚假宣传不正当竞争典型案例,其中包括以下 4 种不同类型的刷单方式:(1)通过刷单平台组织发布刷单任务,指导用户拍下指定产品,以寄发小礼品代替订购商品并通过其他渠道进行退款,以此增加虚假订单,提高交易量。(2)雇佣或招募他人进行探店、发布指定评论,虚增好评量,以此引流或是达到引人误解的商业宣传目的。一般利用"网红效应"虚构评价。(3)通过刷单平台利用专业技术软件进行机器刷单,人为操纵评分,虚构评价平台上店家好评、用户体验。(4)虚增某软件产品的下载/访问量以提高排名,虚构平台视频点击量、文章阅读量、转载量以获取广告位等。

（四）采用虚假评价展示

在网络交易领域，商户和商品的信用评价是影响消费者作出消费决策的重要考量因素之一，信用评价是消费者的反馈和评论的积累。通过好评返现等方式利诱用户做出指定好评的行为使得原本公正的商品评价失去了客观性，导致消费者无法凭借真实的信用评价进行消费选择，侵犯了消费者的知情权和选择权。评价类虚假宣传是指采用编造、诱导等方式对用户评价进行不真实或者误导性展示，主要包括以下两种情形：(1)编造用户评价，或者采用误导性展示等方式隐匿差评、将好评前置、差评后置、不显著区分不同商品的评价等。(2)以返现、红包、卡券等方式利诱用户作出指定好评、点赞、定向投票等互动行为。误导性评价如某商店宣传中未显著区分不同生产厂家商品评价案[1]，高要区市场监督管理总局依法对高要区某商店在网络销售商品的行为进行检查时，发现该商店在网络商业宣传中未显著区分对于不同生产厂家商品的评价。经查明，当事人涉嫌没有显著区分A厂家"某酱"产品与B厂家"某酱"产品的商品评价，存在误导消费者的违法行为，违反了《反不正当竞争法》第8条第1款"经营者不得对其商品的性能、功能、质量、销售状况、用户评价、曾获荣誉等作虚假或者引人误解的商业宣传，欺骗、误导消费者"和《网络交易监督管理办法》第14条第2款"网络交易经营者不得以下列方式，作虚假或者引人误解的商业宣传，欺骗、误导消费者：……(二)采用误导性展示等方式，将好评前置、差评后置，或者不显著区分不同商品或者服务的评价等"的规定，高要区市场监督管理局责令其停止违法行为，并处罚款。欺骗性评价手段如上海塑堂贸易有限公司虚假宣传处罚案[2]，该案中有关部门查明当事人通过向网店的真实消费客户发货同时附带好评返现卡，并以每单好评返现3元佣金的方式，邀请客户为其网店虚构用户评价。客户通过扫二维码加当事人运营的微信，发好评截图和订单号，当事人通过运营微信转给客户3元作为佣金。执法部门认为，当事人通过好评返现虚构用户评价的行为，涉嫌违反《网

---

[1] 参见《以案示警！高要区市场监管局公布2023年不正当竞争典型案例》，载微信公众号"文明高要"2024年7月4日，https://mp.weixin.qq.com/s/W8UVsKAOohnKj6mImYRc2g。

[2] 参见上海市嘉定区市场监督管理局行政处罚决定书，沪市监嘉处〔2023〕142023006291号。

络交易监督管理办法》第 14 条第 2 款"网络交易经营者不得以下列方式,作虚假或引人误解的商业宣传,欺骗、误导消费者:(一)虚构交易、编造用户评价……"的规定,实施了扰乱市场竞争秩序,损害其他经营者或者消费者合法权益的不正当竞争行为,并作出了罚款 1 万元的行政处罚。

(五)采用虚假营销数据

营销数据应当是真实销售情况的反映,据此可以成为消费者作出购买决策的重要依据,可以促进购买转化。同时,结合当前的平台推荐规则,增加收藏量等流量数据也可以提高平台权重。采用虚假营销数据也是虚假宣传的一种类型,主要包括以下几种形式:(1)虚构收藏量、点击量、关注量、点赞量、阅读量、订阅量、转发量等流量数据;(2)虚构投票量、收听量、观看量、播放量、票房、收视率等互动数据;(3)虚构升学率、考试通过率、就业率等教育培训效果等。在上海栗水餐饮管理有限公司涉嫌不正当竞争案[1]中,当事人为提高其门店在大众点评上的收藏、打卡、点赞数量,提升门店在大众点评平台的排名,达到吸引消费者的目的,在大众点评"姚稷大铁锅(嘉定宝龙店)"页面,设有"收藏打卡+推荐菜点赞,V4 以上送大白梨水饮料"的活动。执法单位认为,当事人通过收藏、打卡、点赞有礼的方式,诱导消费者对门店和菜品进行收藏、打卡、点赞,影响了门店和菜品进行收藏、打卡、点赞数量的真实性和消费者评价的自愿性,误导后续消费者对相关商品的自主判断,干扰其消费意愿,违反了《网络交易监督管理办法》第 14 条第 2 款"网络交易经营者不得以下列方式,作虚假或者引人误解的商业宣传,欺骗、误导消费者:……(四)虚构点击量、关注度等流量数据,以及虚构点赞、打赏等交易互动数据"及《反不正当竞争法》第 8 条第 1 款"经营者不得对其商品的性能、功能、质量、销售状况、用户评价、曾获荣誉等作虚假或者引人误解的商业宣传,欺骗、误导消费者"的规定,并作出罚款 5000 元的行政处罚。

(六)采用虚假营销手段

主要包括:(1)不以真实名称和标记提供商品或者服务;(2)采用伪造口碑、炮制话题、制造虚假舆论热点、虚构网络就业者收入等方式进行营销;(3)以虚假或者引人误解的商品说明、商品标准、实物样品等方式销售商品或者服务;(4)作虚

---

[1] 参见上海市嘉定区市场监督管理局行政处罚决定书,沪市监嘉处〔2024〕142023007683 号。

假或者引人误解的现场说明和演示;(5)夸大或隐瞒所提供的商品或者服务的数量、质量、性能等与消费者有重大利害关系的信息误导消费者。例如,在深圳市某爱网信息技术有限公司虚假宣传案[1]中,深圳市某爱网信息技术有限公司在提供婚恋居间服务时,通过捏造符合客户心意的"虚拟人"形象向潜在客户"抛诱饵"。利用客户消费习惯、存款等信息,抓住消费者的年龄焦虑、生育焦虑等痛点,诱导消费者购买高价会员服务。该公司还通过后台管理系统自动推送预先编辑的固定模板信息,存在夸大会员人数、发送虚构信息、宣传虚假案例等违法行为,欺骗、误导消费者,增强用户对平台的认知度及客户黏性。其行为违反《网络反不正当竞争暂行规定》第8条第1款第1项及《反不正当竞争法》第8条第1款的规定,最终被责令停止违法行为,并处以170万元罚款。

(七)采用引人误解的手段

《反不正当竞争法解释》第17条列举了构成"引人误解的商业宣传"的情形,主要包括:(1)对商品作片面的宣传或者对比;(2)将科学上未定论的观点、现象等当作定论的事实用于商品宣传;(3)使用歧义性语言进行商业宣传。经营者在市场竞争中,将自身产品与竞争对手的产品进行对比时,应当施以更多的审慎注意义务,做到客观全面,避免一般消费者产生歧义和误解。采用以直接竞争对手产品和自身产品进行片面对比的方式进行宣传,故意借竞争对手品牌知名度和影响力不当扩大自身产品的市场竞争力,谋取不正当的竞争优势,足以使消费者产生误解的,应当认定为虚假宣传的不正当竞争行为。例如,经营者使用《产品手册》无依据地宣传自己产品的功能、质量的同时贬低其他同类产品,即属于进行虚假或引人误解的商业宣传。在合肥中某公司与叶县市场监督管理局行政处罚纠纷案[2]中,河南省高级人民法院认为,中某公司为推销其经营的产品制作了涉案《产品手册》,该手册虽然系中某公司对经销商发放,但在市场营销中其发挥作用的最终对象必定为广大的消费者,从叶县市场监督管理局查获的本案实际情况亦如此,针对该手册中宣称的"资坊堂花茶具有美容护肤、美体瘦身、排毒除臭的功用,帮助瘦小腹最佳""暖暖贴:发热时间长一倍:普通袋鼠暖宝宝发热5个小

---

[1] 深圳市市场监督管理局南山监管局行政处罚决定书,深市监南处〔2024〕稽42号。
[2] 参见河南省高级人民法院行政裁定书,(2019)豫行申1594号。

时以上,三九帝药暖宝宝发热10个小时""暖暖贴:发热更稳定:普通袋鼠暖宝宝发热不均匀,局部无热量,局部过热。三九帝药暖宝宝保持每一个发热点均衡发热""暖暖贴:原料更好:普通袋鼠暖宝宝为了降低成本使用铁粉废脚料,三九帝药暖宝宝使用高纯铁粉"等内容,中某公司并不能提供相应的科学定论和事实依据,在无依据宣传自己产品的功能、质量的同时贬低其他同类产品,属于进行虚假或引人误解的商业宣传,足以构成对消费者的误导,据此叶县市场监督管理局认定上述行为违反了《反不正当竞争法》的有关规定,构成了虚假宣传的不正当竞争行为,叶县市场监督管理局针对中某公司的违法情节及认错态度等在法定处罚幅度内行使自由裁量权作出停止违法行为并罚款40万元的行政处罚决定并无不当,且该决定系叶县市场监督管理局依据《行政处罚法》的规定,经过调查、听证等程序后依法作出,程序合法。法院予以支持。

### 三、虚假宣传行为的责任承担

在《反不正当竞争法》中,经营者被视作虚假宣传行为的责任主体,这不仅涵盖了自身实施虚假宣传行为的经营者,还包含了协助型经营者。只要在互联网直播的整个流程中开展了交易行为,相关的市场主体都处于经营者的范畴。对于互联网直播虚假宣传行为责任主体范围的明确,通常依据是否实施经营行为这一标准来判定。鉴于互联网经济具有开放性和低门槛的特点,一般只要在互联网直播的整体运作中参与了商业宣传行为或者起到了虚假宣传的协助作用,就属于虚假宣传行为的责任主体。因此,参与交易行为的平台运营商、产品商家、MCN机构、主播等不同性质的网络经济主体,都应当被纳入调整范围之内。多种角色的参与以及各自的身份定位有所不同,使得虚假宣传行为的责任认定趋于复杂。接下来将针对不同主体需要承担的责任展开分析。

(一)直播间运营者

直播间运营者是在网络直播营销活动中销售商品或者提供服务的商业主体。商家所发布的产品及服务信息应当是真实、科学且准确的,不得进行虚假宣传、欺骗或者误导消费者。倘若商家的营销活动构成了商业广告,那么其虚假宣传行为就会构成虚假广告,此时商家作为广告主需要承担相应的法律责任。同时,针对虚假广告之外的其他类型虚假宣传行为,如"刷单炒信"等,商家要承担《反不正当竞争法》规定的法律责任。依照《反不正当竞争法》第 20 条的规定，商家需要承担停止违法行为、被罚款、吊销营业执照等行政责任。同时，还需要根据《电子商务法》《消费者权益保护法》的有关规定，向消费者承担民事责任。

（二）主播

主播是网络直播营销活动中的重要一环，当虚假宣传构成虚假广告时，将受到《广告法》的约束，而依据具体情形的不同，主播可能被认定为《广告法》下的广告发布者、广告经营者、广告代言人，在涉及虚假广告的情形下，主播因其具体角色的不同而可能需要承担的行政、民事乃至刑事法律责任存在一定差异，具体可参看本书虚假广告合规部分内容。

（三）MCN 机构

MCN 机构在虚假宣传行为中所承担的责任，会依据其在直播营销中所充当的不同角色而有所差异。例如，MCN 机构销售的是自身所经营的商品，在这种情况下，MCN 机构属于经营者，要独立承担责任。又如，MCN 机构或者主播是接受商家的委托来协助商家售货，然而虚假宣传的内容是由 MCN 机构编写，那么 MCN 机构便构成了《反不正当竞争法》第 20 条所指的帮助虚假宣传行为，同样需要承担罚款、吊销营业执照等行政责任。此外，根据《最高人民法院关于审理网络消费纠纷案件规定（一）》第 11 条的规定，"平台内经营者开设网络直播间销售商品，其工作人员在网络直播中因虚假宣传等给消费者造成损害的话，消费者有权主张平台内经营者承担赔偿责任"，如 MCN 机构被认定为平台内经营者，还需对消费者承担民事赔偿责任。

（四）网络直播平台

网络直播平台还应当着重履行电子商务平台经营者的责任和义务，其中包含但不限于对平台上的直播内容进行监督和管理，建立有效的监管机制，及时发现和制止虚假宣传行为。对入驻平台的商家、主播等主体的身份、资质信息进行严格的收集、登记和核验。建立商家、主播信用评价奖惩等信用管理体系。当出现虚假宣传行为的投诉和举报时，平台应积极配合有关部门进行调查，提供相关的交易信息和数据。若拒绝配合或故意阻碍调查，可能需承担相应的法律责任。如果平台明知或应知某些直播存在虚假宣传行为，却未采取必要措施加以制止，可能需要与实施虚假宣传的主体承担连带责任。例如，如果某网络直播平台对某商家夸大产品功效的虚假宣传行为未进行监管和处理，导致众多消费者受骗，平台可能会被要求与该商家共同承担对消费者的赔偿责任，同时还可能受到监管部门的行政处罚。总之，网络直播平台在防范和治理虚假宣传行为方面扮演着重要角色，必须积极履行各项责任，维护市场秩序和消费者权益。

### 四、合规建议

1. 加强主播培训。定期组织主播参加法律法规培训，使其明确虚假宣传的法律边界和后果。培训主播如何准确、客观地介绍产品的性能、功效、成分等关键信息。杜绝夸大、虚假的表述。例如，禁止使用"绝对""最"一类极端词汇。对直播中可能涉及的功效承诺、数据引用等内容进行核实和标注来源。

2. 建立严格的选品机制。对直播销售的产品进行严格筛选和审核，确保产品信息真实可靠。设立专门的团队对产品进行质量和宣传内容的把关，例如，要求供应商提供详细的产品资质证明和检测报告。

3. 实时监控与反馈。安排专人在直播过程中进行实时监控，及时发现并纠正可能的虚假宣传行为。建立观众反馈渠道，对于观众提出的关于虚假宣传的质疑及时处理和回应，对于因虚假宣传导致的消费者投诉，建立快速处理机制，及时解决消费者的问题，减少不良影响的扩散。

4. 完善内部合规制度。制定明确的违规处罚措施，对涉及虚假宣传的主播和相关人员进行严肃处理。定期对直播活动进行合规审查和评估。及时了解最新的法律法规和监管政策，确保直播活动符合要求。积极配合监管部门的检查和指导，主动整改存在的问题。

## 第二节　网络直播营销不正当竞争之商业混淆

### 一、商业混淆的概述

商业混淆行为是《反不正当竞争法》规制的不正当竞争行为中最典型、最多发的行为之一，商业混淆又称市场混淆行为或混同行为、仿冒行为等，即通过仿冒他人商品标识、企业主体标识、生产经营活动标识等"傍名牌""搭便车"的行为，误导消费者将自己的商品误认为是他人商品或者与他人存在特定联系，以借用他人或者他人商品的影响力、美誉度，提高自己以及自己商品的市场竞争力。《反不正当竞争法》第6条规定，经营者不得实施下列混淆行为，引人误认为是他人商品或者与他人存在特定联系：(1)擅自使用与他人有一定影响的商品名称、包装、装潢等相同或者近似的标识；(2)擅自使用他人有一定影响的企业名称（包括简称、字号等）、社会组织名称（包括简称等）、姓名（包括笔名、艺名、译名等）；(3)擅自使用他人有一定影响的域名主体部分、网站名称、网页等；(4)其他足以引人误认为是他人商品或者与他人存在特定联系的混淆行为。

网络商业混淆行为与传统的商业混淆行为在本质特征上是一致的，仍然属于不正当竞争行为，是一种利用网络技术实施的商业混淆行为。网络商业混淆行为具有如下特征：网络商业混淆对象是对商业标识的混淆；被混淆的对象应具有一定的知名度；造成混淆或误认的后果。2024年实施的《网络反不正当竞争暂行规定》在《反不正当竞争法》的基础上，对结合网络经济的特点，针对性地将商业混淆行为进行了细化列举。《网络反不正当竞争暂行规定》第7条规定，经营者不得利用网络实施下列混淆行为，引人误以为是他人商品（该规定所称商品包括服务）或者与他人存在特定联系：(1)擅自使用与他人有一定影响的域名主体部分、网站名称、网页等相同或者近似的标识；(2)擅自将他人有一定影响的商品名称、企业名称（包括简称、字号等）、社会组织名称（包括简称等）、姓名（包括笔名、艺名、译名等）作为域名主体部分等网络经营活动标识；(3)擅自使用与他人有一定影响的应用软件、网店、客户端、小程序、公众号、游戏界面等的页面设计、名称、图标、形状等相同或者近似的标识；(4)擅自使用他人有一定影响的网络代称、网络符号、网络简称等标识；(5)生产销售足以引人误认为是他人商品或者与他人存在特定联系的商品；(6)通过提供网络经营场所等便利条件，与其他经营者共同实施混淆行为；(7)其他利用网络实施的足以引人误认为是他人商品或者与他人存在特定联系的混淆行为。擅自将他人有一定影响的商业标识设置为搜索关键词，足以引人误认为是他人商品或者与他人存在特定联系的，属于前款规定的混淆行为。

## 二、商业混淆行为的特征

就直播带货来说,商业混淆行为主要指的是在直播间里通过运用各类宣传文案、标识、视频,还有主播在直播时所表述的话语等种种方式,致使消费者错误地认为是他人的商品或者与其他商业主体存在特定的联系,从而产生混淆的行为[①]。

（一）擅自使用

擅自使用是指未经权利人同意而使用,在此基础上,使用行为是包括生产、销售他人有一定影响的标识的行为,或者有商业目的的经营使用。擅自使用行为是对权利人的权利侵害,构成不正当竞争。但是如果通过协议、授权、许可等方式获得商业标识的使用权,则不构成侵权。值得注意的是,《四川省反不正当竞争条例》同时规定,经营者不得销售明知或者应知是实施了混淆行为的商品。可见,在执法监管视角中,经营者应当尽到谨慎审慎义务,不得以商品是生产者提供而必然免责。在网络直播营销领域,对于直播间运营者、主播等主体而言,如果其带货行为构成销售行为的,则应当承担销售者的责任,同时,即便以广告发布者身份发布产品推介信息,也应当对商品相关信息进行必要审查,避免承担应知未知的违规后果。

《反不正当竞争法解释》第14条规定,经营者销售仿冒他人有一定影响的标识的商品,构成《反不正当竞争法》第6条规定的不正当竞争行为,但证明该商品是自己合法取得并说明提供者的销售者不承担赔偿责任。要注意的是,与最高人民法院的司法解释相比,一些地方性规定对商业混淆行为进行了更严格的规制。如《四川省反不正当竞争条例》第15条规定,经营者不得销售明知或者应知是实施了混淆行为的商品,违者将被予以处罚。二者对比,对于销售不知是实施了混淆行为的商品,在民事诉讼案件的审理中,只要能证明该商品是自己合法取得并说明提供者,经营者可以主张不承担赔偿责任。但在四川等地方的行政执法过程中,即使销售不知是实施了混淆行为的商品,但以经营者的一般应有的认知能力下应当知道销售了实施混淆行为的商品的,依然将面临行政处罚的后果,二者尺度具有明显区别。

---

[①] 参见刘婷、周望:《知止不殆:浅析"直播带货"中的不正当竞争风险防范》,载微信公众号"金杜研究院"2024年7月16日,https://mp.weixin.qq.com/s/ensbdGQ3qgp81yeLe1n4Ew。

## （二）引人误认

如果说"擅自使用"是构成商业混淆的违规前提，引人误以为是他人商品（《网络反不正当竞争暂行规定》所称商品包括服务）或者与他人存在特定联系则是商业混淆的结果。特定联系包括商品来源、商业联合、许可使用、商业冠名、广告代言、商品推荐等，这事实上都是通过"搭便车""傍名牌"的方式，增加自身或自身商品的影响力和美誉度。一般而言，"引人误以为"，应当以相关公众的一般注意力为标准，根据标识实际使用的范围，结合标识的相似度、显著性和知名度以及商品的类似程度等因素进行综合认定。

## （三）有一定影响

对特定主体名称、包装装潢等标识进行保护的前提是"有一定影响"，在网络直播领域，显然"东方甄选"直播间、李佳琦等知名主播均属于有一定影响的，而这些影响是权利人经过努力经营实现的，如果不对这些主体标识或商品标识进行保护，不但损害了被混淆对象的合法权益，更会欺骗和误导消费者，进而扰乱了市场竞争秩序。《四川省反不正当竞争条例》规定，有一定影响是指标识经过经营者的使用，在市场上具有一定的知名度，为一定范围内的相关公众所知悉。《上海市反不正当竞争条例》等地方法规规定，有一定影响的标识是指一定范围内为公众所知晓，能够识别商品或者其来源的显著性标识。

## （四）共同实施

《网络反不正当竞争暂行规定》规定，经营者不得通过提供网络经营场所等便利条件，与其他经营者共同实施混淆行为，引人误以为是他人商品或者与他人存在特定联系。《贵州省反不正当竞争条例》规定，经营者不得为实施混淆行为提供仓储、运输、邮寄、印制、隐匿、经营场所等便利条件。可见，与虚假宣传类相同，当前立法将共同实施商业混淆类不正当竞争行为列入规制范围。作为网络直播经营者，在选品把关、卖点审核、直播推介等环节，均要尽到审慎的核验义务，更不能受商家委托共同实施混淆行为。

## 三、直播中商业混淆行为列举

### （一）主体标识混淆

擅自使用他人有一定影响的企业名称（包括简称、字号等）、社会组织名称（包括简称等)、姓名(包括笔名、艺名、译名等)、网络代称、网络符号、网络简称,或者代表市场主体名称和社会组织名称的标志、图形、代号等标识等名称标识等作为经营活动标识,构成混淆。

1. 直播间名称

有一定影响力的直播间的账号名称属《反不正当竞争法》的保护对象。如果在未获得有效授权的情况,直播带货时擅自大量模仿其他有一定影响力的直播间的标志性特征,很有可能因为属于混淆行为而被判定不正当竞争侵权,需要向其他直播间赔偿。如在某某某公司与东方某公司不正当竞争纠纷案[1]中,某某某公司模仿东方某公司直播带货账号头像、直播间布局装潢、直播语言风格等进行直播带货,直播间粉丝量急剧飙升300余万,被法院认定为构成商业混淆的不正当竞争行为。

2. 主播名称

在网络直播领域,利用其他知名主播名称实施商业混淆行为是一种常见的不正当竞争手段,其核心目的是通过"搭便车"误导消费者,从而获取流量或商业利益。实施此类商业混淆的典型表现形式包括以下几个方面:(1)直接冒用或仿冒主播名称/昵称或使用与知名主播相似的账号信息。具体做法包括新主播使用与头部主播高度相似的名称,如"李佳琦专属精选"仿冒"李佳琦",或在名称中添加近似符号,如"疯狂小杨哥!"仿冒"疯狂小杨哥",导致用户误认为两者存在关联。(2)模仿知名主播的头像、直播间背景、话术风格(如李佳琦的口头禅"Oh My God")、商品展示方式等,形成整体形象混淆。(3)虚假宣称与知名主播存在合作关系。如在直播中暗示"与×××主播同一团队""×××主播推荐"等,或通过剪辑拼接知名主播的直播片段进行宣传,虚构关联关系。(4)利用关键词引流。在直播间标题、商品链接、弹幕互动中嵌入知名主播名称或相关热搜词,如"东方甄选同款""刘畊宏女孩必买",利用搜索引擎或平台算法吸引用户点击。(5)混淆商品来源或授权关系,如销售商品时标注"×××主播专属渠道""独家授权",但实际未取得合法授权,误导消费者认为其商品与知名主播存在特定联系。例

---

[1] 参见云南省昭通市中级人民法院民事判决书,(2023)云06民终1650号。

如，在上海火盟科技有限公司涉嫌实施商业混淆行为案[①]中，当事人在"【李佳埼推荐】制冷空调扇家用小风扇小型落地摇头电风扇宿舍办公室空气循环扇厨房强力超静音大风力台式散热"中宣传"【李佳埼推荐】"，当事人未与"李佳埼"签订过相关协议且无法提供"李佳埼"本人的相关身份信息，该"李佳埼"与天猫平台美妆博主"李佳琦"的名字极为相似。执法部门认为，当事人利用"【李佳埼推荐】"引人误认为其与美妆博主李佳琦存在特定联系，涉嫌在经营活动中实施混淆行为，并作出罚款 1000 元的行政处罚。

3. 装潢混淆

《浙江省反不正当竞争条例》规定，装潢是指由经营者在营业场所的装饰、营业用具的式样、营业人员的服饰等构成的具有独特风格的整体营业形象。直播间是网络直播营销活动的经营场所，倘若未获得适当授权，使用其他主播的标志性话语、直播间场景设置、直播间标题、中控词、直播中展示的物料或者商品的包装等信息，容易使人们产生"误读"，认为其与其他商家或商品存在某种特定联系，此种行为极有可能属于反不正当竞争领域的混淆行为，需要向被侵权的直播间进行赔偿。经营者通过"短视频＋直播"的复合型推广方式形成的具有一定特色的产品宣传内容，能够聚集用户流量和流量变现的获益，可以为经营者带来经济利益与竞争优势，该种商业利益应当属于受《反不正当竞争法》保护的法益。经营者在进行推广宣传时需恪守模仿自由的边界，如全面模仿他人的设计理念和编排创意，省却自身劳动、不正当地利用他人的劳动成果，超出了合理范围和必要限度，会造成淡化他人宣传特色、模糊双方产品区分的效果，违反了诚实信用原则，扰乱了正常的市场竞争秩序，构成不正当竞争。

构成直播间装潢混淆主要体现为通过模仿知名直播间特有的视觉设计、布局风格、动态元素等整体形象，使消费者误认为该直播间与知名主播或品牌存在特定联系，从而构成不正当竞争。直播间"装潢混淆"的典型表现形式包括以下几个方面：(1) 整体视觉设计模仿。在背景与道具方面，复制知名直播间的标志性背景，如东方甄选标志性的"黑板报＋书架"风格；道具摆放，如特定吉祥物、品牌 logo 墙。在色彩搭配与字体设计方面，使用与头部直播间高度一致的配色方案，

---

[①] 参见上海市嘉定区市场监督管理局行政处罚决定书，沪市监嘉处〔2023〕142023006850 号。

如李佳琦直播间的"红金"主色调，或某些知名主播直播间的专属字体或标语等。（2）动态元素仿冒。模仿知名主播直播间专属的进场特效、弹幕样式，如薇娅直播间的"紫色流星雨"特效；复制商品上架节奏、互动话术，如"3、2、1，上链接！"或福利发放规则，如"点赞破百万抽奖"。（3）主播形象与行为模仿。在服装与妆容方面刻意模仿知名主播的标志性穿搭，如董宇辉的"衬衫+眼镜"形象；在动作与表情方面，复刻特定手势、表情管理或语气风格。（4）商品展示方式混淆。具体表现为抄袭商品摆放逻辑，如小杨哥直播间的"暴力测试"场景；在商品包装或直播间画面中添加与知名品牌近似的图标、水印，如"××自营"标志仿冒"京东自营"。

（二）商品标识混淆

1. 用商品卖点实施混淆

在设计卖点时，不少主播会将自家商品与知名产品进行关联，如果没有将产品的相关信息与知名商品信息进行显著区分，则容易造成消费者误解，并认为与特定商品有特种联系。在上海大蔡说电子商务有限公司涉嫌销售侵犯注册商标专用权的商品以及实施引人误认为是他人商品或者与他人存在特定联系的混淆行为案[①]中，当事人销售护颈枕时在其线上超市销售页面使用"希尔顿"字样对外宣传，且品牌标注为"希尔顿（HEALTON）"，其宣传易与公众熟知的品牌"希尔顿（HILTON）"造成混淆误认，执法机关认为，"希尔顿"品牌经长期宣传使用已经在消费者中具有一定的知名度。当事人在未取得"HILTON"商标权利人的授权，双方也无合作关系的情况下，在其线上超市的宣传页面完整引用了中文"希尔顿"字样，并使用了与"HILTON"相近的英文拼写"HEALTON"作为品牌对外宣传，这容易使得消费者误认为其二者为同一市场主体或存在特定联系，进而造成消费者的混淆误认。

2. 用商品链接实施混淆

在上海栎贤贸易有限公司涉嫌不正当竞争案[②]中，当事人在标题为"lipton立顿绿茶独立包装80包商用袋泡茶立顿红茶官方旗舰店正品（商品

---

[①] 参见上海市黄浦区市场监督管理局行政处罚决定书，沪市监黄处〔2024〕012024000769号。
[②] 参见上海市青浦区市场监督管理局行政处罚决定书，沪市监青处〔2024〕292024002381号。

ID522089835231)"的商品销售链接下,增加"T5独立包装绿茶2g×100包"规格,消费者在该销售链接下选择该规格商品后,产品介绍信息仍为立顿绿茶,但当事人实际售卖给消费者的"T5独立包装绿茶2g×100包"系由苏州玖柒伍茶业有限公司品牌授权、苏州绿燕茶业有限公司生产,与立顿品牌茶系不同的品牌。执法机关认为,当事人的行为构成《反不正当竞争法》第6条第4项所指的其他足以引人误认为是他人商品或者与他人存在特定联系的混淆行为。该案中,经营者在使用立顿红茶进行推广时,将与立顿品牌茶系不同的品牌放在一起销售,显然具有"傍名牌"的主观故意,属于典型的商业混淆。此类混淆方式在电子商务经营中并不少见,随着竞争对手、职业举报人乃至执法机关的关注,此类问题将成为监管的重要内容。

(三)推广方式混淆

1. 关键词混淆

竞价排名是一种有效的互联网商业推广模式。擅自将他人的企业名称作为竞价排名关键词,利用他人的知名度和商誉,使公众产生混淆误认,达到宣传推广自己的目的,属于不正当竞争行为。《网络反不正当竞争暂行规定》指出,设置不当的搜索关键词也属于实施混淆行为的一种方式。直播关键词检索是了解并跳转直播间的重要方式,一些主流的直播平台都能够通过填写直播间描述之类的途径来设置直播间的关键词。倘若这类关键词属于受《反不正当竞争法》保护的商业标识,则上述行为同样属于混淆行为。

在天津中国青年旅行社诉天津国青国际旅行社有限公司擅自使用他人企业名称纠纷案[1]中,天津中国青年旅行社于1986年开始经营境内外旅游业务;天津国青国际旅行社有限公司成立于2010年7月6日,从事国内旅游及入境旅游接待等业务的有限责任公司。2010年年底,天津中国青年旅行社发现通过某搜索引擎分别搜索"天津中国青年旅行社"或"天津青旅",在搜索结果的第一名并标注赞助商链接的位置,分别显示"天津中国青年旅行社网上营业厅www.lechuyou.com 天津国青网上在线营业厅,是您理想选择出行提供优质、贴心、舒心的服务"或"天津青旅网上营业厅www.lechuyou.com 天津国青网上在线营业厅,是您理

---

[1] 参见天津市高级人民法院民事判决书,(2012)津高民三终字第3号。

想选择出行提供优质、贴心、舒心的服务",点击链接后进入网页是标称天津国青国际旅行社乐出游网的网站,网页顶端出现"天津国青国际旅行社—青年旅行社青旅/天津国旅/三源电力/金龙旅行社/大亚旅行社—最新报价"字样,网页内容为天津国青国际旅行社有限公司旅游业务信息及报价,标称网站版权所有：乐出游网—天津国青/北京捷达假期；并标明了天津国青国际旅行社有限公司的联系电话和经营地址。同时,天津中国青年旅行社通过另一搜索引擎搜索"天津青旅",在搜索结果的第一名并标注推广链接的位置,显示"欢迎光临天津青旅重合同守信誉单位,汇集国内出境经典旅游线路,100%出团,天津青旅×××-×××-××××",点击链接后进入网页仍然是上述标称天津国青国际旅行社乐出游网的网站。

法院认为,天津中国青年旅行社的企业名称及"天津青旅"的企业简称经过多年的经营、使用和宣传,已享有较高知名度。"天津青旅"作为企业简称,已与天津中国青年旅行社之间建立起稳定的关联关系,具有识别经营主体的商业标识意义。对于具有一定市场知名度,并为相关公众所熟知,已实际具有商号作用的企业名称的简称,可以根据《反不正当竞争法》(1993年)第5条第3项[1]的规定,依法予以保护。将"天津青旅"视为企业名称与"天津中国青年旅行社"共同加以保护。未经天津中国青年旅行社的许可,涉诉网站及其推广链接与赞助商链接中擅自使用"天津中国青年旅行社"及"天津青旅",足以使相关公众在网络搜索、查询中产生混淆误认,损害了天津中国青年旅行社的合法权益,该擅自使用行为构成不正当竞争行为,应予制止,并承担相应的民事责任。

2. 与知名主体形成混淆

直播间经营者需确保名称、视觉设计、宣传内容具有原创性或合法授权,避免"搭便车"行为的同时,也需要避免与知名主体构成虚假关联宣传,主要表现为暗示与知名主体存在合作,如标注"××品牌官方授权""××主播同款",实际并无授权、并非同款；或剪辑拼接知名主播的直播片段进行引流,虚构推荐关系。例如,在重庆泳宏公司与上海寻梦公司不正当竞争纠纷案[2]中,法院认为,上海寻梦

---

[1] 相关规定参见2019年修正的《反不正当竞争法》第6条第2项。
[2] 参见重庆市第一中级人民法院民事判决书,(2021)渝01民终923号。

公司与重庆泳宏公司系网络直播平台与入驻直播机构的关系,两者虽不具备直接竞争关系,但重庆泳宏公司的行为仍构成不正当竞争。竞争关系并非不正当竞争行为构成要件,《反不正当竞争法》维护具有直接竞争关系的经营者之间的正当竞争,也维护整个市场的竞争秩序。市场经济环境鼓励公平自由的市场竞争,信息网络环境鼓励合法正当地创新商业模式,但不合理地借用他人的竞争优势为自己谋取利益,对他人正当经营模式产生干扰,导致消费者产生误解或混淆的行为均应予以规制。本案中,重庆泳宏公司作为上海寻梦公司的平台入驻主体,应当依据双方签订的《拼多多直播机构服务协议》的规定,规范使用上海寻梦公司提供的拼多多直播机构后台服务。在明知其未获得上海寻梦公司授权的情况下,与不特定人进行商业洽谈、招揽业务时,多次强调其与拼多多具有"官方合作""官方授权"等关系,在一定程度上对拼多多直播平台的正当经营模式产生干扰,易使他人误认为其与拼多多存在特定联系,对上海寻梦公司自身的商业机会、独占竞争优势造成了一定程度的损害,属于不合理地借用他人的竞争优势为自己谋取利益,导致消费者产生误解或混淆的行为,违反了《反不正当竞争法》第6条之规定,构成不正当竞争行为。

## 第三节　网络直播营销不正当竞争之商业诋毁

在网络直播营销时代,各大直播间竞争越发激烈,"营销手段"层出不穷。一些主播为了争夺流量、获取竞争优势,通过拉踩贬低对家产品的方式,对自己直播带货的品牌进行宣传进而构成商业诋毁的现象并不少见。虽然经营者之间适当进行商业评价,将自身商品与其他商品进行比较有利于消费者对商品进行比较挑选,但比较评价应以客观、全面、准确为基础。直播带货进行比价销售时不披露或不完整披露、有选择地片面披露相关信息,容易损害相关经营者的商业信誉或商品信誉,并由此获取不当竞争优势,构成商业诋毁。

**一、商业诋毁的概述**

《反不正当竞争法》第11条规定,经营者不得编造、传播虚假信息或者误导性信息，损害竞争对手的商业信誉、商品声誉。因此，商业诋毁是指经营者自己或利用他人，通过捏造、散布虚伪事实等不正当手段，对竞争对手的商业信誉、商品声誉进行恶意的诋毁、贬低，以削弱其市场竞争能力，为自己谋取不正当利益的行为。商业诋毁的侵权认定通常需要考虑四个要件：实施主体须为经营者；实施对象须为竞争对手或其他经营者；实施行为为编造、传播；行为客体应当为虚假信息或者误导性信息。

《网络反不正当竞争暂行规定》对商业诋毁的定义与范围进行了细化规定，将"可能损害竞争对手的商业信誉、商品声誉的行为"也纳入了反不正当竞争法体系的规制范围，这一规定在某种程度上将降低维权一方对于"特定损害"的证明标准。当行为人实施了编造，传播虚假性信息或误导性信息的行为，根据已有证据材料，只要推定足以对竞争者的商业信誉、商品声誉造成损害，就应该认定"损害后果"存在。同时，将"利用他人"或"组织、指示他人"通过网络散布虚假或者误导性信息的行为明确为不正当竞争行为。在《反不正当竞争法》第 11 条的基础上，《网络反不正当竞争暂行规定》结合互联网场景，具体列举了有关恶意评价，散布虚假或者误导性信息，传播含有虚假或者误导性信息的风险提示、告客户书、警告函或者举报信三种具体行为类型，并设置了兜底条款。增设了禁止共同实施商业诋毁的规定，要求"客户端、小程序、公众号运营者以及提供跟帖评论服务的组织或者个人"不得故意与经营者共同实施。

## 二、商业诋毁的特点

相较于传统商业模式，在网络直播带货领域实施商业诋毁的主体范围显著扩大，主要体现为参与主体的多元性、行为隐蔽性及传播快速性：(1) 主体范围广。传统商业诋毁主体仅限定为经营者，诋毁行为多通过官方声明、广告对比等正式渠道实施，责任主体相对明确。直播带货领域主体扩展，包括主播及团队在直播中直接贬低竞品，如宣称"某品牌产品是智商税"，或通过"测评"暗示竞品存在质量问题；MCN 机构通过策划诋毁竞品的脚本，组织"水军"刷负面评论或恶意举报；普通消费者或职业"黑粉"通过弹幕、评论区散布不实信息；合作品牌方授意主播在带货时拉踩其他品牌；等等。此外，平台在此过程中虽非主动行为，但算法推荐可能放大诋毁内容的传播范围，如推送诋毁竞品的直播间。(2) 传性快。由于网络平台具有即时性与裂变传播特点,诋毁言论通过直播间实时互动、短视频切片、社交媒体转发迅速扩散,损害后果不可控。(3)技术性强。在新型网络不正当竞争行为中,有很大一部分是经营者利用数据、算法等技术手段,通过影响用户选择或其他方式,实施流量劫持、干扰、恶意不兼容等行为,妨碍、破坏其他经营者合法提供的网络产品或者服务正常运行的行为。如使用虚拟账号、变声器、剪辑拼接视频等手段隐藏真实身份等匿名技术手段,导致追责难度加大。

### 三、网络直播商业诋毁的表现

(一)恶意评价

经营者不得利用网络组织、指使他人对竞争对手的商品进行恶意评价。经营者可以对他人的产品、服务或者其他经营活动进行评论甚至批评,然而,这种评论或者批评必须做到客观、真实、公允且中立,不得误导公众以及损害他人的商誉。如果经营者发表评论时有损害竞争对手商誉的故意,评论内容与客观事实严重不符,缺乏可靠证据支持,使用侮辱性、诽谤性、攻击性的语言,就有可能构成商业诋毁。具体可表现为3种情形,下文结合案例予以说明。

1.没有事实依据给予竞争对手的商品恶意评价,对他人的商品信誉造成贬损

直播带货中无事实依据贬损竞品的行为构成不正当竞争,情节严重的可能面临高额罚款与民事索赔。无事实依据贬损竞争对手商品的典型行为包括:(1)直接贬损性陈述。如宣称竞品"质量不合格""使用后长痘"等,却无法提供检测报告或客观公正的证据作为支撑。(2)虚假对比测评。通过篡改实验数据、选择性展示结果,虚构或放大竞品缺点,误导消费者。(3)暗示性诋毁。以"据粉丝反馈用了过敏""听说某品牌被投诉很多"等模糊表述传播不实信息,或者通过表情、语气、腔调暗示竞品不可靠,如摇头叹息,说"这个牌子你们自己考虑吧"。(4)组织水军刷差评。雇佣账号在竞品直播间刷负面弹幕、恶意举报商品链接。在社交媒体发起"避雷××品牌"话题,虚构用户差评。(5)断章取义剪辑。截取竞品主播口误、直播事故片段循环播放,制造质量负面联想。因此,对竞品进行评价必须慎重,就事实内容进行严格核查,尤其是对竞品进行负面评价时需以权威检测报告、客观数据为依据。

例如，在北京乐某悠品食品科技有限公司不正当竞争案[①]中，当事人在其天猫旗舰店中主要销售奶制品，在产品销售页面中配有产品宣传视频。在涉案宣传视频中，当事人将竞品描述为含有"大量的添加剂"，并称"吃多了会影响孩子的身体发育"，暗示购买竞品等类似奶酪棒是错误的选择，选择其销售的同类产品才能"不踩坑"。当事人的上述宣传内容没有充足的事实依据，极易造成误解，且具有明确的攻击性，侵害的客体是竞争对手的商品声誉。执法机关认为当事人违反《反不正当竞争法》的规定，构成损害竞争对手商业信誉、商品声誉的行为，并作出处罚10万元的行政处罚决定。

在某汽车销售不正当竞争案[②]中，当事人在其官方抖音账号宣传自家某品牌汽车时，视频中有如下内容："和竞争者腾势×相比，它具有更高的性价比和更安全的技术保障""×仅在2022年一年自燃事件就高达×例"，同时视频画面中出现权利人产品"腾势×"车型的图片。当事人承认，视频中"×仅在2022年一年自燃事件就高达×例"的来源是从网络收集到的权利人母公司旗下各个车型2022年自燃事件的相关报道的数量，其中没有"腾势×"车型的自燃事件，当事人也无法证实上述自燃事件的真实性，视频中"和竞争者腾势×相比，它具有更高的性价比和更安全的技术保障"是当事人总公司根据车型的性能指标和所获奖项做出的主观判断，无相关证明材料。执法机关认为当事人违反《反不正当竞争法》的规定，构成损害竞争对手商业信誉、商品声誉的行为，并作出处罚10万元的行政处罚决定。

2. 没有事实依据给予竞争对手恶意评价，对他人的商业信誉造成贬损

商业信誉通常指企业的整体形象、信用、经营能力等，而商品信誉则更侧重于具体产品的质量和性能。在网络直播带货中，无事实依据贬损竞争对手企业主体信誉的典型行为包括：(1)虚构企业经营问题。散布"公司资金链断裂""即将破产"等不实言论，或伪造财务报表截图误导公众。如主播声称竞品公司老板卷款跑路，但无任何司法或官方信息佐证。(2)捏造企业负面事件。如在直播中暗示某企业高管"被监管部门约谈"，实际无相关通报。(3)诋毁企业合规性。如展示

---

[①] 参见北京市朝阳区市场监督管理局行政处罚决定书，京朝市监处罚〔2022〕237号。
[②] 参见深圳市市场监督管理局行政处罚决定书，深市监处罚〔2023〕稽192号。

变造、伪造的税务处罚通知书,宣称竞品公司被重罚。

例如,在佛山市网某居信息科技有限公司涉嫌进行商业诋毁的不正当竞争案①中,当事人是从事家具网络销售的企业,为推广自身业务,其网络媒体以及自营微信公众号上发布有标题为"任人宰割的乐某家具消费者"的宣传内容。对乐某家具城作"鱼龙混杂""饱含水分""没有监管的市场""没有底线的价值"等贬低性的宣传;乐某家具城是其竞争对手,以上内容由当事人的员工自行编辑,并在相关网络媒介予以传播。执法部门认定该行为构成商业诋毁,并给予相应处罚。

3.没有事实依据发布误导性信息,对他人的商业信誉造成贬损

编造、传播虚假信息,对其他同类产品进行贬损,损害了该类商品的商品声誉以及生产该类产品的竞争对手的声誉,属于商业诋毁行为。在德玛仕公司、康宝公司不正当竞争纠纷案②中,法院认为,德玛仕公司以《铝对人体的危害、铝的来源及测定方法研究进展》《铝的过量摄入对人体影响分析研究》两篇文章的内容证明其描述具有科学依据。文章中介绍了铝的正常摄入量标准为 7 毫克/千克,铝制炊具在使用中的溶出量,并指出铝可在人体内蓄积并产生慢性毒性,对神经系统、免疫系统、消化系统等产生毒害作用。但对铝内胆消毒碗柜在使用中是否挥发铝离子、是否能达到铝溶出的温度、是否随着温度升高而导致溶出量增加,使用铝内胆消毒柜是否会导致人体摄入铝等,文章并未涉及。德玛仕公司不准确、不全面地归纳文章观点为"铝高温容易挥发铝离子容易让人衰老造成智力缺陷",属于传播误导性信息的行为。商业诋毁行为需产生商誉被贬损的后果,所针对的主体应当有特定的指向对象,即相关公众能够根据接收到的信息分辨出诋毁者指称的具体对象,并能够对受害人产生清晰的印象记忆。本案中,虽然"压花铝板淘汰款铝高温容易挥发铝离子容易让人衰老造成智力缺陷"的描述中未直接提及康宝公司,但描述中"压花铝板淘汰款"可让相关消费者分辨出指称的产品是铝内胆消毒碗柜,指向了包括康宝公司在内的使用铝内胆的消毒碗柜生产企业,对该类企业及其相关产品的市场认可度产生负面影响,损害了包括康宝公司在内的企业的商业信誉和商品声誉,故德玛仕公司的行为构成商业诋毁的不正当竞争行为。

---

① 参见佛山市顺德区市场监督管理局行政处罚决定书,顺市监一队罚字〔2019〕222号。
② 参见广东省佛山市中级人民法院民事判决书,(2020)粤06民终12302号。

## （二）维权失当

在经营者与竞争对手存在侵权诉讼时，经常会出现向消费者、竞争对手的客户发送律师函、侵权警告函或者发表声明的情况，不当地发送维权函件很可能构成商业诋毁。维权函件不当构成商业诋毁的具体表现主要包括：(1)对于尚未有定论的司法案件，在维权函件中明确声称竞争对手肯定侵权。例如，在案件还在审理过程中时，就断言"对方毫无疑问侵犯了我方的专利/商标权"。(2)夸大侵权事实，过度渲染竞争对手侵权的范围、程度或后果。例如，明明只是涉嫌部分产品侵权，却声称对方所有产品都存在侵权行为。(3)超出合理范围的传播，将维权函件发送给与案件无关的广泛受众，远远超出了合理通知的必要范围，对竞争对手的声誉造成不必要的损害。(4)选择性披露信息，只披露对竞争对手不利的部分信息，而隐瞒对其有利的关键信息，从而造成片面的不良印象。

## （三）不当对比营销

将营销商品和竞品在直播带货中进行现场演示也是一种常见的对比手段，相关内容需要注意做到全面、客观且充分。要是仅进行片面的对比、使用不公正的对比方法导致结果失之偏颇，都可能构成商业诋毁。如只挑选对自己有利而对竞争对手不利的指标进行对比，忽略其他重要的综合因素，或是在对比方法的设定上测试条件对一方有利而对另一方不利。

### 1. 对产品价格等销售信息进行不当对比

经营者在广告中不得发布虚假或者误导性信息，以损害竞争对手商誉的方式提高自己的竞争力。在杭州泛某品牌管理有限公司商业诋毁案[①]中，由当事人负责提供直播运营全托管服务及推广策划服务时，主播在推广自家产品时，称价格为288元一盒，同时，在直播过程中，直播间工作人员出示了一块展板，显示为天猫店铺某旗舰店销售同款产品的页面截图，显示售价为368元。经查明，天猫某旗舰店铺中该产品有多个销售链接，共存在两种价格，分别为折后318元和直播券后288元。执法部门认为，当事人利用直播间发布引人误解的虚假价格比对信息，使消费者认为抖音店铺的涉案商品远比天猫店铺同款商品的价格低，损害了具有竞争关系的天猫店铺和天猫平台的商业信誉、商品声誉，构成商业诋毁。

---

① 参见杭州市市场监督管理局行政处罚决定书，杭市监处罚〔2024〕12号。

## 2. 对产品的性能信息进行不当对比

经营者在进行产品比对时,应当施以更多的审慎注意义务,对相关事实作全面、客观的介绍,并采取适当措施避免使相关公众产生歧义或者误认,对比时应当有严谨的证据支持,进而确定产品的性能等。在某空调公司不正当竞争案[①]中,法院认为,被告公司在对产品进行片面对比时,不能证明其评价标准符合同行业判断空调产品性能的判断依据,仅基于现场测试数据对无风感空调作出了"空调白开了,连个风扇都不如"等负面评价,已经超出相关经营者在进行商业评价中正当评述的范围,客观上向相关公众传达了无风感空调制冷效果差等误导性信息,进而贬低了无风感空调产品的生产企业在相关消费群体心中的形象,使得无风感空调这类商品的声誉遭受负面影响和评价。被告公司所作的片面对比中虽未明确提及原告,但被告公司在进行对比时明确其所比对产品为市面上的无风感空调,而原告作为生产无风感空调的企业之一,相关公众已经可以通过无风感空调将相关评价内容与原告建立联系。因此被告公司在其产品直播活动中进行片面对比评价的行为,主观上具有削弱竞争对手无风感空调产品的市场竞争力,谋求抬高其柔风空调产品性能或质量等,影响相关公众评价选择而获取更多市场竞争优势之目的,客观上亦贬损了包括原告在内的企业生产的无风感空调的商品声誉,其行为应认定为商业诋毁的不正当竞争行为。

## 3. 用竞品进行虚假对比

虚假对比竞品本质是通过信息操纵误导消费者,在网络直播带货中,利用竞品进行虚假对比的常见做法包括:(1)不公正实验设计,对自家产品与竞品使用不同测试标准进行差异化测试,人为制造竞品劣势。(2)篡改伪造检测数据或报告,对参数进行误导性、不公正性对比,转移消费者关注点。(3)选择性信息展示,片面放大竞品缺点,如仅提及竞品的负面用户评价,忽略整体好评率。(4)未经商标或包装使用授权,在直播间摆放竞品实物,并进行不恰当的评价或展示。例如,在义乌市某森电子商务有限公司商业诋毁案[②]中,当事人为了增加销量将含有老款产品与升级版产品对比内容的链接上传至其天猫网店所售商品名为"隐形防走光

---

① 参见广东省佛山市禅城区人民法院民事判决书,(2020)粤 0604 民初 11072 号。
② 参见义乌市市场监督管理局行政处罚决定书,义市监管罚字〔2019〕10167 号。

贴衣条衬衫裙子肩带双面胶领带无痕内衣V领口固定防滑"的销售界面进行宣传。但是当事人从未销售过所谓的"老款"产品，该"老款"产品实际是其竞争对手销售的一款产品。执法部门认为，当事人编造、传播虚假信息或者误导性信息，损害竞争对手的商业信誉、商品声誉的行为，构成商业诋毁。

**四、合规建议**

网络直播带货作为一种新兴的商品营销模式，获得了巨大的市场影响力，吸引着数量越发庞大的经营者与消费者参与进来。然而，在直播带货的过程中，主播的言行必须受到严格规范，谨言慎行，遵守《广告法》《反不正当竞争法》等相关法律的规定。不能对自己所销售的商品进行不实描述和虚假宣传，也不能采取不正当的比较、恶意攻击等方式对竞争产品进行诋毁来获取不正当的竞争优势，否则将有可能构成商业诋毁，并因此需要承担相应的法律责任。

首先，在涉及知识产权纠纷时，发送律师函或警告函应谨慎行事。要将律师函的发送对象限制在双方之间，尽量避免扩大范围；律师函的内容最好找专业人士进行评估，以防陷入新的纠纷；切不可借助律师函或警告函来造势，从而达到误导公众的目的。

其次，管理好发布渠道。在企业的官方网站，官方认证的社交账号、新媒体账号，电视节目、直播、广告海报，甚至是员工的微信朋友圈等发布有关竞争对手的内容时，都需要格外留意，规避相应风险。

再次，评价要谨慎。发布新闻、点评、评论应当客观、真实，要有一定的事实依据，不能对客观事实进行歪曲、过度解读，以免误导公众。在进行商品对比时，要秉持客观的态度。避免在没有客观依据的情况下恶意给予竞品主观的负面评价，否则极易被认定为商业诋毁行为，进而受到行政处罚。在开展对比式营销时，要保证所对比的内容真实且不具有误导性。这不仅要求直播带货时涉及竞品的内容被主播等相关参与方确认为真实，还要求这些内容有第三方客观、科学的证据支持。直播中的产品现场演示也是一种常见的对比方式。但如果现场演示不能确保对比对象、环境、数据的客观性和全面性，同时评价标准又不够严谨或者不符合国家、行业标准，那么就很有可能被认定为属于商业诋毁。例如，某空调公司在直播过程中将自家空调与竞品空调进行对比演示，对比演示全程由该空调公司操控，对所挑选的产品、环境未做详细说明，并且在所对比的两款产品尚无国家或行业标准的情况下，对性能的评价未经过严谨的技术分析和论证，最终被法院判定为属于不正当竞争。[①] 此外，在直播带货中按照客观或科学依据评价竞品时，也必须进行符合相关国家标准的正确解读，不能随意引申或曲解。

最后，在网络社交平台发言要谨慎，尽量陈述客观事实，不要依据主观判断发言，不要指示他人制造舆情危机，在涉及竞争对手或其他经营者的发言信息时，尽量提前进行风险评估。"扫射"式地对比或贬低所有或某一类竞品也是不可行的，同样属于商业诋毁的一种。

## 第四节　网络直播侵害商业秘密风险及防范

随着互联网的快速发展，网络不正当竞争行为日益增多，表现出高技术、高隐蔽和高危害的特点，给市场秩序和消费者利益带来了严重威胁。其中侵害商业秘密纠纷案件呈快速增长态势。商业秘密是《民法典》规定的重要的知识产权类型。商业秘密之所以为秘密，正是因为其不仅凝聚了企业大量的心血，耗费了大量人力、物力和财力成本方形成，而且可能是企业在行业内占有优势地位的核心原因。但与专利权、著作权、商标权不同的是，商业秘密通常不具有清晰的权利外观，在侵权判定之前首先要确定商业秘密的具体内容以及相应的权利主体，因此，商业秘密纠纷案件事实的查明相对较为困难。而在互联网时代，商业秘密侵权纠纷的处理更加复杂。一方面，商业秘密的外延范围扩大，区别于传统经营信息和技术信息的其他类型信息也可能被认定为商业秘密；另一方面，随着互联网通信技术的发达，商业秘密泄露面临更大的挑战，网络直播过程中商业秘密泄露成为值得重点关注的问题。目前大部分企业对商业秘密保护重要性的认识不够，或虽认识到重要性，但面对互联网技术的发展，在商业秘密保护工作上总有力不从心之处，实质上对商业秘密缺乏系统有效的保护，而被侵犯商业秘密之后，其维权又存在一定困难。

---

① 参见广东省佛山市禅城区人民法院民事判决书，(2020) 粤 0604 民初 11072 号。

为了有效应对这些问题，2019年《反不正当竞争法》修订，调整了商业秘密的范围，结合互联网背景下市场主体经营需要，将商业秘密的内涵进行扩展，不再限于传统经营信息和技术信息，目前司法实践中已有将网络直播中获得的用户信息等数据确定为商业秘密的实践判例。2021年9月，《知识产权强国建设纲要（2021—2035年）》指出要"制定修改强化商业秘密保护方面的法律法规，完善规制知识产权滥用行为的法律制度以及与知识产权相关的反垄断、反不正当竞争等领域立法"。2022年，《反不正当竞争法（修订草案征求意见稿）》第10条第5款专门强调："国家推动建立健全商业秘密自我保护、行政保护、司法保护一体的商业秘密保护体系。"互联网时代下，商业秘密的保护需要多方合力，以营造良好的市场竞争环境。目前，商业秘密保护立法越来越系统完善，市场执法部门也积极开展打击侵害商业秘密等不正当竞争行为专项活动。对于网络直播活动主体来说，也应当加强自我保护，建立与网络经营服务等活动相适应的商业秘密保护制度，避免陷入商业秘密侵权纠纷。

**一、网络直播侵害商业秘密的表现**

根据2017年《反不正当竞争法》第9条第4款的规定：商业秘密是指不为公众所知悉，具有商业价值并经权利人采取相应保密措施的技术信息和经营信息等。随着社会的发展，商业秘密不再局限于技术信息和经营信息，2019年《反不正当竞争法》修改，在"技术信息、经营信息"的基础上补充了"等商业信息"，这意味着只要符合商业秘密构成要件的，都可以被认定为商业秘密。结合最高人民法院《关于审理侵犯商业秘密民事案件适用法律若干问题的规定》第1条的规定可知，商业秘密包括但不限于生产配方、工艺流程、设计图纸、管理方法、客户名单、采购渠道、营销策略等。

网络直播中侵害商业秘密的表现形式主要包括以下4种：(1)泄露企业内部机密信息。在网络直播过程中，主播或相关人员可能无意或故意泄露企业的商业秘密，如展示生产流程、介绍尚未发布的产品细节、透露企业的市场战略等。(2)盗播技术培训内容。一些企业会通过内部培训提升员工的技术和管理能力。如果这些培训内容被主播录制并公开直播，将直接侵犯企业的技术秘密和培训成果。(3)非法获取并传播竞争对手的商业秘密。一些不法分子通过非法手段获取竞争对手的商业秘密,并通过网络直播进行公开传播。这不仅侵害了商业秘密所有者的合法权益,也扰乱了市场竞争秩序。(4)直播中展示侵权产品。通过网络直播销售或展示仿冒品或侵权产品,不仅侵犯了商标权或者专利权等知识产权,还可能涉及商业秘密的侵权,如展示仿冒的高科技产品及其核心技术等。

在嗨狗公司与汪某侵害商业秘密纠纷案[①]中,当事人嗨狗公司旗下经营了两款直播平台,平台主播获得用户打赏礼物兑换现金后按照约定比例向公司分成收益。公司在打赏环节设置中奖程序,将特定比例的打赏金额归入奖池,在一定礼物赠送周期内,根据后台配置,由程序算法随机生成中奖礼物个数索引,用户有机会从奖池中获得其所打赏礼物价款的一定倍数返还金额作为中奖奖励。汪某系嗨狗公司前运营总监,双方签订有保密协议。汪某在职期间,利用自身账号权限登录查看、分析后台数据,掌握中奖率高的时间点,通过关联多账号进行刷奖,获得平台高额奖金;汪某离职以后入职相同行业的另一平台公司,在自身账号已被注销的情形下,仍通过获取嗨狗公司员工胡某账号的方式,继续登录嗨狗公司后台进行刷奖,汪某持续一年多时间多次登录实施被诉行为,通过数十名主播提现,并以此获利200余万元。嗨狗公司诉称,汪某的上述行为侵犯商业秘密。

法院经审理认为,嗨狗公司直播打赏数据须在后台登录相应权限账号方得查看,且嗨狗公司对相关权限采取签订保密协议等一系列措施进行保护,这些数据具有还原打赏场景、归纳中奖规律的现实价值,符合商业秘密的秘密性、保密性和价值性特点,构成《反不正当竞争法》意义上的商业秘密。汪某曾为嗨狗公司员工,利用自己在职期间所掌握的嗨狗公司的商业秘密信息实施侵权行为,主观过错明显,且被诉行为持续时间较长,客观危害后果严重,判决汪某赔偿嗨狗公司经济损失300万元。汪某不服,提起上诉,二审法院维持了原判。

通过上述案例可知,商业秘密侵权案件中,商业秘密的认定是第一步也是最关键的一步。数据时代,商业秘密不再局限于传统的技术信息和经营信息,数据也已成为重要的生产要素和企业争夺的核心资源。相关数据能否被认定为商业秘密是数据保护的关键。上述案件的判决从商业秘密的三性出发,结合具体案件事实,分析认定直播打赏数据符合商业秘密构成要件中的秘密性、保密性、价值性,

---

① 参见杭州铁路运输法院民事判决书,(2021)浙8601民初609号。

认定直播打赏等后台用户行为数据属于商业秘密,明确了涉及企业经营相关数据的权益基础和价值内涵,为通过商业秘密的认定对相关数据进行保护提供了路径支持。同时,上述案件还适用惩罚性赔偿条款,有力地保护了商业数据权益,以促进直播行业生态规范,彰显了司法保护数据类商业秘密的决心和力度。

## 二、网络直播侵害商业秘密风险防范

### (一)签订保密协议

实践中,大部分商业秘密泄露都是由企业内部员工造成的,正如上述提到的网络直播中商业秘密侵权的几类主要表现形式中,员工在职或者离职后,因缺乏必要的法律知识无意或者出于谋求非法利益目的,均可能泄露商业秘密。除了企业内部员工,商业秘密权利主体与外部相关合作伙伴沟通交流过程中也可能泄露商业秘密。因此,与可能接触到商业秘密的主体签订保密协议是防止商业秘密泄露侵权的重要手段。

首先,商业秘密权利主体应当与内部员工签订保密协议。保密协议对于接触核心商业秘密的内部管理人员来说尤为重要,尤其是接触商业秘密的相关高级管理人员和技术人员。因此,商业秘密权利主体应当加强对接触商业秘密人员的管理:(1)进行必要的入职前调查。通过对员工入职前经历进行背景调查,查询是否存在竞业限制义务,是否有过泄露商业秘密的前科,综合判断员工是否能够从事有关涉密工作。(2)工作过程中的保密义务。在员工通过背景调查后,应当根据后续工作内容可能涉及的商业秘密信息,对入职员工实行分级分类管理,并且在入职时签订保密协议,明确保守所接触到的商业秘密的义务、正确使用商业秘密的义务、妥善保管和使用涉密文件资料的义务、保密的期限,以及违反协议的法律责任等事项。或者在用人合同中单独列明上述相应的保密义务以及违反相关保密义务的侵权责任等事项。对于在后续工作内容变更后接触到商业秘密的员工,可以采取补充签订保密协议的方式明确保密义务。(3)离职后的竞业限制与保密义务。在员工离职时,建议由专人与离职员工做好工作对接,做好相关记录,确定离职员工不再持有涉商业秘密的相关资料。同时建议以书面方式与离职员工明确竞业限制的行业范围、区域、时间以及相关补偿约定、违约责任约定。明确强调离职员工的保密义务,要求员工出具知晓并承担相应保密义务的承诺函。

其次，商业秘密权利主体应当与外部相关合作伙伴签订保密协议。在商业活动中，能够接触到商业秘密的主体并不局限于内部员工，外部相关合作伙伴在合作过程中也可能接触到商业秘密。若未签订保密协议，外部相关人员在掌握了商业秘密的情况下并不需要承担保密义务，后续的责任追究存在较大的举证困难。因此，在商业交往过程中，当外部人员有可能接触本单位的商业秘密时，与其订立保密协议显得尤为重要。为了避免商业秘密遭外部主体泄露，并由此产生侵权纠纷，建议商业秘密权利主体应当做好以下工作：(1)慎重选择合作伙伴。在与他人合作前，综合考量合作伙伴的诚信状况、经济情况以及过往是否存在商业秘密侵权纠纷。相应信息可通过企查查等网站进行查询，做好背景调查工作。(2)洽谈确定保密条款。在合作伙伴确定后，商业秘密权利主体将涉商业秘密的产品或者信息提供给外部相关合作伙伴时，应当明确约定保密义务，不得采取"主动泄露""反向破解"等方式侵害商业秘密。同时也可以约定保密条款的独立效力，确保保密责任的承担落实。

(二)建立保护制度

商业秘密保护制度的建立有利于系统地开展商业秘密保护工作，实现商业秘密保护的最大效能。一方面，商业秘密权利主体可以根据需要成立商业秘密管理部门。商业秘密与企业的经营管理密切相关，且对技术性和发展阶段有一定的要求。如何确定商业秘密的内容和范围，应由企业经营管理部门根据生产经营的实际情况决定。技术秘密宜由技术部门负责决定，经营秘密宜由企业管理层和相应的部门负责决定，并由上述部门的特定人员组建一个专门的商业秘密管理部门，对企业的商业秘密进行及时调整和动态管理。企业商业秘密管理部门应当定期召开讨论会，讨论哪些技术是新开发的，是否要纳入商业秘密保护体系，对哪些信息可以解密等相关事项。另一方面，加强对涉密人员的管理，定期对主播、员工和合作伙伴进行保密培训，提升其保密意识和法律意识，了解泄露商业秘密的后果。在企业的日常管理工作中，不仅需要制定完善的商业秘密管理制度，还要对各级员工进行日常的保密教育培训，使员工自觉形成保护商业秘密的意识，将企业商业秘密保护措施落实到日常工作和行为规范中，并且要定期检查或不定期抽查各类保密措施是否已经落实、是否存在漏洞、是否存在泄密风险、是否与企业的发展战略相匹配、是否需要进行相应的调整等。从预防和管理的角度出发，最大限度地保护企业商业秘密,防止严重泄密后果的发生。

(三)加强技术防护

加强技术防护是避免商业秘密泄露的重要手段。随着科技发展,可通过先进的技术手段保护商业秘密,如数据加密、访问权限控制、实时监控等,确保直播过程中的信息安全。

1. 数据加密。数据加密是保护商业秘密最基本的技术手段之一。通过加密算法,将明文信息转换为密文,只有拥有解密密钥的人才能读取原始信息。通过加密手段防止泄密,就是根据数字信息自身的特点,将数字信息进行加密后再使用。加密后的信息即使不慎传输到外部,外部人员也无法打开,不会造成泄密。尤其在网络直播过程中,涉及大量商业秘密数据的存储和传输,通过使用加密技术等,可以有效避免商业秘密在存储和传输过程中的泄露。

2. 访问控制。访问控制是限制和管理对商业秘密信息的访问权限。常见的访问控制技术包括生物识别、智能卡和双因素认证等。一方面,商业秘密权利人可以通过身份认证、权限分配和特定局域网限制等方式,确保只有经过授权的人员,或者特定人员才能访问相关商业秘密信息。另一方面,也可以监测和识别访问主体的异常行为,如根据控制技术监测到的访问者的访问次数和内容,区别正常访问行为和异常行为。如果访问者大量频繁调取与本职工作无关的商业秘密,就很有可能在窃取公司的商业秘密,此时可及时采取相关措施,堵住泄密漏洞,防患于未然。

3. 安全系统。商业秘密权利人可以根据自身需要设置资料防泄露管理系统,用于管理企业的相关数据等资料流动,如防火墙、入侵检测系统等,防止外部攻击和内部泄密。通过对商业秘密的内容、类型和流向等进行检测、监测和分析,确保相关资料的安全流动,防止商业秘密外泄。

# 第十章

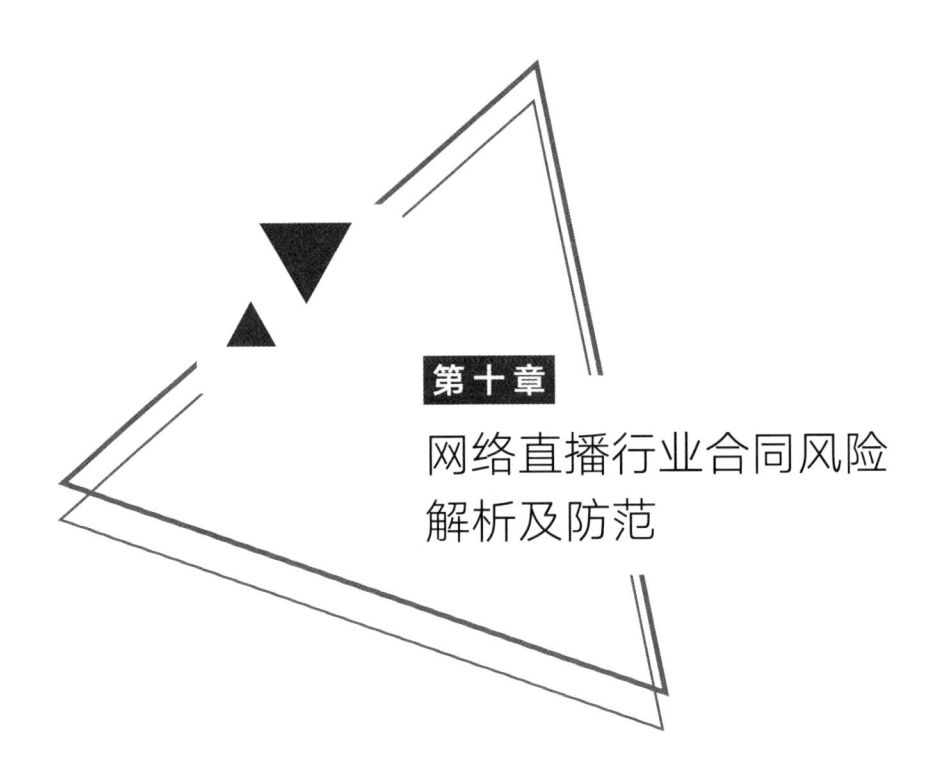

## 网络直播行业合同风险解析及防范

网络直播行业的迅猛发展催生了复杂的商业合作模式，合同作为平衡各方利益分配的核心工具，法律风险防控成为行业健康发展的关键。然而，行业快速迭代的特性与法律关系的多重交织，使得合同文本常陷入形式化陷阱，潜藏诸多隐患。

直播行业的合同风险管理亟须进入精细化阶段。这要求企业超越传统文本审查思维，构建包含法律、财务、技术的复合型风控团队。在条款设计中注入全流程治理理念，在履约监控中运用智能识别技术，在争议解决中善用电子证据规则，在瞬息万变的行业环境中筑牢法律防线。

直播行业的合同风险防控，本质是商业创新与法律规制之间的动态平衡艺术。唯有将合规基因植入合同缔造的全流程，建立风险预警、过程控制与后果消解的三重机制，才能在行业变革中实现可持续发展。这既需要从业者的法律觉醒，更仰赖专业力量的深度赋能，最终构建数字时代的新型契约生态。

## 第一节 MCN 机构与主播合同实务解析

主播是 MCN 机构运营的核心资产，在网络直播带货的消费场景中，主播和商品是消费者关注的重点。"主播＋经纪公司＋平台"的模式下，网络主播与经纪公司签约，经纪公司对网络主播进行培训、包装、提供资源、拓展业务，结合网络主播的个人形象对产品进行推荐，实现价值变现。但随着主播影响力不断增强，主播与 MCN 机构可能在账号归属、利益分配、违约赔偿等方面产生合同争议，因此，双方应在事前约定完善的合同条款，对于保障各自权益，确保合作顺利开展具有重要作用。

### 一、MCN 机构与主播的法律关系定性

关于 MCN 机构与主播的法律关系，在不同权利义务的设置下存在差异，实务中无论两者签订何种名义的合同，根据双方实际履行的权利义务关系，一般会被划分为四种法律关系：

1. 合作关系。双方基于平等、互利的原则开展合作，共同策划和实施项目，共享收益、共担风险。如共同打造一个线上直播节目，收益按照事先约定的比例分配。

2. 经纪合同关系。MCN 机构作为主播的经纪人，为其提供商业机会、资源对接、形象打造等服务，主播按照约定向 MCN 机构支付佣金或分成。在此种关系中，MCN 机构的义务主要表现为孵化义务以及资源提供，MCN 机构为主播争取到品牌合作机会，主播从合作收益中按比例支付给 MCN 机构。

3. 劳务关系。这种关系下，主播为 MCN 机构提供特定的劳务服务，MCN 机构支付相应的劳务报酬。例如，主播为 MCN 机构完成一项特定的活动策划或推广任务，双方按照约定的劳务费用进行结算。

4. 劳动关系。MCN 机构为用人单位，主播为劳动者，MCN 机构按照劳动法律法规对主播进行管理，支付工资、缴纳社会保险费等；主播一般按照 MCN 机构的工作安排和要求进行内容创作和推广，享受固定的薪资和福利待遇。

## 二、MCN 机构与主播合同中的常见问题

尽管不同法律关系之间的侧重点不同,但是各种合同中约定的权利义务关系多有重叠,表现出的常见问题也具有共性特征。

### (一)著作权纠纷

MCN 机构与主播在合作中可能产生的著作权纠纷主要表现为以下两种:(1)著作权归属争议。对于主播创作的内容,如短视频、音频、图文内容等,其著作权的归属可能存在争议。MCN 机构主张对这些内容拥有全部或部分著作权,而主播则可能认为自己是著作权的所有者。(2)合同约定不明。MCN 机构与主播之间的合同可能对著作权的归属、使用范围、使用期限、授权方式等方面约定不明确,导致双方在合作过程中产生分歧和纠纷。

在双方合作中,合同约定是判断著作权归属的重要依据。司法实践中,法院通常会优先尊重合同约定,但当约定不明时,会综合考虑其他因素进行判定。在判定著作权归属时,法院会综合考虑双方投入及对作品创作、传播的实际贡献。以视频作品为例,若主播主导创作,即便 MCN 机构提供资金,在合同未明确的情况下,主播也可能被认定为著作权人。对于品牌衍生作品,如商标设计、宣传海报等,若与主播个人形象紧密相关,主播对著作权的主张更有力;若 MCN 机构主导设计并投入大量人力、物力,同样会在著作权分配中得到体现。因此,MCN 机构与主播合作时,应以法律为准则,签订完善合同,明确各方权利义务、收益分配、违约责任等条款,才能有效避免著作权纠纷,实现合作共赢。

### (二)账号归属纠纷

在 MCN 机构与主播的合作之中,账号承载了极大的经济价值,因此关于账号的归属纠纷也是 MCN 机构与主播的常见纠纷。

实践中有法院根据双方的合同约定判定归属权,如双方合同明确规定账号所有权归 MCN 机构一方所有,即根据意思自治原则判定归属 MCN 机构所有。

也有一些法院依据人身属性判定网络合作账号归主播个人所有,原因在于账号是由主播以其本人名义申请开通并完成实名认证的,而且主播长期使用该账号并进行内容展示。除了人身属性,法院在认定账号归属时还会参考返还账号的实际可操作性以及合同结束之后 MCN 机构是否有权管理和关联主播的网络平台账

号的行为状态。

在主播与 MCN 机构或是网络平台就账号归属发生争议时，根据各方的法律性质角度、主张、举证及实际情况的不同，会产生不同的判决结果，难以一概而论。

在詹某姝与青藤公司合同纠纷案[①]中，涉案合同约定明确，青藤公司有权对该账号进行管理和运营，且在涉案合同附件一中明确约定该账号的所有权归青藤公司绝对、永续、完全地享有，双方约定涉案合同附件一作为涉案合同的组成部分，与涉案合同具有同等法律效力，对双方均具有约束力，故青藤公司主张该账号应归属于青藤公司，具有合同依据。法院认为，因涉案《艺人合作合同》合法有效，且涉案合同对于"胖×习"账号的归属约定明确，詹某姝对于该约定的内容及法律后果应予明知，故法院确认该账号归青藤公司。此案法院系依据双方在合同中的约定作出了相关判决，当事人在合同中明确约定了账号的所有权归属，这体现了意思自治原则。对于青藤公司而言，由于合同的明确约定，其主张账号归其所有得到了法院的支持，从而保障了其依据合同所应享有的权利。对于詹某姝来说，她在签订合同时应当对合同条款有充分的了解和认知，既然合同已经明确约定了账号的归属，就需要承担相应的法律后果。

在青岛绮聚汇美文化创意有限公司与马某网络直播经纪合同纠纷案[②]中，双方2018年9月24日签订经纪合约，约定马某负责淘宝互动销售直播服务，合约履行期限为2018年9月23日至2021年9月23日，约定涉案直播账号操作权和归属权归公司所有。法院认为，虽然合约约定了涉案直播账号操作权和归属权永久归原告所有，但由于主播行业的特殊性，主播与账号之间具有极强的人身属性，账号的使用、经营高度依赖于主播，账号产生的经济价值与主播本人付出的劳动、粉丝对主播的喜爱程度密不可分，故经纪公司不能仅依合约约定当然取得直播账号的用户身份，并进而享有财产权益。具体到上述案例，涉案账号由被告实名认证开通，一直以来也由马某本人亲自使用，与马某之间存在较强的依附性和关联性，因此法院判决该账号归属马某所有。

---

[①] 参见北京市朝阳区人民法院民事判决书，(2022)京0105民初64077号。
[②] 参见山东省青岛市城阳区人民法院民事判决书，(2022)鲁0214民初2361号。

## (三) 竞业限制

在经纪合同关系中，MCN 机构对于主播的孵化是 MCN 机构的核心义务之一，在合同履行的前期，MCN 机构往往需要较大的成本投入，为了防止前期孵化成本打水漂，MCN 机构往往会在双方的合同之中加入竞业限制条款，而对于双方合同中约定的竞业限制条款是否有效，实践中依旧存在不同的观点。

在周某琪、茗新娱乐传媒公司行纪合同纠纷案[1]中，周某琪与茗新娱乐传媒公司签订的《主播签约协议》中约定：(1) 周某琪因各种原因离职后，未经茗新娱乐传媒公司允许 3 年内不得从事在其他任何网络平台演绎，违反规定需赔偿茗新娱乐传媒公司 10 万元；(2) 周某琪承诺在协议有效期内不得利用茗新娱乐传媒公司资源在外从事任何兼职工作，也不得从事任何与该公司经营业务相关的兼职工作，否则退还在该公司领取的全部报酬作为违约金，造成该公司损失的，另由周某琪承担赔偿责任。

周某琪因荆门茗新娱乐传媒公司未按照合同约定付给其报酬而解除协议从公司离职。周某琪在协议有效期内及其离职后的约定期限内未经荆门茗新娱乐传媒公司允许，在其他网络平台即椰趣平台进行了直播演绎，法院认为，周某琪违反了《主播签约协议》的约定，依照《合同法》第 114 条第 1 款[2]"当事人可以约定一方违约时应当根据违约情况向对方支付一定数额的违约金，也可以约定因违约产生的损失赔偿额的计算方法"的规定，周某琪需按照约定向茗新娱乐传媒公司赔偿违约金。因周某琪请求适当减少违约金的数额，法院在综合考虑茗新娱乐传媒公司未举证证明其因周某琪的违约行为遭受的具体损失数额及主播的成长是渐进的过程，离不开平台的培养，具备一定人气的主播到其他网络平台工作后会给茗新娱乐传媒公司带来损失的情况下，酌定周某琪赔偿茗新娱乐传媒公司违约金 8 万元。对于周某琪主张，《主播签约协议》中的约定限制了周某琪的劳动权，违反了法律的强制性规定，属无效条款。法院认为，《主播签约协议》中的约定属双方当事人自愿签订，并未限制周某琪的劳动权，也未违反法律的强制性规定，法院应尊重当事人的约定。故而周某琪的该项主张不能成立。周某琪还主张，《主播签约

---

[1] 参见湖北省荆门市中级人民法院民事判决书，(2021) 鄂 08 民终 283 号。
[2] 《合同法》已失效，相关规定参见《民法典》第 585 条。

协议》中的约定属于竞业限制条款,在茗新娱乐传媒公司未支付经济补偿的情况下,周某琪有权解除该条约定。法院认为,本案审理的是周某琪与茗新娱乐传媒公司的合同纠纷,并非双方的劳动争议。故而周某琪主张适用劳动法的相关规定进行审理的理由不能成立。

上述案例中,法院认为《主播签约协议》是双方自愿签订的,未限制周某琪的劳动权,也未违反法律的强制性规定,应该尊重当事人的约定。因此,该协议中的竞业限制约定是有效的。

在迦和公司与郭某梅合同纠纷案[1]中,双方合同约定主播郭某梅仅有权在公司提供的第三方互动平台上进行直播,不得同时在任何其他平台参与直播及任何其他形式的线上及线下活动,一经机构发现,将追究违约责任;并由郭某梅承诺在解约之日起两年内不得在任何电商直播性质的平台进行直播,如违反该承诺,支付机构违约金50万元。

郭某梅在解约之后两年内的工作选择受到了限制,合同约定已经对其主要权利进行了排除,虽该协议中直播所得费用构成中载明包含了竞业保障金,但并未明确该竞业保障金的金额或计算方式,不足以证实原告迦和公司已就竞业限制向被告郭某梅提供了合理的补偿金等保障,而迦和公司也无证据证实其对该条款尽到了提示、说明义务,故对于解约之后的竞业限制及追加违约金的约定,显然属于加重被告郭某梅责任并限制其主要权利的格式条款。法院认为,本案中双方签订的条款系格式条款,只约定了单方义务,并未约定其竞业补偿等权利,属于加重对方义务,显失公平,应属无效。

(四)违约金条款

合同中设置违约金条款可以起到弥补非违约方的损失,包括直接损失(如已投入的资金、资源)和间接损失(如预期收益的丧失)的作用。如主播突然解约,导致经纪公司前期为其投入的宣传推广费用无法收回等情形,在合同中设置违约金条款可以增加违约成本,减少违约的可能性,从而保障合同的稳定履行,维护合同关系的正常秩序。避免在违约发生后,双方就损失的具体数额进行冗长的举证和计算,节省争议解决的时间和成本。但是也要注意合同中设置的违约金条款中

---

[1] 参见广东省广州市白云区人民法院民事判决书,(2020)粤0111民初17570号。

金额确认的风险。

在张某、战旗公司合同纠纷案[①]中,二审法院认为,网络直播平台与主播之间的独家合作,是通过主播的解说特点、直播风格、技艺水平、人气指数等人身属性吸引受众观看并打赏,通过吸引用户、提升访问量、扩大市场份额以实现平台盈利,同时也给主播带来收益。网络直播平台行业竞争激烈,竞争的核心是主播资源的竞争。在平台市场竞争方面应注重保护平台培养利益,鼓励和保障平台逐步培养优秀主播,规制平台违法违规挖人及主播违约跳槽等不正当竞争现象。从边锋公司和战旗公司之间经营业务内部划转及张某与相应主体签订并履行合同的延续过程看,战旗公司对张某的培养过程包括边锋公司的培养过程。张某自2014年12月至2018年2月逐渐成长为业内优秀主播,收入状况从固定合作费用12万元/年增至基础合作费用400万元/年加礼物分成。张某的成长固然离不开自身提升技艺的努力,但更离不开平台投入大量资金长期培育。张某在享受到战旗公司的核心资源后,双方签订《独家合作协议》,对张某擅自解约行为约定了较为严苛的违约责任,这不仅是对战旗公司在《独家合作协议》履行期间内物质投入进行保障,更是对战旗公司对张某长期培养的实际投入和已转化的公司价值予以保障。张某亦签署特别声明确认合作条件经充分协商为其真实意思表示,故双方之间就擅自解约所约定的违约金并不显失公平。张某主张该解约金与合同约定的物质投入存在直接对等关系而要求按照实际履行期间和对应投入调整违约金。法院认为该主张并不能对应直播平台与主播之间设定解约违约金时的保障范围,且可能导致擅自解约行为越早违约责任越轻,违约程度与违约后果严重倒置,存在鼓励尽早违约的不良导向,故法院对该主张不予采纳。

本案中,张某在不具备合同法定解除条件的情况下单方解除合同并不再继续履行合同义务,且经战旗公司催告未改正,构成《独家合作协议》约定的擅自解约情形。张某在协议期内的故意违约行为严重违反诚实信用原则,不仅造成战旗公司直播平台基础用户流失,直接影响战旗公司的价值,还使得战旗公司失去剩余合作期间内的可期待利益。一审法院在考虑战旗公司在合同履行期间内迟延

---

① 参见浙江省杭州市中级人民法院民事判决书,(2020)浙01民终363号。

履行的情况的基础上，综合考量合同已履行情况、合作期限、约定的合作费用金额及当事人的过错程度等因素，酌情将违约金调整为 1300 万元，二审法院予以维持。

上述案例中关于违约金的合理性的认定，考虑到平台的培养投入，张某从相对较低的收入水平成长为业内优秀主播，离不开平台长期大量的资金和资源投入。《独家合作协议》中约定的严苛违约责任，不仅保障了协议履行期间的物质投入，也体现了对平台长期培养价值的保护，具有合理性。同时根据意思自治原则，张某签署特别声明确认合作条件为其真实意思表示，表明其对违约责任有明确的认知且接受。张某在不具备法定解除条件下单方解除合同并不履行义务，构成擅自解约。这种故意违约行为严重违背了诚实信用原则，对平台造成了多方面的损害，包括用户流失和可期待利益的丧失。综上，法院在调整违约金时，综合考虑了合同履行情况、合作期限、合作费用、当事人过错程度等因素，进行了权衡和酌定，最终确定违约金数额。

### 三、直播经纪合作合同审核重点

直播经纪合作合同是直播从业者（通常为主播）与经纪公司或机构之间签订的一种协议。通过该合同，双方就直播相关的各项权利和义务进行明确约定，以建立合作关系，共同实现商业目标。一份清晰明确、权利义务规定完备的合同是主播与 MCN 机构之间合作的基础，在审查过程中应该关注以下要点。

（一）主体资格审查

主播在与 MCN 机构签订合同时，应该对 MCN 机构的资质和经营状况进行审核，审核内容主要包括以下两个方面。

1. 合法注册与存续。通过查询登记信息，确认公司的注册状态和经营范围是否涵盖经纪业务。审查合作方是否依法在相关部门进行注册登记，且处于合法存续状态，未被吊销营业执照或进入清算、破产程序。核实代表合作方签署合同的法定代表人的身份真实性，或者授权代表是否具有合法有效的授权委托书。如果经纪业务涉及特定的行业或领域，需要审查合作方是否拥有相应的资质证书或许可证。

2. 信用状况与经营状况。了解合作方的商业信用记录，包括是否存在违约、欺诈等不良行为。可以通过查询企业信用报告、行业口碑调查等方式获取相关信息；也可查看其过往的经纪项目成果、财务报表等，评估合作方是否具备履行合同义务的能力，包括资金实力、人力资源、行业经验等。

（二）合作的内容与范围

合作范围主要包括地域范围、渠道范围以及业务范围，具体规定是在全国还是全球范围内展开合作，合作渠道是否包含线下，业务范围是仅限于直播业务还是包含短视频业务、电商业务等在内的全部业务。明确主播将在哪些直播平台进行直播活动，以何种形式、怎样的频次进行直播，需要执行哪些义务，在粉丝运营上主播承担哪些责任，MCN 机构在主播发展中是否提供培训与提升相关服务等。

合作双方的合同性质包括独家合作与非独家合作两种形式，两种合作性质会对主播的义务有不同的要求。独家合作一般要求主播在合作期间、合作范围内不能与其他机构达成上述合作，非独家合作中主播则没有此项义务。

>> **合同文本参考示例**

1.【地域范围】双方的合作将在［全国/全球］范围内展开。

2.【渠道范围】合作渠道包括［线上和线下/仅线上］。

3.【业务范围】业务范围仅限于直播业务/包含直播业务、短视频业务、电商业务等在内的全部业务。

4.【直播平台】甲方指定乙方在以下直播平台进行直播活动：［具体平台 1］、［具体平台 2］等。

乙方在上述平台上的直播账号由甲方统一管理和运营。

5.【直播类型】乙方主要进行［具体直播类型，如娱乐表演、游戏解说等］类型的直播。

6.【直播时间和频率】乙方应保证每周至少进行［×］小时的直播，每月直播天数不少于［×］天。具体直播时间由双方协商确定，但应提前［×］个工作日通知甲方。

7.【直播内容】乙方的直播内容应符合法律法规和社会公序良俗，不得包含违法、违规、低俗、暴力、色情等不良信息。

乙方应按照甲方制定的直播内容规划和要求进行直播,如有创新和调整,应提前与甲方沟通并获得甲方同意。

8.【推广活动】乙方应积极配合甲方安排的线上线下推广活动,包括但不限于参加商业演出、品牌代言、粉丝见面会等。

甲方有权根据乙方的发展情况和市场需求,为乙方策划和安排各类推广活动,乙方应全力配合。

9.【粉丝运营】乙方应积极与粉丝进行互动,维护良好的粉丝关系,提高粉丝活跃度和忠诚度。

甲方有权协助乙方管理粉丝社群,但乙方应向甲方提供必要的账号和权限。

10.【培训与提升】

甲方将为乙方提供直播技能培训、内容创作指导、形象塑造等方面的服务,以提升乙方的直播水平和影响力。

(三)收益分配

主播与MCN机构之间的收益分配模式多样,包括固定收益分配、"固定+分成收益"等,固定收益分配即在合同中约定收益分配数额,定期支付固定款项。此种收益分配模式中隐含主播和MCN机构被认定为具有劳动关系的风险,MCN机构需要承担用人单位的义务,包括缴纳社会保险费和支付未签订劳动合同的补偿金等。"固定收益+分成收益"模式更有利于实现直播经纪合同目的,也更有利于在主播变现能力提升的时候以更多的收益分配提高主播的积极性,稳定双方的合作关系。在采取此种分配模式时,应该明确说明扣除费用(平台手续费、税费、经纪公司为推广主播所支出的成本等),针对商业合作收益分配(品牌赞助、广告植入、合作推广等商业合作所得收益)、礼物打赏收益(观众在直播过程中送出的虚拟礼物所产生的收益)各种收益的分配比例作出具体规定。明确结算周期确定收益结算的时间周期和支付方式。

>> **合同文本参考示例**

1.【平台手续费】乙方在直播平台所获得的收益中,应扣除直播平台依照其规定收取的手续费,具体比例以直播平台的相关规定为准。

2.【税费】乙方所得收益应依法缴纳相关税费,由甲方按照法律法规进行代扣代缴。

3.【推广成本】甲方为推广乙方所支出的成本,包括但不限于宣传推广费用、设备购置费用、活动策划费用等,将从乙方的收益中按实际支出进行扣除。

4.【品牌赞助】对于乙方因品牌赞助所获得的收益,甲方分配[×]%,乙方分配[×]%。

5.【广告植入】广告植入所得收益,甲方分配[×]%,乙方分配[×]%。

6.【合作推广】在合作推广方面所产生的收益,甲方分配[×]%,乙方分配[×]%。

7.【礼物打赏收益】观众在直播过程中送出的虚拟礼物所产生的收益,甲方分配[×]%,乙方分配[×]%。

8.【结算周期】双方约定,收益结算的时间周期为[具体周期,如月结、季度结等]。

9.【结算方式】支付方式为通过[具体支付方式,如银行转账、第三方支付平台等]将乙方应得收益支付至乙方指定的账户。

(四)双方权利义务

1.MCN机构的权利义务

在直播经纪合同中,需要明确的MCN机构的权利主要包括直播内容的知识产权归属和主播的肖像权等人格权的使用授权。直播内容的知识产权归属即直播过程中产生的各类内容,如直播视频、音频、文字脚本、创意等的知识产权归属,一般情况下,可能会约定归属于经纪公司或由双方共同拥有;肖像权等人格权的授权不仅要明确授权,还要规定授权期限、方式、范围等。

MCN机构在直播经纪合同中的关键义务在于主播孵化计划的制订与执行，对于主播来说，与MCN机构签订合同进行合作的首要目的是借用MCN机构的资源和包装技巧提升自己的商业价值，提供孵化是MCN机构在双方合作过程中的主要义务之一。为了避免MCN机构不履行主要义务而导致主播被搁置、得不到相应的资源和孵化机会，合同中应该明确赋予主播在MCN机构未履行孵化义务时候的合同解除权。

### ▶▶ 合同文本参考示例

1.【知识产权归属权】直播过程中产生的直播视频、音频、文字脚本、创意等各类内容的知识产权归属于MCN机构，或者由MCN机构与主播共同拥有。但具体的归属比例和方式应在合同中明确约定。

2.【肖像权等人格权使用授权】主播同意授予MCN机构在一定期限、方式和范围内使用其肖像权、姓名权等人格权，用于与直播相关的宣传、推广、营销等活动。

3.【主播孵化计划制订与执行】MCN机构应在合同签订后的[具体时间]内，为主播制订详细的孵化计划，包括但不限于培训课程安排、形象设计、内容策划等。

MCN机构应严格按照孵化计划执行，为主播提供必要的资源支持，如设备、场地、技术指导等，以提升主播的商业价值。

4.【资源提供与支持】MCN机构应积极为主播争取与直播相关的商业合作机会，包括但不限于品牌推广、广告代言、活动参演等。

为主播提供必要的技术支持，确保直播的顺利进行，如网络维护、设备调试等。

5.【数据反馈与分析】MCN机构应定期向主播提供直播数据的分析报告，包括观众数量、互动情况、收益情况等，以便主播了解自身的发展状况和改进方向。

## 2. 主播的权利义务

主播在经纪合同中也应该履行配合执行 MCN 机构安排商务活动，维护自身良好形象的义务。主播作为公众人物，受到各方的关注和监督，尤其要注意不能够出现涉及政治的不当言论，不能出现有害公序良俗的行为，否则可能直接导致主播无法承接商业活动，丧失商业价值，使得 MCN 机构前期投入的成本和资源付诸东流。

> **合同文本参考示例**
>
> 1.【获得孵化支持的权利】有权要求 MCN 机构按照合同约定提供培训、资源、形象设计等孵化支持。
>
> 2.【知情权】有权了解与自身直播活动相关的商业合作细节、收益分配情况等信息。
>
> 3.【配合商务活动】积极配合 MCN 机构安排的商务活动，包括但不限于参加品牌推广活动、拍摄广告、出席商业演出等。
>
> 按照 MCN 机构的要求，按时、高质量地完成商务活动中的各项任务。
>
> 4.【形象维护】时刻维护自身良好形象，保持积极、健康、正面的公众形象。
>
> 注重言行举止，不得发表涉及政治的不当言论，不得做出有害公序良俗的行为。
>
> 5.【内容创作与更新】按照合同约定的频率和质量要求，进行直播内容的创作和更新，确保内容具有吸引力和竞争力。
>
> 遵守相关法律法规和平台规则，制作合法、合规的直播内容。

### （五）竞业限制条款

为了保护商业秘密、保障前期投入回报以及维持自身的竞争优势，在直播经纪合同中 MCN 机构通常会规定竞业限制条款，主要包含以下规定。

1. 竞业限制的期限。明确规定在合同终止或解除后的一段时间内，主播不得从事与原合作直播业务相竞争的活动。这个期限可能从几个月到几年不等。

2. 竞业限制的范围。具体指明被限制的竞争活动类型,如在特定的直播平台进行相似内容的直播,或参加与原合作业务有直接竞争关系的其他直播项目。可能包括禁止从事与原直播内容相似或相关的创作、表演、推广等活动。竞业限制的范围也可以包括地域限制,即划定竞业限制的地理范围,如在国内、某个省份或城市。

3. 竞业限制的补偿。如果要求主播遵守竞业限制,MCN 机构通常需要在竞业限制期限内给予一定的经济补偿。

4. 违约责任。约定主播违反竞业限制条款应承担的违约责任,包括支付高额违约金、赔偿 MCN 机构因此遭受的损失等。

5. 除外情形。说明在哪些特殊情况下,主播可以不受竞业限制的约束,如MCN 机构未按照约定支付补偿等。

>> **合同文本参考示例**

> 在本合同终止后的 12 个月内,乙方(主播)不得在与甲方存在竞争关系的直播平台进行直播活动,不得从事与在甲方合作期间相同或相似的直播内容。竞业限制的地域范围为中华人民共和国境内。甲方将在竞业限制期限内每月向乙方支付人民币[×]元作为补偿。若乙方违反竞业限制条款,应向甲方支付违约金人民币[×]元,并赔偿甲方因此遭受的全部损失。但如甲方未按时支付竞业限制补偿超过 30 日,乙方不再受竞业限制条款的约束。

(六)账号归属权条款

在 MCN 机构与主播的合作中,账号是关键的载体以及成果产出渠道,MCN 机构往往在账号上投入大量的成本,再通过账号本身的流量价值进行直播带货,因此在主播与 MCN 机构的合同中,账号的归属权条款是重要的内容,关于账号归属权的约定是发生纠纷时法院裁判的重要参考依据。直播经纪合同中关于账号归属权条款通常会有以下 5 种规定:

1. 明确账号归属于 MCN 机构。合同可能规定在合作期间创建和使用的直播账号完全归 MCN 机构所有。这意味着即使主播与 MCN 机构解除合作关系,也无权主张对该账号的所有权。例如,"双方确认,在本合同有效期内,由甲方(MCN机构)为乙方(主播)注册和运营的所有直播账号的所有权归甲方所有。"

2.约定账号归属于主播。有些合同可能会规定账号归主播个人所有,但MCN机构在合作期间有权使用和管理。例如,"合作期间使用的直播账号归乙方所有,但甲方有权基于合作目的对该账号进行管理和运营。"

3.按一定条件确定归属权。例如,根据合作期限、账号的成长情况或双方的投入程度来决定归属。例如,"若合作期限未满,账号归MCN机构所有;若合作期满双方协商不再续约,且主播在合作期间履行了全部义务,账号归主播所有。"

4.共同拥有。合同可能规定账号由MCN机构和主播共同拥有,双方按照一定比例享有权益。例如,"本合同涉及的直播账号由甲乙双方共同拥有,其中甲方占[×]%的权益,乙方占[×]%的权益。"

5.MCN机构的风险预防。在实务中有关账号归属认定的具体判断标准尚未完备,为了避免账号被判给主播而导致MCN机构投入的账号运营成本"打水漂",还可以添加诸如"在账号归属认定不属于MCN机构的情形下,主播须对账号运营期间MCN机构的投入进行赔付"的条款,以降低MCN机构失去账号归属权的损失。

(七)保密条款

在主播经纪合同的保密条款中,应当明确界定哪些信息属于保密信息,可能包括但不限于主播的个人隐私、商业计划、合作细节、未公开的直播内容创意、收益数据、粉丝数据、客户名单等。还要约定固定的保密期限,在合同有效期内及合同终止后,对所知悉的保密信息严格保密,不得向任何第三方披露、传播或使用。若一方违反保密义务,应承担相应的违约责任,包括但不限于支付违约金、赔偿对方因此遭受的损失(包括直接损失、间接损失和可得利益损失),以及承担对方为追究违约责任而支付的合理费用(如律师费、诉讼费等)。

>> **合同文本参考示例**

"本合同中所指的保密信息包括但不限于乙方的个人身份信息、财务状况、直播创意、商业合作计划、粉丝数据以及双方在合作过程中知悉的其他未公开信息。双方应采取一切必要的措施对上述保密信息予以保密,不得向任何第三方披露或使用。除非因法律规定、政府部门要求或经对方书面同意,否则任何一方违反本保密条款,应向对方支付违约金[具体金额],并赔偿对方因此遭受的全部损失,包括但不限于直接损失、间接损失、名誉损失,以及为调查和解决违约行为所支付的合理费用。保密义务在本合同终止后仍持续有效,有效期为[具体时长]。"

(八)合同期限及续约解约条款

就合作期限而言,为了保证 MCN 机构与主播达成稳定合作关系,合同中通常会对合作期限作出约定,然而合同约定的合作期限并不是越长越好,双方在合作期间中很可能出现解除合作关系更有利于合同双方利益实现的情形,因此,合同中应当明确合同期限以及特定条件下双方可以提出解约或续约。

合同期限应当明确起始日期和结束日期,如"本合同自[起始日期]起生效,至[结束日期]终止";设定合同期限的长度,常见的有1年、2年、3年等;规定续约的条件,参考指标包括主播在合同期内的表现、达到的业绩指标、双方合作的满意度等,如"若乙方在合同期内直播时长达到[×]小时,且粉丝增长数量超过[×],双方同意按照原合同条款续约[×]年";说明续约后的合同条款变更情况,如"续约后的合同,服务费用将根据市场情况和乙方表现进行调整"。

同时,合同应约定合同双方能否协商解约以及后续的处理、在何种情形下拥有单方解约权以及擅自解约应当承担的后果。

>> **合同文本参考示例**

1.【合同期限】本合同的有效期自[起始日期]起至[结束日期]止,共计[×]年。合同期限内,双方应按照合同约定履行各自的权利和义务。

2.【续约条款】本合同期满前[×]个月,双方应就是否续约进行协商。若双方均同意续约，应在本合同期满前签订新的直播经纪合同。

若在合同期满前，主播在直播平台上的粉丝数量、活跃度、商业价值等指标达到双方约定的标准，MCN 机构应优先与主播续约，续约期限为［×］年。

续约时，双方可根据市场情况和主播的发展状况，对合同条款进行适当调整，包括但不限于收益分配比例、工作内容、资源支持等。

3.【解约条款】若主播出现以下情形之一，MCN 机构有权单方面解除本合同：

（1）严重违反本合同约定的义务，经 MCN 机构书面通知后［×］日内仍未改正；

（2）因违法犯罪行为被依法追究刑事责任；

（3）发表严重损害 MCN 机构声誉或形象的言论；

（4）连续［×］个月未能达到双方约定的直播时长、内容质量或收益指标。

4.【解约条款】若 MCN 机构出现以下情形之一，主播有权单方面解除本合同：

（1）未按照合同约定为主播提供必要的资源支持和孵化服务，经主播书面通知后［×］日内仍未改正；

（2）严重拖欠主播应得的收益，超过［×］日；

（3）未经主播书面同意，擅自将主播的肖像权、姓名权等权利转让给第三方。

5.若因不可抗力等不可预见、不可避免的原因使得本合同无法继续履行，双方应协商解决，协商不成的，任何一方均有权解除本合同。

## 四、MCN 机构与主播合同风险分解

### （一）MCN 机构角度

#### 1.著作权风险提示

MCN 机构在合同中关于著作权的条款中，应当清晰了解著作权法中不可转让的人身权利，避免在合同中作出无效的约定。同时，对于可约定的财产权部分，

应明确具体的权利范围、行使方式和行使期限,以减少潜在的纠纷。

为了减少因著作权而产生的纠纷,MCN 机构与主播在合同里需要针对以下方面作出详细规定:(1)权利的具体划分。涵盖发表权、署名权、使用权、信息网络传播权等。(2)署名的主体。清晰指明作品的署名人员,以此保障个人的创作名誉。(3)对外的责任。确切规定侵权责任的承担形式,避免因侵权产生的法律责任被转移。

2. 账号归属权风险提示

在合同约定上,MCN 机构可在合同中明确约定账号归属于 MCN 机构,并且约定合同终止后账号仍由 MCN 所有。法院在判断账号使用权时,除了合同约定,还会综合考虑账号注册时间、双方投入的资金和人力的投入、对账号的实体控制情况、对账号价值的贡献以及哪一方对账号有实际的运营与控制。在合同履行中 MCN 机构应该注重保留在账号运营中所投入的资金、资源以及实际贡献的相关证据,在争议发生时更有利于自身权益的维护。同时,鉴于账号具有个人属性,因此应尽可能由 MCN 机构进行申请注册,同时 MCN 机构应积极参与账号的运营,并尽可能加强公司与账号的联系。

3. 竞业限制条款风险提示

在签订合同时,MCN 机构需要保证竞业限制合同条款不违背法律的强制性规定,防止出现违反法律规定的情况,保证合同是建立在平等、自愿、公平的原则基础之上,双方全面知晓合同的内容及其影响,不能出现排除对方主要权利的情形,否则将面临条款被认定无效的风险。同时,MCN 机构应当提供合理的竞业补偿,避免不必要的争议产生。

同时,在双方合作的进程中,应当保持积极的沟通与协商,及时处理可能产生的问题,着眼于长远的发展,构建稳固的合作关系,尽量避免诉讼风险产生,给双方带来不必要的损失。

(二)主播角度

1. 著作权风险提示

在签署合同时,要仔细审查关于著作权归属的条款,确保自身权益得到合理保障。对于不合理或不合法的条款,应及时提出异议或寻求专业法律意见。对于主播而言,如果双方合同约定合作过程中生产的知识产权归属于 MCN 机构,主播应关注合同中同时规定的自己使用作品的限制，包括使用的范围、方式和时间，结合自己对作品的使用利益进行条款设计。

2. 账号归属权风险提示

一般在 MCN 机构与主播的合作过程中，MCN 机构提供的合同都会约定账号归属于 MCN 机构，因涉及重大的经济利益，主播应当在签订合同前就账号归属问题与对方进行协商，应尽可能加强自身与账号之间的联系。强化自己与账号的关联性、绑定程度，结合网络平台"实名认证"制度，将合作账号与个人信息进行绑定，在平台上实现身份绑定；同时重视在账号中输出内容与自身风格的联系，实现账号与个人的紧密联系，使自身与账号产生不可分割的紧密联系，在账号归属权发生分歧时，可对账号归属于自己提供更有利的证据支撑。

### 五、主播手册的"补丁"效用

主播经纪合同中的主播手册是为主播制定的详细规则和指南。它通常作为经纪合同的补充或附件，用于规范主播在合作期间的行为、职责、权利和义务。主播手册作为主播经纪合同的补充内容，能够明确标准和规范，为主播提供清晰的行为和工作标准，避免因主播行为不当或工作不符合要求而产生合作问题，保持主播的良好的形象，从而维护 MCN 机构和合作品牌的形象和声誉。有效地弥补双方合同的不足，避免双方在合作过程中无据可依，使得双方之间的合作更加便捷高效、公开透明。

主播手册作为主播经纪合同的补充内容，实质上属于合同的附件，与主播经纪合同具有同等法律效力，因此应当在双方签订的合同中明确，MCN 机构后期制定并由主播认可的主播手册属于主播经纪合同的一部分，是合同的附件，与主播经纪合同具有同等法律效力。并且确保主播接受且确认主播手册的效力，避免后续产生不必要的纠纷。

## 第二节 直播类合同实务解析

直播推广合同是商家为了推广产品或服务而与直播方达成合作意向，通过直播增加商品或服务的曝光度和成交量,并以书面合同予以确定的协议。其主要目的是通过特定的推广活动或手段,增加直播的曝光度、吸引更多观众、提高直播的影响力,最终获得一定的商业推广效果。这类合同的重点在于推广策划的具体内容和执行效果,一般围绕具体的推广活动展开,合同双方的权利义务集中在一定的时间段。

直播推广合同在促进直播行业蓬勃发展中具有多方面的重要意义。对于推广方来说,公平合规的直播推广合同可以确保其投入的推广费用能够获得预期的回报,降低市场风险。对于直播方来说,合同保障其能够获得应有的报酬,同时避免因违规操作而面临法律风险,使得优质的直播资源能够与有实力的推广方有效对接,实现资源的合理配置和高效利用,提高业务的专业化程度,推动整个行业向更加成熟、规范的方向发展。严格的合同审核是保障合作顺利进行、维护双方合法权益、降低风险和实现预期推广效果的重要工作。直播推广类的合同审查要点主要包括以下几方面的内容。

## 一、主体资格

主体资格审查的内容主要包括以下两点。

1. 审查直播方(通常为主播或 MCN 机构)是否具备从事直播活动的相关资质和许可。例如,查看其是否在相关平台完成了实名认证,是否拥有直播行业所需的特定执照,了解其过往的经营活动和信誉情况等,全面地评估其主体资格和履约能力。

2. 审查推广方(通常为品牌方或委托方)的营业执照、经营范围等,确保其有合法的经营资格和推广权利。在涉及部分特定类别,如食品、药品、医疗器械等的产品和服务时,为了确保这些商品和服务的安全性和合法性,保护消费者权益,还需要进行特殊资质的审查。

## 二、服务内容与要求

根据直播类推广合同的性质,为了实现产品和服务能够得到有效推广的目的,推广方和直播方应该对具体的服务内容作出详细约定,例如,直播方应该按照推广方提出的要求,制定详细可执行的直播推广计划的策略,在直播中做好关于推广方制定产品或服务的介绍,以生动易理解的方式对产品的功能、特色、优势功能进行介绍，做好产品使用演示、效果展示和服务流程的模拟，与观众进行有效互动，回答观众关于产品和服务的疑问和咨询，给观众带来更好的选购体验，引导观众参与推广方活动，关注官方账号以及购买商品和服务。

做好服务范围的约定，明确直播的场次、每次直播的时长。规定直播的具体时间段，如在特定日期的某个时间段内进行直播。确定直播所覆盖的地域范围，如是面向全国观众还是特定地区的观众。

为了规避履行合同义务的过程中因直播方违法行为造成推广方的法律风险和损失，还应该对直播方的义务作出具体规定，要求直播方确保直播内容具备合法性、真实性与准确性，严禁传播虚假或者具有误导性的信息，严格遵守直播平台的有关规定和政策，禁止出现违规操作。

## ▶▶ 合同文本参考示例

第一条　服务内容

1. 乙方(直播方)将为甲方(推广方)提供以下直播推广服务：

1.1 根据甲方提供的产品或服务信息，制定具有针对性的直播推广方案，包括直播主题、流程、互动环节等，并在直播前[×]个工作日提交给甲方审核。

1.2 在直播中，以生动、形象的方式展示甲方指定的产品或服务，突出其核心卖点和优势，如进行产品实物展示、功能演示、案例分享等。

1.3 与观众进行互动交流，解答观众关于产品或服务的咨询和疑问，积极引导观众参与互动活动，如抽奖、问答等。

1.4 引导观众关注甲方的官方账号，如社交媒体账号、电商店铺等，并鼓励观众进行购买、预约等转化行为。

1.5 在[直播平台名称]平台上进行[×]场直播活动，对甲方指定的[产品名称]或[服务名称]进行全面、深入的介绍和推广。

……

第二条　服务要求

1. 乙方保证直播内容的合法性、真实性和准确性，严格遵守国家法律法规、行业规范以及直播平台的相关规定，不得发布任何违法、违规、虚假、夸大或误导性的信息。

2. 乙方应确保直播的画面清晰、流畅，声音清晰无杂音，网络稳定，为观众提供良好的观看体验。直播分辨率不低于[具体分辨率]，帧率不低于[具体帧率]。

3. 乙方应严格遵守直播平台的各项规定和政策，不得进行任何违反平台规则的行为，如刷量、作弊、恶意竞争等。若乙方违反平台规定导致甲方遭受损失，乙方应承担相应的赔偿责任。

4. 乙方应按照双方约定的直播时间和频率进行直播，如有特殊情况需要调整直播时间，应提前[×]个工作日书面通知甲方，并经甲方同意后方可调整。

5. 乙方应如实记录直播过程中的各项数据，如观看人数、互动次数、转化效果等，并在直播结束后的[×]个工作日内，向甲方提供详细的直播数据报告和效果分析，以便甲方评估推广效果。

第三条　服务范围

1. 直播场次：共计[×]场，具体场次安排如下：

第一场：[具体日期1]，[起始时间1]～[结束时间1]

第二场：[具体日期2]，[起始时间2]～[结束时间2]

……

2. 每次直播时长：不少于[×]小时。

3. 直播时间段：均安排在[具体时间段，如晚上8点至10点]。

4. 地域范围：面向全国范围内的观众进行直播推广。

## 三、费用与支付条款

"费用与支付"条款是合同中的必备条款，需要对结算费用、结算标准、结算时间等作出具体规定，避免后续争议：(1)明确直播推广服务的费用金额，直播推广合同中费用的构成一般包括直播场次费用、时长费用、额外增值服务费用等。支付方式可以选择银行转账、电子支付等。(2)明确支付的时间节点和条件，规定预付款、中期款、尾款的支付时间,或是在完成一定的直播场次或达到特定的推广效果时进行结算。(3)对委托方未按时支付费用的情况设定违约责任,如支付滞纳金、赔偿损失等。(4)做好关于发票的约定,虽然开发票是法定义务,但实务中仍有大量交易不开发票,因此合同中明确收款方应开具发票仍然是有必要的。

如有可能,还可以约定费用的调整机制,具体可约定根据直播效果、市场行情等因素的变化进行调整,提升合同的灵活性,在实际情况发生变化时便于双方根据合同约定进行友好协商。

### ▶▶ 合同文本参考示例

1. 甲方应向乙方支付的直播推广服务费用总计为人民币[具体金额]元(大写:[大写金额])。

上述费用包括但不限于直播策划、主播费用、技术支持、平台使用等各项费用。

如因甲方要求增加直播场次、延长直播时长或提供其他额外服务,双方将另行协商费用并签订补充协议。

2. 甲方将通过以下方式向乙方支付费用:银行转账。

乙方银行账户信息如下:

开户银行:[银行名称]

账户名称:[账户名]

账号:[账号]

3. 甲方应在本合同签订后的[×]个工作日内,向乙方支付服务费用的[×]%作为预付款,即人民币[具体金额]元(大写:[大写金额])。

当乙方完成直播总场次的[×]%后,甲方应在[×]个工作日内支付服务费用的[×]%,即人民币[具体金额]元(大写:[大写金额])。

剩余服务费用的[×]%,即人民币[具体金额]元(大写:[大写金额]),甲方应在乙方完成所有直播活动且经甲方验收合格后的[×]个工作日内支付。

4. 每次支付前,乙方应向甲方提供相应金额的正规发票。

5. 如乙方未能按照本合同约定的服务内容和要求完成直播推广活动,甲方有权扣除相应的费用或拒绝支付剩余款项。

6. 若甲方未按照本合同约定的时间支付费用,每逾期一天,应按照未支付金额的[×]%向乙方支付违约金。

7. 若乙方提供的发票不符合法律法规或甲方的要求,乙方应重新开具发票,并承担由此给甲方造成的损失。

### 四、知识产权条款

直播输出的过程实际上就是创作的过程,会生成如解说视频、音频和相关文案等相关成果,涉及直播服务和推广服务期间的知识产权归属问题。因此,合同中需要对这一类知识成果的产权归属进行明确。

除了对知识产权的保护,预防直播过程中的知识产权侵权问题也是合同中需要重点审查的内容,合同中需要明确双方不得侵犯第三方的知识产权或权益,包括:

1. 销售的产品本身不能侵犯知识产权,对此直播方可以通过合同约定相关责任由推广方自行承担,同时建议直播方要对需要推广的产品或服务进行合理的审查,以免因销售产品知识产权侵权需要承担《广告法》上广告发布者或是代言人的责任。

2. 直播方的直播内容不能侵犯第三人的权益。如直播方在自己的直播间或账号进行直播,此时直播方是知识产权侵权责任的第一责任人,为了规避法律风险,应该谨慎使用直播素材,选择供公共使用或是已经获得授权的素材进行宣传;如在推广方的直播间或是账号进行宣传,此时从法律上看商家是直接责任人。在制定与审查合同时,应当明确侵权的责任归属,以避免因对方行为带来的法律风险。

## ▶▶ 合同文本参考示例

1. 双方确认，在本合同履行过程中，由乙方（直播方）独立创作完成的直播内容（包括但不限于视频、音频、图像、文字等）的知识产权归乙方所有。但甲方（推广方）有权在本合同约定的推广范围内免费使用上述直播内容。

2. 由甲方提供给乙方用于直播推广的素材（包括但不限于商标、标志、图片、文字等）的知识产权归甲方所有，乙方仅有权在本合同约定的范围内使用。

3. 乙方授予甲方在全球范围内、非独家、不可转让的许可，允许甲方为了推广、宣传、销售其产品或服务的目的，使用乙方在直播中创作的内容。但甲方不得对上述内容进行修改、改编或再创作，除非得到乙方的书面同意。

4. 甲方授予乙方在本合同约定的直播推广活动中，有限、非独家、不可转让的许可，允许乙方使用甲方提供的知识产权素材。乙方应按照甲方的要求和指示使用上述素材，不得超出授权范围使用。

5. 乙方保证其在直播推广活动中提供的内容不侵犯任何第三方的知识产权，如乙方的内容侵犯第三方知识产权导致甲方遭受任何损失，乙方应负责赔偿甲方的全部损失。

6. 甲方保证其提供给乙方使用的知识产权素材不存在任何权利瑕疵，如甲方提供的素材存在权利瑕疵导致乙方遭受任何损失，甲方应负责赔偿乙方的全部损失。

7. 如因本合同履行过程中涉及的知识产权问题发生纠纷，双方应首先友好协商解决；协商不成的，任何一方均有权向有管辖权的人民法院提起诉讼。

8. 在知识产权纠纷解决期间，双方应继续履行本合同中不涉及纠纷的其他条款。

## 五、数据与效果评估

该条款主要用于评估推广效果的数据指标,并根据评估结果处理合同,包括合作费用支付以及合同解除或续约等。用于参考的数据一般包括直播观看人数、点赞数、评论数、粉丝增长数、销售额、转化率等。合同条款中需要明确数据的收集和统计方式,以及由哪一方负责。设定效果评估的时间周期,规定效果评估的标准和目标。

### ▶▶ 合同文本参考示例

1. 双方同意以下数据指标将用于评估本次直播推广活动的效果:

直播观看人数:指在直播期间实际观看直播的独立用户数量。

点赞数:观众对直播内容表示喜欢的点赞次数。

评论数:观众在直播过程中发表的评论数量。

粉丝增长数:直播活动后甲方在直播平台上的粉丝数量增加量。

销售额:通过直播推广活动直接产生的产品或服务的销售金额。

转化率:指通过直播推广活动引导的实际购买行为与访问流量的比率。

2. 数据的收集和统计工作将由[具体负责方,如甲方或乙方或第三方平台]负责。数据收集和统计应遵循相关法律法规和直播平台的规定,并保证数据的准确性和完整性。

3. 双方有权在合理的时间内查阅和核对与直播推广活动相关的数据。

4. 本次直播推广活动的效果评估时间周期为直播结束后的[具体时长,如7天、30天等]。

5. 双方约定,本次直播推广活动的目标如下:

直播观看人数不少于[具体数量]。

点赞数不少于[具体数量]。

评论数不少于[具体数量]。

粉丝增长数不少于[具体数量]。

销售额达到[具体金额]。

转化率不低于[具体比例]。

6. 若直播推广活动达到或超过上述约定的目标，甲方应按照合同约定向乙方支付全部费用，并考虑与乙方进行后续合作。

7. 若直播推广活动未达到上述约定的目标，甲方有权根据实际情况扣除一定比例的费用，扣除比例双方协商确定。同时，双方应共同分析原因，探讨改进措施，以决定是否继续合作或调整合作方式。

### 六、保密条款

直播类推广合同在履行过程中通常涉及合作双方的商业计划、营销策略、产品研发、客户名单等商业机密。如果不通过保密条款对直播方行为加以限定，可能会导致上述信息泄露，被不正当地获取和利用，给推广方带来重大的经济损失。保密条款有助于建立合作双方之间的信任关系，使双方能够安全稳定地展开合作。保密条款中应该规定双方在合作期间及合作结束后的保密期限；明确双方对保密信息的使用限制，如仅能用于合同约定的目的；要求双方采取合理的保密措施来保护保密信息；说明违反保密条款的违约责任。

**》合同文本参考示例**

第一条 【保密信息的定义】"保密信息"指在本合同履行过程中，一方（"披露方"）向另一方（"接收方"）披露的所有与本合同相关的、具有商业价值且不为公众所知悉的信息，包括但不限于商业计划、客户名单、产品设计、技术资料、销售数据、市场调研报告、财务信息等。

第二条 【保密期限】双方同意，对于本合同项下的保密信息，接收方的保密义务自披露方披露之日起[×]年内持续有效。

第三条 【使用限制】接收方仅能将保密信息用于履行本合同约定的目的，不得将其用于其他任何目的，亦不得向任何第三方披露。

未经披露方书面同意,接收方不得对保密信息进行复制、修改、改编或创造衍生作品。

第四条 【保密措施】接收方应采取不低于其对自身同类保密信息所采取的保密措施来保护披露方的保密信息,确保保密信息的保密性和安全性。

接收方应限制其员工、代理人和顾问对保密信息的接触,仅允许那些确有必要知悉保密信息的人员接触,并要求其遵守本保密条款的规定。

第五条 【违约责任】若接收方违反本保密条款的约定,披露或使用了保密信息,应向披露方支付违约金[具体金额]元,并赔偿披露方因此遭受的全部损失,包括但不限于直接损失、间接损失、律师费、诉讼费等。

披露方有权采取法律手段要求接收方停止侵权行为,并要求接收方采取措施消除不良影响。

## 第三节 直播代运营类合同实务解析

直播代运营合同是指委托方与受托方就直播相关业务的运营管理达成的协议。在这份合同中,委托方将直播业务的策划、执行、推广、数据分析等一系列工作交由受托方负责,受托方按照约定的条件和要求开展工作,并对直播运营的效果承担一定责任。一般是由于品牌方欲拓展直播业务但缺乏专业团队和经验,而自行组建直播团队需要投入大量资金用于设备采购、人员招聘和培训、场地租赁等,成本颇高,同时也面临着难以快速跟上直播营销潮流,直播行业变化迅速等问题,为了集中精力于核心业务,将更多资源和精力投入产品研发、生产等核心环节,可以把直播运营交给专业的第三方,以借助直播提升知名度、促进销售,如老字号食品品牌想要通过直播打开年轻消费者市场,但不了解直播行业的运作方式,便可以与代运营机构签订合同,由代运营机构对直播相关宣传事项负责。

在代运营合作关系中,MCN机构可能有双重身份,既可能基于自主产品与代运营机构合作，也可能以代运营方的身份与其他品牌方合作。以下分析条款部分将从两个角度阐述合同审查的重点。

### 一、主体资格审查

在直播代运营类合同中，针对代运营机构的主体资质审查通常包括以下重要内容：

1. 基本主体资格。审查对方营业执照是否合法有效，确认其经营范围是否涵盖了代运营相关业务，其营业执照中是否明确包含电子商务相关的经营项目。核实法定代表人的身份信息，确保其有权代表公司签署合同。

2. 行业相关资质。特定行业许可证——如果代运营业务涉及特定行业，如食品、药品、金融等，需审查对方是否具备相应的行业许可证。

3. 经营状况和信誉。了解受托方的财务状况，评估其是否有稳定的资金流来履行合同义务。通过查询企业信用信息公示系统、行业评价、客户评价等，了解对方的商业信誉和过往履约情况。调查对方是否存在未了结的重大诉讼或仲裁案件，这可能影响其履行合同的能力。对代运营合同主体资质进行全面、细致的审查，以降低合同风险，保障合同的顺利履行。同时还应该注重代运营机构的专业能力，是否专精于某一领域、过往提供代运营服务都取得了哪些成果等，在综合评价后做出选择。

### 二、服务内容与范围

在直播代运营合同中，要对核心的服务内容与范围作出明确的规定。明确代运营的平台和渠道，根据受托方的产品情况选择性质符合的推广平台，包括电商平台、社交媒体平台、短视频平台等。在合同中详细描述运营服务的具体项目（店铺搭建、页面设计、商品上架与更新、内容创作与发布等），规定营销推广的方式和策略（搜索引擎营销、社交媒体广告投放、活动策划与执行），明确代运营机构提供的客户服务的范畴（处理客户咨询、投诉处理、售后服务的流程和标准），做好品牌推广和形象塑造方面的工作（品牌定位、传播策略），明确供应链管理相关服务（库存监控、物流协调），确定数据分析的频率、内容和报告形式以及基于数据分析的优化建议和措施。

**>> 合同文本参考示例**

1.【平台管理服务】乙方负责甲方在[指定平台名称1]、[指定平台名称2]等平台的账号注册、认证及日常维护。优化平台账号的设置,包括头像、简介、背景图等,使其符合品牌形象和平台规则。

2.【内容创作】乙方负责策划并制作各类内容,如文章、图片、视频等,确保内容具有吸引力和独特性。

3.【内容发布】乙方按照甲方指定的发布计划,在各平台按时发布内容,并根据反馈进行调整和优化。

4.【营销推广活动】乙方负责制定并执行线上营销推广方案,包括但不限于社交媒体广告投放、搜索引擎优化、关键词广告等。策划并组织促销活动、线上直播、用户互动等,提高品牌知名度和产品销量。

5.【客户关系管理】乙方需及时回复用户的评论、私信和咨询,解决用户问题,提高用户满意度;收集用户反馈和意见,为甲方改进产品和服务提供建议。

### 三、费用与支付条款

直播代运营合同中应该对服务费用的总额及构成、费用调整机制、计费方式、支付时间和频率、支付方式、预付款或保证金、发票开具以及逾期支付的违约责任作出具体规定,这些条款应在经过双方协商作出具体而明确的约定,以避免后续产生履行争议。

**>> 合同文本参考示例**

1.甲方应向乙方支付的代运营服务费用总额为人民币[具体金额]元/月(大写:[大写金额]元整/月)。

上述费用包括但不限于平台管理、内容创作、营销推广、客户服务等方面的费用。

2. 服务费用采用固定月费的计费方式,甲方应在每月的[具体日期]前支付当月费用。

3. 甲方应通过银行转账的方式将费用支付至乙方以下银行账户:

开户银行:[银行名称]

账户名称:[账户名]

账号:[账号]

4. 本合同签订后[具体工作日]内,甲方应向乙方支付首月服务费用作为预付款。

5. 服务期限内,如甲方要求增加服务项目或扩大服务范围,导致服务成本增加,双方应协商调整服务费用。如市场环境发生重大变化,导致乙方运营成本显著上升,乙方有权提出调整服务费用,双方应友好协商确定。

6. 乙方应在收到甲方支付的费用后[具体工作日]内,向甲方开具合法有效的增值税发票。

7. 若甲方未按照本合同约定的时间支付服务费用,每逾期一日,应按照未支付金额的[具体比例]向乙方支付滞纳金。

若甲方逾期支付费用超过[具体天数],乙方有权暂停服务,并要求甲方支付已提供服务的费用及滞纳金。如甲方逾期支付超过[更长的具体天数],乙方有权解除本合同,并要求甲方支付已提供服务的费用、滞纳金以及相当于服务费用总额[具体比例]的违约金。

## 四、绩效指标与考核标准

为了保证代运营合同直接推广和销售目的的实现,合同双方应当对绩效指标与考核标准条款作出清晰的约定。明确可量化的绩效指标和考核标准,明确关键绩效指标(KPI),如网站流量、粉丝增长数、销售额、转化率、客户满意度等,设定指标的具体目标值。例如,"月销售额达到××元,粉丝月增长数不低于××"等。确定考核周期,是按月、季度还是年度进行考核,并且说明用于评估绩效的数据来源,以及统计和计算的方法。说明考核结果的影响,是否与费用支付挂钩或是直接决定合同的续约或解除等。明确如果绩效未达标有哪些改进措施与调整机制,由受托方怎样做出改进或者双方如何进行目标值的调整。

需要关注的是,在约定不满足绩效标准则解除合同的条件时,应该对造成绩效不达标的原因作出限定,尤其要排除因为委托方而使绩效不达标的情形。在实践中,会出现委托方无正当事由想解除合同而通过提高商品价格或者不提供新品销售等手段阻碍受托方实现绩效标准,因此,合同应当对此作出约定。如约定"若受托方未能达到约定绩效指标,应当由受托方承担责任,但未能达到绩效指标的原因系委托方引发的情形除外"。

## 》合同文本参考示例

1. 关键绩效指标(KPI)

(1)网站流量:每月独立访客数量达到[具体人数]人。

(2)粉丝增长数:在[社交媒体平台名称]上,每月粉丝增长数量不低于[具体人数]人。

(3)销售额:每月产品销售额达到[具体金额]元。

(4)转化率:产品页面的转化率不低于[具体百分比]%。

(5)客户满意度:通过定期的客户满意度调查,满意度得分不低于[具体分值]分(满分100分)。

2.【考核周期】本合同的考核周期为每月进行一次。乙方应在每月结束后的[具体工作日]内,向甲方提供上个月的绩效数据报告。

3. 数据来源与统计方式

(1)网站流量数据将以[指定的流量统计工具名称]的统计结果为准。

(2)社交媒体粉丝增长数和互动数据以[社交媒体平台]的官方后台数据为准。

(3)销售额数据以甲方的销售系统记录和财务报表为准。

(4)客户满意度数据将通过[具体的调查方式,如在线问卷、电话访谈等]收集和统计。

4.【考核结果的影响】如果乙方在连续［具体月份数］的考核中,达到或超过所有设定的绩效指标,甲方将给予乙方额外的奖励,奖励形式为［具体奖励方式,如增加服务费用的百分比、提供额外的资源支持等］。

若乙方在某个考核周期内未能达到设定的绩效指标,甲方有权要求乙方在［指定的改进期限］内提出改进方案并实施。如果乙方在连续［具体月份数］的考核中仍未能达到绩效指标,甲方有权解除本合同,并要求乙方退还部分已支付的服务费用。

5.【改进措施与调整机制】当乙方的绩效未达到考核标准时,应在接到甲方通知后的［具体工作日］内,提交详细的改进措施计划,并在甲方同意后立即执行。

6.在合同履行过程中,如果市场环境发生重大变化或甲方的业务策略有调整,双方可以协商对绩效指标和考核标准进行适当的调整,但需以书面形式确认。

### 五、数据与报告呈现

定期呈现与报告运营成果是代运营合同中受托方的重要义务之一。代运营合同中关于数据与报告呈现的规定通常包括数据类型和来源(流量数据、销售数据、用户行为数据等)、数据的获取来源(电商平台后台、社交媒体分析工具等)。同时要对报告的频率、提供报告的周期、格式和内容作出具体的规定。明确受托方对数据保密、解释与说明、准确性保证方面的责任,确保数据不被泄露给第三方,对报告中的数据和分析进行必要的解释和说明,以便委托方理解,并接受委托方根据数据提供的改进建议和运营策略。

**》合同文本参考示例**

1.乙方应向甲方提供包括但不限于网站流量数据、销售数据、用户行为数据等。数据来源应为合法且经过甲方认可的渠道,如［具体平台名称］的官方后台数据统计工具。

2. 乙方应每周向甲方提供一次简要的运营数据报告，每月提供一份详细的综合运营报告。

3. 乙方应提交报告，报告应以电子文档形式（如 PDF 或 Excel 格式）提供，内容应包括但不限于以下方面：

（1）乙方应提供关键指标的统计数据，如访问量、转化率、订单量、销售额等，并以图表形式展示其趋势。

（2）对各项数据的分析和解读，说明数据变化的原因和影响因素。

（3）与预先设定的运营目标进行对比，评估达成情况。

（4）基于数据分析提出的下阶段运营建议和策略调整方案。

4. 乙方应确保所提供的数据真实、准确、完整，并对数据的准确性负责。如发现数据存在错误或偏差，乙方应及时更正并向甲方说明原因。

5. 双方应对涉及的数据严格保密，未经对方书面同意，不得将数据披露给任何第三方。

6. 甲方对报告中的数据和分析有疑问时，乙方应及时给予清晰、准确的解释和说明。

## 六、服务期限与终止条款

为了避免因代运营机构不专业使得约定效果无法达到，损失不断扩大，合同中应该约定何种情形下双方具有解约权利，约定合同终止后的处理事项，如费用结算、知识产权归属、资料交接、保密义务等。

### ▶▶ 合同文本参考示例

一、服务期限

1. 本合同的服务期限自［具体日期，包括年、月、日］起至［具体日期，包括年、月、日］止。

2. 服务期满前，若双方均无书面异议，则本合同自动延续［×］年，延续次数不限。

二、合同终止

1. 经双方协商一致，可以书面形式提前终止本合同。

2. 若一方违反本合同的任何条款，且在收到另一方书面通知后的［×］天内未予以纠正，另一方有权提前终止本合同。

3. 若发生以下不可抗力事件，导致合同无法履行或部分无法履行，且该事件持续超过［×］天，任何一方有权书面通知对方终止本合同：

（1）自然灾害，如地震、洪水、台风等；

（2）战争、动乱、政府行为等社会事件；

（3）其他无法预见、无法避免、无法克服的客观情况。

4. 若甲方因业务调整或其他原因，提前［×］天书面通知乙方终止合同，应按照乙方已提供服务的比例支付相应费用。

5. 若乙方因自身原因无法继续提供服务，应提前［×］天书面通知甲方，并与甲方协商妥善处理后续事宜，包括但不限于费用结算、资料交接等。

三、终止后的事项

1. 合同终止后，双方应在［×］天内完成费用结算。甲方应支付乙方在合同终止前已提供服务的费用，乙方应退还甲方多支付的费用（如有）。

2. 乙方应在合同终止后的［×］天内，向甲方交还与服务相关的所有资料、文件和信息，包括但不限于客户数据、运营报告等。

3. 合同终止后，双方仍应遵守本合同中关于保密、知识产权等条款的约定。

## 七、知识产权产品归属

代运营过程中涉及产品的宣传推广等环节，会产生新的知识成果和知识产权归属问题，如新的品牌标识设计、营销文案、软件程序等，因此还需对知识产权所有权归属作出合同约定。明确委托方对原有知识产权的使用权限和保护责任，包括商标、专利、著作权等。同时说明受托方在使用委托方知识产权时应遵循的规则，如不得擅自修改、转让或授权他人使用。还要明确在代运营结束后，受托方对在运营过程中使用的委托方知识产权的处理方式，包括停止使用、删除相关资料。

**》合同文本参考示例**

1. 在本合同履行期间，由乙方独立创作完成的与代运营服务相关的作品，其知识产权归乙方所有。但乙方同意授予甲方在本合同约定的服务范围内非独家、不可转让、不可再许可的使用权。

2. 对于甲方提供给乙方用于代运营服务的知识产权，包括但不限于商标、专利、著作权、商业秘密等，乙方仅拥有在本合同约定的服务范围内的使用权限，并应采取合理的措施对其进行保护，防止其被泄露、滥用或侵权。未经甲方书面同意，乙方不得擅自对甲方的知识产权进行修改、转让、授权他人使用或用于其他任何目的。

3. 在代运营服务过程中，基于甲方的需求和指导，由甲乙双方共同创作完成的作品，其知识产权由双方共同所有。未经对方书面同意，任何一方不得擅自使用、转让或许可第三方使用。

4. 本合同终止或解除后，乙方应立即停止使用甲方的知识产权，并应在合理期限内将涉及甲方知识产权的相关资料交还甲方或按照甲方的要求予以销毁。

5. 若因知识产权的使用或归属问题产生任何争议或纠纷，双方应首先通过友好协商解决；协商不成的，任何一方均有权向有管辖权的人民法院提起诉讼。

## 八、保密条款

代运营过程需要对委托方的产品信息进行深入了解，在双方合作的过程中，保密条款的设定就显得尤为重要，合同中应明确保密信息的范围（客户名单、商业计划、营销策略、财务数据、技术资料、未公开的产品信息等）；规定双方对保密信息负有保密责任，不得向任何第三方披露、传播或使用；确定保密义务的持续时间，通常在合同终止后的一定期限内仍然有效；说明例外情况，即在哪些特定情况下披露保密信息不被视为违约，如应法律要求、经授权方书面同意等。

> **》合同文本参考示例**

1.本合同所称的"保密信息"，是指在本合同履行过程中，一方（披露方）向另一方（接收方）提供的，以书面、口头、电子或其他任何形式披露的所有非公开信息，包括但不限于商业秘密、技术秘密、经营信息、客户资料、财务数据、业务流程、研究成果、发展规划等。

2.【保密义务】接收方应采取一切合理的保密措施，妥善保管披露方的保密信息，防止保密信息的泄露、传播或被未经授权的使用。

接收方仅可将保密信息用于履行本合同项下的义务，不得将保密信息用于任何其他目的。

未经披露方书面同意，接收方不得向任何第三方披露、提供或转让保密信息。

3.【保密期限】本合同项下的保密义务自保密信息披露之日起生效，至本合同终止后［×］年内持续有效。

4.【例外情况】接收方可以在下列情况下披露保密信息：

（1）经披露方书面同意；

（2）应法律、法规、行政命令或司法程序的要求，但接收方应在法律允许的范围内，事先通知披露方，并采取合理措施保护保密信息；

（3）为维护自身合法权益而在必要范围内进行的披露。

5.【违约责任】若接收方违反本保密条款的约定，应向披露方支付违约金人民币［×］元，并赔偿披露方因此遭受的全部损失，包括但不限于直接损失、间接损失、可得利益损失以及因调查、处理违约行为而支付的合理费用。

### 九、"主播被挖"风险规避条款

MCN 机构在与其他代运营机构合作的过程中,还需要格外注意代运营机构"挖人"的问题,对于 MCN 机构而言,"网红大 IP"被挖走是非常大的损失。对此 MCN 机构应该从两个方面采取措施:一是在与主播的合作方面,通过股权激励、竞业禁止等综合多种机制与主播进行绑定,与主播建立紧密的经济关联,对主播的发展规划、技能培训、IP 打造等进行深度合作,建立良好的工作关系。二是在合同中对代运营机构与主播的合作事项作出一定的限定,以防产生过于紧密的交流与联系,如在合同中约定合作期间未经 MCN 机构同意,代运营机构不得单方与主播开展任何形式的与运营业务内容相同或近似的业务;在代运营结束后一段时期内,代运营机构及其关联公司与主播不得开展与协议业务内容相同或近似的业务。